公路工程造价人员考试用书

公路工程造价编制与项目经济评价

Gonglu Gongcheng Zaojia Bianzhi yu Xiangmu Jingji Pingjia

交通专业人员资格评价中心
交 通 公 路 工 程 定 额 站

人 民 交 通 出 版 社

内 容 提 要

本书为《公路工程造价人员考试用书》之一，全面系统地介绍了公路工程造价编制及项目经济评价的内容，具体包括工程造价的基本原理、公路工程概预算编制方法与程序、投资估算编制方法与程序、公路建设项目竣工决算编制方法与程序、工程造价文件审查的内容与方法以及公路建设项目经济评价的基本原理、方法及评价内容。

本书主要供公路工程造价人员考试复习使用，也可供公路工程造价专业技术人员以及高等学院校师生学习参考。

图书在版编目(CIP)数据

公路工程造价编制与项目经济评价/交通专业人员资格评价中心，交通公路工程定额站组织编写. —北京：人民交通出版社，2010.7

公路工程造价人员考试用书

ISBN 978-7-114-08484-3

I. ①公… II. ①交… ②交… III. ①道路工程－工程造价－预算编制－资格考核－教材②道路工程－项目评价：经济评价－资格考核－教材 IV. ①U415.13

中国版本图书馆 CIP 数据核字(2010)第 110265 号

公路工程造价人员考试用书

书　　名：公路工程造价编制与项目经济评价

著 作 者：交通专业人员资格评价中心
交 通 公 路 工 程 定 额 站

责任编辑：沈鸿雁　郑蕉林

出版发行：人民交通出版社

地　　址：(100011)北京市朝阳区安定门外外馆斜街 3 号

网　　址：http://www.ccpress.com.cn

销售电话：(010)59757969　59757973

总 经 销：人民交通出版社发行部

经　　销：各地新华书店

印　　刷：北京盈盛恒通印刷有限公司

开　　本：787×1092　1/16

印　　张：16.25

字　　数：388 千

版　　次：2010 年 7 月　第 1 版

印　　次：2010 年 8 月　第 3 次印刷

书　　号：ISBN 978-7-114-08484-3

印　　数：5001～7000 册

定　　价：50.00 元

《公路工程造价人员考试用书》

编写委员会

主　　编：赵晞伟

副 主 编：黄自力　刘朝晖

编写人员：王首绪　杨玉胜　李明顺　李　杰　彭维和
郭庆余　许忠楠　吴梅生　贺贤明　庞宝琴
左　慧　刘丽君　周庆蝉　周　娴　彭军龙
戴聆春　秦仁杰　刘伟军　曹丹阳　杨文安
李　珏　周学林　赵锋军　毛大德　刘　艺
吴江宁　李晶晶　刘代全　丁加明　李凤求
段　冶　谢　萍　周景阳

前　言

公路交通基础设施是我国国民经济和社会发展的重要保障设施。在公路建设过程中，以科学发展观为指导，加强公路建设的投资控制和造价管理，提高投资效益，是建设资源节约型、环境友好型行业，实现我国公路建设事业全面、协调、可持续发展的必由之路。培养建立一支高素质的造价管理人才队伍，是加强公路建设资金管理的重要保证。

为加强公路建设市场管理，规范公路工程计价行为，全面提高公路工程造价人员的业务能力和管理水平，保证公路工程造价工作质量，合理有效控制工程投资，交通专业人员资格评价中心将组织公路工程造价人员过渡考试，共设公路工程造价管理相关知识、公路工程造价的确定与控制、公路工程技术与计量、公路工程造价案例分析 4 个考试科目。

为方便广大公路工程造价从业人员备考，交通专业人员资格评价中心和交通公路工程定额站组织有关高校和部分省（区、市）公路（交通）工程定额（造价管理）站的专家编写了一套《公路工程造价人员考试用书》。该套考试用书包括《公路工程造价管理相关知识》、《公路工程定额编制与管理》、《公路工程造价编制与项目经济评价》、《公路工程技术》和《公路工程施工招投标与计量》5 册。

本书全面体现了近年来我国公路建设技术的最新发展和近年来在设计、施工中广泛应用的新结构、新设备和新材料；反映了交通运输部最新颁布和修订的行业标准、规范的相关内容；强调了“安全、耐久、节约、和谐”的建设理念。本书注重理论联系实际，实用性和操作性强。

本书参考了大量相关文献资料，各省（区、市）公路（交通）工程定额（造价管理）站提出了宝贵意见。在此，谨向有关单位和专家、学者表示衷心的感谢！

交通专业人员资格评价中心
交通公路工程定额站
2010 年 7 月

目 录

第一章 绪 论

第一节 价格基本原理

工程造价，通俗地讲，是指工程的建造价格，本质上属于价格范畴。因此，要掌握工程造价的基本理论和方法，必须了解商品价格的基本原理。

一、价格的形成

价格是随商品生产和商品交换而产生的。在商品生产和交换中，不同的商品会有不同的价格，即使是同一商品的价格也会发生变动。引起商品价格变化的影响因素众多，主要有商品的内在价值、市场供求和币值等，但影响价格的决定性因素是商品的内在价值。

(一)价值的构成

商品的价值是指凝结在商品中的人类无差别的劳动。其价值量是由社会必要劳动时间来计量的。

商品的价值由两部分构成：一是商品生产中消耗掉的生产资料价值，用 C 表示；二是生产过程中活劳动所创造出的价值。活劳动所创造出的价值由两部分构成：一部分是补偿劳动力的价值，用 V 表示；另一部分是剩余价值，是劳动者为社会创造的价值，用 m 表示。

(二)价格的形成基础

价格是指在商品生产和交换中，以货币形式表现的商品价值。在生产中消耗的生产资料价值 C，在价格中表现为生产资料耗费的货币支出；劳动者为自己创造的价值 V，在价格中表现为劳动报酬支出；劳动者为社会创造的价值 m，在价格中表现为盈利。$C+V$ 形成价格中的成本。

二、价格的构成

价格的构成是指商品价格的组成部分及其内容。商品价格一般由 4 个因素构成，即生产成本、流通费用、利润和税金。但是由于商品价格所处流通环节和纳税环节不同，其构成因素也不完全相同。比如，对于工业产品，其出厂价格由生产成本、税金和利润构成；其批发价格由出厂价格、批发环节流通费用、税金和利润构成；其零售价格则由批发价格、零售环节流通费用、税金和利润构成。

价格的构成以价值的构成为基础，是价值构成的货币表现。价格构成中的生产成本和流通费用，是价值中 $C+V$ 的货币表现；价格构成中的税金和利润，是价值中 m 的货币表现。

(一)成本

成本可分为价格构成中的生产成本和企业财务成本。

1. 价格构成中的生产成本

它是站在价格构成的角度来确定成本，属于宏观研究。主要包括以下几个部分：

(1)原材料和燃料费；

(2)折旧费；

(3)工资及工资附加；

(4)其他，如利息支出、电信、交通差旅费等。

2. 企业财务成本

它是站在企业的角度来确定成本，属于微观研究。主要包括以下成本开支范围：

(1)主要材料、辅助材料、备品配件、外购半成品、燃料、动力、包装物、低值易耗品等的原价和运杂费；

(2)固定资产折旧费、计提的更新改造资金、租赁费和维修费；

(3)科学研究、技术开发和新产品试制、购置样品样机和一般测试仪器的费用；

(4)职工工资、福利费和原材料节约、改进技术奖；

(5)工会经费和职工教育经费；

(6)产品包修、包换、包退费用，废品修复或报废损失，停工工资，福利费，设备维护费和管理费，削价损失和坏账损失；

(7)财产和运输保险费，契约、合同公证费和签证费，咨询费，专有技术使用费及应列入成本的排污费；

(8)流动资金贷款利息；

(9)商品运输费、包装费、广告费和销售机构管理费；

(10)办公费、差旅费、会议费、劳动保护用品费、取暖费、消防费、检验费、仓库经费、商标注册费、展览费等管理费；

(11)其他费用。

不同产业部门企业财务成本开支范围，因其生产特点和产品形态不同而存在一定差异。

企业财务成本和价格构成中的生产成本性质不同。企业财务成本反映的是企业在产品生产过程中的实际成本，是价格构成中生产成本的计算基础。

(二)流通费用

流通费用是指商品在流通过程中所发生的费用，包括由产地到销地的运输、保管、分类、包装等费用，也包括商品促销费用和管理费用。

在市场经济条件下，由于竞争的日益激烈和商品流通环节的增加、市场规模的扩大，流通费用在价格中所占份额呈现增加的趋势。

(三)价格构成中的利润和税金

1. 利润

利润是盈利中的一部分，是价格与生产成本、流通费用和税金之间的差额。价格中的利润可分为生产利润和商业利润两部分。

(1)生产利润

生产利润包括工业利润和农业利润两部分。工业利润是工业企业销售价格扣除生产成本和税金外的余额。农业利润也称农业纯收益，是农产品出售价格扣除生产成本后的余额。

(2)商业利润

商业利润是商业销售价格扣除进货价格、流通费用和税金后的余额，包括批发价格中的商业利润和零售价格中的商业利润。

2. 税金

税金是纳税人根据税法向国家无偿缴纳的一部分收入。它反映国家对社会剩余价值进行分配的一种特定关系。

从商品价格来看，税金可分为价内税和价外税两类。价外税一般以收益额为课税对象，不计入商品价格，如所得税等。价内税一般以流转额为课税对象，计入商品价格。主要包括：

(1)产品税

它以生产领域的商品流转额为课税对象。

(2)增值税

它以商品的增值额为课税对象。

(3)营业税

它以营业额为课税对象。

(4)关税

它包括进口税和出口税，以进出口商品为课税对象，以完税价格为计税依据。

第二节　工程造价原理

一、工程造价及其特点

(一)工程及造价的特点

工程泛指一切建设工程。工程与一般商品相比，具有如下特点。

1. 工程地点的固定性

工程一般建造在预先选定的建设地点，建成后不能移动，只能在建成的位置上使用。由于工程所具备的固定性，导致了施工生产的地区性、流动性和其产品价格的差异性。

2. 工程生产的单件性

每一项建设工程都有特定的使用功能，同时还必须考虑适应工程所在地气候、地质、地震、水文等自然条件以及当地的风俗习惯。这就使建设工程的实物形态千差万别，再加上不同地区生产要素价格的差异，最终导致建设工程造价千差万别。

3. 工程施工的露天性

工程因固定性和形体庞大，其施工生产必然在露天进行。因此，由于气象、地质等自然条件的变化，会引起工程设计的某些内容和施工方法的变动，也会因采取了防寒、防雨、防汛、防风及防暑降温等措施而增加费用。

4. 施工周期长

工程施工的周期长，环节多，涉及面较广，社会合作关系复杂。这种特殊的生产过程，决定了工程价格不可能一样，因而需要事先以预算来进行约束。

5. 质量价差与工期价差

在施工过程中，由于选用的材料、半成品的质量不同，施工技术条件不同，承包人经营管理水平的不同等因素的影响，势必造成施工质量的差异，从而导致同类别、同功能、同标准、同工期和同地区的工程在同一时间同一市场内的价格差异，即工程的质量价差。同样，由于施工工期的不同，承包人必须采用不同的施工进度计划，以不同的施工技术手段和施工组织手段完成工程施工任务，从而决定了工期差异，即工期的不同也导致了工程造价的不同。

(二)工程造价的含义

根据上述工程特点，可以认为工程是一种按期货方式进行交换的商品，因此其工程造价呈现动态性。从价值规律来看，工程造价仍然围绕其价值波动，是其价值的货币表现。

从投资的角度看，工程造价是指建设一项工程预期开支或实际开支中全部固定资产投资费用。固定资产投资费用和工程造价二者在量上是等同的。

从市场交易的角度看，工程造价是指为建成某项工程，在土地市场、设备市场、技术劳务市场及工程承包开发市场等交易活动中所形成的固定资产价格。

其内涵总结起来主要包括以下三类。

1. 物质消耗支出

物质消耗支出主要包括：

(1)占用土地支出；

(2)购买设备、工器具支出；

(3)购买建筑材料、构配件支出；

(4)施工机械等固定资产的折旧、维修、转移费用。

2. 劳动报酬

劳动报酬主要包括：

(1)建设工程管理人员的工资、奖金和费用；

(2)建设工程咨询人员的工资、奖金和费用；

(3)勘察设计人员的工资、奖金和费用；

(4)施工企业人员的工资、奖金和费用。

3. 盈利

盈利主要包括：

(1)开发公司、建设单位的利润和税金；

(2)建设工程咨询单位的利润和税金；

(3)勘察设计单位的利润和税金；

(4)施工企业的利润和税金。

二、工程造价的构成

我国现行工程造价的构成按其费用和性质的不同，一般由建筑安装工程费用、设备和工器具购置费用、工程建设其他费用、预备费用、固定资产投资方向调节税和建设期贷款利息等组成。

(一)建筑安装工程费用

1. 我国现行建筑安装工程费用

(1)建筑工程费用内容

①建筑物中的一般土建、给排水、供暖、卫生、通风、煤气、装饰工程费用，各种管道工程、电力、电信和电缆导线敷设工程的费用；

②各种设备基础、工作台、烟囱、水塔等建筑工程以及各种炉窑砌筑物和金属结构工程的费用；

③为施工而进行的场地平整，工程和水文地质勘察，原有建筑物的拆除，施工临时用水、电、气、路和完工后的场地清理，环境绿化、美化等工程的费用；

④矿井开凿、井巷延伸、露天矿剥离，石油、天然气钻井，修建铁路、公路、码头、水库、堤坝、灌渠及防洪等工程费用。

(2)安装工程费用内容

①为进行各种需要安装的机械设备的装配费用，与设备相连的工作台、梯子、栏杆等安装工程费用，附属于被安装设备的管线敷设工程费用，以及被安装设备的绝缘、防腐、保温、油漆等工作的材料费和安装费；

②为测定安装工程质量，对单台设备进行单机调试运转，对系统设备进行系统联动无负荷试运转工作的调试费。

(3)建筑安装工程费用构成

我国现行建筑安装工程费用的具体构成如图 1-1 所示。

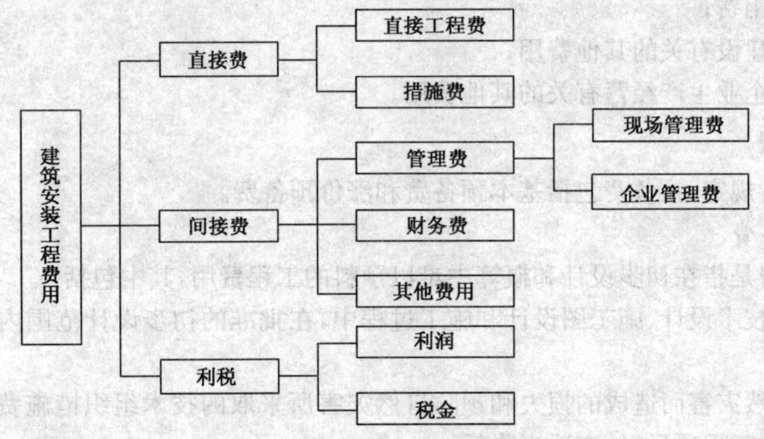

图 1-1　建筑安装工程费用

2. 公路工程建筑安装工程费用

(1)建筑安装工程费用内容

①路基的特殊地基处理、土石方工程、排水工程和防护工程等建筑工程费用；

②桥涵工程的基础、下部结构、上部结构和附属设施等建筑安装工程费用；

③隧道工程的洞口、洞身、附属设施等建筑安装工程费用；

④路面的垫层、基层、面层等建筑安装工程费用；

⑤公路交工前的养护费用；

⑥公路沿线设施的建筑安装工程费用。

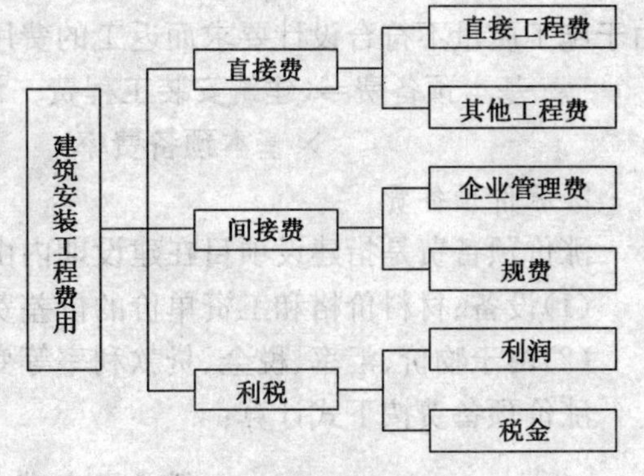

图 1-2　公路建筑安装工程费

(2)建筑安装工程费用构成

我国现行公路工程建筑安装工程费用的具体构成如图1-2所示，其具体内容在第二章中进行讲解。

(二)设备、工器具的购置费

设备、工器具购置费的计算应根据设计规格、数量清单，在可行性研究报告、初步设计、技术设计和施工图设计阶段按以下公式计算。

$$设备、工器具购置费=(货价+运杂费)\times(1+采购保管费率)+运输保险费 \tag{1-1}$$

有关设备购置单价的计算将在第二章进行详细讲解。设备中需要安装的设备，如发电机组，其安装工程费应在第一部分建筑安装工程费的有关项目内计算。

(三)工程建设其他费用

工程建设其他费用是指从工程筹建到工程交付使用为止的整个建设期间，除建筑安装工程费用和设备、工器具购置费以外，为保证工程建设顺利完成和交付使用后能正常发挥效用而发生的各项费用。按其内容可分为三类：

(1)土地使用费；

(2)与工程建设有关的其他费用；

(3)与未来企业生产经营有关的其他费用。

(四)预备费

按我国现行规定，预备费包括基本预备费和涨价预备费。

1. 基本预备费

基本预备费是指在初步设计和概算中难以预料的工程费用，其中包括：

(1)在进行技术设计、施工图设计和施工过程中，在批准的初步设计范围内所允许增加的工程费用。

(2)由于自然灾害而造成的损失和预防自然灾害所采取的技术组织措施费用。该费用在实行工程保险的工程项目时，应适当降低。

(3)在竣工验收时，验收小组为鉴定工程质量必须开挖和修复隐蔽工程的费用，但不包括由于施工质量不符合设计要求而返工的费用。

$$基本预备费=(建筑安装工程费+设备、工器具购置费+工程建设其他费用)\times基本预备费率 \tag{1-2}$$

2. 涨价预备费

涨价预备费是指建设项目在建设期内由于价格等变化而增加的费用。费用内容包括：

(1)设备、材料价格和工资单价的价差费，但不包括由于管理不善而造成的量差及价差；

(2)由于物价、汇率、税金、贷款利率等变化所引起的费用。

涨价预备费按下式计算：

$$涨价预备费=\sum_{t=0}^{n} I_t[(1+f^t)-1] \tag{1-3}$$

式中：n——建设期年数；

I_t——建设期中第t年的投资额，包括设备及工器具购置费、建筑安装工程费、工程建设其他费用及基本预备费；

f——年投资价格上涨率。

(五)固定资产投资方向调节税

为了贯彻国家政策、控制投资规模、引导投资方向、调整投资结构、加强重点建设、促进国民经济持续稳定协调发展，国务院决定从1991年起，在中国境内进行固定资产投资的单位和个人(不含中外合资企业、中外合作经营企业和外资企业)征收固定资产投资方向调节税(简称投资方向调节税)。

投资方向调节税根据国家产业政策和项目经济规模实行差别税率。

(六)建设期贷款利息

项目银行信贷资金是指银行利用信贷资金所发放的投资性贷款，其贷款利息成为建设项目投资资金的重要组成部分。建设期贷款利息按复利计算。

1. 对于贷款总额一次性贷出且利率固定的贷款

此情况按式(1-4)计算。

$$I=P[(1+i)^n-1] \tag{1-4}$$

式中：I——贷款利息；

n——贷款期限；

P——一次性贷款金额；

i——年有效利率。

2. 当贷款是分年均衡发放时，计息按借款当年的年中支付考虑

此情况按式(1-5)计算。

$$S=\sum_{n=1}^{N}(F_n+b_n/2)\times i \tag{1-5}$$

式中：S——建设期贷款利息；

N——项目建设期(年)；

n——施工年度；

F_n——建设期第 n 年初需付息贷款本息累计；

b_n——建设期第 n 年付息贷款额；

i——建设期贷款年利率。

三、工程造价的相关概念

(一)固定资产

固定资产是指同时具有以下特点的有形资产：

①为生产商品、提供劳务、出租或经营管理所持有的；

②使用期限超过1年；

③单位价值较高，一般确定为2 000元以上。

在确认固定资产时，应同时符合以下两个条件：第一，该固定资产包含的经济利益很可能流入；第二，该固定资产的成本能够可靠地计量。

(1)固定资产按经济用途可分为生产用固定资产和非生产用固定资产。生产用固定资产

是指直接服务于企业生产经营过程的固定资产。非生产用固定资产是指间接服务于企业生产经营过程的固定资产。

(2)固定资产按使用情况可分为使用中的固定资产、未使用的固定资产和不需使用的固定资产。使用中的固定资产是指正在使用的经营性和非经营性固定资产,包括由于季节性经营或修理等原因暂停使用的、企业出租给其他企业使用的以及内部替换使用的固定资产。未使用的固定资产是指已完工的或已构建的尚未交付使用的以及因进行改建、扩建等原因停止使用的固定资产。不需使用的固定资产是指本企业现在和今后都不需用或多余的、需要处理的固定资产。

(3)固定资产按所有权可分为自有固定资产和租入固定资产。自有固定资产是指企业具有所有权的固定资产,包括自用固定资产和租出固定资产。租出固定资产是指企业在经营租赁方式下出租给其他单位使用的固定资产。租入固定资产是指企业不具有所有权,而是根据租赁合同向其他单位租入的固定资产。

(二)固定资产投资

固定资产投资是指投资主体为达到预期收益的资金垫付行为。我国固定资产投资包括基本建设投资、更新改造投资、房地产开发投资、其他固定资产投资四种。

1.基本建设投资

基本建设投资用于新建、改建、扩建和重建项目的资金投入行为,是形成新增固定资产、扩大生产能力和工程效益的主要手段。

2.更新改造投资

更新改造投资是指在保证原有生产规模的基础上,通过以先进科学技术改造原有技术来实现以内涵为主的固定资产扩大化再生产的资金投入行为。

建设项目的固定资产投资也就是建设项目的工程造价,两者在量上是等同的。其中,建筑安装工程投资也就是建筑安装工程造价,两者在量上是等同的。这也可以看出工程造价两种含义的同一性。

(三)建筑安装工程造价

建筑安装工程造价,也称建筑安装产品价格。它是建筑安装产品价值的货币表现,和一般商品一样,它的价值是由 $C+V+m$ 构成。不同的只是由于这种商品所具有的技术经济特点,使其交易方式、计价发放、价格的构成因素、付款方式都有自己的独特特点。

建筑安装工程造价是比较典型的生产领域价格。从投资的角度看,它是建设项目固定资产投资中的建筑安装工程投资。建筑安装工程投资是指建设单位用于建筑和安装工程方面的投资,包括用于建筑物的建造及有关准备、清理等建筑工程的投资,以及用于需要安装设备的安置、装配工程的投资,是以货币表现的建筑安装工程的价值,其特点是必须通过兴工动料、追加活劳动才能实现。

(四)建设项目总投资

建设项目总投资,一般是指进行某项工程建设所花费的全部费用,主要由固定资产投资和流动资金组成。

四、工程造价的计价

作为建设工程这一特殊商品的价值表现形式,工程造价计价除了具有与其他一切商品价格计价的共同特点外，同时又有其自身的特点和模式。

(一)计价特点

1. 单件性计价

建设工程都有其指定的专门用途，也就有不同的形态和结构，其结构、造型必须适应工程所在地的气候、地质、水文等自然客观条件，由此形成实物形态的千差万别。在建设这些不同的实物形态的工程时，必须采取不同的工艺、设备和建筑材料，因而所消耗物化劳动和活劳动也必定是不同的，再加上不同地区的社会发展不同致使构成价格和费用的各种价值要素存在差异，最终导致工程造价各不相同。任何两个建设项目的工程造价不可能是完全相同的。因此，对建设工程就不能像工业产品那样，按品种、规格、质量成批量生产和计价，只能是单件性计价。也就是说，只能根据各个建设工程项目的具体设计资料和当地的实际情况单独计算工程造价。

2. 多次性计价

建设工程一般规模大、建设周期长、技术复杂、受建设所在地的自然条件影响大，消耗的人力、物力和财力巨大，并要考虑投入使用后的经济效益等因素，一旦决策失误，将造成不可挽回的巨大损失。为了满足建设各阶段的不同需要，适应造价控制和管理的要求，合理使用人力、物力和财力，取得最大的投资效益，必须在建设全过程进行多次计价。建设工程多次性计价过程见图1-3。

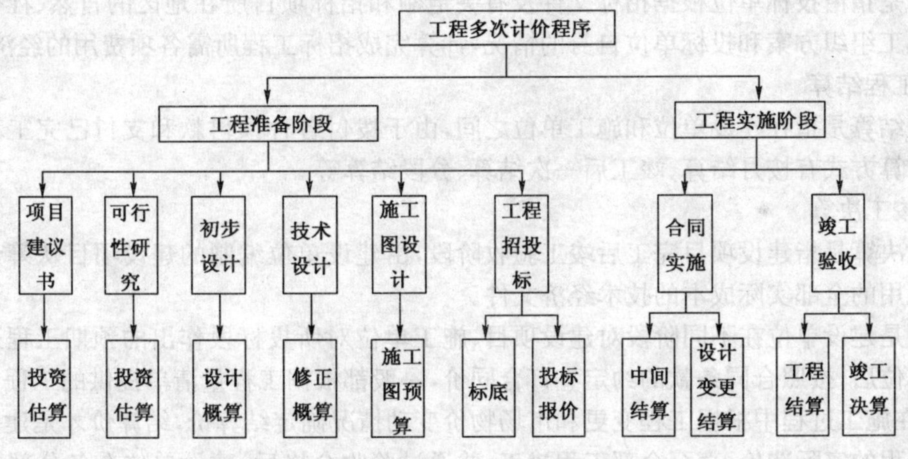

图1-3 工程多次计价过程图

(1)投资估算

投资估算是指在投资前期(规划、项目建议书、可行性研究报告)阶段，进行某项工程建设所花费的全部固定资产投资的预计费用。

在项目建议书阶段编制项目建议书投资估算，作为项目建议书阶段可行性研究进行经济评价的依据。经批准后，可进入可行性研究报告阶段。

在可行性研究报告阶段编制可行性研究报告投资估算，作为可行性研究进行经济评价的依据。可行性研究报告经批准后，其投资估算作为控制建设项目投资的依据。

(2)设计概算与修正概算

设计概算与修正概算是指在初步设计或技术设计阶段，由设计单位根据初步设计文件、概算定额、各类费用定额，建设地区的自然条件和技术经济条件等资料，预先计算、确定建设项目从筹建至竣工验收的工程造价的经济文件。

在初步设计阶段编制初步设计概算，按两阶段设计的建设项目，设计概算经批准后是确定建设项目投资的最高限额，也是签订建设项目总承包合同的依据。

在技术设计阶段编制技术设计修正概算，按三阶段设计的建设项目，修正概算经批准后是确定建设项目投资的最高限额，也是签订建设项目总承包合同的依据。

(3)施工图预算

由设计单位编制的根据施工图设计的工程量和施工方案，按预算定额和各类费用定额所编制的反映工程造价的经济文件。

在施工图设计阶段编制施工图预算，施工图预算经批准后，是签订建筑安装工程承包合同、办理工程价款结算的依据，也是实行建筑安装工程造价包干的依据。实行招标的工程，其建筑安装工程费用是编制标底的基础。

(4)标底

标底是建设单位招标时，对拟建的工程项目，由自己或委托设计单位或咨询公司，依设计内容及有关规定计算出建成这一项目所需的工程造价。

标底要求不得超过批准的设计概算或施工图预算，且一个项目只能有一个标底。

(5)报价

报价是指由投标单位根据招标文件及有关定额和招标项目所在地区的自然、社会和经济条件及施工组织方案和投标单位自身的情况，计算完成招标工程所需各项费用的经济文件。

(6)工程结算

工程结算是指在建设单位和施工单位之间，由于拨付各种预付款和支付已完工程发生的结算。结算方式有按月结算、竣工后一次结算、分段结算等。

(7)竣工决算

竣工决算是指建设项目完工后竣工验收阶段，由建设单位编制的建设项目从筹建至最后投产或使用的全部实际成本的技术经济文件。

以上是建设单位在不同阶段对建设项目、施工单位对所投标段作出的预期工程造价。确定中标单位后，按照合同条款的约定签订合同价，一般都根据工程量清单提供的工程量签订单价合同，在施工过程中根据工程变更和市场物价变动情况确定结算价，结算价才是建设项目分部分项工程的实际造价，直至全部工程竣工，并通过验收合格后，建设单位在各分部分项工程的结算价的基础上编制的竣工决算才是整个建设项目的实际造价。

一个建设项目各个阶段的计价是相互衔接、由粗到细、由浅到深、由预期到实际、前者制约后者、后者修正和补充前者的发展过程。

3.按工程构成分部组合计价

建设工程规模大，工程结构复杂，根据建设工程单件性计价的特点，不可能简单直接地计算出整个建设工程的造价，必须将整个建设工程分解到最小的工程结构部位，直至达到对计量和计价都相对准确的程度。然后再将各部位的费用按设计确定的数量加以组合，就可确定全部工程所需要的费用。

1)建设项目的分解

(1)建设项目

建设项目又称基本建设项目，一般是指符合国家总体建设规划，能独立发挥生产功能或满足生活需要，其项目建议书经批准立项和可行性研究报告经批准的建设任务。一个建设项目按照工程特点可进一步分解，如图 1-4 所示。

建设项目 → 单项工程 → 单位工程 → 分部工程 → 分项工程

图 1-4 建设项目的分解图

(2)单项工程

单项工程又称工程项目。它是建设项目的组成部分，是具有独立的设计文件，在竣工后能独立发挥设计规定的生产能力或效益的工程。工程项目划分的标准，由于工程专业性质的不同而有所不同。

公路建设的单项工程一般是指独立的桥梁工程、隧道工程。这些工程一般包括与已有公路的接线，建成后可以独立发挥交通功能。但一条路线中的桥梁或隧道在整个路线未修通前并不能发挥交通功能，也就不能作为一个单项工程。

(3)单位工程

单位工程是单项工程的组成部分。它是单项工程中把具有单独设计、可以独立组织施工、并可单独作为成本计算对象的部分。公路建设项目一条公路中一段路线作为一个单项工程，其中各个路段的路基、路面、桥梁、隧道都可作为单位工程。

(4)分部工程

分部工程是单位工程的组成部分，一般按单位工程中的主要结构、主要部位来划分。

在公路建设工程中，分部工程的确定是在工程项目界定的范围内，以工程部位、工程结构和施工工艺为依据，并考虑在工程建设实施过程中便于进行工程结算和经济核算。如按工程部位划分为路基工程、路面工程、桥涵工程等，按工程结构和施工工艺划分为土石方工程、混凝土工程、砌筑工程等。

(5)分项工程

分项工程是分部工程的组成部分，是根据分部工程划分的原则，再进一步将分部工程分成若干个分项工程。各种分项工程，每一单位消耗的活劳动和物化劳动都是不等的。因为分项工程是按照不同的施工方法、不同的工程部位、不同的材料、不同的质量要求和工作难易程度来划分的，它是概算和预算定额的基本计量单位，故也称为工程定额子目或工程细目。

在实际工作中，有了这种分部、分项工程的划分标准，在测定定额资料，制订概预算定额中的人工、材料、机械使用台班等消耗标准，编制建筑安装工程造价时，就有了一个统一的尺度。这样就可实现建设工程造价管理工作的科学化和标准化，起到规范人们从事建设工程造价管理的行为的作用，并取得较好的经济效益和社会效益。

2)工程造价的组合

与以上工程构成的方式相适应，建设工程具有分部组合计价的特点。计价时，首先要对工程建设项目进行分解，然后按构成进行分项计算再组合，如图 1-5 所示。

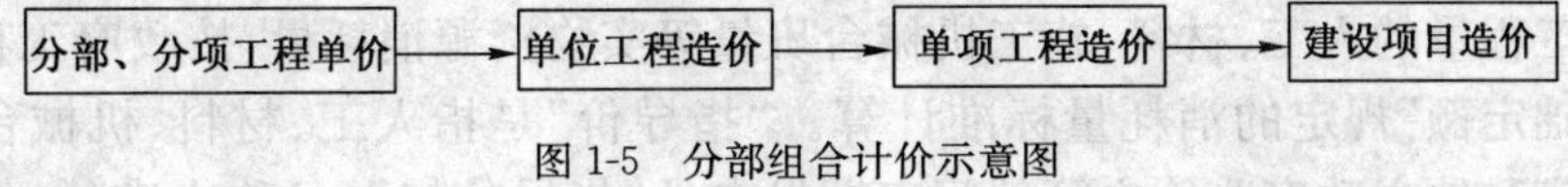

图 1-5 分部组合计价示意图

4. 计价方法的多样性

由于项目建设各阶段所掌握的条件、资料深度不同，计算的准确度要求不同，计价方法也不同。

(1)投资估算一般采取估算指标法、类似工程比较法、生产能力系数法等进行编制;

(2)初步设计概算和修正概算一般采取概算定额法、概算指标法、类似工程预算法等进行编制;

(3)施工图预算采取按施工图计算工程量、按预算定额计算实物消耗、按市场价格计价、按费用定额计算各项费用及利税;

(4)投标报价则采取按清单工程量、按企业定额计算实物消耗、按市场价格计价,同时考虑自身的经营状况和工程风险等因素计算而得到综合价格;

(5)施工预算则采取按施工图和实际情况计算工程量、按企业定额计算实物消耗、按市场价格计价,同时考虑自身的经营状况和工程风险等因素计算而得到综合价格;

(6)工程结算则采取已完成并符合合同要求的清单工程量和变更工程量,按清单价格和变更价格计算而得到综合价格。

不同的计价方法适用的条件不同,在计价时应正确选择。

5.计价依据的多样性

建设项目工程造价的计价依据,一般有:

(1)人工、材料、施工机械消耗量计算依据;

(2)工程量的计算依据;

(3)工、料、机价格依据,设备价格依据;

(4)各种取费费率、工程建设其他费用计算依据,利润与税金计算依据,物价指数及造价指数等;

(5)国家及有关部门的政策、法律、法规及有关工程造价管理的规定等。

要准确计算建设项目工程造价,首先应熟悉、掌握和正确应用这些计价依据。

(二)计价模式

建设项目工程造价的计价模式是与社会经济体制相适应的,随着我国经济体制和工程造价管理体制改革的不断深入,建设项目工程造价的计价模式也发生了根本性的变化,经历了三种不同的计价模式。

1.政府定价计价模式

政府定价计价模式,即定额计价模式。定额是指中央政府有关部门和各级地方政府有关部门定期颁布的工程估算指标、概算定额、预算定额、费用定额、工程量计算规则等一切工程计价的法定依据。它是政府造价主管部门根据社会平均消耗和平均成本制订的“量价合一”的工程造价计算标准,既规定了工程量的实物资源消耗数量标准,又规定了单价及各种取费费率和计算办法。

2.政府指导价计价模式

政府指导价计价模式,即“定额量、指导价、竞争费”的量价分离计价模式。这里讲的“定额量”是指单位工程量的人工、材料、施工机械台班量等实物资源消耗量,按政府工程造价主管部门颁布的“基础定额”规定的消耗量标准计算。“指导价”是指人工、材料、机械台班的预算价格,按中央政府和地方政府造价主管部门定期发布的“指导价格”(又称中准价、信息价)计算。“竞争费”是指其他工程费、间接费、利润等取费费率,由中央政府或地方政府造价主管部门制订指导性费率标准,企业可根据自身具体情况确定投标费率进行竞争。

从实际执行情况看，政府工程造价主管部门发布的工、料、机指导价（中准价），一般略高于市场实际成交价；按定额及指导价格、费率计算的工程预算造价，一般高于工程招标实际中标价。按照计划要留有余地审定概算，审定的概算是投资控制最高限额的要求，目前已被普遍使用。但在编制招标标底或投标报价时应注意，由于与市场竞争规则和《中华人民共和国招标投标法》中规定的中标条件相悖，这种计价模式还不是真正的市场经济计价模式，而是在工程招投标尚未完全成熟时，为避免低价恶性竞争和确保工程质量而采用的一种过渡模式。

3.工程量清单计价模式

工程造价管理体制改革的最终目标是逐步建立以市场竞争为主的价格形成机制，逐步建立起由政府颁布的基础定额作为指导的通过市场竞争形成工程造价的机制。其内容是：

(1)由政府建设行政主管部门统一制订符合国家标准、规范，并反映一定时期施工水平的人工、材料、机械等消耗量标准，实行对定额消耗量标准的宏观管理；

(2)制订统一的工程项目划分和工程量计算规则，为逐步实现工程量清单计价报价创造条件；

(3)建立信息网络系统，加强工程造价信息的收集、处理，及时发布信息；

(4)建筑施工企业可在基础定额的指导下，结合企业自身的技术和管理情况，制订企业定额，并在投标中结合当地要素市场行情、自身经营情况及个别成本进行自主报价；

(5)在工程招投标中要贯彻《中华人民共和国招标投标法》第四十一条规定的中标条件，即“能满足招标文件实质性要求，并且经评审的投标价格最低，但是投标价格低于成本的除外”。

工程量清单计价模式是国际上通行的做法。我国于2003年2月17日已发布《建设工程工程量清单计价规范》(以下简称《规范》)，并于2003年7月1日起实施。按《规范》要求，在建设项目工程招投标中，招标人按照统一的项目编码、项目名称、计量单位、工程量计算规则和统一的格式，提供分部分项工程项目、措施项目、其他项目的名称及相应工程数量的明细清单，由投标人依据工程量清单自主报价。通过市场竞争形成工程价格的计价模式，即市场定价模式，这是法定招标建设项目必须严格执行的计价模式。

以上三种计价模式各有特点，定额计价模式可在项目决策阶段编制投资估算时参考使用；“定额量、指导价、竞争费”的量价分离计价模式可用于概预算编制及招标标底；工程量清单计价模式是通过市场竞争形成价格的模式，也是工程招投标中应推广的计价报价模式。

在国内工程建设领域，公路工程建设采用工程量清单计价模式是比较早的。20世纪80年代后期，随着改革开放的不断深入，引入世界银行贷款等外资进行公路工程的建设进入快速发展时期。1987年2月开始施工的“西安—三原一级公路”是第一个使用世界银行贷款建设的公路项目，紧随其后的“京津塘高速公路”、“济青高速公路”等大量利用世界银行贷款建设的高速公路项目均采用工程量清单计价模式。在随后10多年的公路建设过程中，在不断吸收消化国际咨询工程师联合会土木工程施工合同条件(FIDIC条件)的基础上，交通部1999年发布《公路工程国内招标文件范本》(1999年版)，于2000年1月1日起实施；2003年发布《公路工程国内招标文件范本》(2003年版)，于2003年6月1日起实施；2009年发布《公路工程标准施工招标文件》(2009年版)，于2009年8月1日起实施，均采用工程量清单计价模式。

第三节 工程造价管理

工程造价管理是指为了实现工程造价管理目标而对工程造价工作过程进行的计划与预测、组织与指挥、监督与控制、教育与激励、挖潜与创新的综合性活动的总称。通过工程造价管理合理地确定工程造价和有效控制工程造价，以提高投资效益和施工企业的经营效果。工程造价管理包含两方面的含义：一是工程投资费用管理；二是工程价格管理。

工程投资费用管理是指为实现投资目标，在拟订的规划、设计方案的条件下，预测、确定和监控工程造价及其变动的系统活动，它属于投资管理范畴。而工程价格管理属于价格管理范畴。价格管理分为两个层次，即宏观层次和微观层次。在宏观层次上，价格管理是指政府根据社会经济发展的要求，利用法律、经济和行政手段对价格进行的管理和调控，以及通过市场管理规范市场主体价格行为的系统活动。在微观层次上，价格管理是指生产企业在掌握市场价格信息的基础上，为实现管理目标而进行的成本控制、计价和竞价活动。

一、工程造价管理的发展概况

(一)国外工程造价管理的发展特点

工程造价管理在国际上有着悠久的历史，在西方工业发达国家，特别是在英国，其工程造价管理经过近 400 多年的不断发展和完善，逐渐形成了系统、完善的管理机制和管理方法。通过工程造价管理的发展过程可见以下特点：

(1)从事后算账发展到预先算账，也就是从最初的只是消极地反映已完工程的价格，逐步发展到在工程开工前进行工程量计算和计价，进而发展到在初步设计时提出概算，在可行性研究时提出投资估算，为业主提供投资决策的重要科学依据。

(2)从被动地反映设计和施工发展到主动地影响设计和施工，即从最初只负责某个阶段工程造价的确定和结算，逐步发展到在投资决策阶段、设计阶段对工程造价作出预测和估算，并在设计和施工过程中对工程造价进行计算、监督和控制，实现了对工程建设全过程的造价管理，预算师自始至终要对工程造价管理负责。

(3)从依附于施工者或建筑师发展成为一个独立、公正的专业，并拥有自己的专业(工程造价管理)学会。

(4)从预算师各行其是逐步发展到全国制订统一的规则或办法来进行管理，如制订全国统一的工程量计算办法(规则)、成本分析方法、预算人员教育考核办法和职业纪律守则等进行管理。

(二)我国工程造价管理的变革

我国的工程造价管理是在特殊的历史条件下逐渐发展起来的，工程造价管理体制也在逐渐变革和完善。这种改革主要表现在以下几个方面：

(1)重视和加强项目决策阶段的投资估算工作，努力提高可行性研究报告投资估算的准确度，切实发挥其控制建设项目总造价的作用。

(2)进一步明确概预算工作的重要作用。概预算不仅要计算工程造价，更要能动地影响设计、优化设计，并发挥控制工程造价、促进合理使用建设资金的作用。工程设计人员要做很多方案的技术经济比较，通过优化设计来保证设计的技术经济合理性。

(3)推行工程量清单计价模式，以适应市场发展的需要和国际市场竞争的需要，逐渐与国际惯例接轨。

(4)把竞争机制引入工程造价管理体制，通过招标方式选择工程承包公司及设备材料供应单位，以促使这些单位改善经营管理，提高应变能力和竞争能力，降低工程造价。

(5)提出用“动态”方法研究和管理工程造价。研究如何体现项目投资额的时间价值，要求各地区、各部门工程造价管理机构要定期公布各种设备、材料、工资、机械台班的价格指数以及各类工程造价指数，要求尽快建立地区、部门乃至全国的工程造价管理信息系统。

(6)提出要对工程造价的估算、概算、预算、承包合同价、结算价、竣工决算实行“一体化”管理，并研究如何建立一体化的管理制度，改变过去分段管理的状况。

(7)发展壮大工程造价咨询机构，建立健全造价工程师执业资格制度。

我国工程造价管理体制改革的最终目标是：建立市场形成价格的机制，实现工程造价管理市场化，形成社会化的工程造价咨询服务业，从而与国际惯例接轨。

二、工程造价管理的目标和任务

1. 工程造价管理的目标

工程造价管理的目标是按照经济规律的要求，根据社会主义市场经济的发展形势，利用科学的管理方法和先进的管理手段，合理地确定工程造价和有效地控制工程造价，以提高投资效益和建筑安装企业的经营效果。

2. 工程造价管理的任务

工程造价管理的任务是：加强工程造价的全过程动态管理，强化工程造价的约束机制，维护有关各方的经济利益，规范价格行为，促进微观效益和宏观效益的统一。

三、工程造价管理的基本内容

工程造价管理的基本内容就是合理地确定工程造价和有效地控制工程造价。

1. 工程造价的合理确定

所谓工程造价的合理确定，就是在工程建设各个阶段采用科学的计算方法和切合实际的计价依据，合理确定投资估算、设计概算、施工图预算、承包合同价、结算价、竣工决算价。

(1)在项目建议书阶段，按照有关规定，应编制投资估算，经有权部门批准，作为拟建项目列入国家中长期计划和开展前期工作的控制造价。

(2)在可行性研究报告阶段，按照有关规定编制的投资估算，经有权部门批准，即为该项目国家计划控制造价。

(3)在初步设计阶段，按照有关规定编制的初步设计总概算，经有权部门批准，即为控制拟建项目工程造价的最高限额。

(4)在施工图设计阶段，按规定编制施工图预算，用以核实施工图阶段造价是否超过批准的初步设计概算。经承发包双方共同确认、有权部门审查通过的预算，即为结算工程价款的依据。

(5)对于以施工图预算为基础招标投标的工程，承包合同价也是以经济合同形式确定的建筑安装工程造价。

(6)在工程实施阶段要按照承包方实际完成的工程量,以合同价为基础,同时考虑因物价上涨所引起的造价提高以及在设计中难以预计而在实施阶段实际发生的工程和费用,合理确定结算价。

(7)在竣工验收阶段,全面汇集在工程建设过程中实际花费的全部费用,编制竣工决算,如实体现该建设工程的实际造价。

2.工程造价的有效控制

工程造价的有效控制,就是在优化建设方案、设计方案的基础上,在投资决策阶段、设计阶段、建设项目发包阶段和建设实施阶段,采用一定的方法和措施把建设工程造价控制在合理的范围和批准的造价限额以内,随时纠正发生的偏差,以保证项目管理目标的实现,从而在各个建设环节合理地使用人力、物力、财力,取得较好的投资效益和社会效益。

(1)建设工程造价控制目标的设置

控制是为确保目标的实现而服务的。一个系统若没有目标,就不需要、也无法进行控制。目标的设置是很严肃的,应有科学的依据。

工程项目建设过程是一个周期长、数量大的生产消费过程,建设者在一定时间内占有的经验知识是有限的,不但常常受科学条件和技术条件的限制,而且也受客观过程的发展及其表现程度的限制,因而不可能在工程项目刚开始就设置一个科学、固定的造价控制目标,而只能设置一个大致的造价控制目标,这就是投资估算。随着工程建设实践、认识、再实践、再认识,投资控制目标进一步清晰、准确,这就是设计概算、施工图预算、承包合同价和工程结算价等。也就是说,建设工程造价控制目标的设置应随着工程项目建设实践的不断深入而分阶段进行。具体来讲,投资估算应是设计方案选择和进行初步设计的建设工程造价控制的目标;设计概算应是进行技术设计和施工图设计的工程造价控制的目标;施工图预算或建安工程承包合同价则应是施工阶段控制建安工程造价的目标。造价控制的目标是一个有机联系的整体,各阶段目标相互制约、相互补充,前者控制后者,后者补充前者,共同组成工程造价控制的目标系统。

目标要既有先进性,又有实现的可能性,目标水平要能激发执行者的进取心,并充分发挥他们的工作能力。若目标水平太低,如对建设项目造价高估冒算,则对建设者缺乏激励性,建设者也没有发挥潜力的余地,目标形同虚设;若水平太高,如在建设项目立项时造价就留有缺口,建设者一再努力也无法达到,则可能因此而产生灰心情绪,使工程造价控制成为一纸空文。

(2)以设计阶段为重点的建设全过程造价控制

工程造价控制贯穿于项目建设全过程,但是必须突出重点。很显然,工程造价控制的关键在于施工前的投资决策和设计阶段,而在项目作出投资决策后,控制工程造价的关键就在于设计。据西方一些国家分析,设计费一般不足建设工程全寿命费用的1%,但正是这不足1%的费用,对工程造价的影响度占75%以上。由此可见,设计质量对整个工程建设的效益是至关重要的。

长期以来,我国普遍忽视工程建设项目前期工作阶段的造价控制,而往往把控制工程造价的主要精力放在施工阶段——审核施工图预算、合理结算建安工程价款、算细账。这样做尽管也有效果,但毕竟是“亡羊补牢”,事倍功半。要有效地控制建设工程造价,就要坚决把控制重点转到建设前期阶段上来,要抓住设计这个关键阶段,做到未雨绸缪,以取得事半功倍的效果。

在满足公路建设项目设计方案应有的公路技术等级标准及使用功能的前提下,可以运用价值工程分析方法通过对路线方案的调整、限额设计、标准化设计等措施来达到控制和降低工程造价的目的。

(3)主动控制,以取得令人满意的结果

一般说来,造价工程师在项目建设时的基本任务是对建设项目的建设工期、工程造价和工程质量进行有效的控制。为此,应根据业主的要求及建设的客观条件进行综合研究,实事求是地确定一套切合实际的衡量准则。只要造价控制的方案符合这套衡量准则,能取得令人满意的结果,则应该说造价控制达到了预期的目标。

长时期来,人们一直把控制理解为目标值与实际值的比较,当实际值偏离目标值时,分析其产生偏差的原因,并确定下一步的对策。显然,在工程项目建设全过程进行这样的工程造价控制当然是有用的。但问题在于,这种立足于调查—分析—决策基础上的偏离—纠偏—再偏离—再纠偏的控制方法,只能发现偏离,不能使已产生的偏离消失,不能预防可能发生的偏离,因此只能说是被动控制。自20世纪70年代初,人们将系统论和控制论研究成果用于项目管理以来,实现了将"控制"立足于事先主动地采取决策措施,以尽可能地减少甚至避免目标值与实际值偏离的转变。这是主动、积极的控制方法,因此被称为主动控制。也就是说,工程造价控制不仅要反映投资决策,反映设计、发包和施工,被动地控制工程造价,更要能动地影响投资决策,影响设计、发包和施工,主动地控制工程造价。

(4)技术与经济相结合是控制工程造价最有效的手段

要有效地控制工程造价,应从组织、技术、经济、合同与信息管理等多方面采取措施。从组织上采取的措施,包括明确项目组织结构,明确造价控制者及其任务以使造价控制有专人负责,明确管理职能分工;从技术上采取措施,包括重视设计多方案选择,严格审查监督初步设计、技术设计、施工图设计、施工组织设计,深入技术领域研究节约投资的可能;从经济上采取措施,包括动态地比较造价的计划值和实际值,严格审核各项费用支出,采取对节约投资的有力奖励措施等。

应该看到,技术与经济相结合是控制工程造价最有效的手段。长期以来,在我国工程建设领域,技术与经济相分离。许多国外专家指出,中国工程技术人员的技术水平、工作能力、知识面跟外国同行相比几乎不分上下,但他们缺乏经济观念,设计思想保守,且我国的设计规范、施工规范落后。国外的技术人员时刻考虑如何降低工程造价,而中国技术人员则把它看成是财会人员的职责,认为与自己无关。而财会、概预算人员的主要责任是根据财务制度办事,他们往往不熟悉工程知识,也较少了解工程进展中的各种关系和问题,往往单纯地从财务制度角度审核费用开支,难以有效地控制工程造价。为此,迫切需要以提高工程造价效益为目的,在工程建设过程中将技术与经济有机结合,通过技术比较、经济分析和效果评价,正确处理技术先进与经济合理两者之间的对立统一关系,力求在技术先进的条件下经济合理,在经济合理基础上的技术先进,把控制工程造价观念渗透到各项设计和施工技术措施之中。

工程造价的确定和控制之间,存在相互依存、相互制约的辩证关系。首先,工程造价的确定是工程造价控制的基础和载体。没有造价的确定,就没有造价的控制;没有造价的合理确定,也就没有造价的有效控制。其次,造价的控制应贯穿于工程造价确定的全过程,造价的确定过程就是造价的控制过程。只有通过逐项控制、层层控制,才能最终合理地确定工程造价。最后,确定造价和控制造价的最终目的是统一的,即合理使用建设资金,提高投资效益,遵守价格运动规律和市场运行机制,维护有关各方合理的经济利益。

四、工程造价管理的工作要素

工程造价管理围绕合理确定和有效控制工程造价这个中心，采取全过程全方位的管理方针。其具体的工作要素（即主导环节）可大致归纳为以下各点：

(1)可行性研究阶段对建设方案认真优选，编好、定好投资估算，考虑风险，打足投资；

(2)从优选择建设项目的承建单位、咨询（监理）单位、设计单位，搞好相应的招标；

(3)合理选定工程的建设标准、设计标准，贯彻国家的建设方针；

(4)按估算对初步设计（含应有的施工组织设计）推行限额设计，积极、合理地采用新技术、新工艺、新材料，优化设计方案，编好、定好概算，打足投资；

(5)对设备、主材进行择优采购，抓好相应的招标工作；

(6)择优选定建筑安装施工单位、调试单位，抓好相应的招标工作；

(7)认真控制施工图设计，推行“限额设计”；

(8)协调好与各有关方面的关系，合理处理配套工作（包括征地、拆迁、城建等）中的经济关系；

(9)严格按概算对造价实行静态控制、动态管理；

(10)用好、管好建设资金，保证资金合理、有效使用，减少资金利息支出和损失；

(11)严格合同管理，做好工程索赔价款结算；

(12)搞好工程的建设管理，确保工程质量、进度和安全；

(13)强化项目法人责任制，落实项目法人对工程造价管理的主体地位，在法人组织内建立与造价紧密结合的经济责任制；

(14)社会咨询（监理）机构要为项目法人积极开展工程造价提供全过程、全方位的咨询服务，遵守职业道德，确保服务质量；

(15)各造价管理部门要强化服务意识，强化基础工作（定额、指标、价格、工程量、造价等信息资料）的建设，为建设工程造价的合理确定提供动态的可靠依据；

(16)各单位、各部门要组织造价工程师的选拔、培养、培训工作，促进人员素质和工作水平的提高。

五、工程造价管理的组织

工程造价管理的组织是指为了实现工程造价管理目标而进行的有效组织活动，以及与造价管理功能相关的有机群体。它是工程造价动态的组织活动过程和相对静态的造价管理部门的统一。具体来讲，主要是指国家、地方、部门和企业之间管理权限和职责范围的划分。

思 考 题

1. 价格的构成有哪些部分？
2. 简述工程造价的特点。
3. 工程造价的构成包括哪些部分？
4. 简述工程造价管理的目标与任务。
5. 简述工程造价管理的基本内容。

第二章　概预算的编制

第一节　概预算概述

公路工程基本建设项目一般采用两阶段设计，即初步设计和施工图设计。采用两阶段设计的建设项目，初步设计编制设计概算，施工图设计编制施工图预算。对于技术简单、方案明确的小型建设项目，可采用一阶段设计，即一阶段施工图设计。对于技术上复杂而又缺乏经验的建设项目或建设项目中的个别路段、特殊大桥、互通式立体交叉、隧道等，必要时采用三阶段设计，即初步设计、技术设计和施工图设计，在技术设计阶段，编制修正概算。

设计概算或修正概算是初步设计文件或技术设计文件的重要组成部分。设计概算或修正概算应根据交通运输部现行的《公路工程基本建设项目概算预算编制办法》、《公路工程概算定额》和《公路工程预算定额》进行编制，严格控制在批准的建设项目可行性研究报告投资估算允许幅度范围内。概算经批准后是基本建设项目投资的最高限额，是编制建设项目计划、签订建设项目总包合同、实行建设项目包干、控制预算、考核设计经济合理性和建设成本的依据。设计单位应按不同的设计阶段编制概算和修正概算。编制概算或修正概算，应全面了解工程所在地的建设条件，掌握各项基础资料，正确引用规定的定额、取费标准、工资单价和材料设备价格进行编制，使概算能完整、准确地反映设计内容。

当建设项目采用两阶段或三阶段设计时，施工图预算是初步设计概算或技术设计修正概算的进一步深化。设计概算经批准后，建设项目的设计方案即被确定下来，概算的总投资额即成为国家编制建设计划、控制投资的依据，也是工程建设项目投资的最高限额。施工图预算要控制在初步设计概算或技术设计修正概算所确定下来的建设规模、技术标准、建筑结构、施工方案的范围内进行编制，不能任意突破已批准的概算。如果单位工程预算突破相应的概算，应分析原因，对施工图设计中不合理的部分进行修改，对合理的部分应在总概算投资范围内调整解决。

施工图预算一般应由具备一定资质等级的设计单位和持有政府管理机关、工程造价管理部门正式颁发的工程造价编审资格证书的人员负责编制。设计单位必须保证设计文件的完整性和施工图预算编制的正确性，要不断提高施工图设计的水平，避免在施工过程中过多地修改设计引起工程造价的增高。建设单位应加强项目管理，严格控制施工过程中的变更设计，避免通过变更设计提高建设项目的标准，扩大建设规模。要坚持按基本建设程序办事，重大变更设计必须报原批准机关批准，使施工图预算真正得到有效控制，把初步设计或技术设计的意图落到实处。施工图预算的编制要严格执行国家的方针政策和有关规定，符合公路设计、施工技术规范。文件应达到的质量要求是：符合规定、结合实际、经济合理、提交及时、不重不漏、计算正确、字迹清晰、装订整齐。

一、概预算的作用

(一)设计概算的作用

设计概算是反映建设项目设计内容全部费用的文件,是初步设计文件的重要组成部分,是工程造价管理工作的重要环节。因此,深入熟悉和掌握设计概算编制的原则和方法以及国家有关规定,对提高设计概算编制质量,节约建设资金,适应建立市场经济的要求,加强宏观调控,充分发挥投资效益,具有十分重要的现实意义。

设计概算是设计文件的重要组成部分,是在投资估算的控制下由设计单位根据初步设计(或扩大初步设计)图纸、概算定额(或概算指标)、各项费用定额或取费标准(指标)、建设地区自然、技术经济条件和设备、材料预算价格等资料编制和确定的建设项目从筹建至竣工交付使用所需全部费用的文件。设计概算包括文字说明及各种计算表格。根据国家规定,初步设计必须要有概算,由设计部门负责编制,并对其编制质量负责。设计概算一经批准,就是建设项目投资的最高限额,具有一定的约束力,必须严格控制、认真执行,以确保建设项目的顺利实施。

设计概算的作用主要有以下几点:

(1)设计概算是确定建设项目总投资的依据。它是建设项目从筹建到竣工交付使用所需的全部费用的文件,一经批准,不得随意改变。

(2)设计概算是编制基本建设计划的依据。国家确定基本建设计划的投资规模和投资方向,对国民经济各部门进行投资分配,都是以设计概算为依据的。所以,没有批准的概算,不得列入年度基本建设计划。

(3)设计概算是签订建设项目总包合同,实行建设项目包干,订购主要材料、设备,安排重大科研项目,联系征用土地、拆迁等建设前期准备工作的依据。根据建设实践经验,做好建设前期的各项准备工作,可以少走弯路,有利于保证建设工程的顺利实施。

(4)设计概算是分析比较设计方案和考核设计经济合理性的依据。要衡量建设项目的设计方案是否经济合理,必须以设计概算为依据。由于工程的千差万别,根据实物量指标是无法进行比较的,因此必须根据建设工程以货币表现的设计概算及其价格,即概算文件反映的各项技术经济指标,将其与同类工程或各种设计方案进行对比分析,评价其经济合理性,从而避免浪费,促进设计质量的提高。

(5)设计概算是考核建设工程成本的依据。在建设工程竣工后,通过设计概算与竣工决算的"两算"对比,检查分析建设工程成本的执行情况,总结经验教训,从而不断提高投资效益和管理水平。

(6)设计概算是控制施工图预算的依据。当进行技术设计时,设计概算是控制修正概算的依据。若以初步设计进行施工招标,设计概算还是控制标底的依据(标底必须控制在概算的范围内)。此外,设计概算也是做好项目管理的基础。

(二)施工图预算的作用

当前建设项目的实施办法多种多样,由于建设项目的建设规模、施工技术要求、投资性质、管理层次等的不同,有采用招标、议标方式招标施工单位,以及以行政手段来分派施工任务等不同形式。若建设项目实行招标承包施工时,则经批准的初步设计概算或经审查的施工图预算,是编制招标标底的依据;若以行政手段分派施工任务时,一般都以审定的施工图预算作为承包施工和结算工程价款的依据。施工图预算不仅为办理工程价款的拨付和结算提供依据,更重要的是能够促进施工企业进行经济核算和企业管理。从某种意义上来讲,施工图预算也可促使设计部门提高设计水平、改进设计方案,从而为基本建设投资管理、核算和监督提供依据。因此,不断提高施工图预算的编制质量,对加强基本建设管理、提高投资效益都具有重要的意义。

施工图预算是由设计单位在施工图设计完成后,根据施工图设计图纸、现行预算定额、费用定额以及地区设备、材料、人工、施工机械台班等预算价格编制和确定的建筑安装工程造价的文件。施工图预算是施工图设计文件的重要组成部分,根据交通运输部现行的《公路工程基本建设项目概算预算编制办法》及《公路工程预算定额》进行编制,是组织建设项目实施的指导性文件,是考核施工图设计经济性、合理性的依据,是衡量投标报价合理性的重要依据。施工图预算应控制在批准的初步设计总概算范围内。

1.施工图预算作为承包施工任务的依据

当施工图预算作为承包施工任务的依据时,它有以下几点作用:

(1)施工图预算是施工单位组织施工的依据

施工图预算编制的主要目的,就是为了指导建设项目进行施工。施工单位在组织施工时,应根据施工图预算计算出来的各项工程的工程量编制施工组织计划,预算中提供的材料、半成品、各种构件的用量、品种、规格以及质量标准,是施工单位组织采购、加工、计划、供应的依据。预算中提供的人工、机械台班用量也是安排施工计划的依据。

(2)施工图预算是施工单位统计完成工程量的依据

因为施工单位在掌握工程进度时,除了要有工程量和形象进度外,还要有工作量,即以货币表现的工作量为依据,它是根据施工期内实际完成的各种工程量乘以相应的预算单价来计算的,是考核工程进度和完成计划的一个综合指标。

(3)施工图预算是施工企业进行经济核算的依据

施工图预算计算出来的工程单价是建筑安装工程产品的计划价格。为了取得较好的经济效益,施工企业必须在预算提供产品价格的范围内,通过加强经济核算,努力提高劳动生产率,降低人力、物力、财力的消耗,以达到降低成本的目的,从而为企业提供更多的积累和盈利。

(4)施工图预算是施工单位和建设单位进行工程结算的依据

审定的施工图预算经建设单位和施工单位承包合同确认后,是建设单位与施工单位进行工程结算的依据。单位工程竣工后或根据施工进度安排所完成的部分工程量的结算,都应以施工图预算中所确定的价格进行结算。

一个建设项目需要由审计单位进行审计时,也是以施工图预算作为依据的。

2.审定的施工图预算作为编制工程标底的依据

一个建设项目如果在审定后的施工图预算的基础上组织招标,施工图预算提供的工程量、人工、材料、机械台班用量是编制工程标底的依据。

建筑工程实行招标承包制,是我国市场经济发展的产物。施工招标的标底价格,属于商品价格的范畴,其价格不但要反映价值,还要反映供求关系,应是建筑工程的商品价格和市场价格的统一。它可以根据建筑业市场上的供求关系进行浮动,所以它不完全是按照预算的编制模式一统到底的,这与施工图预算是有区别的。但是就目前来说,工程标底的制订仍然是以工程预算为依据，按照编制施工图预算的原则和方法结合市场行情和招标工程的实际情况来编制的，但必须保证标底总额应控制在审定后的施工图预算范围以内。

3. 施工图预算是衡量设计方案是否经济合理的依据

施工图预算的编制也是对初步设计或技术设计进一步的具体和深化，施工图预算提供的总预算造价指标和各种分项工程的造价指标与以往的技术经济指标进行比较，进一步论证初步设计或技术设计所确定的设计方案、修建原则是否经济合理。同时，还应和初步设计概算或技术设计修正概算中的各项技术指标进行核对，以检查概算编制的质量和水平。这对于不断总结经验、提高设计的技术水平是非常重要的。

二、概预算的编制依据

公路工程概预算的编制是一项十分细致的工作，编制前应全面了解工程所在地的建设条件，掌握各种基础资料，正确引用规定的定额、取费标准和材料及设备价格。在编制时严格执行国家的方针、政策和有关制度，符合公路设计和施工技术规范。编制的主要依据如下：

(1)法令性文件。法令性文件是指编制概预算中所必须遵循的国家、交通运输部和地方主管部门颁布的有关法令性文件或规定，如交通运输部颁发的《公路工程基本建设项目概算预算编制办法》以及《公路工程基本建设项目设计文件编制办法》等。

(2)设计资料。概算文件应根据建设项目的初步设计文件(或扩大初步设计)编制，修正概算应根据技术设计文件编制，施工图预算则根据施工图设计文件编制。

概预算编制人员应熟悉设计资料、结构特点及设计意图。设计图纸上的工程项目数量往往不能满足概预算编制的要求，还需作出必要的计算或补充，对设计文件上提出的施工方案还需补充和完善。

(3)概预算定额，概算指标，取费标准，材料、设备预算价格等资料。概算文件应根据概算定额(或指标)，费用定额，材料、设备预算单价等资料进行编制。施工图预算应根据国家或主管部门编制的公路工程预算定额或其他专用定额、各省(自治区)编制的补充定额，费用定额，材料、设备预算单价等资料进行编制。

(4)施工组织设计资料。从施工组织设计中可以看出，与概预算编制有关的资料包括：工程中的开竣工日期、施工方案、主要工程项目的进度要求、材料开采与堆放地点，大型临时设施的规模、建设地点和施工方法等。

(5)当地物资、劳力、动力等资源可资利用的情况。本着因地制宜、就地取材的原则，对当地情况应作深入调查了解，经反复比较后确定最优成果。

①物资。外购材料要确定外购的地点、货源、质量、分期到货等情况；自采加工材料要确定料场、开采方式、运输条件(道路、运输工具及各种运输工具的比重、运价、装卸费等)、堆放地点等。

②劳力。当地各种技术工人及普通工人可以提供的数量、劳动力分布地点、工资标准及其他要求等，以及当地民工、建勤工的使用情况及工资标准等。

③动力。当地可供利用的电资源情况，包括提供的数量、单价以及可能出现的输变电线路及变压器问题等情况。

④运输。向当地运输管理部门或通过实地调查了解工程所在地各种运输工具可供利用的情况及运价、费率、装卸费及相关杂费的有关规定等。

(6)施工单位的施工能力及潜力。编制概算时,施工单位尚未明确,可按中等施工能力考虑。施工图预算,若已明确施工单位,就应根据施工单位的管理与技术水平,确定新工艺、新技术采用的可能程度,明确施工单位可以提供的施工机具、劳力、设备以及外部协作关系。

(7)了解当地自然条件及其变化规律,如气温、雨季、冬季、洪水季节及规律,风雪、冰冻、地质、水源等资料。

(8)其他工程及沿线设施,如旧有建筑物的拆迁,水利、电信、铁路的干扰及解决措施,清除场地,管理养护及服务设施等。

三、概预算费用的组成

根据《公路工程基本建设项目概算预算编制办法》(JTG B06—2007)的规定,公路工程概预算费用由建筑安装工程费,设备、工器具及家具购置费,工程建设其他费用,预备费共四大部分费用组成,如图 2-1 所示。

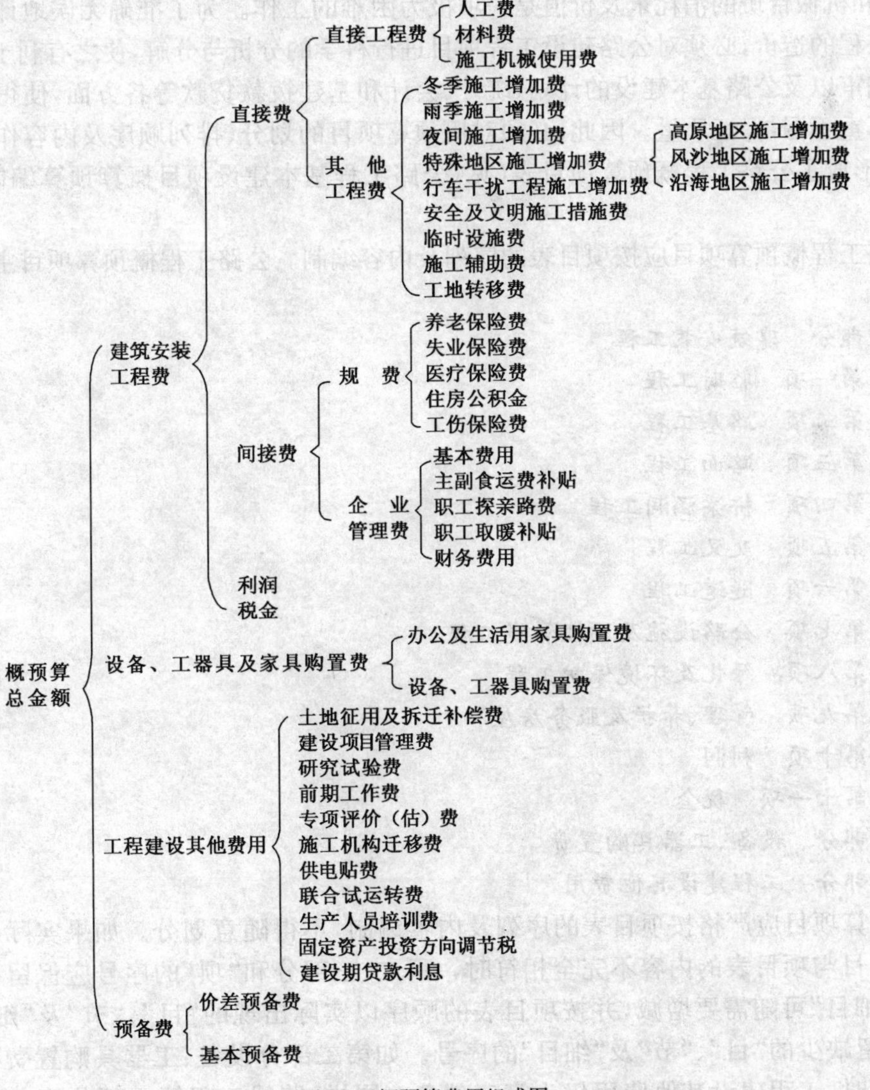

图 2-1 概预算费用组成图

四、概预算项目

公路建设工程从筹建至竣工、验收、运营使用的全过程中需要的建设费用是由建筑安装工程，设备、工器具购置及工程建设其他费用三部分组成。其中，设备、工器具及家具是一般工业部门生产的产品，购置活动属于价值转移性质；而工程建设其他费用多为费用性质的支付。这两部分费用可分别按国家规定的有关费用标准和相应的产品价格直接计算，较容易确定。而建筑安装工程则不同，如第一章第二节所述，工程造价的计价具有按工程构成分部组合计价的特点，要从基本的分项工程的各项消耗开始逐步扩大计算，其中包括直接、间接的消耗和建筑安装工人为社会所创造的价值。因此，公路工程概预算的主要组成部分是建筑安装工程的概预算价值。从一定意义上讲，编制公路工程概预算，主要是编制建筑安装工程概预算，它是编制公路工程概预算的关键。

建筑安装工程是由相当数量的分项工程组成的庞大复杂的综合体，直接计算出其全部人工、材料和机械台班的消耗量及价值是一项极为困难的工作。为了准确无误地计算和确定建筑安装工程的造价，必须对公路建设工程项目进行科学的分析与分解，使之有利于公路工程概预算的编审以及公路基本建设的计划、统计、会计和基建拨款贷款等各方面，使得编制概预算项目时不重不漏，保证质量。因此，必须对概预算项目的划分、排列顺序及内容作出统一的规定，由此形成了公路工程概预算项目表(见《公路工程基本建设项目概算预算编制办法》附录四)。

公路工程概预算项目应按项目表的序列及内容编制。公路工程概预算项目主要包括以下内容：

第一部分　建筑安装工程

第一项　临时工程

第二项　路基工程

第三项　路面工程

第四项　桥梁涵洞工程

第五项　交叉工程

第六项　隧道工程

第七项　公路设施及预埋管线工程

第八项　绿化及环境保护工程

第九项　管理、养护及服务房屋

第十项　利润

第十一项　税金

第二部分　设备、工器具购置费

第三部分　工程建设其他费用

概预算项目应严格按项目表的序列及内容编制，不得随意划分。如果实际出现的工程和费用项目与项目表的内容不完全相符时，一、二、三部分和“项”的序号应保留不变，“目”、“节”及“细目”可随需要增减，并按项目表的顺序以实际出现的“目”、“节”及“细目”依次排列，不保留缺少的“目”、“节”及“细目”的序号。如第二部分设备、工器具购置费在该项工程中不发生时，工程建设其他费用仍为第三部分。同样，路线工程第一部分第六项为隧道工程，第七项为公路设施及预埋管线工程，若路线中无隧道工程项目，但其序号仍保留，公路设施及预埋管线仍为第七项。但如“目”、“节”及“细目”发生这样的情况时，可依次改变序号。路线建设项目中互通式立体交叉、辅道、支线，如工程规模较大时，也可按概预算项目表单独编制建筑安装工程，然后将其概预算建筑安装总金额列入路线的总概预算表中相应的项目内。

五、概预算文件组成

概预算文件由封面及目录，概预算编制说明及全部概预算计算表格组成。

(一)封面及目录

概预算文件的封面和扉页应按《公路工程基本建设项目设计文件编制办法》中的规定制作，扉页的次页应有建设项目名称，编制单位，编制、复核人员姓名并加盖执业(从业)资格印章，编制日期及第几册共几册等内容。目录应按概预算表格的表号顺序编排。

(二)概预算编制说明

概预算编制完成后，应写出编制说明，文字力求简明扼要。叙述的内容一般有：

(1)建设项目设计资料的依据及有关文号，如建设项目可行性研究报告文号、初步设计和概算批准文号(编制修正概算及预算时)，以及根据何时的测设资料及比选方案进行编制的等。

(2)采用的定额、费用标准，人工、材料、机械台班单价的依据或来源，补充定额及编制依据的详细说明。

(3)与概预算有关的委托书、协议书、会谈纪要等的主要内容(或将抄件附后)。

(4)总概预算金额，人工、钢材、水泥、沥青、木料的总需要量情况，各设计方案的经济比较，以及编制中存在的问题。

(5)其他与概预算有关但不能在表格中反映的事项。

(三)概预算表格

概预算文件的主要内容和组成部分是概预算表格，它实际上是由一套规定的表格所组成。公路工程概预算应按统一的概预算表格计算。概预算表格是一个有机的整体，各表格互相联系，共同反映出工程的费用。概预算的材料和机械台班单价及各项费用的计算都应通过表格反映。各种表格的计算顺序及相互关系如图 2-2 所示。

(四)甲组文件和乙组文件

概预算文件是设计文件的组成部分，应按《公路工程基本建设项目设计文件编制办法》关于设计文件报送份数的要求，随设计文件一并报送。

概预算文件按不同的需要分为两组：甲组文件为各项费用计算表；乙组文件为建筑安装工程费各项基础数据计算表，只供审批使用。乙组文件表格征得省、自治区、直辖市交通厅(局)同意后，结合实际情况允许变动或增加某些计算过渡表式。不需要分段汇总的，可不编总概(预)算汇总表。

概预算应按一个建设项目，如一条路线或一座独立大(中)桥、隧道进行编制。当一个建设项目需要分段或分部编制时，应根据需要分别编制，但必须汇总编制“总概(预)算汇总表”。

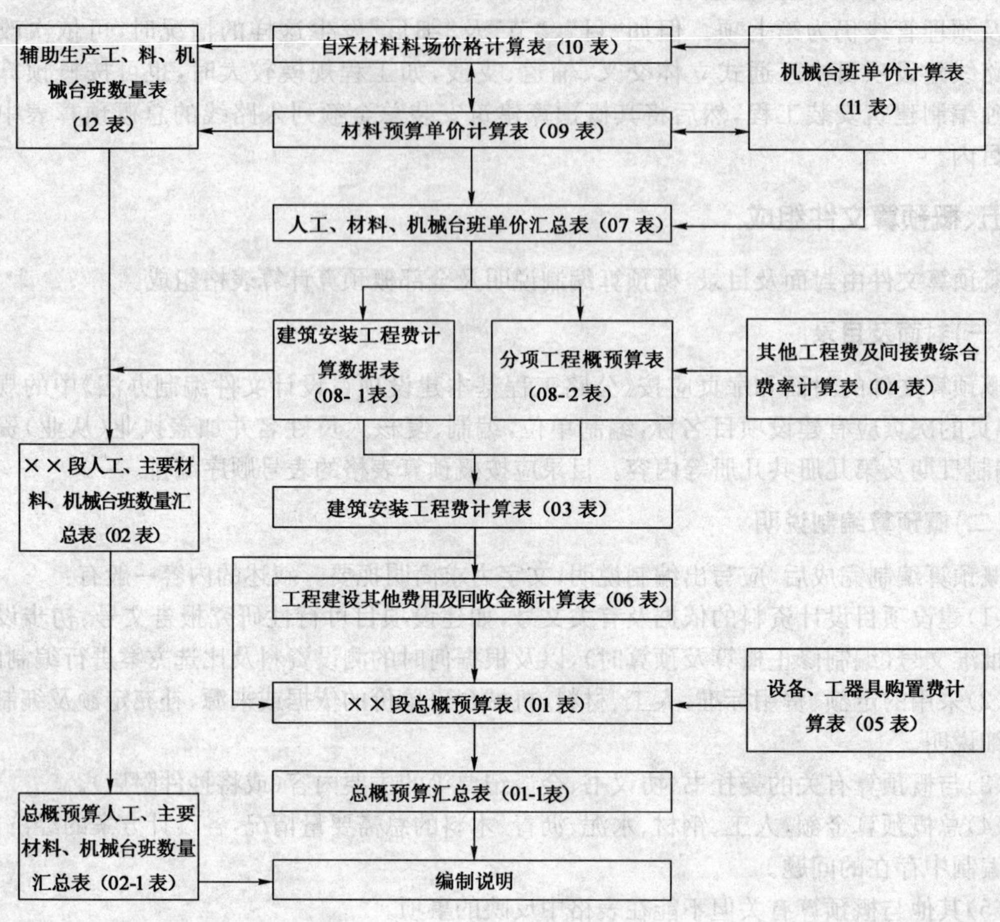

图2-2 各种表格的计算顺序及相互关系图

甲、乙两组文件包括的内容如下：

甲组文件：
- 编制说明
- 总概(预)算汇总表(01-1表)
- 总概(预)算人工、主要材料、机械台班数量汇总表(02-1表)
- 总概(预)算表(01表)
- 人工、主要材料、机械台班数量汇总表(02表)
- 建筑安装工程费计算表(03表)
- 其他工程费及间接费综合费率计算表(04表)
- 设备、工器具购置费计算表(05表)
- 工程建设其他费用及回收金额计算表(06表)
- 人工、材料、机械台班单价汇总表(07表)

乙组文件：
- 建筑安装工程费计算数据表(08-1 表)
- 分项工程概(预)算表(08-2 表)
- 材料预算单价计算表(09 表)
- 自采材料料场价格计算表(10 表)
- 机械台班单价计算表(11 表)
- 辅助生产工、料、机械台班单价数量表(12 表)

六、施工方案对设计概算的影响

所谓施工方案，就是指按照科学和经济合理的原则，正确地确定兴建工程项目的施工顺序和施工方法，并选择适用的施工机械，结合建设条件，对标段划分(分段施工)、施工期限作出合乎实际的安排。根据建设实践经验，它是指导建设项目实施必不可少的技术经济文件，也是编制设计概算的主要依据之一。交通运输部颁发的《公路工程基本建设项目设计文件编制办法》特设立了专篇，规定编制施工方案时，应列出工程项目单位、数量，并按年和季度标示出各项工程的起止、浮动和衔接的时间。这些都是编制设计概算不可缺少的基础资料，它直接影响着工程进度、工程质量、施工安全和建设工程的成本，应在编制设计概算之前提出，以保证编制工作的顺利进行。

《公路工程概算定额》是按照合理的施工组织和一般正常的施工条件编制的，定额中所采用的施工方法和工程质量标准是以国家现行的公路工程施工技术规范及验收规范、质量评定标准及安全操作规程为依据的。施工方案主要是根据现场施工条件和遵循施工技术等的要求而进行的合理安排，这种安排将直接影响概算的编制及其总造价。

施工方案所确定的合理工期，是安排劳力、机具、设备及材料购入计划的依据，也是工程各项目进行全面施工安排的依据，更是判断项目中的重点工程安排得合理与否的主要根据。如项目中的大桥是整个工期的控制要素，首先考虑在枯水季节抢先修建水中基础，争取在洪水到来之前抢出水面，否则会增加围堰、筑岛、护筒等数量和相应措施，甚至延误工期，造成不应有的浪费和损失。在北方严寒的冬季，混凝土施工困难大，则安排不受气温影响的工程施工，以节省保温措施费用；上部的预制与安装工作则按流水作业的要求，在符合总工期要求的前提下进行安排，否则势必会增加临时工程。可见，结合现场客观情况，实事求是地编制施工方案，是项目工期、质量及合理确定工程造价的重要保证。

七、施工组织设计对预算的影响

施工组织设计和施工图预算是相互依存、相互影响的，确切地说，施工图预算的编制过程也是施工组织设计的过程。施工组织设计中的施工计划决定着施工图预算，而施工图预算又制约着施工组织设计。两者是辩证统一的关系，是相辅相成的。

从预算的组成来分析，预算主要是由建筑安装工程费，设备、工器具及家具购置费，工程建设其他费用，预留费等项组成。与施工组织设计关系最大的是建筑安装工程费，而建筑安装工程费又由直接工程费、其他工程费、直接费、间接费、利润和税金组成。就费用的计算过程来看，直接工程费的高低基本决定了建筑安装费的高低。从设计过程分析，只要降低了建筑安装工程的直接工程费，就达到了降低整个工程费的目的。

施工组织设计对预算的影响是多方面的，但主要是对直接工程费的影响，现就影响较大的主要因素进行分析和举例，说明施工组织设计在预算编制过程中的作用和影响，以求达到举一反三的目的。

(一)施工现场平面布置对预算的影响

施工现场平面布置是施工组织设计在空间上的综合描述，是施工组织设计的重要组成部分。它是在基础资料调查的基础上，结合建设工程的实际情况，按照一定的布置原则和方法，对建设工程在施工过程中的材料供应和运输路线、供电、供水、临时工程、工地仓库、生活设施、管理、机械设施、服务区、加油站、道班房、预制场、拌和场以及大型机械设备工作面的布置和安排。平面布置的确定，决定了预算中的直接费，如场内运输的价格、临时工程的费用以及租用土地费、平整场地费用等。在施工组织设计中应精心进行平面布置，从经济分析的角度反复比较技术上和经济上的合理性。平面布置一般应遵循以下原则：

(1)凡是永久性占用土地或需临时性租用土地的，应结合地形、地貌，在满足施工的前提下，选择交通便利、运输条件好、材料供应方便的地点，尽可能利用荒山、荒地，少占农田和场地平整、工程量小的地点布置。

(2)确定外购材料工地仓库和自采材料堆放点，预制场、拌和站的位置，应避免材料的二次倒运和减短材料的场内运距。以上平面位置的合理确定对材料的预算单价影响甚大，在设计中应该慎重考虑，多方比较。

(3)施工平面布置应与施工进度、施工方法等相适应，要重视保护生态环境。

(4)材料费在公路工程建设中占的比重很大，应给予足够的重视。据有关资料统计，其费用占建筑安装费的40%～50%，有的高达60%，因此合理选择材料、确定经济运距和运输方案是控制预算造价的重要手段，也是施工组织设计中的重点。公路施工建设中，虽然材料的品种多、规格不一，但根据工程消耗量分析，主要外购材料(如水泥、木材、钢材、沥青)和自采材料[如块片石、碎(砾)石、砂]等费用的高低取决于材料的原价、运距及可行的运输方法。材料费是影响经济成本的主要因素，要经过细致的计算方能得出合理经济的费用。如某平原微丘区二级公路施工图设计，通过外业勘察和调查，拟采用的路面结构的基层材料有：碎石、粉煤灰、矿渣、砂、土、水泥、石灰。经施工现场平面布置资料分析计算，得到了各种材料的预算价格。

路面基层的材料费与材料的原价、运距及选择的运输方式、拟采用的结构形式有关。如果在施工组织设计中进行分析比较，并据以确定路面的结构形式，就控制了材料费的高低，对整个造价的高低也会产生影响。因此，必须在结构上的合理条件下选取最经济的材料品种。

(二)施工工期对预算的影响

任何一个建筑产品都有一定的合理生产周期。应根据建设工程的实际情况，合理确定工程质量、工程费用、工程进度三者的关系。施工工期对工程质量和预算造价都有极大的影响，公路工程也不例外，如路基土石方施工在填方路段的自然沉陷一般需要1～2年；混凝土施工达到标准强度的时间一般为28天等。所以，在施工组织设计中，应按合理的工期进行劳动力的安排、材料的供应和机械设备的配置。根据长期的建设实践经验，工程质量、工程费用、工程进度三者之间存在如图2-3所示的辩证关系。

如图所示，A线表示工程进度与工程费用的关系曲线，B线表示工程进度与工程质量的关系曲线，C线表示工程质量与工程费用的关系曲线。从A、B、C三条曲线可以看出，当工程进

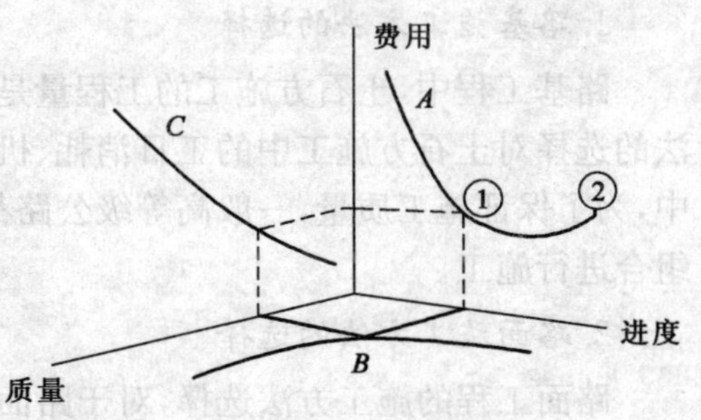

图 2-3　质量、费用、工程进度三者关系图

度加快，工程量完成得多，其工程费用低，工程质量差一些，见 A 线①点；但当安排进行突击性作业时，工程费用消耗反而增大，见 A 线②点，其质量就低劣。为了求得高质量，其工程进度就慢，工程费用就高。总之，三者相互制约，必须在保证工程质量的前提下，合理选择工程费用和安排工程进度，制订合理的施工工期，从而保证工程的顺利进行。

《交通部关于在公路建设中严格控制工期确保工程质量的通知》(交公路发[2004]309 号)指出，近年来一些地方和单位加快公路建设速度，不断压缩项目的前期工作周期和施工工期，加大了建设成本，给工程质量留下了隐患。鉴于此，提出以下几点：

(1)以科学发展为指导，处理好速度与质量的关系。各级交通主管部门要以科学发展为指导，立足当前，着眼长远，树立“百年大计，质量第一”的思想，正确处理发展速度与工程质量的关系，宁可速度慢一点，也要确保工程质量，保证公路建设的持续健康发展。

(2)保证合理建设工期，科学组织工程建设。公路建设是一项系统工程，建设工期包括预可、工可、初步测设、施工图测设以及必要的科研等前期工作时间和施工时间。合理工期应根据工程规模、建设难度、地形地质特点和气候条件等因素综合确定。对高速公路和特大桥梁建设的工期要求见表 2-1。

高速公路和特大桥建设工期要求　　表 2-1

工程情况	前期工作周期	施工工期
平原微丘区高速公路	24 个月以上	36 个月以上
山岭重丘区高速公路，技术复杂的特大桥	36 个月以上	48 个月以上
地质特别复杂的山岭重丘区高速公路，技术特别复杂的特大桥梁	48 个月以上	48 个月以上

路基工程应避免在冰冻期及雨季施工；桥涵等混凝土工程应避免在冰冻期施工；路面工程应避免在雨季和低温季节施工。

(3)落实管理责任，严格责任追究。各级交通主管部门要认真履行行业管理职责，加强监督检查，严格执行基本建设程序，按照合理的设计周期和施工工期组织工程建设。施工工期一旦确定，项目法人要按照确定的工期，组织设计、施工、监理等单位合理分配工，落实技术措施。施工单位要做好施工组织设计和合理调配施工机具、人员的工作，科学组织施工。设计单位要派驻地设计代表，积极配合施工单位，帮助其解决施工中出现的技术问题。各级质量监督部门和监理单位要认真履行职责，确保工程质量。任何单位或个人不得随意更改工期，不得要求施工单位提前工期，赶工献礼。对违反基本建设程序、擅自压缩工期、盲目赶工的，予以通报批评。对因赶工导致的质量和安全事故或造成财产损失的，要依法追究有关领导者的责任。

(三)施工方法的选择对预算的影响

在公路工程设计和建设中，施工方法的选择至关重要，必须依据工程条件和经济合理的原则进行多方面的比较。随着施工工艺、施工技术的不断发展和更新，要求设计人员根据工程的条件，选择经济又适用的施工方法。

1. 路基施工方法的选择

路基工程中，土石方施工的工程量是施工组织设计中控制预算造价的主要因素。施工方法的选择对土石方施工中的工日消耗、机械台班消耗有很大影响。目前在公路路基工程施工中，为了保证施工质量，一般高等级公路都采用机械化施工，而低等级公路一般采用人工、机械组合进行施工。

2. 路面施工方法的选择

路面工程的施工方法选择，对于路面基层主要有路拌和厂拌；对于面层施工主要有热拌、冷拌、贯入、厂拌等方法。各种施工方法的工程成本消耗各不相同，当路面基层结构一定时，选择不同的施工方法的每 1 000m^2 造价不一样。因此，应结合公路等级对路面的质量要求、路面工程规模和工期要求进行综合分析确定。

当高等级路面采用集中拌和自卸汽车运输摊铺机摊铺时，其机械设备的能力应配套，即拌和能力与摊铺能力相互适应，自卸汽车运输距离与车辆台数（车辆吨位）相互配套，以免停工待料或在汽车上积压过久，造成沥青混凝土温度不保或水泥混凝土初凝。

3. 构造物施工方法的选择

在公路建设工程中，通常将除路基土石方和路面工程以外的桥梁、涵洞、防护等各项工程，统称为构造物。由于其种类多，结构各异，又各有不同的技术经济特征和施工工艺要求，所以其施工方法各不相同。如石砌圬工是以人工施工为主，而混凝土工程采用木模或钢模，没有更多的施工方法可供优选。有些构造物各有特殊的专业施工方法，如有采用预制安装，这在工程设计时就已确定，如 T 形梁的安装，一般都采用导梁作为安装工具，箱形拱桥则要采用缆索来进行吊装，悬臂拼装就要配悬臂吊机等，这是从长期建设实践经验中积累完善起来的施工方法和配置的定型配套的安装工具。还有的采用支架现浇，如山区拱桥施工，竹木料较多采用木支架、拱盔现浇施工；大型的连续梁桥或连续刚构上部构造采用钢支架（三角挂篮）现浇施工等。当在一个建设项目中桥涵工程比较多时，在进行桥型结构设计时，要尽可能采用标准设计，避免结构形式上的多样化，这样既有利于施工，又可减少辅助工程费用。在进行施工组织设计时，则应尽可能按流水作业的原则安排施工进度计划，如某建设项目中有三座同跨径的石拱桥，支砌拱圈的工作应在总的控制工期内实行流水作业，确定各个桥的拱圈施工起建时间，从而提高拱盔支架的周转次数，达到降低工程造价的目的。另外，在混凝土构件的预制与安装工作中，也存在类似的情况，所以在编制施工组织设计时，要充分重视这些因素。这是有效控制工程造价的关键环节。

（四）运输组织计划对预算的影响

运输组织计划是施工组织设计中的一项重要内容，它不仅直接影响施工进度，而且在很大程度上也影响工程造价。为了确保施工进度计划的执行，力求最大限度地降低工程造价，要求编制出合理的运输组织计划。运输组织计划一般应达到下列要求：

(1)运距最短，运输量最小；

(2)减少运转次数，力求直达工地；

(3)装卸迅速和运转方便；

(4)尽量利用原有交通条件，减少临时运输设施的投资；

(5)充分发挥运输工具的载运条件。

在实际运作时，为达到上述要求，一般要经过必要的分析计算。如X、Y两个工地，X工地每天需要砂220m^3，Y工地每天需要砂140m^3，有A、B、C三个料场供应，每日产量各为120m^3，各料场运至工地的运费见表2-2。

表2-2

料　场	工地(元/m^3)	
	X	Y
A	21	24
B	23	19
C	20	20

试问应如何科学地确定合理的运输方案？

设A_X为由料场A运至工地X的砂量，A_Y为由料场A运至工地Y的砂量，B_X为由料场B运至工地X的砂量，B_Y为由料场B运至工地Y的砂量，C_X为由料场C运至工地X的砂量，C_Y为由料场C运至工地Y的砂量，则其最小运输费：

$$Z_{min}=21A_X+24A_Y+23B_X+19B_Y+20C_X+20C_Y$$

由条件：

$$A_X+A_Y\leqslant 120$$
$$B_X+B_Y\leqslant 120$$
$$C_X+C_Y\leqslant 120$$
$$A_X+B_X+C_X=220$$
$$A_Y+B_Y+C_Y=140$$
$$A_X A_Y B_X B_Y C_X C_Y\geqslant 0$$

以上线性规划可用单纯形法和计算机求解，其值即为合理的运输方案：

$A_X=120$　$A_Y=0$　$B_X=0$　$B_Y=120$　$C_X=100$　$C_Y=20$

所以 $Z_{min}=120\times 21+120\times 19+100\times 20+20\times 20=7\,200$(元)

这样砂的最低平均运价为：$7\,200\div(220+140)=20$ 元/m^3，达到了费用最省的目的。

第二节　概预算现场调查与资料搜集

在编制工程造价之前，造价工程师必须进行现场调查，收集有关资料。实践证明，现场调查往往能发现降低工程费用的更好的施工方法和结合实际的技术组织措施。因此，现场调查是编好工程造价的一个重要工作环节和必要手段。

熟悉设计图纸资料与现场调查是公路工程造价编制的两项重要工作，实际上这两项工作是互相交错进行的。在一般情况下，造价工程师随同勘察队勘察，除在勘察期间调查工程造价必须掌握的各种基础资料外，还应在熟悉设计内容的基础上，检验现场实施的可能性和经济的合理性，将有关编制工程造价所需的各种基础资料与设计内容相结合来开展调查工作。因此，根据编制公路工程造价的要求，应进行各项现场调查并搜集相关的资料。

一、调查的目的与要求

1. 目的

公路工程建设项目初步设计阶段要进行初测，技术设计阶段要进行补充实测，施工图设计阶段要进行定测。无论哪个外业勘测阶段，都要进行不同深度的施工组织资料和概预算资料调查，一般这两种资料调查是同时进行的。也就是说，概预算工作是和工程勘测设计同时开始、同步进行的。

概预算资料调查是指为了使工程概预算能够起到控制投资和指导施工的作用而进行的勘察、收集、研究有关资料的活动。

进行概预算资料调查的根本目的是为编制概预算文件提供必要的切实的各项资料。

2. 要求

概预算资料调查的范围和内容必须满足《公路工程概算定额》、《公路工程预算定额》、《公路工程基本建设项目概算预算编制办法》及各省、自治区、直辖市、中央各部委、地方政府所发布的有关规定。

概预算资料调查的作业应符合《公路勘测规范》(JTG C10—2007)的规定。

在整个概预算工作中，概预算资料调查是一项很重要的基础工作，是概预算工作的第一步。该项工作的优劣、深浅，直接影响概预算工作质量的好坏及工程造价的高低，甚至还影响下一步工作的进行。公路工程概预算的第一部分建筑安装工程费用是用工料机分析法进行计算的，不通过材料原价、运距、运杂费等的调查就无法进行预算价格计算，也就无法进行分项工程造价计算，即便是第三部分费用，没有调查资料也无法计算。同时，概预算资料调查还起着向设计人员提供信息、影响设计的作用。所以说，概预算资料调查是公路工程设计的一部分，是概预算工作的关键性的第一步，是工程造价管理在整个公路工程建设中的第一关。

概预算资料调查的主要内容一般分为：筑路材料调查和相应的运杂费调查；征用土地及附着物拆迁赔偿调查；工点位置和临时工程调查；土质、地质、地形、地貌一般调查；其他概预算资料调查等。

编制设计阶段的施工组织文件和概预算文件的调查活动，是在勘察设计阶段由勘测队中的"调查组"负责进行调查的。编制施工阶段的施工组织设计文件和施工预算的调查工作，是在施工准备阶段由施工单位的调查组结合恢复路线工作进行调查的。在勘察设计阶段进行的调查，具有勘察、调研的性质；而在施工阶段所进行的调查，则具有复查和补充的性质。但两者的内容和方法基本上是一样的。

调查方法，主要根据《公路勘测规范》及各省有关规定，采取现场勘测、走访、座谈、信函等方式进行。

调查的深度和广度，除满足《公路工程基本建设项目概算预算编制办法》的要求外，还应满足地方政府及有关部门的各项规定。

调查工作的基本要求是：座谈有纪要，协商有协议，调查有证明。政策规定应索取书面资料或复印件。特别要注意的是，所有资料均要真实可靠、手续健全、措辞严谨且具有法律效应。

取得全面、正确的调查资料，不仅是编制施工组织文件和概预算文件的需要，而且是确保工程按时开工和顺利进行的前提条件。资料调查与技术工作是同样重要的两个方面。由于各级政府的有关规定非常多，特别是调查结果涉及"千家万户"的利益，而且既有技术问题、经济问题，又有法律问题，所以调查工作十分烦琐，需要细致、耐心，稍有疏忽，就会给随后的工作造成麻烦，甚至使工程受到经济损失。为此，必须掌握调查的内容和方法，从而高质量地完成资料调查任务。

二、初测阶段的资料调查

初测阶段的概算资料调查，应按《公路勘测规范》的有关规定进行，同时应在可行性研究阶段踏勘勘测调查资料的基础上进行（无此阶段除外）。

（一）准备工作

在初测阶段进行外业勘测之前，应做好资料调查的准备工作，主要有：

（1）收集和学习有关文件、规定、工具书等资料。

①《公路工程基本建设项目概算预算编制办法》、《公路工程概算定额》、《公路工程预算定额》、《公路勘测规范》、《公路工程技术标准》、《公路工程机械台班费用定额》、《公路工程估算指标》等；

②各省交通厅关于《公路工程基本建设项目概算预算编制办法》的补充规定、各省关于"征用土地及拆迁补充标准"、各省关于"征占地管理费收费标准"、各省公布的"土地管理暂行办法"等。

（2）各省交通厅关于"公路工程生产工人的工日工资标准"的规定，现行年度或季度"公路工程材料价格信息"、"公路工程材料火车运杂费标准"、"公路工程材料汽车运杂费标准"等。

（3）准备各种调查表格、协议，检查各种外业测量设备及调查工作用具。

（二）社会条件调查

社会条件是指建设工程所在地的政治、历史、区情、风俗以及社会、经济的发展情况，它对建设工程的顺利实施有着极其重要的影响，对此应进行必要的调查了解。

（三）自然条件调查

自然条件包括沿线地形、地质、水文、气候等，是直接影响建设工程实施可能性的重要因素，必须进行充分、细致的调查研究。凡遗漏或不全的，均应加以补充和完善。要认真细致，务必使所搜集的资料真实可靠。

1. 地形情况

地形情况，包括地貌、河流、交通及附近建筑物、构筑物等情况。由于公路是一种线形建筑工程，往往要穿越各种各样的地带，如城镇居民地区，地形起伏不定、河流纵横交错的复杂地区，或是沙漠、草原、原始森林或地质不良的地区。此外，在实施过程中或建成后，可能遭遇到山洪、冰川、雪崩和塌陷等自然灾害的影响。通过深入调查研究，做到情况明确，就能从实际出发，确定合理可靠的设计方案和工程造价，从而避免建设资金的浪费和对人们的生产、生活产生不利的影响。

2. 土壤地质情况

土壤地质情况，如土壤的性质和类别，不良地质地区的特征，泥石流、滑坡以及地震级别等。其中，土的类别等是计价的信息资料，如果有误，就会使工程造价脱离实际，影响工程的顺利实施。

3. 水文资料

水文资料，包括河流的流量、流速、漂浮物情况、水质、最高洪水位、枯水期水位，以及地下水等。这些都是确定编制工程造价及安排施工计划的客观依据，应深入群众中了解收集。

4. 气象资料

气象资料，如气温、季节风、雨量、积雪、冰冻深度等情况，以及雨季和冬季的期限。应向沿线气象部门调查收集所需资料,若与概预算编制办法中有关冬雨季的规定要求有较大出入时,可作为调整计算冬雨季费用的依据。

(四)施工条件调查

施工条件调查主要包括以下三个方面。

1.施工单位和施工方式的调查

在初测阶段,如果设计任务书未明确施工单位,则应向建设单位了解本工程是采用招标方式还是采用其他方式确定施工单位,同时要向建设单位调查确定是采用专业队伍施工还是采用专业队伍与民工建勤结合或全部采用民工建勤,必须明确编制概预算的有关原则。

2.施工单位的施工能力调查

无论采用何种方式施工,均应调查施工单位的施工能力,即可投入的劳动力、机械、设备及其他施工手段等。

3.施工机构所在地址调查

当施工单位确定后,应调查施工机构所在地址、迁移到本工程现场的运输方式和距离等。

(五)技术经济条件调查

诸如技术物资、生活资料、劳务、社会运力、市场行情,以及当地政府颁布的经济法规等多方面的经济信息,是工程计价极其重要的信息资料,应做到资料准确,某些资料尚应取得协议书面文件。

1.运输道路情况

工程施工时,沿线可资利用的场地、运输道路和桥梁在使用前和使用过程中必要的改建加固和维修,以及需要支付的补偿费等情况。除应收集各项具体数据外,一般应与物主取得协议。

2.建筑材料

工程所在地的各种建筑材料的供应能力、流通渠道、供应地点、规格质量是否符合工程设计要求,砂石材料若能自行开采,则应探明储存量和开采条件,当地有无工业废料(如粉煤灰),以及数量、质量、价格及其利用的可能性等情况。一般应绘制运距示意图,作必要的文字说明,并按表2-3的内容和要求进行搜集调查。

筑路材料调查表

建设项目名称　　　　　　　　　　　　　　　　　　　　　　　　　　表2-3

材料名称	规格	单位	单价	供应地点	供应量	运输方式	运距	上路桩号

调查者:　　　　　　　　　　　　　　　　　　　　　　　　　　年　月　日

为了建立和完善工程价格信息资料的管理机制,规范工程计价行为,以利加强宏观调控,近年来全国各省、自治区、直辖市的公路造价管理部门根据国家赋予造价管理的行政职能,定期发布指令性的建筑材料价格信息。因此,在进行建筑材料价格的调查时,原则上应以此为依据,结合所收集的建设工程所在地的价格信息资料,征询建设单位的意见,进行必要的分析研究,合理取定。

3.运输条件

当地可能提供的运输方式(如汽车、火车、船舶等)、能力、转运情况,以及运杂费标准,如过路费、过桥费、各种装卸费、养路费和车船使用税征收标准等。除应向当地交通运输主管部门调查了解外,还应注意运输市场情况的调查研究,并按表2-4和表2-5的内容和要求进行搜集调查。

运输条件调查表

建设项目名称　　表2-4

车辆种类	台　数	出车单位	运价率	说　明

调查者:　　年　月　日

运价调查表

建设项目名称　　表2-5

所运物资类别	运输路线	运输方式	运价率	装卸费率	运杂费率	其他杂费	说　明

调查者:　　年　月　日

4.工资标准

一是要调查建设工程所在地可资利用的社会劳动力资源的情况,如数量、技术水平、分包的可能性;二是要收集工人工资的资料。人工费的单价也同上述材料价格一样,是由各地的公路(交通)工程定额(造价管理)站统一发布的。但是有些特殊的规定,如地区生活补贴、特殊津贴等,是否已包括在统一的单价内,要注意调查了解有关这些方面的情况和规定,以免遗漏。

5.用水、用电

当地供水、供电能力和管线设施情况、收费标准以及提供通信的可能程度。个别地区供水、供电对工程造价有较大的影响,应尽可能做好各项相关资料的收集工作。

6.生活资料

如主副食、日用生活品的可供情况,以及医疗卫生、文化教育、消防治安等社会服务机构的支援能力,并按表2-6的内容分段调查登记,从而计算主副食运费补贴综合里程提供依据。

主副食运输调查表

建设项目名称　　表2-6

序　号	名　称	供应地点	供应比重(%)	运　距	备　注

调查者:　　年　月　日

注:主副食若有多个供应点,应分别填写,并注明其供应比重。

7.市场行情

要通过对市场情况的调查,了解其发展趋势,进行综合预测,确定年工程造价增长率,以便计算价差预备费。

8. 筹资方式

应向工程建设主管部门或建设单位了解兴建工程筹集建设资金的方式，若为贷款项目，则应明确所需贷款总额、资金来源、年利率、建设年限、当年是否计息以及年度贷款的分配比例等，以便计算建设期的贷款利息。

9. 实施方法

要向工程建设主管部门或建设单位了解建设项目是否实行招标，对施工单位应具备的资质等级的要求和初步选定施工单位的意向，以及施工方案、标段的划分和机械化程度等。这不仅是确定工地转移费用的依据，也是取定其他各项有关计价依据的重要条件。因此，既要考虑施工单位的承受能力，也要考虑市场竞争的影响因素。总之，要正确处理好两者之间的关系。

10. 征地、拆迁

要向沿线当地人民政府的土地管理部门调查了解工程建设征用和租用的土地，被征用土地上青苗的铲除，经济林木的砍伐，房屋、水井等建筑物的拆除，应予支付补偿的标准，以及土地征收管理费、耕地占用税的有关规定。同时，要收集近三年各种农作物的平均年产量、人均占有耕地亩数、农作物的市场价格等资料。至于电力、电信设施的迁移，以及水利工程、铁路及铁路设施互相干扰时，应与有关部门联系，商定合理的解决方案和赔偿标准。

由于征地、拆迁涉及面广，对人们的生产、生活会产生极大的不利影响，应认真细致地按照表2-7～表2-11的内容和要求做好现场调查和资料的收集工作。此外，由于确定公路征用土地的面积都是按照横断面双边需占地的宽度加上规定的预留宽度来计算的，往往存在一些田边、地角等不在计算范围内的情况，即一整块耕地被征用之后，尚剩下一个小角落不在被征用范围内，而客观上已无法再作为耕地使用。所以，在以往实际执行过程中，一般都将其一并计入征用补偿范围，故在现场调查时，也不可忽略这些情况。

征用土地补偿调查表

建设项目名称　　　　　　　　　　　　　　　　　　　　　　　　　　　　　　　　表2-7

县(市)名称	土地种类	土地等级	农作物种类	近三年平均产量(kg/亩)	农作物单价(元/kg)	备注

提供单位：　　　　　　　　　　　　调查者：　　　　　　　　　　　　年　月　日

砍伐经济林木补偿调查表

建设项目名称　　　　　　　　　　　　　　　　　　　　　　　　　　　　　　　　表2-8

县(市)名称	经济林木种类规格	单位	补偿单价(元)	备注

提供单位：　　　　　　　　　　　　调查者：　　　　　　　　　　　　年　月　日

迁移电力、电信线路补偿调查表

建设项目名称　　　　　　　　　　　　　　　　　　　　　　　　　　　　　　　　表2-9

县(市)名称	迁移线路种类	型号与规格	单位	补偿单价(元)	备注

提供单位：　　　　　　　　　　　　调查者：　　　　　　　　　　　　年　月　日

拆迁建筑物补偿调查表

建设项目名称　　表 2-10

县(市)名称	建筑物种类	规格标准	单　位	补偿单价(元)	备　注

提供单位：　　调查者：　　年　月　日

路线交叉调查表

建设项目名称　　表 2-11

中心桩号	被交叉道路名称等级	交叉形式	交　角	工 程 数 量				备　注

提供单位：　　调查者：　　年　月　日

11. 其他

除上述各项现场调查内容外，还有临时工程、研究试验等。研究试验应向工程建设主管部门或建设单位了解，并商定其内容、数量和费用。临时工程应按表 2-12 的内容要求进行调查，其中临时占用土地如需恢复耕种的，要了解分析复耕所需的费用，并将其计入工程造价。

路线交叉调查表

建设项目名称　　表 2-12

序号	工程名称	设置地点或桩号	规格标准	单　位	数　量	备　注
1	临时便道					
2	临时便桥					
3	电力线路					
4	电信线路					
5	大型场地					
6	轨道铺设					
7	输水线路					
8	临时用地					

调查者：　　年　月　日

（六）现场调查中书面协议和资料整理

在现场调查和收集资料过程中，凡涉及下列事项时，应取得书面协议文件。

(1)与地方政府就砂石料场的开采使用、运输以及取土场、弃土堆的意向协议。

(2)拆迁建筑物、构筑物，与物主协商的处理方案。

(3)与原有的电力、电信设施、水利工程、铁路及铁路设施互相干扰的处理方案。

(4)施工中利用电网供电的协议。

(5)当地环境保护对公路建设工程的特殊要求。

凡调查所收集的各种基础资料或协议，均应制作成书面文件，并装订成册，作为设计和造价文件的必要附件。

三、定测阶段资料调查

定测应根据批准的初步设计文件及确定的路线和有关构造物的布设方案，结合自然条件，通过实地放线和局部路线调整，测定路线线位及有关构造物的准确位置，并收集提供施工图设计所需的资料。为此，在定测阶段调查组的任务就是为编制施工图预算收集全面、准确的各项基础资料。

在定测阶段，由于进行放线测角、中桩测量、小桥涵勘测等，所以公路路线及构造物的空间位置已全部确定，从而为调查组具体落实施工图预算所需资料提供了客观条件。

在初测阶段，已对编制概算所需的资料进行了调查工作，取得了大量数据，签订了各种意向书(或协议书)。定测阶段要认真研究初测资料，在初测的基础上开展定测阶段的资料调查工作。

根据《公路工程基本建设项目概算预算编制办法》的规定，概算和预算除使用的定额、部分取费标准不同之外，两者在文件组成、项目组成、费用组成、编制程序、表格组成等方面基本上是相同的。为此，初测阶段资料调查与定测阶段资料调查在内容、方法方面也是基本相同的，只是在调查的深度、公证文件(协议、证明等)的形式上有所区别。总的来看，定测阶段的资料调查要比初测阶段的调查更加具体、更加落实、更加深入和可行。

定测阶段的具体调查任务，就是利用前面所述初测的各项调查成果，在确定的路线(或桥涵、构造物等)位置进行实地复查、补测、重测。对证明文件，在意向书的基础上，按工程实际进行现场勘验、谈判、洽商，最后签订正式协议书或其他证明文件。对于方案变化的，则应重新调查，也就是说定测阶段调查完全可以按前面所述的内容、方式以及表格等进行调查。下面仅就某些需要特别注意的问题进行介绍。

(1)施工单位调查，要争取落实具体施工单位，同时要相应地明确建制、机械化程度、驻地等有关问题(招标工程除外)。

(2)在筑路材料调查方面，要进一步落实材料料场、供应部门、供应的数量、品种、规格；要落实施工单位、社会、民间等方面的运力情况；进一步核实运输方式、运价率、运杂费。

(3)在征地补偿及拆迁补偿方面，首先要注意征地、拆迁在数量方面的准确性；其次应注意补偿金额要明确并予以落实，与有关部门或征占地用户的协议文件要合法有效。为此，必须在定测时跟在中桩组的后面，现场复查、补测、重测，与当事人共同现场勘验，逐项落实。

(4)要与电力部门、水利部门、铁路部门按定测结果，该改的改，该补的补，该定的定，在意向书的基础上签订协议书。

(5)要配合其他勘测组，现场落实各种临时设施的位置、形式、数量等，落实临时工程表中的各项内容。

(6)重新逐项核实前面所述的各项技术经济资料，以确保预算的正确性。

(7)定测阶段的调查资料要单编成册，并与初测阶段调查资料分开，其中有些能利用的可以复印；修改的要重新填表，最后与重新调查的资料、文件一起统一按层次汇编成册，形成“定测阶段预算调查资料”。

(8)土质、地质、地形、地貌的一般调查。该项调查用于预算中土石方工程和钻孔桩中土质分类，以便确定施工方法和套用定额。对地形、地貌的调查了解也使设计费的计算建立在比较可靠的基础上，所以对此项调查也不可忽视。这项调查一般只需留意观察，并向做该工作的专门人员了解即可。

(9)概预算工作必需的其他资料调查。除上述资料的调查外,平时还要注意收集概预算工作的其他资料,一般包括:公路工程概预算补偿定额,公路工程基本建设概预算编制办法的补充规定,铁路、公路、水运的货物运价计算方法和运价,有关部门规定的基本建设工程建筑材料的预算价格、市场价格,各种主要农副产品的市场价格,其他建筑工程的概预算定额、费用定额、编制办法等,还有国家各级法律、法规、法令及地方政府及有关部门关于概预算的相关规定。

第三节 拟订编制方案、确定编制原则

一、拟订编制方案

根据我国现行的公路基本建设管理体制和有关勘察设计、工程造价管理的规定与要求,担负公路勘测设计工作的单位,在完成勘测设计任务的同时,必须编制相应的工程造价文件,它是各阶段设计文件的一个重要组成部分。工程造价的编制是设计单位(主要是测量队)勘测设计任务的工作之一,故测量队的组成人员中,一般都配有专职的概预算人员(造价工程师),具体负责工程造价的编制业务。由此可知,工程造价的编制是与勘测设计工作同步进行的。在这样的前提条件下,造价工程师如何与队内各业组的设计人员紧密配合开展编制造价的业务工作,就成为一个首要的问题。根据实践经验,工程造价的编制工作首先应拟订编制方案,一般应包括如下内容:

(1)了解熟悉工程建设主管部门对公路建设项目的等级、技术标准、勘察设计和建设期限等各项规定的通知、勘察设计合同、委托书的规定和要求以及经批准的前期设计,如可行性研究报告或初步设计文件等。

(2)参与勘察设计过程中的各种技术、业务研讨会,了解掌握有关设计意图以及新技术、新结构、新材料的应用情况,开展造价分析、技术经济论证活动。注意配合设计人员做好限额设计,加强工程造价的有效控制。

(3)了解投资来源和项目的实施方法,如贷款、集资以及实行国内、国外招标或议标及采用按施工图结算等情况。

(4)拟订现场调查提要,与地质勘探和设计人员相互配合商定提供资料等要求,以确保所收集的基础资料真实可靠,避免返工。

(5)拟订编制方案的一项重要内容,就是制订明确的时间表。在熟悉设计图纸资料和核对工程数量的基础上,确定工程数量和人工、材料、机械台班预算价格的计算,分项工程费用的计算,以及造价文件的出版工作,并对具体的进度作出计划安排,做到目标明确、心中有数。

(6)建立岗位责任制,进行明确分工,以保证工程造价编制质量,提高业务水平。

二、确定编制原则

由于多渠道筹集公路建设资金和商品化公路的发展,以及在建立和完善社会主义市场经济体制的要求下,建设项目的决策、投资的审批、工程计价的依据、项目的实施方法等与计划经

济管理时期有很多不同之处，它们受到各种因素的影响更多，涉及面也更广。因此，公路工程造价的编制应从建设项目的实际情况出发，遵循下列原则：

(1)要根据建设资金的筹资方式、项目的实施方法、施工单位的资质要求等，正确合理地采用工程计价依据。这对工程造价有极其重要的影响，要认真研究解决。

(2)要严格遵守国家的方针、政策和有关制度，尤其是对工程造价管理的各项规定和要求。造价编制要始终做到有据可依，讲求经济效益。同时，注意克服“长官意志”的影响和干扰。

(3)要遵循价值规律的客观要求，结合建设项目的实际情况与市场行情，从实际出发，采用先进合理的施工方法，既要把投资打足，又要避免宽打窄用或有意扩大风险因素，以免造成建设资金的积压或浪费等不良现象。

(4)要贯彻国家的技术政策、行业规定，做到技术先进、经济合理，从而合理地确定工程造价，以维护建设各方的合法经济权益。

(5)要认真做好造价分析，有步骤、有目的地配合设计人员开展限额设计和优化设计，使设计更加经济合理，从而有效地进行工程造价的控制，以利于建设项目的顺利实施。

(6)造价工程师应自始至终紧密与设计人员配合，相互信任与理解，坚持实事求是，这是做好工程造价编制的保证。

工程造价编制原则的确定，不仅关系到工程造价编制的质量，而且还会影响到其编制速度。当实施方案中的标段划分不当而要重新进行调整时，工程造价的编制就要从新进行，这不但造成了人力、物力的浪费，而且还会对建设工程产生不利的影响。所以，确定工程造价编制原则，是完成工程造价编制工作的重要手段。编制原则的确定，应征得建设主管部门和建设单位的认可，但对违背国家有关规定或提出不合理的要求者，应坚决予以回绝。

第四节　工程量复核与计算

设计图纸是计算工程量的主要依据。所谓计算工程量，就是指按照设计图纸上的尺寸计算实物工程数量，而所计算的工程量是编制工程造价的基础数据资料。所以，全面了解熟悉设计图纸资料是准、快、全地编制工程造价的前提条件。设计图纸资料除了表示各种构造、大小尺寸外，作为计价基础资料的各种工程量，基本上都反映在图表上，而有些则隐含在图纸内，如混凝土和砂浆的强度等级、石砌工程的规格种类以及施工要求等。凡难以在图纸上表示的项目内容，往往多在文字说明内加以规定。通常，用图形表现的设计图纸和用文字叙述的工程说明书，确定了工程的数量和施工方法，故熟悉设计图纸资料，尤其是文字说明内容，对确保工程造价的编制质量十分重要。在核对主要工程量时，应注意以下有关事项：

(1)公路建设工程技术日趋复杂，新材料、新结构、新工艺日益被广泛应用，而作为指导建设项目实施的各种设计图纸资料也越来越多，所以应按照《公路工程基本建设项目设计文件编制办法》的规定，对建设项目所必需的图表资料进行清点，如有短缺，应予以补齐，以免漏项。

(2)对各种图纸，如构造物的平面、立面、结构大样图等，相互之间是否存在矛盾，各部尺寸、高程等是否彼此一致，文字说明是否有含糊不清等情况，应认真核对。凡影响到计价的，都应核对清楚。

(3)若图与表所反映的工程量不一致、分散工程量与汇总工程量不相符或表与图上的文字说明存在相互矛盾，应提请设计人员予以纠正、澄清。

(4)各种设计工程量的分部分项工程名称、计量单位，应符合采用的计价定额标准。若不相符时，要进行调整、修正。

(5)对工程造价影响较大的关键部位或量大价高的工程量，必要时应重新进行复核计算，以验证计算是否正确。

(6)当个别工程量超出一般常规情况时，如预制矩形板，一般 $1m^3$ 混凝土的含钢筋量在90kg左右。若图表上所反映的数字出入较大或在工程质量上超出国家施工技术规范规定的要求时，应进行分析研究，并将情况反馈给设计人员处理。

(7)在熟悉设计图纸资料和核对工程量的过程中，要结合历史工程造价资料和新建工程的实际情况，如路面的结构形式、圬工类别等，重点分析施工的可能性和经济合理性，据以向设计人员提出建议，使设计更加经济合理。

(8)对国家颁发的各种设计图集进行必要的熟悉。因为一般标准图集的一些规定在具体的设计图纸上不一定全部表示出来，但往往作为计价的依据，同时也可作为比较的参考，便于发现问题。

由于公路建设工程有其特殊的技术经济特征，且设计文件编制的方法较为特殊，从而决定了核对工程量是工程造价编制的一个关键环节。因此，具体实施工程造价编制工作的工程师，应结合长期的实践经验，遵循一定的工作程序，深入熟悉设计图纸资料，做好工程量的核对工作。这是确保工程造价编制质量的有效手段，对工程造价的合理可靠性也会产生重要的影响。实际上，这也是造价工程师不断学习、提高业务能力和工作水平的一个过程。对工程造价的编制，无论是采用手工还是应用计算机软件进行，熟悉设计图纸资料，核对主要工程量，都是必不可少的。

我国公路建设工程设计图纸的编制方法不同于一般房屋建筑工程，工程量作为编制工程造价的基础资料，通常是设计人员在完成设计图纸的同时已进行了计算。在编制工程造价之前，造价工程师又经过了熟悉设计图纸资料和对工程量的核对工作。所以，在造价编制中，如何正确地从设计图表中摘取作为计价基础资料的工程量是关键，这也是造价工程师必须具备的基本技能与业务知识。可以说，在编制公路工程造价时，基本上不存在需要根据设计图纸尺寸进行工程量的计算工作。但公路工程设计分为多个阶段，每个阶段的设计深度和要求各不相同，即项目建议书要按公路工程综合估算指标编制投资估算，可行性研究报告要按分项估算指标编制投资估算，初步设计要按概算定额编制概算，技术设计要按概算定额编制修正概算，施工图设计要按预算定额编制预算。而估算指标、概预算定额是由粗到细的过程，其定额标准单位所包含的工程内容各不相同。为了正确地使用定额、指标，在各种定额、指标中，都对工程内容和工程量计算规则作了十分明确和具体的规定，并说明在什么条件下，可允许抽换调整定额、指标和编制补充定额、指标等。所以，造价工程师首先要熟悉了解各种定额、指标的适用范围和定额、指标中的章节说明的各项规定。只有这样，才能正确摘取工程量，做到不重不漏，确保编制质量。

定额、指标中的工程量计算规则，是指按分部、分项工程界定的定额、指标单位所包含的施工工艺内容，更确切地说，是从设计图表资料上去摘取工程量的规则。如预算定额中路基工程的人工开挖松土，是以天然密实体积为计量单位，包括挖、装、卸以及一定范围内的运输的全部工序；桥涵工程的墩台石砌圬工，是以砌体为计量单位，包括砌石、拌和砂浆、砌体勾缝，以及各种材料的场内搬运、砌体养生等工序。预算定额手册中虽有砌体的勾缝定额，但不能因此而另行计算勾缝费用，即不需摘取砌体勾缝面积，这是应予以注意的。

从某种意义上来讲，摘取计价工程量的方法是由定额、指标项目决定的。所以，熟悉定额、指标资料并掌握施工生产知识，是正确摘取工程量的基础，也是造价工程师必须具备的基本知识。因此，为了解和掌握按定额、指标要求提供编制工程造价基础资料的知识和技巧，现就公路工程概算定额和预算定额两个系统，简要叙述摘取工程量的程序和方法。

公路工程概预算的作用和要求虽然不同，但其编制程序和方法基本上是相同的。所以，作为计价基础资料的工程量的摘取方法是类似的，施工图预算时的工程量计算方法和计算规则与设计概算时的工程量计算方法和计算规则基本相同，作为计价的概算定额只是在预算定额的基础上有所综合和扩大。为了让造价人员对其有一个全面的了解，以利于有序、科学地进行工程量的摘取工作，做到不重不漏，现扼要叙述如下。

一、路基工程

路基工程是公路的基础，处于特殊的重要位置，故工程计价也有其相应的特殊要求。公路工程概算定额将路基工程划分为土石方工程、排水工程、防护工程及软基处理工程四节，而预算定额将路基工程划分土石方工程、排水工程及软基处理工程三节，将防护工程单独确定为一章。为了准确计算和确定编制设计概算和施工图预算所需的工程量，采用对比分析方法，将预算定额中第五章防护工程纳入路基工程中介绍其工程量的计算与正确取定。

1.路基土石方工程

路基土石方工程包括伐树、挖根、除草、清除表土，挖淤泥、湿土、流沙，土石方的开挖、装车、运输、碾压及洒水，耕地填前夯(压)实及填前挖松，挖土质台阶，整修路拱及边坡等众多的工程项目。根据设计图表资料进行摘取工程量时，无论是编制概算，还是编制预算，都需要进行多方面的统计分析汇总工作，要查对路基土石方数量计算表，核对设计断面以外的填方计算是否齐全。相对而言，摘取工程量的工作比较烦琐，耗用的时间也比较多，为做好工程造价编制前的这一基础工作，应注意如下有关事项。

(1)路基土石方的开挖工作，是按工作难易程度，将土和岩石分为松土、普通土、硬土、软石、次坚石、坚石六类，而土石方的运输和压实则只分为土方和石方两项，并均以 m^3 为计量单位。所以，应注意按土石类别或土方和石方分别摘取工程量，以利于套用定额进行计价。

概算定额和预算定额中路基土石方的开挖、运输、压实的划分标准和深度基本上是一致的，只是在编制施工图预算时，作为计价依据，耕地填前压实、挖土质台阶、挖截水沟、整修路拱及边坡、零星土方等项应根据设计图表资料分别整理和摘取工程量，而概算则是按不同公路等级将其综合扩大为“路基零星工程”一项，采用 km 计量，以修建的公路长度核减路线内的桥梁、隧道长度作为计价依据。

(2)路基土石方的开挖、装卸、运输是按天然密实体积(m^3)计算的，填方则是按压(夯)实后的体积(m^3)计算的。当移挖作填或借土填筑路堤时，应考虑定额中所规定的换算系数因素，即采用以天然密实方为计量单位的定额乘以规定的换算系数进行计价，运输时需要在土方换算系数的基础上加 0.03 的土方运输损耗，但弃方运输不应计算运输损耗。

(3)伐树、挖根、除草、清除表土定额中伐树及挖根概算，以 m^2 为计量单位，而预算则以棵计，两者作为计价工程量的表现形式是不同的。另外，土石方的开挖第一个运距概算是 40m，而预算为 20m。这是在汇总增运土石方数量时要注意的一个问题。

(4)由于施工机具存在一个经济运距的问题，如中型推土机推移土石方的经济距离一般为 50～100m，若超过经济运距是很不经济的；而汽车的运距若小于 500m 的话，也难以发挥汽车运输的优势。所以，为了合理确定路基土石方的运输费用，同时考虑到公路路基土石方的施工又是以推土机为主的情况，在摘取土石方的增运数量时，应考虑不同机械类型及其经济运距，从路基土石方数量计算表上按不同运距摘取其数量和运量进行统计和汇总，并计算出平均运距，以此作为土石方运输计价的依据。

(5)编制设计概算和施工图预算时，下列工程数量由施工组织设计提出，并入路基填方数量内计算。

①清除表土或零填方地段的基底压实、耕地填前夯(压)实后，回填至原地面高程所需的土石方数量。

②因路基沉陷需要增加填筑的土石方数量。

③为保证路基边缘的压实度需加宽填筑时，所需的土石方数量。若加宽填筑部分需清除，废方需远运处理时，要按实际计算工程量和套用相应的定额进行计价。

(6)在取定填方数量时，要根据建设工程的实际情况，结合施工计划的安排，如填土最佳含水率要求、在干旱季节施工的方量等，确定需要洒水的数量。

(7)在公路建设中，通常在计算路基土石方数量时，不扣除涵洞和通道所占路基土石方的体积。而高等级公路一般修建这类工程较多，相对而言，就显得突出。因此，应结合建设工程的实际情况，适当扣减路基填方数量。

2.路基排水工程

(1)边沟、排水沟、截水沟、急流槽项目，在预算定额中挖基需要单独采用定额计算，铺设垫层需要按照桥梁工程中定额计算，而概算中挖基与垫层则不需单独计算，均已综合包括在定额中。

(2)路基盲沟的工程量为设计设置盲沟的长度。

(3)砌筑工程的工程量为砌体的实际体积，包括构成砌体的砂浆体积。

(4)预制混凝土构件的工程量为预制构件的实际体积，不包括预制构件中空心部分的体积。

(5)轻型井点降水定额工程量按 50 根井管为一套，不足 50 根的按一套计算。

3.路基防护工程

路基防护工程，是构成路基工程费用的一个项目。但其计价定额、概算定额编在路基工程章节内，而预算定额则设为专章，定名为防护工程。

(1)概算定额综合了挖基、垫层等工程内容，以圬工实体作为计价依据，其中石砌挡土墙不分基础、墙身、片石和块石。预算定额不仅挖基、垫层应按实计价，而且还要按不同结构形式和部位进行计价。如石砌挡土墙除分为片石、块石等外，还分为基础、墙身等不同部位，当砌筑砂浆强度等级设计与定额规定不同时，允许进行抽换。因此，在编制概预算时，要特别注意两者之间存在的差异，以确保正确摘取工程量。

(2)概预算定额中均已包括按设计要求需要设置的伸缩缝、沉降缝的费用以及水泥混凝土的拌和费用，不需要单独计算。

(3)植草护坡定额中均已综合考虑黏结剂、保水剂、营养土、肥料、覆盖薄膜等的费用，使用定额时不需单独计算。

(4)概算定额中加筋土挡土墙及现浇锚碇板式挡土墙的工程量为墙体混凝土的体积。加筋土挡土墙墙体混凝土体积为混凝土面板、基础垫板及檐板的体积之和。现浇锚碇板式挡土墙墙体混凝土体积为墙体混凝土的体积，定额中已综合了锚碇板的数量，使用定额时不得将锚碇板的数量计入工程量中，而预算定额应单独计算。

(5)铺草皮按所铺边坡的坡面面积计算，护坡按设计需要防护的边坡坡面面积计算。

(6)木笼、竹笼、铁丝笼填石护坡的工程量按填石体积计算。

(7)砌筑工程的工程量为砌体的实际体积，包括构成砌体的砂浆体积。

(8)预制混凝土构件的工程量为预制构件的实际体积，不包括预制构件中空心部分的体积。

(9)预应力锚索的工程量为锚索(钢绞线)的长度与工作长度的质量之和。

(10)抗滑桩挖孔工程量按护壁外缘所包围的面积乘以设计孔深计算。

4.路基软基处理工程

(1)袋装砂井及塑料排水板处理软土地基，工程量为设计深度，定额材料消耗量中已包括砂袋或塑料排水板的预留长度。

(2)振冲碎石桩定额中不包括污泥排放处理的费用，需要时另行计算。

(3)挤密砂桩和石灰砂桩处理软土地基的工程量为设计桩断面积乘以设计桩长。

(4)粉体喷射搅拌桩和高压旋喷桩处理软土地基定额的工程量为设计桩长。

(5)土工布的铺设面积为锚固沟外缘所包围的面积，包括锚固沟的底部面积和侧面积。定额中不包括排水的内容，需要时另行计算。

(6)强夯定额中已综合考虑夯坑的排水费用，使用定额时不得另行增加费用。夯击遍数应根据地基土的性质由设计确定，低能量满夯不作为夯击遍数计算。强夯定额中未包括垫层，需要时另计。

(7)堆载预压定额中包括了堆载四面的放坡、沉降观测、修坡道以及施工中测量放线、定位的工料消耗，使用定额时均不得另行计算。未包括砂垫层、竖向排水体及堆载材料运输。

软土地基处理的计价工程量的计量单位与工程内容，概算与预算基本上是一致的。唯一需要注意的就是当采用砂或碎石等材料作为垫层时，要核查设计图表资料是否已扣减相应的路基填方数量，以免重复计价。

二、路面工程

路面计价工程量的计算原则和方法，无论是编制概算，还是编制预算，基本上是一致的。除沥青混合料路面以路面实体为计量单位外，其余均以路面设计面积计算。不过其中有些计价资料要根据建设工程的实际情况和施工组织设计的要求摘取，它们在设计图表资料上是不反映的。因此，在摘取工程量时，还应注意以下问题：

(1)要了解开挖的路槽废方，在计算路基土石方数量时是否作了综合平衡调配，原则上应避免在某一地段一边进行借土填筑路堤，一边又产生大量废方需远运处理的不合理现象。若路槽废方确需远运处理时，则应确定弃土场的地点及其平均运距。此外，应根据路基横断面和沿线路基土石方成分确定挖路槽的土石面积，不应以路基土石方的比例作为划分的依据。

(2)根据概预算定额的规定，各类稳定土基层、级配碎石、级配砾石路面基层的压实厚度在15cm以内，填隙碎石一层的压实厚度在12cm以内，垫层和其他种类的基层和底基层压实厚度在20cm以内，拖拉机、平地机和压路机台班按定额数量计算。如超过以上压实厚度进行分层拌和、碾压时，拖拉机、平地机和压路机台班按定额数量加倍，每 1 000m^2 增加 3 个工日。因此，应按上述要求分别进行统计汇总，以利于套用定额。但当在上述界定的厚度之上或之下的各类结构形式有多个不同的设计厚度时，应分别统计汇总并计算其加权平均厚度，不过最小应取一位小数。这样可减少定额子目个数，尤其是当采用手工编制概算时，可省去大量的计算工作。

(3)要根据施工组织设计或标段的划分，结合该地区现有拌和设备的生产能力，综合考虑临时用地、材料和混合料的运输费用等，合理确定拌和场的地点和面积、需要安拆的拌和设备的型号，并据此计算出混合料的平均运距。

(4)根据设计要求，泥结碎石及级配碎、砾石路面应加铺磨耗层及保护层，概算定额已综合在内，不再另行计算。编制预算时，则应结合当地砂石料的情况，按实计列磨耗层和保护层。

(5)概预算定额手册中的水泥、石灰稳定类基层定额，其水泥或石灰与其他材料是按某一标准的配合比编制的，但考虑到各地水文、地质、气候等情况差异大，建设工程的技术要求不同，其配合比就可能不同，特规定了材料消耗量的换算公式。因此，在摘取工程量时要注意设计配合比是否与定额规定一致，以便进行调整。

(6)在概预算定额中，有透层、黏层定额，一般在完工的基层上应洒布透层油。使用定额时，应根据设计沥青洒布量调整定额消耗，再进行沥青混合料的铺筑工程。在旧沥青路面上或水泥混凝土路面上，则应洒布黏层油，再摘取工程量，不要漏计这些工程内容。

(7)桥梁、涵洞、通道、隧道等工程凡已计列了桥面铺装的，应扣除桥梁等所占的长度和面积，以免重复计价。

三、隧道工程

1. 概预算定额的一般规定

(1)隧道工程中的混凝土工程均未考虑混凝土的拌和费用，应按桥涵工程相关定额另行计算。

(2)定额均已综合考虑了超挖及预留变形。

(3)洞内出渣运输定额已综合洞门外 500m 运距，当洞门外运距超过此运距时，按照路基工程自卸汽车运输土石方的增运定额加计增运部分的费用。

(4)定额中均未包括混凝土及预制块的运输，需要时按相关定额另行计算。

(5)定额中未考虑地震、坍塌、溶洞及大量地下水处理以及其他特殊情况所需的费用，需要时可根据设计另行计算。

(6)定额中未考虑施工所需进行的监控测量以及超前地质预报的费用。监控测量的费用已在《公路工程基本建设项目概算预算编制办法》的施工辅助费中综合考虑，使用定额时不得另行计算。超前地质预报的费用可根据需要另行计算。

(7)洞门挖基、仰坡及天沟开挖、明洞明挖土石方等，应使用其他章节定额计算。

(8)洞内工程项目如需采用其他章节的有关项目时，所采用定额的人工工日、机械台班数量及小型机具使用费应乘以 1.26 的系数。

(9)洞身混凝土定额未考虑添加剂的费用，如设计需要混凝土添加剂时，费用另计。

2. 洞身工程

(1)隧道开挖(人工或机械开挖)的工程量按施工方法、土的类别、设计断面(成洞断面加衬砌断面)尺寸，以体积(m^3)计算，定额单位为 100m^3 自然密实土或石。定额中已考虑超挖因素，不得将超挖的土、石方数量计入工程数量中。

(2)现浇混凝土衬砌、运输的工程量，均按设计断面衬砌数量计算，包含洞身及所有洞室的衬砌数量。定额中已综合因超挖及预留变形回填的混凝土数量，不得将上述因素的工程量计入计价工程量中。

(3)防水板、明洞防水层的工程量按设计敷设面积计算。

(4)止水带(条)、盲沟、透水管的工程数量，均按设计数量计算。

(5)拱顶压浆的工程数量按设计数量计算，设计时可按每延长米 0.25 m^3 计算综合考虑。

(6)喷射混凝土的工程量按设计厚度乘以喷射面积计算，喷射面积按设计外轮廓线计算。

(7)砂浆锚杆的工程量为锚杆、垫板及螺母等材料的质量之和。中空注浆锚杆、自进式锚杆的工程量按锚杆设计长度计算。

(8)格栅钢架、型钢钢架工程数量按钢架的设计质量计算，连接钢筋的数量不得作为工程量计算。

(9)管棚、小导管的工程数量按设计钢管长度计算。当管径与定额不同时，可调整定额中钢管的消耗量。

(10)横向塑料排水管每处为单洞两侧的工程数量；纵向弹簧管按隧道纵向每侧铺设长度之和计算；环向盲沟按隧道横断面敷设长度计算。

(11)洞内通风、风水管及照明、管线路的工程量按隧道设计长度计算。

3. 洞门工程

(1)洞门墙工程量为主墙和翼墙等圬工体积之和。

(2)仰坡、截水沟等应按有关定额另行计算。

4. 辅助坑道

(1)开挖、出渣工程量按设计断面数量(成洞断面加衬砌断面)计算。定额中已考虑超挖因素，不得将超挖的数量计入工程数量。

(2)现浇混凝土衬砌均按设计断面衬砌数量计算。

(3)喷射混凝土的工程量按设计厚度乘以喷射面积计算，喷射面积按设计外轮廓线计算。

(4)锚杆的工程量为锚杆、垫板及螺母等材料的质量之和。

(5)斜井洞内通风、风水管照明及管线路的工程量按斜井设计长度计算。但在概算定额中斜井定额已综合了通风、风水管照明及管线路等。

5. 通风及消防设施安装

(1)定额中不含通风机、消火栓、消防水泵接合器、水流指示器、电气信号装置、气压水罐、泡沫比例混合器、自动报警系统装置、防火门等的购置费用，应按规定列于该预算第二部分“设备及工器具购置费”中。

(2)通风机预埋件按设计所示为通风机安装而需预埋的一切金属构件的质量计算工程数量，包括钢拱架、通风机拱部钢筋、通风机支座及各部分连接件等。

(3)洞内预埋件工程量按设计预埋件的敷设长度计算，定额中已综合了预留导线的数量。

四、桥涵工程

在编制概预算的工作中，桥涵工程的计价比较复杂。由于近年来桥梁的设计、施工技术不断发展，新结构、新工艺、新材料日新月异，增加了工程造价计价的难度。桥梁工程计价基础资料的计量单位在概预算中都是以 m^3、m^2 和 t 作为计算依据的，这样就有了一个统一计量的尺度，只是其综合扩大的工程内容各有不同。如石砌圬工都是以 m^3 为计量单位，而概算的墩台是将片石、块石综合为一个定额，不分砂浆强度等级；预算不仅片石、块石要分别计价，当砂浆强度等级设计与定额规定不同时，还应进行抽换；混凝土圬工概算是不分混凝土强度等级的，但编制预算时，若设计强度等级与定额规定不同，也要进行抽换。

根据桥梁工程施工技术的特点，其造价计价的基础资料包括两方面内容：一个是主体工程，指构成桥梁工程实体的基础、下部和上部工程，它们一旦建成，就以固定不变的形态而发挥作用，一般设计图表上都反映了这些资料，按照定额的要求，即可确定其计价的各项工程量；另一个是辅助工程，它们只是有助于主体工程的形成，为完成主体工程所必须采取的措施，工程完工后，也就随之拆除或消失。辅助工程情况就比较复杂，如属于基础工程部分的，有挖基、围堰、排水、工作平台、护筒、泥浆船及其循环系统等；属于上下部工程的，有拱盔、支架、吊装设备、提升模架、施工电梯等；还有与基础和上下工程都有关联的，如混凝土构件运输、预制场及其设施（如大型预制构件底座、张拉台座、门架等）、拌和站（船）、蒸汽养生设施等。这些辅助工程的计价数量除挖基外，都要根据建设项目的实际情况和施工组织设计的要求，并参考以往的成功经验来取定，在设计图纸上并不反映。它受到建设环境和人们对客观事物认识水平的影响，可塑性较大，而对工程造价又有极其重要的影响。因此，正确取定各项计价工程量，有着十分重要的现实意义。涵洞的辅助工程则要简单得多，大多与桥梁工程类似。

桥涵工程计价的项目比较多，工程量的计算和摘取工作难度也较大。根据实践经验，按照通常的施工顺序摘取工程量，一般比较准确而迅速。也就是说，从挖基开始摘取工程量，然后按照基础、下部和上部以及相应的辅助工程顺序进行，可以使工作程序系统化，避免漏项或重复的错误。

1. 开挖基坑

基坑的开挖工作应按土方、石方、深度、干处或湿处等不同情况分别统计其数量，并结合施工期内河床水位高低合理确定围堰的类别及其数量、基坑排水台班消耗标准（概算定额因已综合在定额内，在编制概算时，就不再计算）以及必须采取的技术安全措施等，如挖基废方需要远运处理，还应了解原有地形地貌需要修复的情况，应遵循从实际出发、不留隐患的原则，确定其计价数量，将所需费用计入工程造价内，以免造成水土流失，破坏生态环境。

此外，编制涵洞工程的概算时，由于挖基工作已综合在定额内，故不能再计算挖基工程内容的费用。

(1)编制预算时，开挖基坑土石方运输按弃土于坑外 10m 范围内考虑。如坑上水平运距超过 10m，另按路基土石方增运定额计算，而编制概预算时不需考虑增运。

(2)基坑开挖工程量按基坑容积计算。

(3)基坑挡土板的支挡面积按坑内需支挡的侧面积计算。

2. 基础工程

基础工程有砌石、混凝土、沉井、打桩和灌注桩等多种结构形式。涵洞的基础多采用砌石，桥梁的基础除砌石和混凝土外，普遍采用灌注桩。

基础砌石和混凝土圬工，常称为天然地基上的基础。砌石基础应按片石、块石分别进行统计汇总，编制预算时，还应注意划分砂浆强度等级。若设计图表上只有砌体总数时，考虑基础外缘和分层砌筑等因素，可分别按 80％片石、20％块石计价。编制混凝土基础预算时，应按不同强度等级和是否掺用片石分别进行统计汇总。

1)筑岛、围堰及沉井工程

(1)草土、草(麻)袋、竹笼按围堰中心长度计算,高度按施工水深加0.5m计算,木笼铁丝围堰实体按木笼所包围的体积计算,筑岛工程量按筑岛体积计算。

(2)钢板桩围堰的工程量按设计需要的钢板桩质量计算。

(3)套箱围堰的工程数量为套箱金属结构的质量。套箱整体下沉时悬吊平台的钢结构及套箱内支撑的钢结构均已综合在定额中,不得作为套箱工程量进行计算。

(4)沉井制作的工程量:重力式沉井为设计图纸井壁及隔墙混凝土数量;钢丝网水泥薄壁沉井为刃脚及骨架钢材的质量,但不包括铁丝网的质量;钢壳沉井的工程量为钢材的设计总质量。

(5)沉井下沉定额的工程量按沉井刃脚外缘所包围的面积乘以沉井刃脚下沉入土深度计算。沉井下沉按土石所在的不同深度分别采用不同的下沉深度的定额。定额中的下沉深度是指沉井顶面到作业面的高度。定额中已综合溢流(翻砂)的数量,不得另加工程量。

(6)沉井浮运、接高、定位落床定额的工程量为沉井刃脚外缘所包围的面积。分节施工的沉井接高的工程量应按各节沉井接高工程量之和计算。

(7)锚碇系统定额的工程量是指锚碇的数量,按施工组织设计的需要量计算。

(8)地下连续墙导墙的工程量按设计需要的导墙的混凝土体积计算;成槽和墙体混凝土的工程量按地下连续墙设计长度、厚度和深度的乘积计算;锁口管吊拔和清底置换的工程量按地下连续墙的设计槽段数(指槽壁单元槽段)计算;内衬的工程量按设计需要的内衬混凝土体积计算。

(9)地下连续墙定额中未包括施工便道、挡水帷幕、注浆加固等,需要时应根据施工组织设计另行计算。挖出的土石方或凿铣的泥渣如需外运,应按路基工程中相关定额进行计算。

2)打桩工程

(1)打预制钢筋混凝土方桩和管柱的工程量,应根据设计尺寸及长度以体积计算(管桩的空心部分应予以扣除)。设计中规定凿去的桩头部分的数量,应计入设计工程量内。

(2)钢筋混凝土方桩的预制工程量应为打桩定额中括号内的备制数量。

(3)拔桩工程量按实际需要的数量计算。

(4)打钢板桩的工程量按设计需要的钢板桩质量计算。

(5)打桩用的工作平台的工程量按施工组织设计所需的面积计算。

(6)根据施工组织设计,船上打桩工作平台的工程量按一座桥梁实际需要的打桩机的台数和每台打桩机需要的船上工作平台面积的总和计算。

3)灌注桩工程

(1)灌注桩成孔工程量按设计入土深度计算。定额中的孔深是指护筒顶至桩底(设计标高)的深度,造孔定额中同一孔内的不同土质,不论其所在的深度如何,均采用总孔深定额。

(2)人工挖孔的工程量按护筒(护壁)外缘所包围的面积乘以设计孔深计算。

(3)灌注桩混凝土的工程量按设计桩径横断面面积乘以设计桩长计算,不得将扩孔因素和凿桩头数量计入工程量中。

(4)灌注桩工作平台的工程量按施工组织设计需要的面积计算。

(5)钢护筒的工程量按护筒的设计质量计算。设计质量为加工后的成品质量，包括加劲肋及连接用法兰盘等全部钢材的质量。当设计提不出钢护筒的设计质量时，可参考概预算定额中的有关数据进行计算。

钻孔灌注桩基础的施工工艺比较复杂，无论是编制概算还是预算，有些计算工程量都要结合建设工程的实际情况和施工组织设计的要求，通过多方分析论证，才能取得有关计价资料。因此，在摘取工程量时，应注意以下要求：

①要根据工程的地质情况，选定好钻孔机具的型号，以利于适用定额和确定相应的辅助工程量。

②当在水中采用围堰筑岛填心进行钻孔施工时，可按灌注桩外边缘 3.0m 宽左右确定围堰及筑岛填心的工程量。计算埋设护筒数量时，应视同为"干处"计价。

③在干处埋设护筒，一般可按每个护筒长 2.0m 或按设计数量计算；在水中埋设护筒，可按设计数量计算。若为钢护筒，应按规定计算回收金额。

④若在水中进行钻孔时，应计列灌注桩工作平台、泥浆船及其循环系统（如需要）。

⑤钻孔的土质定额分为 8 种，并按不同桩径和钻孔深度划分为多项定额标准。因此，应按照地质钻探资料，对照定额土质种类的规定，分别确定其钻孔的工程量。由于钻孔的计量单位是以 m 计，故其钻孔深度应以地表面与设计桩底的深度为准；当在水中采用围堰筑岛填心施工时，则应以围堰的顶面与设计桩底的深度为准。钻孔废渣若需远运处理时，应根据弃置场的平均运距另行计价。

⑥一般一座墩台的灌注桩基础只有两根时，可不设置承台，而设计为系梁。这种系梁工程应按承台定额计价。当在陆地（或采用围堰筑岛填心钻孔）进行承台或系梁施工时，应按实际计算挖基数量及其排水和废方的远运处理。

⑦浇筑水下混凝土的工程量，应按设计桩径断面乘以设计桩长计算，不得将扩孔用量计入工程量。若混凝土拌和需设置拌和船（站）时，可根据实际情况取定并计算其费用。

3. 下部工程

桥梁的下部构造工程有砌石、现浇混凝土和预制安装混凝土构件等不同结构形式。编制概算和预算的工程量，虽都是以 m^3 为计量单位，但两者的工程内容存在很大的差异。熟悉和了解这些差异，对于正确摘取工程量至关重要。

(1)编制概算时，墩台的计价工程量为墩台身及翼墙、墩台帽、拱座、盖梁及耳背墙、桥台等两层以下的帽石（有人行道时为第一层以下的帽石）的工程数量之和，既不分片石、块石，也不分砂浆和混凝土强度等级的不同。只有墩和台两个计价定额，而桥台的锥形护坡则更简单，以座计。台背及锥坡内的填土夯实已综合在定额内，不再另计。至于编制预算时，则要按照上述分部分项工程逐一摘取工程量，分别进行计价。

(2)墩台砌石工程的数量，若施工设计图纸上未具体划分片石、块石时，台身可按 75%的片石、25%的块石，墩身可按 60%的片石、40%的块石，取定其工程量，以此作为编制预算的计价依据。

(3)凡墩、台、墩镶面、拱石、帽石、栏杆等采用浆砌混凝土预制块编制预算时，预制块的预制数量以设计砌体乘以 0.92 的系数作为预制块的计价依据。

(4)桥台上的路面应归入路面工程内计价。

(5)编制现浇混凝土方柱式墩（高 30m 以内）、空心墩（高 40m 以内，70m 以内）和索塔的预算时，应以每座墩、塔为基数确定提升模架和施工电梯的数量，以此作为计价依据。

4.上部工程

通常将桥梁的上部构造工程划分为行车道系、桥面铺装和人行道系三个部分，有砌石、现浇混凝土、预制安装混凝土构件、钢桁架和钢索吊桥等不同结构形式。概算除钢桁架和钢索吊桥是将上述三个部分作为一个定额外，其余结构形式的桥梁都是分开制订的。行车道系和桥面铺装都是以 m^3 为计量单位，人行道系则以桥梁长米作为计价依据。至于预算定额则主要以分部分项工程为依据，划分得比较细。在摘取桥梁工程的计价工程量时，应按行车道、桥面铺装和人行道系的顺序进行，以避免重复和遗漏。

(1)近年来，桥梁上部构造工程多采用预制安装混凝土结构，不仅可加快施工进度，还可降低工程成本，有利于保证工程质量和施工安全。在编制概算时，如梁板桥的行车道系预制与安装是合并在一起以构件的设计实体和现浇接缝等混凝土之和作为计价依据，泄水管、支座、伸缩缝（预应力连续梁、连续刚构、斜拉桥除外）、预制场及其设施、吊装设备、构件运输等工程，因已将其工料消耗综合在定额内，均不再另行计算。至于编制预算时，则应按照上述各分项工程和辅助工程，分别取定其工程量进行计价。若吊装设备的使用期限超过定额规定的 4 个月时，可按施工计划期调整设备的摊销费。设备的计划使用期，应包括由设备库与施工现场的往返运输和安装前的试拼与完工拆除后清理、修整、油漆所需的全部时间。预制人行道、缘石、栏杆柱及栏杆扶手等小型构件的工程量，应按设计构件的体积增计场内运输和操作损耗(1%)。

为了进一步了解熟悉编制梁板桥上部构造工程的概预算，应摘取各项工程量的内容，现就预制安装 30m 预应力 T 形梁举例说明如下。

一是行车道系。编制概算时，只需摘取 T 形梁构件的设计体积和现浇接缝混凝土之和、钢筋、钢绞线或高强钢丝三项作为计价工程量。编制预算时，应摘取的工程量有预制、安装、构件出坑和运输，该 4 项均以构件的设计体积为准，而构件的平均运距应根据施工组织设计确定。钢筋、钢绞线或高强钢丝、现浇接缝混凝土、泄水管、支座、伸缩缝（按行车道宽度以 m 计），均以施工图设计资料为准。预制场的平整面积应根据建设工程规模的大小来确定，并应考虑按设计需要铺设的碎石垫层。大型预制构件平面底座的个数，应根据施工进度计划可能周转使用的次数取定。双导梁吊装设备可参考定额附注中的质量，预制厂的门架一般可按施工组织设计作为计价依据，设备的使用期可根据计划使用期调整设备的摊销费。由此可知，编制行车道系主体工程的预算，均以设计图表资料为准，其相应的各项辅助工程数量，则是以施工组织设计的要求，结合工程的实际情况而确定的。

二是桥面铺装。编制概算和预算的工程量基本上是一致的，都是按混凝土、沥青混凝土和钢筋三项分别进行计价。

三是人行道系。编制概算时的计价工程量，只有不同的人行道宽度的桥长和钢筋两项资料。编制预算时，要分别摘取人行道构件和栏杆柱及栏杆扶手两项预制、安装、构件出坑和运输及其钢筋的数量，作为计价依据。

此外，概预算项目表将预制场的轨道铺设列为临时工程的一个项目，不能将其计算在桥梁的上部工程造价内。

(2)拱桥上部构造工程有砌石、现浇混凝土和预制安装混凝土构件等不同结构形式。编制概算时，其行车道都是以拱上全部圬工实体作为计价依据。至于拱上填料和防水层等，因已将其工料消耗综合在定额内，不得编为计价的工程量。当编制预算时，与上述梁板桥一样，要按主体工程和辅助工程的各分项工程取定工程量进行计价。其中，箱形拱桥的开口箱盖板的预制工作应按小型构件计价，而盖板的安装工作因已将其工料消耗综合在安装主拱圈的定额中，不得取为计价工程量。

(3)石拱桥和现浇混凝土梁、板、拱桥所需的拱盔、支架工程在编制概算和预算时，都要根据工程的实际情况计算取定。若周转次数达不到定额规定时，可以进行调整。支架地梁下的基础工程，要根据河床的地质情况，确定各项计价工程量，如挖基、排水、砌石、打桩等。若对河道有影响，应考虑完工后的清除费用。

(4)预算定额中制订了多种吊装构件的施工方法和配套的吊装设备，但各有其适用范围。在编制预算时，既不要漏计，如采用人字扒杆安装矩形板，则每座桥计列一个人字扒杆；也不能随意采用，如缆索吊装设备是安装箱形拱桥等的配套吊装工具，就不得采用缆索吊装设备来安装T形梁。同时，在某一项预算中已计列了缆索吊装设备，就不应计列运输索道设施，应考虑利用缆索作为运输材料之用。这些情况在取定计价工程量时应予以注意。

5.涵洞工程

涵洞工程的概算定额，按常用的结构分为石盖板涵、石拱涵、钢筋混凝土圆管涵、钢筋混凝土盖板涵和钢筋混凝土箱涵5类，并分别按其洞身、洞口的各种设计圬工体积(m^3)作为计量单位，挖基、排水、钢筋、拱盔支架和安装设备以及其他附属设施等的工料消耗均已综合在定额内，不得另行计算。在编制概算时，只需从设计图表上分别按洞身和洞口摘取工程量进行计价，涵洞上的路面则应在路面工程内计算。编制预算时，与编制桥梁工程预算一样，要分别接挖基、基础和上下部工程以及相应的辅助工程摘取或确定其计价的工程量。挖基废方是否需要处理，也要综合考虑，按实计入工程造价。

6.钢筋工程

编制概预算时，除概算定额中的涵洞工程已将其钢筋工程的工料消耗综合在定额内之外，其余的钢筋工程都是与混凝土分开的，其计量单位为吨(t)。定额中的光圆钢筋和带肋钢筋的比例关系是按一般情况确定的，若与设计图表资料不同时，可据实进行调整。编制概预算时，应按分部分项工程的要求和光圆、带肋钢筋分别从设计图表上摘取工程量，作为计价依据。同时，要注意以下几项规定：

(1)钢筋应以其设计长度所计算的理论质量为准，施工焊接和下料等操作损耗已计入定额内，不得计入钢筋的工程量内。

(2)钢绞线和高强钢丝的工程量为锚固长度和工作长度质量之和，如预应力空心板(标准跨径10～16m)，一般可按板长增加1.5m计算。

(3)现浇墩、台、塔的高度大于钢筋的一般定尺长度，需分节浇筑接长钢筋时，所需的搭接长度的数量可按$20d$～$30d$(d为钢筋的直径)另行计入钢筋数量内。

(4)当编制概算，设计图纸上未提出钢筋数量时，可参考《公路工程概算定额》中提供的钢筋含量取定其钢筋数量。

五、其他工程

公路建设项目除路基、路面、隧道和桥涵工程外，还有交叉工程，其他工程及沿线设施，临时工程，管理、养护和服务房屋等，应予摘取的工程量的要求各不相同。现分述如下。

1. 交叉工程

路线交叉有互通式、分离式和平面交叉等形式，但一般都包括路基、路面、跨线桥及涵洞等工程内容，故计价工程量的确定和摘取的原则和方法以及应予注意的事项，与前述路基、路面、桥涵等的要求一样，可分别参照进行，不再赘述。

2. 其他工程及沿线设施

这部分的工程内容比较多，但主要都应以设计图表资料作为取定各项工程量的依据。其中，环境保护要充分考虑在施工过程中对自然生态环境可能造成的破坏而必需的修复和治理的费用，如废方的处理，改土造田等措施。其次是各类标志牌，一般设计图表资料上只载列其形式和块数，而金属标志牌的预算定额是以10t为计量单位的，故应根据板面的尺寸大小将其换算为质量(t)，并分别摘取基础的混凝土和钢筋的数量。由于挖基工作已综合在定额内，不再另行计算。

3. 临时工程

包括便桥、便道、轨道、电力、电信设施，其计价的工程量应根据施工组织设计的要求和工程的实际情况分别取定。

(1)便桥、便道。除要考虑运输建筑材料的需要外，大型施工机械设备进场通道的修建，利用地方道路必要的改建加固和道路使用过程中的维修保养工作，均应结合建设工程的实际和地方的要求，综合考虑计入工程造价。

(2)轨道。轨道的铺设应结合预制场地设置的情况，确定其工程量。

(3)电力线路。一般只考虑由高压线路架设至变压器之间的距离，变压器或发电机房至施工现场的支线不得计为电力线路。

(4)电信线路。当今通信的方式方法较多，因此不论采用哪种通信形式，都可考虑按公路修建的长度作为计算通信线路费用的依据，可以不考虑实际使用的通信方式，以简化计算工作。

4. 管理、养护及服务房屋

原则上应根据设计图纸资料并按建筑专业定额的要求，摘取工程量进行计价。但各地区若结合公路养护房屋修建的实际情况制订有定型设计图时，可制订以建筑面积(m^2)为定额单位的扩大定额作为编制工程造价的依据，以简化概预算的编制工作，这是公路工程造价管理工作中不可忽视的一项重要的基础工作。

综上所述，计算和摘取编制公路工程造价的工程量的工作依据应包括设计图纸、计价定额资料、施工组织设计以及计算和摘取工程量的程序和方法。这些组成部分互相联系，摘取工程量的方法主要是由各项计价定额标准所决定。因此，对于一个造价工程师来讲，要充分理解和认识它们之间的相互关系，以确保工程造价的编制质量。

第五节　概预算定额的运用

在公路建设生产活动中，正确地使用定额是非常重要的。为了正确使用定额，必须全面了解定额，深刻理解定额，熟练掌握定额。最好通过编制概(预)算等的实践，熟练地运用定额，也可以通过练习题的方法掌握定额。由于公路工程定额项目繁多，现以公路工程常用的《公路工程预算定额》和《公路工程概算定额》为主，举例介绍其运用方法。

一、关于引用定额的编号

(一)定额的基本组成

现行的《公路工程概算定额》(以下简称《概算定额》)和《公路工程预算定额》(以下简称《预算定额》)的组成部分均包括:颁发定额的文件号,目录,总说明,章、节说明,定额表。此外,《预算定额》还包括附录。

1. 总说明

规定使用范围、使用条件、定额使用中的一般规定等,对正确运用定额具有重要作用,在使用定额时应特别注意《概算定额》和《预算定额》在总说明中不同的一些规定。

2. 章、节说明

对每一章、节的具体使用要求及注意事项作出说明,特别是工程量计算规则。章、节说明对于正确运用定额具有重要作用。要想准确而又熟练地运用定额,必须透彻地理解这些说明,争取全面记住。因此,需反复、认真地学习好这些说明。

3. 定额表

定额表是各类定额的最基本的组成部分,是定额指标数额的具体表示。概算定额和预算的定额表格式基本相同。其基本组成有:表号及定额表名称、工程内容、计量单位、顺序号、项目、代号、细目及栏号、小注等。现将定额表的构成和主要栏目说明如下:

(1)表号及定额表名称。如《预算定额》957 页中"8-1-4 采筛洗砂及机制砂"的人工采筛定额,见表 2-13。

8-1-4 采、筛、洗砂　　　　表 2-13

工程内容:1)安移筛架;2)采挖;3)过筛;4)清渣洗砂;5)堆方及清除废渣　　　　单位:$100m^3$ 堆方

顺序号	项 目	单 位	代 号	采 堆		采 筛 堆			洗 堆
				干处	水中	成 品 率 (%)			
						30～50	50～70	70 以上	
				1	2	3	4	5	6
1	人工	工日	1	12.7	28.8	51.8	32.1	21.3	45.2
2	砂	m^3	897	—	—	—	—	—	(115.00)
3	基价	元	1 999	625	1 417	2 549	1 579	1 048	2 224

注:1. 需要清除表土及备水时,其工日另计(每 $1m^3$ 砂按 $0.5m^3$ 用水量计)。

2. 如人工采、筛、洗、堆联合作业时,按"采、筛、堆"及"洗、堆"工日之和扣减一次堆方,每 $100m^3$ 扣减 3 工日计,其中洗、堆定额中的砂不计价。

3. 定额中砂是指自然砂。

(2)工程内容。主要说明本定额表所包括的操作内容。查定额时,必须将实际发生的项目操作内容与表中的工程内容进行比较。若不一致时,应进行补充或采取其他措施。

(3)工程项目计量单位。如 10m、$10m^3$ 构件、1 000m、1km、1 道涵长及每增减 1m 等。

(4)顺序号。表征人、料、机及费用的顺序号,起简化说明的作用。

(5)项目。即本定额表的工程所需人工、材料、机具、费用的名称、规格。

(6)代号。当采用电算方法来编制公路工程概预算时,可引用表中代号作为对工、料、机名称的识别符号。

(7)工程细目。表征本定额表所包括的工程细目,如预算定额"8-1-4"表中的"采堆"、"洗堆"等。

(8)栏号。工程细目编号,如表 2-11 所示定额中"干处采堆"栏号为 1,"水中采堆"栏号为 2。

(9)定额值。即定额表中各种资源的消耗量数值,其中括号内的数值一般是指所需半成品的数量(定额值)。如《预算定额》759 页表 5-1-20 所示定额中的"C20 水泥混凝土"所对应的"(10.10m^3)",是指预制 10m^3 挡土板(锚碇板)或立柱实体需消耗 C20 水泥混凝土 10.10m^3。注意此值在编制概预算文件时不可直接列入。

(10)基价。也称定额基价。它是指该工程细目的工程价格,即定额人工费、材料费、机械使用费的合计价值。其中,人工费、材料费是按交通部 2007 年公布的《公路工程预算定额》附录四中取定的人工、材料预算价格计算的,机械使用费是按交通部 2007 年公布的《公路工程机械台班费用定额》的机械台班基价计算的。

(11)注。有些定额表列有"注",使用定额时,必须仔细阅读,以免发生错误。

4. 定额的附录

在预算定额中列有 4 个附录,即"路面材料计算基础数据"、"基本定额"、"材料的周转及摊销"和"定额基价人工、材料单位质量、单价表"。附录是编制定额的基本数据,也是编制补充定额的依据,同时还是定额抽换的依据。

(二)定额的编号

在编制概预算时,在计算表格中均要列出所用的定额表号。一般采用[页号-表号-栏号]的编写方法。例如,《预算定额》中[181-"2-3-1"-1]就是指引用 181 页的表 2-3-1(第二章第三节第 1 个表)中的第 1 栏,即整修旧路面中的整修旧砂石路面的级配碎石路面的定额。又如,《概算定额》[87-"1-3-19"-1]是指第 87 页表 1-3-19 中的第 1 栏,即挡土墙防渗层、泄水层及填内芯中的沥青防渗层概算定额。这种编号方法容易查找、检查方便且不易出错,但书写字码较多,在概预算表中占格较宽。

另一种编号方法是省去页号,按[章-节-表-栏]四符号法,如《预算定额》中浆砌片石基础的定额号为[4-5-2-1],而目前一般采用电算法编制概预算文件。在编制概算文件时,采用 7 位数进行编码,即章占 1 位,节占 1 位,表占 2 位,栏占 3 位,如 2102001 表示概算定额第二章第一节第 2 个表第 1 栏;在编制预算文件时,采用 8 位数进行编码,即章占 1 位,节占 2 位,表占 2 位,栏占 3 位,如 20101001 表示预算定额第二章第一节第 1 个表第 1 栏。

定额编号在概预算文件中十分重要。第一,可保证复核、审查人员利用编号快速查找,核对所用定额的准确性;第二,对如此繁多的工程细目的工作内容以编号形式建立一一对应的模式,便于计算机处理及修编定额人员的统计工作。第三,在概预算文件的 08 表中,"定额代号"一栏必须填上对应的定额细目代号。不论手工计算,还是计算机处理,都必须保证该栏目的准确性。

(三)运用定额的步骤

所谓运用定额,就是平时所说的"查定额",是根据编制概预算的具体条件和目的,查得需要的正确的定额的过程。为了正确地运用定额,首先必须反复学习定额、熟练地掌握定额;其次必须收集并熟悉中央及地方交通主管部门有关定额运用方面的文件和规定。在此前提下,运用定额的基本步骤如下:

(1)根据运用定额的目的,确定所用定额的种类(是概算定额,还是预算定额)。

(2)根据概(预)算项目表,依次按目、节确定欲查定额的项目名称,再据以在《定额》目录中找到其所在页次及所需定额表。但要注意核查定额的工作内容、作业方式是否与施工组织设计相符。如人工挖土这项作业,在路基工程中有 1-1-6 表,桥梁工程中有 4-1-1 表等。

(3)查到定额表后再进行:

①看看定额表"工程内容"与设计要求、施工组织要求有无出入。若无出入,则可在表中找到相应的细目,并进一步确定子目(栏号)。

②检查定额表的计量单位与工程项目取定的计量单位是否一致、是否符合规定的工程量计算规则。

③看看定额的总说明、章说明、节说明以及表下的小注是否与所查子目的定额查定有关。若有关,则采取相应措施。

④根据设计图纸和施工组织设计检查一下子目中有无需要抽换的定额,是否允许抽换。若应抽换,则进行具体抽换计算。

⑤依子目各序号确定各项定额值,可直接引用的就直接抄录,需计算的则在计算后抄录。

(4)重新按上述步骤复核。

(5)该项目的该细目定额查完后,再查定该项目另外细目定额。依次完成后,再查另一项目的定额。

当熟练之后,上述步骤,不必依次进行。

(四)运用定额应注意的问题

(1)计量单位要表与项目之间一致,特别是在抽换、增量计算时更应注意。

(2)当项目中任何项(工、料、机)定额值变化时,不要忘记其基价也要作相应变化。

(3)当查定额时,首先要鉴别工程项目属于哪类工程,以免盲目随意确定而在表中找不到栏目、无法计算或错误引用定额。例如,"汽车运土"与"汽车运输"(构件),前者为路基工程,而后者为桥梁工程。

(4)定额表中对某些物品规定按成品价格编制预算,如"其他工程"中的 Z 形柱、铝合金标志等。而对某些物品则规定按半成品价格编制预算,查定额时要注意。

(五)定额运用的要点

(1)正确选择子目,不重不漏。

(2)子目名称简练直观,尤其是在修改子目名称时。

(3)看清工程量计量单位,特别是在抽换、增量计算时更应注意。

(4)详细阅读总说明、章节说明及小注。

(5)设计图纸要求和定额子目或序号要一致,否则可能要抽换。

(6)施工方法要根据施工组织设计及现场条件来确定。

(7)认真核对工程内容,防止漏列或重列,根据施工经验及对定额的了解确定。

二、定额单位与工程数量

工程量的正确与否直接影响概预算造价,使用正确工程数量是造价人员注意的一个重要环节。由于设计图纸中的工程量或工程量清单中工程量,其单位和内容与所用定额的单位和内容并不完全一致,往往需要造价人员根据定额的需要进行换算或调整,以达到计算造价与实际造价相符的目的。设计者一般对概预算或定额并不十分了解，仅从设计的角度出发计算并统计工程量，与定额的计量单位及计算要求有一定的出入。为了使计量单位、计算方法符合定额的工程量计算规则并正确计算工程量，现介绍几个典型处理方法。

(一)体积与面积单位调整

计算中应特别留意面积与体积是否一致，这在预算定额中很容易被忽视。

例如人工挖土质台阶，定额代号为预[1-1-4-2]，定额单位为 1 000m^2，设计图纸或施工图工程量一般都以 m^3 为单位列出。要换算为统一的面积单位，先分析和统计设计图纸上的开挖深度、宽度，计算平均开挖深度(或加权平均深度)，然后用设计体积除以平均深度，从而求得平均面积。当然，当挖台阶的工程量较小，而且开挖地点集中于 1～2 处时，就不必如此计算了。又如沥青混凝土路面，定额代号为预[2-2-11-3]，定额单位为 1 000m^3，设计图纸或施工图工程量一般是以 1 000m^2 为单位列出，要根据设计图纸将工程量换算。此外，耕地填前夯实土的回填，清除场地的砍挖树根、回填等，都存在换算问题。

(二)体积与个数的调整

在编制概预算文件时，如果遇到个数与体积不一致时，其换算不是简单的数学计算，而必须准备大量计算方面的基础资料，这些基础资料的获得必须与厂商、政府管理部门取得联系，从教科书或参考书上是难以获得的。

例如，支座与伸缩缝，设计者一般提供各种型号及对应的个数(包括国定支座、滑动式支座)，而定额单位却是 t 或 dm^3，只有找到有关生产厂家及型号，如标准图纸和基本数据等，才能换算出定额单位所需的 t 或 dm^3。伸缩缝的单位多变，设计者一般提供桥梁宽度数据(伸缩缝长度)，但毛勒伸缩缝及沥青麻絮伸缩缝的定额单位则是 t 或 m^2。还有些伸缩缝的补充定额的单位是 m^3，如 NST 伸缩缝等。

像这一类定额的单位及工程量有很多，在桥梁工程部分，如钢护筒、金属设备、泄水孔等工程数量的计算就应注意换算，并且注意收集有关的基础数据。

(三)工程量的自定方法

一个工程项目所牵涉的定额不是都能在设计图纸上反映的。换句或说，一个完整项目的概预算造价除包括施工图纸上的工程数量外，还应考虑与施工方案及施工组织措施有关的其他工程内容涉及的定额。

(1)临时工程范围。临时电力电信线路、临时便道的里程，按实际需要确定(现场调查)。这一部分工程量原则上不超过总长度的 1/3，但也要充分考虑各种构造物运输不便、引用地方电网不便所造成的临时工程的增加。临时用电中构造物的动力用电如果没有临时工程项目，则应在自发电的电价中考虑。临时道路考虑仓库、加工场、预制场、弃土及借土的便道距离。此外，临时仓库、加工场地、临时建筑物等在筹建过程中的一系列相关工程内容的工程量必须考虑进去。

(2)很容易遗忘但牵涉工程量较大的一部分内容通常在土石方工程上。清除场地后回填土石方体积、填前夯实后增加的土石方体积、自然沉降引起的增加的土石方体积、根据施工规范必须超宽填筑的体积都是必须增加补充计算的工程数量。而这部分工程量既无图纸又无规范可查，造价人员只能根据土质资料及施工组织的详细资料具体问题具体分析，按施工现场实际情况具体计算。

(四)工程量与定额单位相同但存在一定的换算关系

定额单位与工程量单位一致,但有时不能直接使用,如路基土石方体积单位的天然密实方与压实方之间的差值及混凝土、砂浆考虑损耗的体积,故必须提供一定的换算关系后才能正确使用。

1.土石方工程数量与定额单位

定额在挖方及运输两种条件下均按天然密实方施工考虑,填方按压实方碾压考虑。根据概算定额第一章第一节说明 1,预算定额第一章第一节说明 8,换算系数均已存在(如定额说明表列数据),但使用定额时,该系数能否正确运用将极大影响造价。一般来说,在单位工程内(或一标段内),主要考虑纵横向利用方是否能平衡。如果纵横向利用方能够绝对平衡,表列系数实际上是无用的;当挖方远大于填方,即存在一定弃方时,该表列系数也无用;只有在填方大于挖方时,即需借土填筑时,表列系数才有用。当挖方利用完后,剩下的需继续填筑的体积(剩余填筑体积)即可计算出来,这部分工程量是压实方体积。当利用取土点借土填筑时,其挖土的工程量、运土的工程量就要考虑天然密实方与压实方之间的换算系数,即挖土体积按借土体积乘以挖方系数,运土体积按借土体积乘以运土系数,如挖松土系数 1.23,运松土的系数为 1.26。值得注意的是,运输时仅考虑其本身的系数(如 1.26),不能与挖方系数连乘,即不能同时两次乘以挖土及运土的系数。

2.混凝土及砂浆在体积的意义方面

要特别注意成品的混凝土体积与搅拌混凝土体积含义不同、砌体中的砂浆与搅拌中砂浆含义不同。因为搅拌中的混凝土、砂浆要包括正常的损耗数量,但配比调整时,应按搅拌时的混凝土、砂浆计算,而成品混凝土、砂浆不能直接参与调整计算,这在抽换计算中应区分清楚。

三、定额的直接套用

如果设计的要求、工作内容及确定的工程项目与相应定额的工程项目完全符合,可直接套用定额。这一部分定额在编制概预算文件时的定额量占总定额量的50%以上,准确使用这些简单定额,可以节约大量的编制时间,因此应该保证这一部分定额 100%的正确。但要特别注意各定额的总说明、章节说明、定额表中的小注、工程量单位等,应细心阅读,以免在使用中发生错误。

【例 2-1】 确定人工挖运普通土(人工挑抬)运 40m 的预算定额,重载运输升 7%的坡。

解:(1)由预算定额目录可知该定额在 9 页,定额表号为 1-1-6。

(2)确定定额号为[9-1-1-6-2+4]或[10106002,辅助定额 10106004]。

(3)该定额小注 3 规定:如遇升降坡时,除按水平运距计算运距外,还应按坡度不同增加运距,重新计算运距为 40+40×7%×7=60m,具体规定见预算定额 9 页。

(4)计算定额值:

人工:$181.1+18.2\times\frac{60-20}{10}=253.9$(工日/1 000m³)

基价:8 910+895×4=12 490(元)

【例 2-2】 某桥的草袋围堰工程,装草袋土的运距为 220m,围堰高 2.2m,试确定该工程的预算定额值。

解:(1)由预算定额目录可知该定额在 287 页,定额表号为 4-2-2。

(2)确定定额号为[204-4-2-2-6]或[40202006]。

(3)该定额节说明2规定，该定额中已包括50m以内人工挖运土方的工日数量，当取土运距超过50m时，按人工挖运土方的增运定额增加运输用工，具体规定见预算定额283页节说明。

(4)计算定额值：

人工：$38.8+18.2\times\frac{220-50}{10}\times\frac{68.41}{1\,000}=59.97$(工日/10m)

草袋：1 139个

土：68.41m^3，不计价

基价：3 150+895 ×17×68.41÷1 000=4 191(元)

【例2-3】 某桥梁工程以手推车运预制构件，每个构件的质量均小于0.3t，需构件出坑堆放，运输重载升4%的坡，运距84m，试确定预算定额。

解：(1)由预算定额目录可知该定额在613页，定额表号为4-8-1。

(2)确定定额号为[613-4-8-1-1+2]或[40801001，辅助定额40801002]。

(3)该定额节说明1、3、4规定，本节的各种运输运距超过第一个定额运距单位时，其运距尾数不足一个定额单位的半数时不计，超过半数时按一个定额运距单位计算。本节定额未列构件出坑堆放的定额，如需出坑堆放，可按相应构件运输第一个运距单位定额计列。当运输遇到升降坡时，按定额该节规定的系数进行换算，其具体规定见预算定额612页节说明。

(4)计算定额值：

人工：$2.5+2.5+0.4\times\frac{80-10}{10}\times1.5=9.2$(工日)

其他材料费：4.2元

基价：127+127+20×7×1.5=464(元)

【例2-4】 某桥梁拱盔宽度18m，净跨径30m，拱失比1/4，起拱线至地面高度为12m，全桥5孔，试确定2孔的拱盔立面积、支架立面积和该桥满堂式木拱盔人工、基价预算定额值。

解：(1)由预算定额目录可知桥梁拱盔定额在631页，定额表号为4-9-2。

(2)确定定额号为[631-4-9-2-3]或[40902003]。

(3)该定额节说明1、8、9、10规定，桥梁拱盔、木支架及简单支架均按有效宽度8.5m计，钢支架按有效宽度12.0m计，如实际宽度与定额不同时，可按比例换算。说明8、9、10给出了工程量的计算方法，其具体规定见预算定额628页节说明。

(4)计算工程量：

拱盔立面积工程量：$F=2\times0.172\times30^2=309.6(m^2)$

支架立面积工程量：$F=30\times12\times2=720(m^2)$

(5)计算定额值：

人工：37.9×(18/8.5)=80.26(工日)

基价：3 933×(18/8.5)=8 329(元)

【例2-5】 已知设计数量为50m^3，钢模施工。试用预算定额确定预制及安装某路线桥涵缘(帽)石的人工的用量。

解：(1)由预算定额目录可知预制小型构件在588页，定额表号为4-7-28；安装小型构件定额在591页，定额表号为4-7-29。

(2)确定预制小型构件的定额号为[588-4-7-28-2]或[40728002]；安装小型构件的定额号

为[591-4-7-29-1]或[40729001]。

(3)该定额节说明 14(2)规定,编制预算时,构件的预制数量应为安装定额中括号内所列的构件备制数量,其具体规定见预算定额 511 页节说明。

(4)在预制小型预制构件的预算定额中,其工程内容为:木模制作、安装、拆除、修理、涂脱模剂、堆放;组合钢模板组拼拆及安装、拆除、修理、涂脱模剂、堆放;钢筋除锈、制作、电焊、绑扎;混凝土浇筑、捣固及养生。工程内容中不包括混凝土的拌和,这也是新版定额最大的一个变化,新版定额混凝土工程中基本上都不包括混凝土的拌和,特别注明者除外。换需要增加混凝土拌和的定额,混凝土拌和在 699 页,定额表号为 4-11-11-1 或[41111001]。

(5)计算人工用量:

预制:46.7×5×1.01=235.84(工日)

混凝土拌和:2.7×5×1.01×1.01=13.77(工日)

安装:13.6×5=68(工日)

总人工:317.61 工日

【例 2-6】 某桥为 3—20m(标准跨径)预应力简支 T 梁桥,每孔横向 20 片 T 梁,T 梁翼板宽 1.6m,肋板宽 0.2m,计划分 5 次预制完成,试计算预制 T 梁底座所需要水泥用量和蒸汽养生室工程量及所需锯材的数量。

解:(1)由预算定额目录可知,大型预制构件底座定额在 695 页,定额表号为 4-11-9,蒸汽养生室建筑及蒸汽养生定额在 693 页,定额表号为 4-11-8。

(2)确定定额号为[695-4-11-9-1]或[41109001]和[693-4-11-8-1]或[41108001]。

(3)该定额节说明 2、4 规定给出了大型预制构件底座和蒸汽养生室工程量的计算方法,其具体规定见预算定额 679 页节说明。

(4)计算工程量:

预制底座的面积:12×(19.96+2)×(0.2+1)=316.224(m^2)

蒸汽养生室的面积:6×(19.96+3)×(1+1.6+0.8+1.6+1)=826.56(m^2)

(5)计算水泥及锯材用量:

水泥用量:0.836×316.224÷10=26.436(t)

锯材用量:0.141×826.56÷10=11.654(m^3)

四、复杂定额的套用

复杂定额指一个定额的工程内容与设计图纸不符,为了加以完善而需进行另外相关定额的补充定额,即必须由多个定额才能完成一道工艺流程的组合定额。这一部分定额占总定额量的比重不大,但对总造价的影响有时是很大的。

如果按设计的要求、工作内容及确定的工程项目不完全与相应定额的工程项目符合,则不能直接套用简单定额。这些工艺流程必须几个定额联合起来才能完成。一般在编制时,如果遇到设计的工艺流程与定额的工程内容不一致,定额值中的“项目”与工艺过程中的消耗有差别时,如多出一种材料或少掉一种材料或机械等,首先要看定额表小注,再看节说明、章说明,但也要特别注意定额总说明及使用要求,应细心阅读,以免发生错误。

【例 2-7】 用《公路工程预算定额》确定自行汽车配合挖掘机联合作业 1 000m^3 普通土所消耗的人工、机械数量(6t 自行汽车运距 1.5km,挖掘机挖斗容积 0.6m^3)。

解:根据路基工程的土石方工程查《预算定额》[16-1-1-11-5+6]。

工程内容:等待装、运、卸;空回。

定额单位:1 000m^3。

分析工艺流程,缺挖土工序,补查《预算定额》[12-1-1-9-2]。

工程内容:安设挖掘机,开辟工作面,挖土或爆破后石方,装车,移位,清理工作面。

定额单位:1 000m^3。

分析两表的工艺流程,合并相加后,定额单位 1 000m^3,工程数量为 1 000m^3,则消耗的人工、机械数量为:

人 工:4.5/1 000×1 000=4.5(工日)

推土机:0.72/1 000×1 000=0.72(台班)

挖掘机:3.37/1 000×1 000=3.37(台班)

自卸汽车:[13.65+2.02×(1.5−1)/0.5]/1 000×1 000=15.67(台班)

【例 2-8】 某靠岸桥台,人工开挖基坑普通土(II 类土)1 000m^3,地面水深 1m,基坑深 3m,试确定《预算定额》。

解:题目所给条件属于桥梁工程定额的第四章,定额代号为[276-4-1-1-3]。

工程内容:人工挖土,清运土出坑外;安拆简单脚手架及整修运土便道;清理、整平、夯实土质基底;挖排水沟及集水井;取土回填、铺平、洒水、夯实。

定额单位:1 000m^3。

定额值:人工 619.1 工日/10m^3。

一般情况下,如不仔细分析工程内容与工艺流程的具体过程,很容易漏掉一项排水工作。因为定额值中没有列出水泵消耗台班,但从已知条件或具体施工图纸情况看一定需要排水水泵。可以借助《概算定额》来解决这一问题,保证不漏项,见[例 2-9]。

水泵台班的计算查《预算定额》第 272 页的节说明 11,计算得:

0.31/10×1 000=31(台班)

则工程量 1 000 m^3 的消耗量为:

人工:619.1/1 000×1 000=619.1(工日)

水泵:31 台班

【例 2-9】 按上例条件,查《概算定额》,计算人工、机械消耗量。

解:定额代号为[343-5-1-3-3]。

工程内容:人工开挖,清运,抽水等全部工序。

定额单位:1 000m^3。

直接计算人工、机械消耗量:

人工:736.3/1 000×1 000=736.3(工日)

水泵:61.18/1 000×1 000=61.18(台班)

注:以上例题请读者自己比较概算、预算定额的不同与相同之处。

五、基本定额的运用

由于定额是按一般正常合理的施工组织和正常的施工条件编制的,定额中所采用的施工方法和工程质量标准主要是根据国家现行公路工程施工技术及验收规范、质量评定标准及安全操作规程取定的。因此，使用定额时不得因具体工程的施工组织、操作方法和材料消耗与定额的规定不同而变更定额。只有在以下几种情况下，才允许对定额中某些项目进行抽换，使定额的使用更符合实际情况。

(1)就地浇筑钢筋混凝土梁用的支架及拱圈用的拱盔、支架，如确因施工安排达不到规定的周转次数时，可根据具体情况进行换算并按规定计算回收。

(2)在使用预算定额时，路面基层材料、混凝土、砂浆的配合比与定额不相符时，以及水泥强度等级与定额中的水泥强度等级不同时，水泥用量可按预算定额附录二的基本定额中的混凝土、砂浆配合比表进行换算。

(3)钢筋工程中，当设计用Ⅰ、Ⅱ级钢筋比例与定额比例不同时，可进行换算。

【例 2-10】 某三级公路路面基层为综合稳定土，设计配比为水泥：石灰：土＝4：8：88，厚 30cm，采用拖拉机带铧犁沿路拌和，初期洒水养生，洒水用水源运距 6km，试确定概算定额。

解：(1)由概算定额目录可知定额在 131 页，定额表号为 2-1-6。

(2)确定定额号为[131-2-1-6-9＋10]或[2106009，辅助定额 2106010]。

(3)该定额节说明 1、2 和章说明 4 规定，如超过定额规定的压实厚度需分层拌和和碾压时，拖拉机、平地机和压路机台班数量加倍，每 1 000m^2 增加 3 个工日。当设计配比与定额配比不同时，要进行换算。定额中凡列有洒水汽车的子目均按 5km 范围内洒水汽车在水源处吸水编制，如水源运距大于 5km 时，应增列洒水汽车的台班消耗。其具体规定见概算定额 103 页章说明和 105 页节说明。

(4)该定额子目中水泥、石灰、土的配比不同于设计配比需进行抽换。

(5)计算定额值：

人工：$20.2+(30-15)\times1.0+3.0=38.2$(工日)

32.5 级水泥：$[15.147+(30-15)\times1.01]\times\dfrac{4}{6}=20.198$(t)

生石灰：$[10.393+(30-15)\times0.693]\times\dfrac{8}{4}=41.576$(t)

土：$[195.29+(30-15)\times13.02]\times\dfrac{88}{90}=381.910$($m^3$)

设备摊销费：$1.6+15\times0.1=3.1$(元)

120kW 以内自行式平地机：$0.38\times2=0.76$(台班)

75kW 以内履带式拖拉机：$0.21\times2=0.42$(台班)

6～8t 光轮压路机：$0.28\times2=0.56$(台班)

12～15t 光轮压路机：$1.30\times2=2.60$(台班)

6 000L 以内洒水汽车：

$$0.87+(30-15)\times0.04+0.89\times2\times\frac{(0.87+15\times0.04)\times35}{1\,000}=1.562\text{(台班)}$$

基价：
$$\begin{aligned}&10\,006+15\times570+(20.198-15.147-1.01\times15)\times320+(41.576-10.393-15\\&\times0.693)\times105+(381.91-195.29-15\times13.02)\times8+3\times49.2+0.38\\&\times908.89+0.21\times525.55+0.28\times251.49+1.3\times411.77\\&+458\times2\times\frac{(0.87+15\times0.04)\times35}{1\,000}=18\,694\text{(元)}\end{aligned}$$

【例 2-11】 某桥梁的台帽工程设计为 C35 水泥混凝土，台帽钢筋设计为光圆钢筋 25t，带肋钢筋 30t，试分别确定混凝土及钢筋的预算定额值，以及水泥混凝土及钢筋的预算定额值（采用钢模施工）。

解：(1)由预算定额目录可知定额在 477 页，定额表号为 4-6-3。

(2)确定定额号为[477-4-6-3-2]或[40603002]和[477-4-6-3-9]或[40603009]。

(3)该定额子目中混凝土配合比与设计配合比不同，光圆钢筋和带肋钢筋的比例不同，需进行换算。当混凝土强度等级及砂浆强度等级等与设计等级不同时，需运用基本定额进行抽换。基本定额是指在合理的条件下，为生产单位数量半成品、中间产品所规定的各种资源（工、料、机、费用等）消耗量标准。基本定额按消耗资源对象的不同，可分为劳动定额和材料消耗定额两类，基本定额的具体内容见预算定额 995 页。其用途为进行定额抽换和分析分项工程或半成品所需的人工、材料、机械消耗量。

(4)计算定额值：

①混凝土。查基本定额 1011 页混凝土配比表（不可作为施工配合比使用）可知，1m^3 C35 混凝土需 32.5 级水泥 418kg，中粗砂 0.45m^3，碎石 0.82m^3。

人工 21.6 工日，原木 0.029m^3，锯材 0.052 m^3，型钢 0.019t，铁件 44.8kg，32.5 级水泥 $10.2\times0.418=4.264$(t)，水 12m^3，碎石 $10.2\times0.82=8.364$(m^3)，中粗砂 $10.2\times0.45=4.59$(m^3)，其他材料费 59.2 元，20t 以内汽车式起重机 0.88 台班，小型机具使用费 8.6 元，基价 $4\,564+(4.264-3.845)\times320+(4.59-4.69)\times60+(8.364-8.47)\times55=4\,686$(元)。

②钢筋。定额中光圆钢筋和带肋钢筋比例为 1∶5.029，设计为 1∶1.2，需要换算。

设光圆钢筋为 x、带肋钢筋为 y，有：

$$\begin{cases}\dfrac{x}{y}=\dfrac{25}{30}\\ x+y=1.025\end{cases}$$

得：

$$\begin{cases}x=0.466\\ y=0.559\end{cases}$$

人工 9.3 工日，光圆钢筋 0.466t，带肋钢筋 0.559t，电焊条 2.8kg，20～22 号铁丝 3.6kg，32kVA 以内交流电焊机 0.43 台班，小型机具使用费 24.1 元。

基价：$3\,262+(0.466-0.308)\times2\,700+(0.559-0.717)\times2\,850=3\,171$(元)

【例 2-12】 某跨径 20m 的石拱桥，浆砌块石拱圈工程，设计采用 M10 水泥砂浆砌筑，试问编制预算时是否需要抽换？怎样抽换？

解：(1)由概算定额目录可知定额在 442 页，定额表号为 4-5-3。

(2)确定定额号为[442-4-5-3-8]或[40503008]。

(3)该定额节说明 1 规定，定额中 M5、M7.5 和 M12.5 水泥砂浆为砌筑砂浆，M10 和 M15 水泥砂浆为勾缝用砂浆，所以需进行抽换。其具体规定见预算定额 438 页节说明。

(4)计算定额值：

查基本定额 1009 页砂浆配比表可知，1m^3 M10 砂浆需 32.5 级水泥 311kg，中粗砂 1.07m^3。

人工 19.3 工日，原木 0.012m^3，锯材 0.016m^3，铁钉 0.1kg，8～12 号铁丝 1.5kg，32.5 级

水泥（2.7＋0.11）×0.311＝0.874(t)，水 15m³，中粗砂(2.7＋0.11)×1.07＝3.007(m³)，块石 10.5m³，其他材料费 4.5 元，小型机具使用费 5.6 元。

基价 2 328＋(0.874－0.751)×320＋(3.06－3.007)×60＝2 364(元)。

【例 2-13】 某 2 孔跨径为 20m 的石拱桥，制备 1 孔木拱盔(满堂式)，试确定其实际周转次数的周转性材料预算定额。

解:(1)由预算定额目录可知定额在 631 页，定额表号为 4-9-2。

(2)确定定额号为[631-4-9-2-2]或[40902002]。

(3)该定额总说明八规定，就地浇筑钢筋混凝土用的支架及拱圈用的拱盔、支架，如确因施工安排达不到规定的周转次数时，可根据具体的情况换算并按规定计算回收。其具体规定见预算定额总说明第八条。

在预算定额的附录中编制有材料的周转及摊销定额，它的主要用途有：

①规定各种周转性材料的周转、摊销次数；

②对达不到规定周转次数的材料定额进行抽换。

(4)具体计算按式(2-1)进行。

$$E' = E \times \frac{n}{n'} \tag{2-1}$$

式中：E'——实际周转次数的周转性材料定额；

E——定额规定的周转性材料定额；

n——定额规定的材料周转次数；

n'——实际的材料周转次数。

计算结果见表 2-14。

计算结果　　表 2-14

序　　号	材料规格名称	单　　位	定额值 E	n	n'	换算值 E'
1	原木	m³	0.471	5	2	1.178
2	锯材	m³	1.625	5	2	4.063
3	铁件	kg	41.8	5	2	104.5
4	铁钉	kg	1.1	4	2	2.2

六、定额的补充

随着科学技术的发展，新结构、新工艺、新材料、新设备在公路工程上推广使用很快，但是定额的制订必须要有一定的周期，在新定额未颁布以前，为了合理正确地反映工程造价和经济效益，在现行使用的概预算定额基础上，已编制有部颁补充定额、地区补充定额和部分工程项目的一次性补充定额等。所以，在查用现行定额时，应注意定额表左上方的“工程内容”所包含的项目与实际工程项目是否完全一致，结构形式、施工工艺是否相同。根据施工经验、实际的工程内容及对定额了解选用相应的补充定额，做到定额使用不重不漏，特别应注意在设计资料中工程量计算表不提供的一些工程量和设计内容。

【例 2-14】 某中桥河中桥墩挖基工程，施工地面水深 1m，人工挖基，试确定摇头扒杆卷扬机吊运普通土的预算定额。

解:(1)由预算定额目录可知,定额在 277 页,定额表号为 4-1-2。

(2)确定定额号为[277-4-1-2-2]或[40102002]。

(3)该定额表左上角"工程内容"包括:

①人工挖土方;

②装土、卷扬机吊运土出坑外;

③清理、整平、夯实土质基底;

④挖排水沟或集水井;

⑤搭拆脚手架,移动摇头扒杆及整修便道;

⑥取土回填、铺平、洒水、夯实。

(4)根据施工过程和工艺的要求,应补充抽水及扒杆的制作、安装、拆除定额。

(5)应补充的定额号如下:

①抽水。在该定额节说明中进行补充。

②扒杆的制作、安装、拆除定额号为[605-4-7-33-3]或[40733003]。

【例 2-15】 试确定某桥梁用单导梁安装标准跨径 20m 的预应力混凝土空心板的预算定额。

解:(1)由预算定额目录可知定额在 537 页,定额表号为 4-7-13。

(2)确定定额号为[537-4-7-13-9]或[40713009]。

(3)该定额表左上角"工程内容"包括:

①整修构件;

②构件起吊、横移、就位、校正;

③单导梁过墩移动;

④锯断吊环。

(4)根据施工过程和工艺的要求,应补充金属结构吊装设备(单导梁)定额。

(5)应补充的定额号为[599-4-7-31-1]或[40731001]。

第六节 建筑安装工程费计算

建筑安装工程是施工企业按预定生产项目目标创造的直接生产成果,包括建筑工程和设备安装工程两大类。它必须通过施工企业的生产活动和消耗一定的资源来实现。从理论上讲,建筑安装工程费以建筑安装工程价值为基础。建筑安装工程的价值由三个部分组成:一是建筑业转移的生产资料价值;二是生产者为自已劳动创造的价值;三是生产者为社会劳动所创造的价值。建筑安装工程费用就是这些价值的货币量化值,它由三个部分组成:第一部分为施工企业转移的生产资料的费用,主要包括建筑材料、构(配)件的价值和进行建筑安装生产所使用的施工机械等固定资产的折旧费用等;第二部分为施工企业职工的劳动报酬和其他必要的费用等;第三部分为施工企业向财政缴纳的税金和税后留存的利润。前两部分构成建筑安装工程成本。

现行的《编制办法》规定建筑安装工程费用由直接费、间接费、利润和税金四部分组成。其中,直接费的计算是关键和核心,其他三部分费用则分别以规定的基数按各自费率计算取费。

一、直接费计算

直接费是施工企业生产作业直接体现在工程上的费用，即直接使生产资料发生转移而形成预定使用功能所投入的费用，由直接工程费和其他工程费组成。

直接费是建筑安装工程费的主体部分，它的高低直接决定了工程造价的高低。直接费的多少取决于设计质量、施工方法、概预算定额、工程所在地的人工工日单价、材料预算价格、机械台班单价以及工程所在地的其他工程费的费率等因素。

直接费的计算过程如下：

(1)将工程项目按要求分解成分项工程，并计算各分项工程的工程量；

(2)查阅和套用定额项目表中各分项工程的人工、材料、机械台班消耗量及定额基价；

(3)根据分项工程的工程量大小和定额的规定计算出各分项工程的人工、材料、机械台班消耗量及定额基价；

(4)用人工工日单价、材料预算单价和机械台班单价计算出各分项工程的人工费、材料费、施工机械使用费；

(5)分别以直接工程费、人工费和施工机械使用费之和为基数，按其他工程费相关费率计算其他工程费；

(6)由直接工程费和其他工程费计算直接费。

因此，直接费的计算以直接工程费为基础，以工、料、机预算单价和其他工程费费率为依据。定额的使用已在第五节介绍，关键是工、料、机预算单价和其他工程费费率的计算。

(一)直接工程费计算

直接工程费是指施工过程中耗费的构成工程实体和有助于工程形成的各项费用，包括人工费、材料费、施工机械使用费。人工费、材料费、施工机械使用费三项，是工程造价中的主要组成部分，按实物法计算，既取决于计价定额所规定的人工、材料、施工机械台班消耗标准，又取决于人工、材料、施工机械台班的预算价格。定额规定的只是实物量指标，而在摘取分部分项工程量以后所计算的实物量指标还要根据相应的预算价格进行计算，然后才能确定建筑安装工程的直接费。

1.人工费计算

人工费是指列入概预算定额的直接从事建筑安装工程施工的生产工人(包括现场内水平、垂直运输等辅助工人)和附属辅助生产单位的工人的人工工日数及工日单价计算的各项费用。但材料采购及保管人员、驾驶施工机械和运输工具的工人，材料到达工地以前的搬运、装卸工人等人员的工资以及由施工管理费支付工资的人员的工资，不应计入人工费。人工费内容包括：

(1)基本工资。基本工程是指发放生产工人的基本工资，流动施工津贴和生产工人劳动保护费，以及为职工缴纳的养老、失业、医疗保险费和住房公积金等。

生产工人劳动保护费是指按国家有关部门规定标准发放的劳动保护用品的购置费及修理费、徒工服装补贴、防暑降温费、在有碍身体健康的环境中施工的保健费用等。

(2)工资性补贴。工资性补贴是指按规定标准发放的物价补贴，煤、燃气补贴，交通补贴，住房补贴，地区津贴等。

(3)生产工人辅助工资。生产工人辅助费是指生产工人年有效施工天数以外非作业天数的工资，包括开会和执行必要的社会义务时间的工资，职工学习、培训期间的工资，调动工作、探亲、休假期间的工资，因气候影响停工期间的工资，女工哺乳时间的工资，病假在六个月以内的工资及产、婚、丧假期的工资。

(4)职工福利费。职工福利费是指按国家规定标准计提的职工福利费。

人工费按式(2-2)计算。

$$人工费=\sum(分项工程数量\times相应项目定额单位工日数\times工日单价) \quad (2\text{-}2)$$

式(2-2)中各项内容的规定和计算如下：

①分项工程数量。由设计图纸工程量计算规则计算所得的定额单位工程数量。

②定额单位工日数。指完成一定数量单位的分项工程量定额规定所需的人工工日，由定额直接查得。如《概算定额》规定完成 $10m^3$ 的梁板柱式桥台混凝土实体需用工 54.6 工日。

③工日单价。由基本工资、工资性补贴、生产工人辅助工资和职工福利费组成。工日单价有两种计算方法：一种是按《公路工程基本建设项目概算预算编制办法》(以下简称《编制办法》)中规定的公式计算；另一种是按地区规定计算。

a. 按《编制办法》规定的式(2-3)计算工日单价。

$$\begin{aligned}人工工日单价(元/工日)=&[基本工资(元/月)+地区生活补贴(元/月)\\&+工资性津贴(元/月)]\times(1+14\%)\times12\,月\\&\div240(工日)\end{aligned} \quad (2\text{-}3)$$

式中：基本工资——按不低于工程所在地政府主管部门发布的最低工资标准的 1.2 倍计算；

地区生活补贴——国家规定的边远地区生活补贴、特区补贴；

工资性津贴——物价补贴，煤、燃气补贴，交通费补贴等。

以上各项标准由各省、自治区、直辖市公路(交通)工程造价(定额)管理站根据当地人民政府的有关规定核定后公布执行，并抄送交通运输部公路司备案。同时，应根据最低工资标准的变化情况及时调整公路工程生产工人工资标准。

b. 按地区规定计算工日单价。有些省区根据本省公路建设的实际情况，单独另行发文规定工日单价的标准，而不按《编制办法》中的公式计算。如湖南省交通厅关于执行《公路基本建设工程概算预算定额及编制办法》及补充规定的通知(湘交造价字[2007]638 号)中规定新建和改建的公路工程基本建设项目，人工工资(含机械工)按 45.45 元/工日。这种由省区(或地区)统一定价的方式将会进一步完善。

另外，应当注意的是，不管人工工日单价以哪种方式确定，人工费用单价仅作为编制概预算的依据，不作为施工企业实发工资的依据。

④计算各分项工程的人工费和汇总得出项目人工费。将各分项工程的工程数量及定额人工工日数算出，按工日单价即可算出各分项工程的人工费，然后按式(2-2)得到人工费。

2. 材料费计算

材料费是指施工过程中耗用的构成工程实体的原材料、辅助材料、构(配)件、零件、半成品、成品的用量和周转材料的摊销量，按工程所在地的材料预算价格计算的费用。

材料费在建筑安装工程中占主要地位，材料费一般占工程造价比重的 40%。因此，准确计算材料费对概预算工作质量有巨大意义。材料费按式(2-4)计算。

$$材料费=\sum(分项工程数量\times相应项目定额单位材料消耗量\times材料预算价格) \quad (2\text{-}4)$$

式中，分项工程数量同前，定额单位材料消耗量由定额查得。要注意的是，任何一个分项工程其材料消耗的种类、品质都有差别，各种材料的品质要求由设计规定。这两项工作内容比较简单，关键是材料预算价格的计算。下面重点介绍材料预算价格的计算。

材料预算价格是指材料从来源地或交货地到达工地仓库或施工地点堆放材料的地点后的综合平均价格，所以材料预算价格由材料原价、运杂费、场外运输损耗、采购及仓库保管费组成。

材料预算价格也有两种确定方法：一种是按公式计算；另一种是地区规定材料预算价格。但其预算价格组成内容是一致的。地区规定的材料预算价格确定较为简单，直接查阅相关文件即可。现重点介绍《编制办法》中用公式计算材料预算价格。鉴于材料预算价格的重要性及其计算的复杂性，专门设计了“材料预算单价计算表”(09表)来进行计算。材料预算价格按式(2-5)计算。

材料预算价格＝(材料原价＋运杂费)×(1＋场外运输损耗率)×(1＋采购及保管费率)－包装品回收价值　(2-5)

(1)材料原价

各种材料原价按以下规定计算：

①外购材料。国家或地方的工业产品，按工业产品出厂价格或供销部门的供应价格计算，并根据情况加计供销部门手续费和包装费。若供应情况、交货条件不明确时，可采用当地规定的价格计算。

②地方性材料。地方性材料包括外购的砂、石材料等，按实际调查价格或当地主管部门规定的预算价格计算。

③自采材料。自采的砂、石、黏土等材料，按定额中开采单价加辅助生产间接费和矿产资源税(如有)计算。

材料原价应按实计取。各省、自治区、直辖市公路(交通)工程造价(定额)管理站应通过调查，编制本地区的材料价格信息，供编制概预算使用。

外购材料和地方性材料的原价一般容易确定，只要通过实地调查或向有关部分咨询即可；而自采材料的原价确定比较困难，在概预算工作中，应通过“自采材料料场价格计算表”(10表)进行计算。自采材料料场价格需要用《预算定额》第八章“材料采集与加工”的定额进行计算，计算时需注意：定额中人工工日消耗按人工工日单价计算人工费，材料消耗按材料预算价格计算材料费，机械台班消耗按机械台班单价计算机械使用费；辅助生产间接费以人工费为基数计算，《编制办法》中规定辅助生产间接费的费率为5%。

【例2-16】 计算机械轧碎石的料场单价：已知碎石已筛分，碎石机的装料口径400mm×250mm，碎石的最大粒径为4cm，人工费预算单价为49.59元/工日，片石的预算单价为45元/m^3，电动碎石机的台班单价为163.13元/台班，滚筒式筛分机的台班单价为135.11元/台班。

解：①由预算定额目录可知，定额在964页，定额表号为[964-8-1-9-14]或[80109014]。

②计算各项费用。

人工费：0.45×49.59＝22.32(元)

辅助生产间接费：22.32×5%＝1.12(元)

材料费：1.149×45＝51.71(元)

机械费：

碎石机 0.0342×163.13=5.58(元)

筛分机 0.0348×135.11=4.70(元)

③汇总计算料场价格。

碎石的料场价格:22.32+1.12+51.71+5.58+4.70=85.43(元/m^3)

应特别注意的是,辅助生产间接费只出现在材料预算单价计算中,施工单位自己开采、采集、加工、装卸、运输时需要计算,按《编制办法》规定以人工费的5%为基数计算。

(2)运杂费

运杂费是指材料自供应地点至工地仓库(施工地点存放材料的地方)的运杂费用,包括装卸费、运费,如果发生,还应计囤存费及其他杂费(如过磅、标签、支撑加固、路桥通行等费用)。

材料运杂费在材料预算价格中占有很大的比重,其运输费用的高低与材料供应地和运输方式的选择有密切关系。材料供应地一经确定,运输方式、运距也就随之确定了。材料供应地的选择要综合考虑可供量、供应价格、运输条件及运距长短等因素,进行经济比较后确定,以达到降低材料预算价格和工程造价的目的。

通过铁路、水路和公路运输部门运输的材料,按铁路、航运和当地交通部门规定的运价计算运费。

①铁路运杂费的计算。一般应考虑装卸费、调车费、运费及其他杂费等。

由铁路专用线或非公用装货地点取送车辆时,需计取调车费。我国铁道部关于调车费规定是:用铁路机车往专用线上取送车辆时(不论车皮多少),按往返里程计算,不足三机车公里者,收取三机车公里费;在站界范围内其他线路(专用装卸货地点)取送车辆,按次数取费;在站界公用装卸货地点取送车辆免费。调车费应分摊到每次托运的全部货物上。

运费按铁道部的《铁路货物运输规则》规定计算,一般按以下三个条件来决定:按货物重量规定运费标准(整车或零担);按运载的货物等级分别规定运费标准;按不同里程分别规定里程的运费标准。根据以上规定,计算铁路运费时,首先,按交货条件查出铁路运价里程,有几个交货地点时,按每个地点供应数量,采用加权平均方法确定其运距;其次,根据货物运价号表查出所托运的材料的运价等级;最后,按托运货物的数量确定是整车运输还是零担运输,找出相应的运输标准。

其他杂费(如标签、过磅等)也按铁路部门规定计费。

②水路运杂费的计算。沿海、内河的运输,应按交通运输部规定的建筑材料及设备沿海和主要大河、地方内河运输价格表计算。一般应考虑驳船费、运费和其他杂费等。

在港口用驳船从码头至船舶取送货物的费用,如驳船费,每吨货物驳船费率由各港口分别按不同类别货物规定。一般各港口按不同货物分别规定每吨货物装卸费率,以及按货物的不同等级、不同运价里程和质量规定的各种运价标准来进行运费计算。

③公路运杂费的计算。当材料经过公路,用汽车自供应点(供应厂、场、仓库、起运站、码头等)运至工地仓库(施工现场堆料点)时,应计算材料的公路运杂费。目前,公路工程建设项目的筑路材料很大部分是通过汽车运输的,一般应考虑装卸费、运费和其他杂费。

全国各地区公路运输运价的规定,基本上都是根据交通运输部颁发的《汽车运价规则》,再结合各地实际情况,按各省交通厅制订的实施细则执行。不同省(地区)的货物等级划分方法不同,一般分为整车一、二、三等普通货物,特种货物,零担货物等,公路运价按吨公里计。按不同地区、不同区段(或路线分级)分别规定有长途运价和短途运价,并规定有货物杂费,如空驶损失费，车辆延滞费，吊车，铲车费，保管，手续费，标签标志费等。各地对拖拉机、马车运价和装卸费也有具体规定。长途(或短途)汽车运输按当地交通部门的《汽运规则实施细则》计算材料运费时，步骤如下：首先，在公路里程图中查出运输里程(另加上便道运输里程)；其次，按货物分等表查出货物所属等级类别；再确定货物质量是整车运输还是零担运输，以体积作计量单位的货物，可利用《预算定额》附录四中材料单位重进行换算，对于特殊材料，当无法取得单位质量时，可以从体积和面积的比例上适当计算其近似质量。

施工单位自办的运输，单程运距 15km 以上的长途汽车运输按当地交通部门规定的统一运价计算运费；单程运距 5～15km 的汽车运输按当地交通部门规定的统一运价计算运费，当工程所在地交通不便、社会运输力量缺乏时，如边远地区和某些山岭区，允许按当地交通部门规定的统一运价加 50％计算运费；单程运距 5km 及以内的汽车运输以及人力场外运输，按预算定额计算运费，其中人力装卸和运输另按人工费加计辅助生产间接费。

一种材料如有两个以上的供应点时，应根据不同的运距、运量、运价采用加权平均的方法计算运费。

由于预算定额中汽车运输台班已考虑工地便道特点，以及定额中已计入了“工地小搬运”项目，因此平均运距中汽车运输便道里程不得乘以调整系数，也不得在工地仓库或堆料场之外再加场内运距或二次倒运的运距。

有容器或包装的材料及长大轻浮材料，应按表 2-15 规定的毛重计算。桶装沥青、汽油、柴油按每吨摊销一个旧汽油桶计算包装费(不计回收)。

材料毛重系数及单位毛重表　　表 2-15

材料名称	单　位	毛重系数	单位毛重
爆破材料	t	1.35	—
水泥、块状沥青	t	1.01	—
铁钉、铁件、焊条	t	1.10	—
液体沥青、液体燃料、水	t	桶装 1.17，油罐车装 1.00	—
木料	m^3	—	1.000t
草袋	个	—	0.004t

【例 2-17】　水泥的原价为 370 元/t，自办运输，运距分别为 20km 和 12km，运价 0.55 元/t·km，装卸费 3.5 元/t，分别计算水泥 20km 和 12km 的运杂费。

解：①运距 20km，属于单程运距 15km 以上的长途汽车运输，按当地交通部门规定的统一运价计算运费，即按题目给定的运距 20km 计算运杂费，水泥的毛重系数查表 2-13 为 1.01，计算如下：

$$(20\times0.55+3.5)\times1.01=14.65(\text{元/t})$$

②运距 12km，属于单程运距 5～15km 的汽车运输，按当地交通部门规定的统一运价计算运费，并加计 50％计算运费，计算如下：

$$[12\times0.55\times(1+50\%)+3.5]\times1.01=13.53(\text{元/t})$$

【例 2-18】　水泥的原价为 370 元/t，自办运输，运距 4km，采用人工装卸，8t 载货汽车运输，人工工日单价为 49.59 元/工日，8t 载货汽车的台班单价为 528.74 元/台班，试计算水泥的运杂费。

解:①运距 4km,属于单程运距 5km 及以内的汽车运输以及人力场外运输,按预算定额计算运费,其中人力装卸和运输另按人工费加计辅助生产间接费。自办运输单程运距 5km 及以内的汽车运输以及人力场外运输需要用《预算定额》第九章“材料运输”的定额进行计算,计算时需要注意:定额中人工工日消耗按人工工日单价计算人工费,机械台班消耗按机械台班单价计算机械使用费;辅助生产间接费以人工费为基数计算,《编制办法》中规定辅助生产间接费的费率为 5%。

②由预算定额目录可知,运输定额在 976 页,定额表号为[976-9-1-5-31+32]或[90105031 和 90105032];装卸定额在 989 页,定额表号为[989-9-1-9-4]或[9010904]。

③计算运杂费:

$$\left[\frac{1.75+0.1\times3}{100}\times528.74+\frac{10.5}{100}\times49.59\times(1+5\%)\right]\times1.01=16.50(\text{元/t})$$

(3)场外运输损耗

场外运输损耗是指有些材料在正常的运输过程中发生的损耗,这部分损耗应摊入材料以单价内。场外运输损耗以材料原价和运杂费之和为基数,乘以材料场外运输损耗率计算,材料场外运输操作损耗率见表 2-16。

材料场外运输操作损耗率表(单位:%)　　表 2-16

材料名称		场外运输(包括一次装卸)	每增加一次装卸
块状沥青		0.5	0.2
石屑、碎砾石、砂砾、煤渣、工业废渣、煤		1.0	0.4
砖、瓦、桶装沥青、石灰、黏土		3.0	1.0
草皮		7.0	3.0
水泥(袋装、散装)		1.0	0.4
砂	一般地区	2.5	1.0
	多风地区	5.0	2.0

注:汽车运水泥如运距超过 500km 时,增加损耗率:袋装 0.5%。

(4)采购及保管费

材料采购及保管费是指材料供应部门(包括工地仓库以及各级材料管理部门)在组织采购、供应和保管材料过程中所需的各项费用及工地仓库的材料储存损耗。

材料采购及保管费,以材料的原价加运杂费及场外运输损耗的合计数为基数,乘以采购保管费率计算。材料的采购及保管费费率为 2.5%。

外购的构件、成品及半成品的预算价格,其计算方法与材料相同,但构件(如外购的钢桁梁、钢筋混凝土构件及加工钢材等半成品)的采购保管费率为 1%。

商品混凝土预算价格的计算方法与材料相同,但其采购保管费率为 0。

(5)材料费计算步骤

①分项并计算工程数量。将工程按要求分项,计算各分项工程的工程量,并按定额单位计算定额工程数量。

②查定额。由各分项工程查相应定额,确定材料的消耗种类及相应数量。

③计算材料预算价格。将定额中所出现的种类材料,按规定分别计算其预算价格。

④计算材料费。先计算各分项工程的材料费，然后按式(2-4)计算工程项目的材料费。

⑤有容器或包装的材料及长大轻浮材料，应按表 2-15 规定的毛重计算。桶装沥青、汽油、柴油按每吨摊销一个旧汽油桶计算包装费(不计回收)。

3.施工机械使用费计算

施工机械使用费是指列入概预算定额的施工机械台班量，按相应机械台班费用定额计算的施工机械使用费和小型机具使用费，按式(2-6)计算。

施工机械使用费＝∑(分项工程数量×相应项目定额单位机械台班消耗量×机械台班单价)＋小型机具使用费　(2-6)

(1)分项工程数量

同前。

(2)定额机械台班消耗量

由定额直接查得完成一定数量单位的分项工程定额所规定消耗的机械种类的台班数量。

(3)机械台班单价

机械台班单价应按交通部公布的《公路工程机械台班费用定额》(JTG/T B06—03—2007)计算，台班单价由不变费用和可变费用组成。不变费用包括折旧费、大修修理费、经常修理费、安装拆卸及辅助设施费等。可变费用包括机上人员人工费、动力燃料费及车船使用税。不变费用，全国除青海、新疆、西藏三省区允许调整外，其余各地均应直接采用。至于边远地区的维修工资、配件材料等由于价差较大而需调整不变费用时，可根据具体情况，由省、自治区交通厅制订系数并报交通部备案后执行。可变费用中的机上人员工日数及动力物资消耗量，应以机械台班费用定额中的数值为准，台班人工费工日单价与生产工人人工单价相同。动力燃料费用则按材料费的计算规定计算。车船使用税，如需交纳时，应根据各省、自治区、直辖市及国务院有关部门的规定计算。各种机械台班单价通过“机械台班单价计算表”(11 表)计算。

当工程用电为自行发电时，电动机械每度电的单价可由式(2-7)计算。

$$A=0.24K/N \tag{2-7}$$

式中：A——每度电单价，元；

K——发电机组的台班单价，元；

N——发电机组的总功率，kW。

(4)小型机具使用费

从定额中查出相应项目定额单位所规定的消耗费用与分项工程数量相乘即可。

【例 2-19】 某高速公路沥青混凝土路面施工，采用 120t/h 以内的沥青混合料拌和设备拌和沥青混凝土，配备 1 台 320kW 的柴油发电机组提供动力。已知人工单价为 50 元/工日，重油的预算单价为 4.0 元/kg，柴油的预算单价为 5.0 元/kg，试确定沥青混合料拌和设备的预算单价。

解：①确定发电机组的台班单价：

531.83＋2×50＋327.85×5＝2 271.08(元/台班)

②确定自发电的预算单价：

$A=0.24K/N=0.24\times 2\,271.08\div 320=1.703$(kW·h)

③确定沥青混合料拌和设备的台班单价：

2 844.03＋6×50＋3 590.4×4＋1 859.23×1.703＝20 672.48(元/台班)

(二)其他工程费计算

其他工程费是指直接工程费以外施工过程中发生的直接用于工程的费用。内容包括冬季施工增加费、雨季施工增加费、夜间施工增加费、特殊地区施工增加费、行车干扰工程施工增加费、安全及文明施工措施费、临时设施费、施工辅助费、工地转移费等九项。公路工程中的水、电费及因场地狭小等特殊情况而发生的材料二次搬运等其他工程费已包括在概预算定额中，不再另行计算。

其他工程费的取费费率需按工程类别来取，包括后面的间接费的计算也必须按工程类别来取。其工程类别划分如下：

①人工土方。指人工施工的路基、改河等土方工程，以及人工施工的砍树、挖根、除草、平整场地、挖盖山土等工程项目，并适用于无路面的便道工程。

②机械土方。指机械施工的路基、改河等土方工程，以及机械施工的砍树、挖根、除草等工程项目。

③汽车运输：指汽车、火车、拖拉机、机动翻斗车等运送的路基、改河土(石)方、路面基层和面层混合料、水泥混凝土及预制构件、绿化苗木等。

④人工石方。指人工施工的路基、改河等石方工程，以及人工施工的挖盖山石项目。

⑤机械石方。指机械施工的路基、改河等石方工程(机械打眼即属机械施工)。

⑥高级路面。指沥青混凝土路面、厂拌沥青碎石路面和水泥混凝土路面的面层。

⑦其他路面。指除高级路面以外的其他路面面层，各等级路面的基层、底基层、垫层、透层、黏层、封层，采用结合料稳定的路基和软土等特殊路基处理等工程，以及有路面的便道工程。

⑧构造物Ⅰ。指无夜间施工的桥梁、涵洞、防护(包括绿化)及其他工程，交通工程及沿线设施工程[设备安装及金属标志牌、防撞钢护栏、防眩板(网)、隔离栅、防护网除外]，以及临时工程中的便桥、电力电信线路、轨道铺设等工程项目。

⑨构造物Ⅱ。指有夜间施工的桥梁工程。

⑩构造物Ⅲ。指商品混凝土(包括沥青混凝土和水泥混凝土)的浇筑和外购构件及设备的安装工程。商品混凝土和外买构件及设备的费用不作为其他工程费和间接费的计算基数。

⑪技术复杂大桥。指单孔跨径在120m以上(含120m)和基础水深在10m以上(含10m)的大桥主桥部分的基础、下部、和上部工程。

⑫隧道。指隧道工程的洞门和洞内土建工程。

⑬钢材及钢结构。指钢桥及钢索吊桥的上部构造，钢沉井、钢围堰、钢套箱及钢护筒等基础工程，钢索塔、钢锚箱、钢筋及预应力钢材、模数式及橡胶板式伸缩缝、钢盆式橡胶支座、四氟板式橡胶支座、金属标志牌、防撞钢护栏、防眩板(网)、隔离栅、防护网等工程项目。

1. 冬季施工增加费计算

冬季施工增加费是指按照《公路工程施工及验收规范》所规定的冬季施工要求，为保证工程质量和安全生产所需采取的防寒保温设施、工效降低和机械作业率降低以及技术操作过程的改变等所增加的有关费用。

冬季施工增加费的内容包括：

(1)因冬季施工所需增加的一切人工、机械与材料的支出；

(2)施工机具所需修建的暖棚(包括拆、移)，增加油脂及其他保温设备费用；

(3)因施工组织设计确定，需增加的一切保温、加温及照明等有关支出；

(4)与冬季施工有关的其他各项费用，如清除工作地点的冰雪等费用。

冬季气温区的划分是根据气象部门提供的满 15 年以上的气温资料确定的。每年秋冬第一次连续 5 天出现室外日平均温度在 5℃以下、日最低温度在－3℃以下的第一天算起，至第二年春夏最后一次连续 5 天出现同样温度的最末一天为冬季期。冬季期内平均气温在－1℃以上者为冬一区，－1～－4℃者为冬二区，－4～－7℃者为冬三区，－7～－10℃者为冬四区，－10～－14℃者为五区，－14℃以下者为冬六区。冬一区内平均气温低于 0℃的连续天数在 70 天以内的为 I 副区，70 天以上的为 II 副区。冬二区内平均气温低于 0℃的连续天数在 100 天以内的为 I 副区，100 天以上的为 II 副区。

气温高于冬一区，但砖石、混凝土工程施工采取一定措施的地区为准冬季区。准冬季区分两个副区，简称准一区和准二区。凡一年内日最低气温在 0℃以下的天数多于 20 天的，日平均气温在 0℃以下的天数少于 15 天的为准一区，多于 15 天的为准二区。

全国各地的冬季区划分见《编制办法》附录七。若当地气温资料与附录七中划定的冬季气温区划分有较大出入时，可按当地气温资料及上述划分标准确定工程所在地的冬季气温区。

冬季施工增加费的计算方法是根据各类工程的特点，规定各气温区的取费标准。为了简化计算手续，采用全年均摊销的方法，即不论是否在冬季施工，均按规定的取费标准计取冬季施工增加费。一条路线穿过两个以上的气温区时，可分段计算或按各区的工程量比例求得全线的平均增加率，计算冬季施工增加费。

冬季施工增加费以各类工程的直接工程费之和为基数，按工程所在地的气温区选用表 2-17 的费率计算。

冬季施工增加费费率表(单位：%) 表 2-17

气温区 \ 工程类别	冬季期平均温度									
	－1℃以上		－1～－4℃		－4～－7℃	－7～－10℃	－10～－14℃	－14℃以下	准一区	准二区
	冬一区		冬二区		冬三区	冬四区	冬五区	冬六区		
	I	II	I	II						
人工土方	0.28	0.44	0.59	0.76	1.44	2.05	3.07	4.61	—	—
机械土方	0.43	0.67	0.93	1.17	2.21	3.14	4.71	7.07	—	—
汽车土方	0.08	0.12	0.17	0.21	0.40	0.56	0.84	1.27	—	—
人工石方	0.06	0.10	0.13	0.15	0.30	0.44	0.65	0.98	—	—
机械石方	0.08	0.13	0.18	0.21	0.42	0.61	0.91	1.37	—	—
高级路面	0.37	0.52	0.72	0.81	1.48	2.00	3.00	4.50	0.06	0.16
其他路面	0.11	0.20	0.29	0.37	0.62	0.80	1.20	1.80	—	—
构造物 I	0.34	0.49	0.66	0.75	1.36	1.84	2.76	4.14	0.06	0.15
构造物 II	0.42	0.60	0.81	0.92	1.67	2.27	3.40	5.10	0.08	0.19
构造物 III	0.83	1.18	1.60	1.81	3.29	4.46	6.69	10.03	0.15	0.37
技术复杂大桥	0.48	0.68	0.93	1.05	1.91	2.58	3.87	5.81	0.08	0.21
隧道	0.10	0.19	0.27	0.35	0.58	0.75	1.12	1.69	—	—
钢材及钢结构	0.02	0.05	0.07	0.09	0.15	0.19	0.29	0.43	—	—

2. 雨季施工增加费

雨季施工增加费是指在雨季期间施工，为保证工程质量和安全生产而需采取的防雨、排水、防潮和防护措施、工效降低和机械作业率降低以及技术作业过程的改变等所增加的有关费用。雨季施工增加费的内容包括：

(1)因雨季施工所需增加的工、料、机费用的支出，包括工作效率的降低及易被雨水冲毁的工程所增加的工作内容等，如基坑坍塌和排水沟等堵塞的清理、路基边坡冲沟的填补等；

(2)路基土方工程的开挖和运输，因雨季施工(非土壤中水影响)而引起的黏附工具、降低工效所增加的费用；

(3)因防止雨水必须采取的防护措施的费用，如挖临时排水沟，防止基坑坍塌所需的支撑、挡板等费用；

(4)材料因受潮、受湿的损耗费用；

(5)增加防雨、防潮设备的费用；

(6)其他有关雨季施工所需增加的费用，如因河水高涨致使工作困难而增加的费用等。

雨量区和雨季期的划分，是根据气象部门提供的满 15 年以上的降雨资料确定的。凡月平均降雨天数在 10 天以上，月平均日降雨量在 3.5～5mm 者为 I 区，月平均日降雨量在 5mm 以上者为 II 区。全国施工雨量区及雨季期的划分见《编制办法》附录八。若当地气象资料与附录八所划定的雨量区及雨季期出入较大时，可按当地气象资料及上述划分标准确定工程所在地的雨量区及雨季期。

雨季施工增加费的计算方法，是将全国划分为若干雨量区和雨季期，并根据各类工程的特点规定各雨量区及各雨季期的取费标准，采用全年平均摊销的方法，即不论是否在雨季施工，均按规定的取费标准计取雨季施工增加费。

一条路线通过不同的雨量区和雨季期时，应分别计算雨季施工增加费，或按工程量比例求得平均的增加率计算全线雨季施工增加费。

雨季施工增加费以各类工程的直接工程费之和为基数，按工程所在地的雨量区、雨季期选用表 2-18 的费率计算。室内管道及设备安装工程不计雨季施工增加费。

雨季施工增加费费率表(单位：%)　　表 2-18

雨季期(月数)	1	1.5	2		2.5		3		3.5		4		4.5		5		6		7	8
雨量区 / 工程类别	I	I	I	II	I	II	I	II	I	II	I	II	I	II	I	II	I	II	II	II
人工土方	0.04	0.05	0.07	0.11	0.09	0.13	0.11	0.15	0.13	0.17	0.15	0.20	0.17	0.23	0.19	0.26	0.21	0.31	0.36	0.42
机械土方	0.04	0.05	0.07	0.11	0.09	0.13	0.11	0.15	0.13	0.17	0.15	0.20	0.17	0.23	0.19	0.27	0.22	0.32	0.37	0.43
汽车运土	0.04	0.05	0.07	0.11	0.09	0.13	0.11	0.16	0.13	0.19	0.15	0.22	0.17	0.25	0.19	0.27	0.22	0.32	0.37	0.43
人工石方	0.02	0.03	0.05	0.07	0.06	0.09	0.07	0.11	0.08	0.13	0.09	0.15	0.10	0.17	0.12	0.19	0.15	0.23	0.27	0.32
机械石方	0.03	0.04	0.06	0.10	0.08	0.12	0.10	0.14	0.12	0.16	0.14	0.19	0.16	0.22	0.18	0.25	0.20	0.29	0.34	0.39
高级路面	0.03	0.04	0.06	0.10	0.08	0.13	0.10	0.15	0.12	0.17	0.14	0.19	0.16	0.22	0.18	0.25	0.20	0.29	0.34	0.39
其他路面	0.03	0.04	0.06	0.09	0.08	0.12	0.09	0.14	0.10	0.16	0.12	0.18	0.14	0.21	0.16	0.24	0.19	0.28	0.32	0.37
构造物 I	0.03	0.04	0.05	0.08	0.06	0.09	0.07	0.11	0.08	0.13	0.10	0.15	0.12	0.17	0.14	0.19	0.16	0.23	0.27	0.31
构造物 II	0.03	0.04	0.05	0.08	0.07	0.10	0.08	0.12	0.09	0.14	0.11	0.16	0.13	0.18	0.15	0.21	0.17	0.25	0.30	0.34
构造物 III	0.06	0.08	0.11	0.17	0.14	0.21	0.17	0.25	0.20	0.30	0.23	0.35	0.27	0.40	0.31	0.45	0.35	0.52	0.60	0.69
技术复杂大桥	0.03	0.05	0.07	0.10	0.08	0.12	0.10	0.14	0.12	0.16	0.14	0.19	0.16	0.22	0.18	0.25	0.20	0.29	0.34	0.39
隧道	—	—	—	—	—	—	—	—	—	—	—	—	—	—	—	—	—	—	—	—
钢材及钢结构	—	—	—	—	—	—	—	—	—	—	—	—	—	—	—	—	—	—	—	—

3. 夜间施工增加费

夜间施工增加费是指根据设计、施工的技术要求和合理的施工进度要求，必须在夜间连续施工而发生的工效降低、夜班津贴以及有关照明设施（包括所需照明设施的安拆、摊销、维修及油燃料、电）等增加的费用。

夜间施工增加费以夜间施工工程项目（如桥梁工程项目包括上、下部构造全部工程）的直接工程费之和为基数，按表 2-19 的费率计算。

夜间施工增加费费率表（单位：%）　　表 2-19

工程类别	费率	工程类别	费率
构造物 II	0.35	技术复杂大桥	0.35
构造物 III	0.70	钢材及钢结构	0.35

注：设备安装工程及金属标志牌、防撞钢护栏、防眩板（网）、隔离栅、防护网等不计夜间施工增加费。

4. 特殊地区施工增加费

特殊地区施工增加费包括高原地区施工增加费、风沙地区施工增加费和沿海地区施工增加费三项。

（1）高原地区施工增加费

高原地区施工增加费是指在海拔高度 1 500m 以上地区施工，由于受气候、气压的影响，致使人工、机械效率降低而增加的费用。该费用以各类工程人工费和机械使用费之和为基数，按表 2-20 的费率计算。

高原地区施工增加费费率表（单位：%）　　表 2-20

工程类别	海拔高度							
	1 501～2 000m	2 001～2 500m	2 501～3 000m	3 001～3 500m	3 501～4 000m	4 001～5 000m	4 501～5 000m	5 000m 以上
人工土方	7.00	13.25	19.75	29.75	43.25	60.00	80.00	110.00
机械土方	6.56	12.60	18.66	25.60	36.05	49.08	64.72	83.80
汽车运土	6.50	12.50	18.50	25.00	35.00	47.50	62.50	80.00
人工石方	7.00	13.25	19.75	29.75	43.25	60.00	80.00	110.00
机械石方	6.71	12.82	19.03	27.01	38.50	52.80	69.92	92.72
高级路面	6.58	12.61	18.69	25.72	36.26	49.41	65.17	84.58
其他路面	6.73	12.84	19.07	27.15	38.74	53.17	70.44	93.60
构造物 I	6.87	13.06	19.44	28.56	41.18	56.86	75.61	102.47
构造物 II	6.77	12.90	19.17	27.54	39.41	54.18	71.85	96.03
构造物 III	6.73	12.85	19.08	27.19	38.81	53.27	70.57	93.84
技术复杂大桥	6.70	12.81	19.01	29.64	38.37	52.61	69.65	92.27
隧道	6.76	12.90	19.16	27.50	39.35	54.09	71.72	95.81
钢材及钢结构	6.78	12.92	19.20	27.66	39.62	54.50	72.30	96.80

(2)风沙地区施工增加费

风沙地区施工增加费是指在沙漠地区施工时，由于受风沙影响，按照施工及验收规范的要求，为保证工程质量和安全生产而增加的有关费用。其内容包括防风、防沙及气候影响的措施费，材料费，人工、机械效率降低增加的费用，以及积沙、风蚀的清理修复等费用。

风沙地区的划分，根据《公路自然区划标准》、“沙漠地区公路建设成套技术研究报告”的公路自然区划和沙漠公路区划，结合风沙地区的气候状况将风沙地区分为三区九类：半干旱、半湿润沙地为风沙一区，干旱、极干旱寒冷沙漠地区为风沙二区，极干旱炎热沙漠地区为风沙三区。根据覆盖度（沙漠中植被、戈壁等覆盖程度）又将每区分为固定沙漠（覆盖度>50%）、半固定沙漠（覆盖度 10%～50%）、流动沙漠（覆盖度<10%）三类。覆盖度由工程勘察设计人员在公路工程勘察设计时确定。

全国风沙地区公路施工区划见《编制办法》附录九。若当地气象资料及自然特征与附录九中的风沙地区划分有较大出入时，由项目所在省、自治区、直辖市公路（交通）工程造价（定额）管理站按当地气象资料和自然特征及上述标准确定工程所在地的风沙区划，并抄送交通运输部公路司备案。

一条路线穿过两个以上（含两个）不同风沙区时，按路线长度经过不同的风沙区加权计算项目全线风沙地区施工增加费。

风沙地区施工增加费以各类工程的人工费和机械使用费之和为基数，根据工程所在地的风沙区划及类别，按表 2-21 的费率计算。

风沙地区施工增加费费率表(单位:%)　　表 2-21

风沙区划 \ 工程类别	风沙一区			风沙二区			风沙三区		
	沙漠类型								
	固定	半固定	流动	固定	半固定	流动	固定	半固定	流动
人工土方	6.00	11.00	18.00	7.00	17.00	26.00	11.00	24.00	37.00
机械土方	4.00	7.00	12.00	5.00	11.00	17.00	7.00	15.00	24.00
汽车运输	4.00	8.00	13.00	5.00	12.00	18.00	8.00	17.00	26.00
人工石方 机械石方	—	—	—	—	—	—	—	—	—
高级路面	—	1.00	2.00	1.00	2.00	3.00	2.00	3.00	5.00
其他路面	2.00	4.00	7.00	3.00	7.00	10.00	4.00	10.00	15.00
构造物 I	4.00	7.00	12.00	5.00	11.00	17.00	7.00	16.00	24.00
构造物 II 构造物 III 技术复杂大桥 隧道	—	—	—	—	—	—	—	—	—
钢材及钢结构	1.00	2.00	4.00	1.00	3.00	5.00	2.00	5.00	7.00

(3)沿海地区工程施工增加费

沿海地区工程施工增加费是指工程项目在沿海地区施工受海风、海浪和潮汐的影响，致使人工、机械效率降低等所需增加的费用。本项费用由沿海各省、自治区、直辖市、直辖市交通厅(局)制订具体的适用范围(地区),并抄送交通运输部公路司备案。

沿海地区工程施工增加费以各类直接工程费之和为基数,按表2-22费率计算。

沿海地区工程施工增加费费率表(单位:%)　　表2-22

工程类别	费率	工程类别	费率
构造物 II	0.15	技术复杂大桥	0.15
构造物 III	0.15	钢材及钢结构	0.15

5.行车干扰工程施工增加费

行车干扰工程施工增加费是指由于边施工边维持通车,受行车干扰的影响,致使人工、机械效率降低而增加的费用。该费用以受行车影响部分的工程项目的人工费和机械使用费之和为基数,按表2-23的费率计算。

行车干扰工程施工增加费费率表(单位:%)　　表2-23

工程类别	施工期间平均每昼夜双向行车次数(汽车、兽力车合计)							
	51~100	101~500	501~1 000	1 001~2 000	2 001~3 000	3 001~4 000	4 001~5 000	5 000以上
人工土方	1.64	2.46	3.28	4.10	4.76	5.29	5.86	6.44
机械土方	1.39	2.19	3.00	3.89	4.51	5.02	5.56	6.11
汽车运输	1.36	2.09	2.85	3.75	4.35	4.84	5.36	5.89
人工石方	1.66	2.40	3.33	4.06	4.71	5.24	5.81	6.37
机械石方	1.16	1.71	2.38	3.19	3.70	4.12	4.56	5.01
高级路面	1.24	1.87	2.50	3.11	3.61	4.01	4.45	4.88
其他路面	1.17	1.77	2.36	2.94	3.41	3.79	4.20	4.62
构造物 I	0.94	1.41	1.89	2.36	2.74	3.04	3.37	3.71
构造物 II	0.95	1.43	1.90	2.37	2.75	3.06	3.39	3.72
构造物 III	0.95	1.42	1.90	2.37	2.75	3.05	3.38	3.72
技术复杂大桥	—	—	—	—	—	—	—	—
隧道	—	—	—	—	—	—	—	—
钢材及钢结构	—	—	—	—	—	—	—	—

6.安全及文明施工措施费

安全及文明施工措施费是指工程施工期间为满足安全生产、文明施工、职工健康生活所发生的费用。该费用不包括施工期间为保证交通安全而设置的临时安全设施和标志、标牌的费用,需要时应根据设计要求计算。安全及文明施工措施费以各类工程的直接工程费之和为基数,按表2-24的费率计算。

安全及文明施工措施费费率表(单位:%)　　表 2-24

工程类别	费率	工程类别	费率
人工土方	0.59	构造物 I	0.72
机械土方	0.59	构造物 II	0.78
汽车运输	0.21	构造物 III	1.57
人工石方	0.59	技术复杂大桥	0.86
机械石方	0.59	隧道	0.73
高级路面	1.00	钢材及钢结构	0.53
其他路面	1.02		

注:设备安装工程按表中费率的50%计算。

7. 临时设施费

临时设施费是指施工企业为进行建筑安装工程施工所必需的生活和生产用的临时建筑物、构筑物和其他临时设施的费用等,但不包括概预算定额中的临时工程。

临时设施包括:临时生活及居住房屋(包括职工家属房屋及探亲房屋)、文化福利及公用房屋(如广播室、文体活动室等)和生产、办公房屋(如仓库、加工厂、加工棚、发电站、变电站、空压机站、停机棚等),工地范围内的各种临时的工作便道(包括汽车、畜力车、人力车道等),人行便道,工地临时用水、用电的水管直线和电线支线,临时构筑物(如水井、水塔等),以及其他小型临时设施。

临时设施费用内容包括:临时设施的搭设、维修、拆除费或摊销费。

临时设施费以各类工程的直接工程费之和为基数,按表 2-25 的费率计算。

临时设施费费率表(单位:%)　　表 2-25

工程类别	费率	工程类别	费率
人工土方	1.57	构造物 I	2.65
机械土方	1.42	构造物 II	3.14
汽车运输	0.92	构造物 III	5.81
人工石方	1.60	技术复杂大桥	2.92
机械石方	1.97	隧道	2.57
高级路面	1.92	钢材及钢结构	2.48
其他路面	1.87		

8. 施工辅助费

施工辅助费包括生产工具用具使用费、检验试验费和工程定位复测、工程点交、场地清理等费用。

生产工具用具使用费是指施工所需的不属于固定资产的生产工具、检验用具、试验用具及仪器、仪表等的购置、摊销和维修费,以及支付给生产工人自备工具的补贴费。

检验试验费是指施工企业对建筑材料、构件和建筑安装工程进行一般鉴定、检查所发生的费用,包括自设试验室进行试验所耗用的材料和化学药品的费用,以及技术革新和研究试验费,但不包括新结构、新材料的试验费和建设单位要求对具有出厂合格证明的材料进行检验、对构件破坏性试验及其他特殊要求检验的费用。

施工辅助费以各类工程的直接工程费之和为基数，按表 2-26 的费率计算。

施工辅助费费率表(单位:%)　　表 2-26

工程类别	费　率	工程类别	费　率
人工土方	0.89	构造物 I	1.30
机械土方	0.49	构造物 II	1.56
汽车运输	0.16	构造物 III	3.03
人工石方	0.85	技术复杂大桥	1.68
机械石方	0.46	隧道	1.23
高级路面	0.80	钢材及钢结构	0.56
其他路面	0.74		

9. 工地转移费

工地转移费是指施工企业根据建设任务的需要，由已竣工的工地或后方基地迁移至新工地的搬迁费用，其内容包括：

(1)施工单位全体职工及随职工迁移的家属向新工地转移的车费、家具行李托运费、途中住宿费、行程补助费、杂费及工资与工资附加费等；

(2)公物、工具、施工设备器材、施工机械的运杂费，以及外租机械的往返费及本工程内部各工地之间施工机械、设备、公物、工具的转移费等；

(3)非固定工人进退场及一条路线中各工地转移的费用。

工地转移费以各类工程的直接工程费之和为基数，按表 2-27 计算。

工地转移费费率表(单位:%)　　表 2-27

工程类别	工地转移距离					
	50km	100km	300km	500km	1 000km	每增加 100km
人工土方	0.15	0.21	0.32	0.43	0.56	0.03
机械土方	0.50	0.67	1.05	1.37	1.82	0.08
汽车运输	0.31	0.40	0.62	0.82	1.07	0.05
人工石方	0.16	0.22	0.33	0.45	0.58	0.03
机械石方	0.36	0.43	0.74	0.97	1.28	0.06
高级路面	0.61	0.83	1.30	1.70	2.27	0.12
其他路面	0.56	0.75	1.18	1.54	2.06	0.10
构造物 I	0.56	0.75	1.18	1.54	2.06	0.11
构造物 II	0.66	0.89	1.40	1.83	2.45	0.13
构造物 III	1.31	1.77	2.77	3.62	4.85	0.25
技术复杂大桥	0.75	1.01	1.58	2.06	2.76	0.14
隧道	0.52	0.71	1.11	1.45	1.94	0.10
钢材及钢结构	0.72	0.97	1.51	1.97	2.64	0.13

转移距离以工程承包单位(如工程处、工程公司等)转移前后驻地距离或两路线中点的距离为准。编制概(预)算时，如施工单位不明确，高速、一级公路及独立大桥、隧道按省会(自治区首府)至工地的里程，二级及以下公路按地区(市、盟)至工地的里程计算工地转移费。工地

转移里程数在表列里程之间时,费率可内插计算。工地转移距离在50km以内的工程不计取本项费用。

10.其他工程费综合费率计算

其他工程费的计算基数有两部分:一部分是直接工程费,即人工费、材料费与施工机械使用费的合计;另一部分是人工费和机械使用费的合计。因此,在计算其他工程费的综合费率时,分为综合费率Ⅰ和综合费率Ⅱ。综合费率Ⅰ为冬季施工增加费费率、雨季施工增加费费率、夜间施工增加费费率、沿海地区工程施工增加费费率、安全及文明施工措施费费率、临时设施费费率、施工辅助费费率和工地转移费费率之和;综合费率Ⅱ为高原地区施工增加费费率、风沙地区施工增加费费率和行车干扰工程施工增加费费率之和。

二、间接费

间接费由规费和企业管理费两项组成。

(一)规费

规费是指法律、法规、规章、规程规定施工企业必须缴纳的费用(简称规费),其内容包括:

(1)养老保险费。指施工企业按规定标准为职工缴纳的基本养老保险费。

(2)失业保险费。指施工企业按国家规定标准为职工缴纳的失业保险费。

(3)医疗保险费。指施工企业按规定标准为职工缴纳的基本医疗保险费和生育保险费。

(4)住房公积金。指施工企业按规定标准为职工缴纳的住房公积金。

(5)工伤保险费。指施工企业按规定标准为职工缴纳的工伤保险费。

各项规费以各类工程人工费之和为基数,按国家或工程所在地法律、法规、规章、规程规定的标准计算。

(二)企业管理费

企业管理费由基本费用、主副食运费补贴、职工探亲路费、职工取暖补贴和财务费用五项组成。

1.基本费用

企业管理基本费用是指施工企业为组织生产和经营管理所需的费用,其内容包括:

(1)管理人员工资。指管理人员的基本工资,工资性补贴,职工福利费,劳动保护费以及缴纳的养老、失业、医疗、生育、工伤保险费和住房公积金等。

(2)办公费。指企业办公用的文具、纸张、账表、印刷、邮电、书报、会议、水、电、烧水和集体取暖(包括现场临时宿舍取暖)用煤(气)等费用。

(3)差旅交通费。指职工因公出差和工作调动(包括随行家属的旅费)的差旅费、住勤补助费、市内交通费和误餐补助费,职工探亲路费,劳动力招募费,职工离退休、退职一次性路费,工伤人员就医路费,工地转移费以及管理部门使用的交通工具的油料、燃料及牌照费。

(4)固定资产使用费。指管理和试验部门及附属生产单位使用的属于固定资产的房屋、设备、仪器等的折旧、大修、维修或租赁费等。

(5)工具用具使用费。指管理使用的不属于固定资产的生产工器具、家具、交通工具和检验、试验、测绘、消防用具等的购置、维修和摊销费。

(6)劳动保险费。指企业支付离退休职工的易地安家补助费、职工退职金、六个月以上的病假人员工资、职工死亡丧葬补助费、抚恤费、按规定支付离退休干部的各项经费。

(7)工会经费。指企业按职工工资总额计提的工会经费。

(8)职工教育经费。指企业为职工学习先进技术和提高文化水平，按职工工资总额的计提的费用。

(9)保险费。指企业财产保险、管理用车辆等保险费用。

(10)工程保修费。指工程竣工交付使用后，在规定保修期内的修理费用。

(11)工程排污费。指施工现场按规定缴纳的排污费用。

(12)税金。指企业按规定缴纳的房产税、车船使用税、土地使用税、印花税等。

(13)其他。指上述项目以外的其他必要的费用支出，包括技术转让费、技术开发费、业务招待费、绿化费、广告费、投标费、公证费、定额测定费、法律顾问费、审计费、咨询费等。

基本费用以各类工程的直接费之和为基数，按表2-28的费率计算。

基本费用费率表(单位:%)　　表2-28

工程类别	费率	工程类别	费率
人工土方	3.36	构造物I	4.44
机械土方	3.26	构造物II	5.53
汽车运输	1.44	构造物III	9.79
人工石方	3.45	技术复杂大桥	4.72
机械石方	3.28	隧道	4.22
高级路面	1.91	钢材及钢结构	2.42
其他路面	3.28		

2.主副食运费补贴

主副食运费补贴是指施工企业在远离城镇及乡村的野外施工购买生活必需品所需增加的费用。该费用以各类工程的直接费之和为基数，按表2-29的费率计算。

主副食运费补贴费费率表(单位:%)　　表2-29

工程类别	综合里程											
	1km	3km	5km	8km	10km	15km	20km	25km	30km	40km	50km	每增10km
人工土方	0.17	0.25	0.31	0.39	0.45	0.56	0.67	0.76	0.89	1.06	1.22	0.16
机械土方	0.13	0.19	0.24	0.30	0.35	0.43	0.52	0.59	0.69	0.81	0.95	0.13
汽车运输	0.14	0.20	0.25	0.32	0.37	0.45	0.55	0.62	0.73	0.86	1.00	0.14
人工石方	0.13	0.19	0.24	0.30	0.34	0.42	0.51	0.58	0.67	0.80	0.92	0.12
机械石方	0.12	0.18	0.22	0.28	0.33	0.41	0.49	0.55	0.65	0.76	0.89	0.12
高级路面	0.08	0.12	0.15	0.20	0.22	0.28	0.33	0.38	0.44	0.52	0.60	0.08
其他路面	0.09	0.12	0.15	0.20	0.22	0.28	0.33	0.38	0.44	0.52	0.61	0.09
构造物I	0.13	0.18	0.23	0.28	0.32	0.40	0.49	0.55	0.65	0.76	0.89	0.12
构造物II	0.14	0.20	0.25	0.30	0.35	0.43	0.52	0.60	0.70	0.83	0.96	0.13
构造物III	0.25	0.36	0.45	0.55	0.64	0.79	0.96	1.09	1.28	1.51	1.76	0.24
技术复杂大桥	0.11	0.16	0.20	0.25	0.29	0.36	0.43	0.49	0.57	0.68	0.79	0.11
隧道	0.11	0.16	0.19	0.24	0.28	0.34	0.42	0.48	0.56	0.66	0.77	0.10
钢材及钢结构	0.11	0.16	0.20	0.26	0.30	0.37	0.44	0.50	0.59	0.69	0.80	0.11

综合里程按式(2-8)计算。

综合里程＝粮食运距×0.06＋燃料运距×0.09＋蔬菜运距×0.15＋水运距×0.70 (2-8)

粮食、燃料、蔬菜、水的运距均为全线平均运距。综合里程数在表列之间时，费率可内插；综合里程在 1km 以内的工程，不计取本项费用。

3. 职工探亲路费

职工探亲路费是指按照有关规定施工企业职工在探亲期间发生的往返车船费、市内交通费和途中住宿费等费用。该费用以各类工程的直接费之和为基数，按表 2-30 的费率计算。

职工探亲路费费率表(单位：%)　　表 2-30

工程类别	费率	工程类别	费率
人工土方	0.10	构造物 I	0.29
机械土方	0.22	构造物 II	0.34
汽车运输	0.14	构造物 III	0.55
人工石方	0.10	技术复杂大桥	0.20
机械石方	0.22	隧道	0.27
高级路面	0.14	钢材及钢结构	0.16
其他路面	0.16		

4. 职工取暖补贴

职工取暖补贴是指按规定发放给职工的冬季取暖费或在施工现场设置的临时取暖设施的费用。该费用以各类工程的直接费之和为基数，按工程所在地的气温区(见《编制办法》附录七)，选用表 2-31 的费率计算。

职工取暖补贴费费率表(单位：%)　　表 2-31

工程类别	气温区						
	准二区	冬一区	冬二区	冬三区	冬四区	冬五区	冬六区
人工土方	0.03	0.06	0.10	0.15	0.17	0.26	0.31
机械土方	0.06	0.13	0.22	0.33	0.44	0.55	0.66
汽车运输	0.06	0.12	0.21	0.31	0.41	9.51	0.62
人工石方	0.03	0.06	0.10	0.15	0.17	0.25	0.31
机械石方	0.05	0.11	0.17	0.26	0.35	0.44	0.53
高级路面	0.04	0.07	0.13	0.19	0.25	0.31	0.38
其他路面	0.04	0.07	0.12	0.18	0.24	0.30	0.36
构造物 I	0.06	0.12	0.19	0.28	0.36	0.46	0.56
构造物 II	0.06	0.13	0.20	0.30	0.41	0.51	0.62
构造物 III	0.11	0.23	0.37	0.56	0.74	0.93	1.13
技术复杂大桥	0.05	0.10	0.17	0.26	0.34	0.42	0.51
隧道	0.04	0.08	0.14	0.22	0.28	0.36	0.43
钢材及钢结构	0.04	0.07	0.12	0.19	0.25	0.31	0.37

5. 财务费用

财务费用是指施工企业为筹集资金而发生的各项费用，包括企业经营期间发生的短期贷款利息净支出、汇兑净损失、调剂外汇手续费、金融机构手续费以及企业筹集资金发生的其他财务费用。

财务费用以各类工程的直接费之和为基数，按表 2-32 的费率计算。

财务费用费率表(单位：%)　　表 2-32

工程类别	费　率	工程类别	费　率
人工土方	0.23	构造物 I	0.37
机械土方	0.21	构造物 II	0.40
汽车运输	0.21	构造物 III	0.82
人工石方	0.22	技术复杂大桥	0.46
机械石方	0.20	隧道	0.39
高级路面	0.27	钢材及钢结构	0.48
其他路面	0.30		

(三)辅助生产间接费

辅助生产间接费是指由施工单位自行开采加工的砂、石等材料及施工单位自办的人工装卸和运输的间接费。辅助生产间接费按人工费的 5%计。该项费用并入材料预算单价内构成材料费，不直接出现在概(预)算中。

高原地区施工单位的辅助生产，可按其他工程费中高原地区施工增加费费率，以直接工程费为基数计算高原地区施工增加费。其中，人工采集、加工材料、人工装卸、运输材料按人工土方费率计算；机械采集、加工材料按机械石方费率计算；机械装、运输材料按汽车运输费率计算。辅助生产高原地区施工增加费不作为辅助生产间接费计算基数。

三、利润

利润是指施工企业完成所承包的工程应取得的盈利。利润按直接费与间接费之和扣除规费的 7%计算，见式(2-9)。

$$利润=(直接费+间接费-规费)\times 7\% \tag{2-9}$$

四、税金

税金是指按国家税法规定应计入建筑安装工程造价内的营业税、城市维护建设税及教育费附加等，按式(2-10)计算。

$$综合税金额=(直接费+间接费+利润)\times 综合税率 \tag{2-10}$$

其中：

(1)纳税地点在市区的企业，综合税率为 3.41%；

(2)纳税地点在县城、乡镇的企业，综合税率为 3.35%；

(3)纳税地点不在市区、县城、乡镇的企业，综合税率为 3.22%

五、编制建筑安装工程费

建筑安装工程费，称为建筑安装工程造价，又称建设工程造价第一部分费用，是通过兴工动料，完成符合设计要求的建筑安装工程部分所需的费用，是工程造价的一个主要组成部分。

公路工程建筑安装工程费由直接费、间接费、利润、税金四部分组成。它在编制工程造价中,是比较复杂的一项工作,不仅计算工作量大,而且要严格执行国家有关的方针、政策和制度,正确按照有关依据和资料编制建筑安装工程费。

(一)建筑安装工程费的编制依据

编制建筑安装工程造价的依据比较多,主要有以下内容:

(1)设计图纸和说明书。它规定了建设工程的规模、标准、内容,以及各项工程量和施工工艺要求等,是编制建筑安装工程费的主要工作对象和依据。

(2)计价依据。主要包括工程定额,即工、料、机消耗定额,费用定额,以及人工、材料、施工机械台班预算价格,工程量计算规则和计价办法等。

所谓工程定额,泛指《公路工程估算指标》、《公路工程概算定额》、《公路工程预算定额》;费用定额是指《公路工程机械台班费用定额》以及《公路基本建设工程投资估算编制办法》、《公路工程基本建设项目概算预算编制办法》中所规定的直接费、间接费、利润和税金等的各项费率定额。

(3)施工组织设计或施工方案以及技术组织措施等,如施工工期的安排、施工方法的选择、施工机具的选型配套、大型预制和拌和场地的确定、废方处理等。这些都是编制建筑安装工程费必不可少的依据,并应在编制之前提出,以便于编制工作的顺利进行。

(4)主管部门的勘测设计任务通知,或合同、协议中对工程造价编制的有关规定,上级主管部门对上阶段造价文件审查意见。

(二)建筑安装工程费的计算程序和方法

公路工程建筑安装工程费的编制,是按照实物量法的计价方法进行的,由单个到总体,即按照分项工程、分部工程、工程项目逐项计算,层层汇总,可以用以下公式来表达。

(1)分项工程(又称工程细目)建筑安装工程费。如路基土方,要按人工挖运松土、普通土、硬土或推土机推运松土、普通土、硬土等,分别逐项进行计算,其计算过程是:

①直接工程费(工、料、机)=分项工程量×工、料、机定额消耗×与其相对应的预算价格;

②其他工程费=直接工程费×综合费率 I+(人工费+施工机械使用费)×综合费率 II;

③直接费=直接工程费+其他工程费;

④间接费=人工费×规费费率+直接费×企业管理费综合费率;

⑤利润=(直接费+间接费-规费)×利润率(7%);

⑥税金=(直接费+间接费+利润)×综合税率;

⑦建筑安装工程费=直接费+间接费+利润+税金。

(2)分部工程的建筑安装工程费,是指将上述人工挖松土、普通土、硬土综合为人工土方一项。不过这种综合要根据工程造价项目表的规定和要求与建设工程的实际情况来确定,其综合的内容,就是将各分项工程的各种材料和机械台班数量及其各项金额分别进行汇总。

(3)工程项目的建筑安装工程费,是指将各分部工程的建筑安装工程费进一步汇总。如将人工土方和机械土方综合为土方一项,其汇总的内容还包括各种实物量(工、料、机)和各种金额。

(4)最后将各工程项目的金额进行汇总,即为建筑安装工程费,而建筑安装工程费的编制工作至此就全部完成。

第七节 设备、工器具及家具购置费计算

一、设备购置费

设备购置费是指为满足公路的营运、管理、养护需要所购置的达到固定资产标准的设备和虽低于固定资产标准但属于设计明确列入设备清单的设备的费用。主要包括渡口设备,隧道照明、消防、通风的动力设备,高等级公路的收费、监控、通信、供电设备,养护用的机械、设备、工器具等的购置费。

设备购置费应由设计单位列出计划购置的清单(包括设备的规格、型号、数量),以设备原价加综合业务费和运杂费,按式(2-11)计算。

设备购置费=设备原价+运杂费(运输费+装卸费+搬运费)+运输保险费
+采购及保管费 (2-11)

需要安装的设备,应在第一部分建筑安装工程费的有关项目内另计设备的安装工程费。

设备与材料的划分标准见《编制办法》附录六。

(一)国产设备原价的构成及计算

国产设备的原价一般是指设备制造厂的交货价,即出厂价或订货合同价。它一般根据生产厂或供应商的询价、报价、合同价确定,或采用一定的方法计算确定。其内容包括按专业标准规定的在运输过程中不受损失的一般包装费,以及按产品设计规定配带的工具、附件和易损件的费用,按式(2-12)计算。

设备原价=出厂价(或供货地点价)+包装费+手续费 (2-12)

(二)进口设备原价的构成及计算

进口设备的原价是指进口设备的抵岸价,即到达买方边境港口或边境车站且交完关税为止形成的价格,按式(2-13)计算。

进口设备原价=货价+国际运费+运输保险费+银行财务费+外贸手续费+关税
+增值税+消费税+商检费+检疫费+车辆购置附加费 (2-13)

1.货价

一般指装运港船上交货价(FOB,习惯称离岸价)。设备货价分为原币货价和人民币货价。原币货价一律折算为美元表示,人民币货价按原币货价乘以外汇市场美元兑换人民币的中间价确定。进口设备货价按有关生产厂商询价、报价、订货合同价计算。

2.国际运费

即从装运港(站)到达我国抵达港(站)的运费,按式(2-14)计算。

国际运费=原币货价(FOB价)×运费费率 (2-14)

我国进口设备大多采用海洋运输,小部分采用铁路运输,个别采用航空运输。运输费率参照有关部门或进出口公司的规定执行,海运费费率一般为6%。

3.运输保险费

对外贸易货物运输保险是由保险人(保险公司)与被保险人(出口人或进口人)订立保险契

约，在被保险人交付议定的保险费后，保险人根据契约的规定对货物在运输过程中发生的承保责任范围内的损失给予经济上的补偿。这是一种财产保险，按式(2-15)计算。

运输保险费=[原币货价(FOB价)+国际运费]÷(1-保险费费率)×保险费费率　(2-15)

保险费费率按保险公司规定的进口货物保险费费率计算，一般为0.35%。

4.银行财务费。

一般指中国银行手续费，按式(2-16)计算。

银行财务费=人民币货价(FOB价)×银行财务费费率　(2-16)

银行财务费费率一般为0.4%～0.5%。

5.外贸手续费

指按规定计取的外贸手续费，按式(2-17)计算。

外贸手续费=[人民币货价(FOB价)+国际运费+运输保险费]×外贸手续费费率　(2-17)

外贸手续费费率一般为1%～1.5%。

6.关税

指海关对进出口国境或关境的货物或物品征收的一种税，按式(2-18)计算。

关税=[人民币货价(FOB价)+国际运费+运输保险费]×进口关税税率　(2-18)

进口关税税率按我国海关总署发布的进口关税税率计算。

7.增值税

增值税是对从事进口贸易的单位和个人，在进口商品报关进口后征收的税种。按《中华人民共和国增值税条例》的规定，进口应税产品均按组成计税价格和增值税税率直接计算应纳税额，按式(2-19)计算。

增值税=[人民币货价(FOB价)+国际运费+运输保险费+关税+消费税]×增值税税率　(2-19)

增值税税率根据规定的税率计算，目前进口设备适用的税率为17%。

8.消费税

对部分进口设备(如轿车、摩托车等)征收，按式(2-20)计算。

应纳消费税额=[人民币货价(FOB价)+国际运费+运输保险费+关税]÷(1-消费税税率)×消费税税率　(2-20)

消费税税率根据规定的税率计算。

9.商检费

指进口设备按规定付给商品检查部门的进口设备检验鉴定费，按式(2-21)计算。

商检费=[人民币货价(FOB价)+国际运费+运输保险费]×商检费费率　(2-21)

商检费费率一般为0.8%。

10.检疫费

指进口设备按规定付给商品检疫部门的进口设备检验鉴定费，按式(2-22)计算。

检疫费=[人民币货价(FOB价)+国际运费+运输保险费]×检疫费费率　(2-22)

检疫费费率一般为0.17%。

11. 车辆购置附加费

指进口车辆需缴纳的进口车辆购置附加费，按式(2-23)计算。

进口车辆购置附加费＝[人民币货价(FOB价)＋国际运费＋运输保险费＋关税＋消费税＋增值税]×进口车辆购置附加费费率　(2-23)

在计算进口设备原价时，应注意工程项目的性质有无按国家有关规定减免进口环节税的可能。

(三)设备运杂费的构成及计算

国产设备运杂费指由设备制造厂交货地点起至工地仓库(或施工组织设计指定的需要安装设备的堆放地点)止所发生的运费和装卸费。进口设备运杂费指由我国到岸港口或边境车站起至工地仓库(或施工组织设计指定的需要安装设备的堆放地点)止所发生的运费和装卸费，按式(2-24)计算。

运杂费＝设备原价×运杂费费率　(2-24)

设备运杂费费率见表2-33。

设备运杂费费率表(单位：%)　表2-33

运输里程(km)	100以内	101～200	201～300	301～400	401～500	501～750	751～1 000	1 001～1 250	1 251～1 500	1 501～1 750	1 751～2 000	2 000以上每增250
费率(%)	0.8	0.9	1.0	1.1	1.2	1.5	1.7	2.0	2.2	2.4	2.6	0.2

(四)设备运输保险费的构成及计算

设备运输保险费指国内运输保险费，按式(2-25)计算。

运输保险费＝设备原价×保险费费率　(2-25)

设备运输保险费费率一般为1%。

(五)设备采购及保管费的构成及计算

设备采购及保管费指采购、验收保管和收发设备所发生的各种费用，包括设备采购人员、保管人员和管理人员的工资、工资附加费、办公费、差旅交通费，设备供应部门办公和仓库所占固定资产使用费、工具用具使用费、劳动保护费、检验试验费等，按式(2-26)计算。

采购及保管费＝设备原价×采购及保管费费率　(2-26)

需要安装的设备的采购保管费费率为2.4%，不需要安装的设备的采购保管费费率为1.2%。

二、工器具及生产家具(简称工器具)购置费

工器具购置费是指建设项目交付使用后为满足初期正常营运必须购置的第一套不构成固定资产的设备、仪器、仪表、工卡模具、器具、工作台(框、架、柜)等的费用。该费用不包括构成固定资产的设备、工器具和备品、备件，以及已列入设备购置费中的专用工具和备品、备件。

工器具购置应由设计单位列出计划购置的清单(包括规格、型号、数量)，购置费的计算方法同设备购置费。

三、办公和生活用家具购置费

办公和生活用家具购置费是指为保证新建、改建项目初期正常生产、使用和管理所必须购置的办公和生活用家具、用具的费用。

范围包括:行政、生产部门的办公室、会议室、资料档案室、阅览室、单身宿舍及生活福利设施等的家具、用具。

办公和生活用家具购置费按表 2-34 的规定计算。

办公和生活用家具购置费标准表 表 2-34

工程所在地	路线(元/km)				有看桥房的独立大桥(元/座)	
	高速公路	一级公路	二级公路	三、四级公路	一般大桥	技术复杂大桥
内蒙古、黑龙江、青海、新疆、西藏	21 500	15 600	7 800	4 000	24 000	60 000
其他省、自治区、直辖市	17 500	14 600	5 800	2 900	19 800	49 000

注:改建工程按表列数的 80%计。

【例 2-20】 某建设工程项目从美国进口设备质量为 1 000t;装运港船上交货价为 600 万美元;采用海运,海运费率为 6%,运输保险费费率为 0.35%,银行财务费费率为 0.5%;外贸手续费费率为 1.5%,增值税率为 17%,关税税率为 25%,消费税税率为 2%,商检费率为 0.8%,检疫费率为 0.17%。按有关规定免征车辆购置附加费,美元对人民币汇率为 1∶7.8。从到货口岸至安装现场 500km,国内运输保险费率为 1%,设备的采购及保管费率为 2%。试计算该进口设备的购置费。

解:货价(FOB)=600×7.8=4 680(万元)

国际运费=原币货价(FOB 价)×运费费率=4 680×6%=280.8(万元)

运输保险费=[原币货价(FOB 价)+国际运费]÷(1-保险费费率)×保险费费率
=(4 680+280.8)÷(1-0.35%)×0.35%=17.423 8(万元)

银行财务费=人民币货价(FOB 价)×银行财务费费率
=600×7.8×0.5%=23.4(万元)

外贸手续费=[人民币货价(FOB 价)+国际运费+运输保险费]×外贸手续费费率
=(4 680+280.8+17.423 8)×1.5%=74.643 4(万元)

关税=[人民币货价(FOB 价)+国际运费+运输保险费]×进口关税税率
=(4 680+280.8+17.423 8)×25%=1 244.556(万元)

消费税=[人民币货价(FOB 价)+国际运费+运输保险费+关税]
÷(1-消费税税率)×消费税税率
=(4 680+280.8+17.423 8+1 244.556)÷(1-2%)×2%
=126.995 5(万元)

增值税=[人民币货价(FOB 价)+国际运费+运输保险费+关税
+消费税]×增值税税率
=(4 680+280.8+17.423 8+1 244.556+126.995 5)×17%
=1 079.462(万元)

商检费=[人民币货价(FOB 价)+国际运费+运输保险费]×商检费费率
=(4 680+280.8+17.423 8)×0.8%=39.825 8(万元)

检疫费=[人民币货价(FOB 价)+国际运费+运输保险费]×检疫费费率

=(4 680+280.8+17.423 8)×0.17%=8.463(万元)

进口设备原价=货价+国际运费+运输保险费+银行财务费+外贸手续费

+关税+增值税+消费税+商检费+检疫费

=4 680+280.8+17.423 8+23.4+74.643 4+1 244.556

+126.995 5+1 079.462+39.825 8+8.463=7 575.599 2(万元)

国内运杂费=设备原价×运杂费费率=7 575.599 2×1.2%=90.907 2(万元)

运输保险费=设备原价×保险费费率=7 575.599 2×1%=75.756(万元)

采购及保管费=设备原价×采购及保管费费率=7 575.599 2×2%=151.512(万元)

设备购置费=进口设备原价+国内运杂费+运输保险费+采购及保管费

=7 575.599 2+90.907 2+75.756+151.512

=7 893.774 3(万元)

第八节　工程建设其他费用计算

一、土地征用及拆迁补偿费

土地征用及拆迁补偿费是指按照《中华人民共和国土地管理法》、《中华人民共和国土地管理法实施条例》及《中华人民共和国基本农田保护条例》等法律、法规规定，为进行公路建设需征用土地所支付的土地征用及拆迁补偿费用等。

(一)费用内容

1. 土地补偿费

指被征用土地地上、地下附着物及青苗补偿费，征用城市郊区的菜地等缴纳的菜地开发建设基金、租用土地费、耕地占用税、用地图编制费及勘界费、征地管理费等。

2. 征用耕地安置补助费

指征用耕地需要安置农业人口的补助费。

3. 拆迁补偿费

指被征用或占用土地上的房屋及附属构筑物、城市公用设施等拆除、迁建补偿费，拆迁管理费等。

4. 复耕费

指临时占用的耕地、鱼塘等，待工程竣工后将其恢复到原有标准所发生的费用。

5. 耕地开垦费

指公路建设项目占用耕地的应由建设项目法人(业主)负责补充耕地所发生的费用；没有条件开垦或者开垦的耕地不符合要求的，按规定缴纳的耕地开垦费。

6. 森林植被恢复费

指公路建设项目需要占用、征用或者临时占用林地的经县级以上林业主管部门审核同意或批准，建设项目法人(业主)单位按照有关规定向县级以上林业主管部门预缴的森林植被恢复费。

(二)计算方法

土地征用及拆迁补偿费应根据审批单位批准的建设工程用地和临时用地面积及附着物的情况,以及实际发生的费用项目,按国家有关规定及工程所在省(自治区、直辖市)人民政府颁发的有关规定和标准计算。

森林植被恢复费应根据审批单位批准的建设工程占用林地的类型及面积,按国家有关规定及工程所在省(自治区、直辖市)人民政府颁发的有关规定和标准计算。

当原有的电力电信设施、水利工程、铁路及铁路设施互相干扰时,应由有关部门联系,商定合理的解决方案和补偿金额,也可由这些部门按规定编制费用以确定补偿金额。

二、建设项目管理费

建设项目管理费包括建设单位(业主)管理费、工程监理费、设计文件审查费和竣(交)工验收试验检测费。

(一)建设单位(业主)管理费

建设单位(业主)管理费是指建设单位(业主)为建设项目的立项、筹建、建设、竣(交)工验收、总结等工作所发生的费用,不包括应计入设备、材料预算价格的建设单位采购及保管设备、材料所需的费用。

费用内容包括:工作人员的工资、工资性补贴、施工现场津贴、社会保障费用(基本养老、基本医疗、失业、工伤保险)、住房公积金、职工福利费、工会经费、劳动保护费;办公费、会议费、差旅交通费、固定资产使用费(包括办公及生活房屋折旧、维修或租赁费,车辆折旧、维修、使用或租赁费,通信设备购置、使用费,测量、试验设备仪器折旧、维修或租赁费,其他设备折旧、维修或租赁费等)、零星固定资产购置费、招募生产工人费;技术图书资料费、职工教育经费、工程招标费(不含招标文件及标底或造价控制值编制费);合同契约公证费、法律顾问费、咨询费;建设单位的临时设施费、完工清理费、竣(交)工验收费、各种税费(包括房产税、车船使用税、印花税等);建设项目审计费、境内外融资费用(不含建设期贷款利息)、业务招待费、安全生产管理费和其他管理性开支。

由施工企业代建设单位(业主)办理"土地、青苗等补偿费"的工作人员所发生的费用,应在建设单位(业主)管理费项目中支付。当建设单位(业主)委托有资质的单位代理招标时,其代理费应在建设单位(业主)管理费中支出。

建设单位(业主)管理费以建筑安装工程费总额为基数,按表 2-35 规定的费率以累进办法计算。

建设单位管理费费率表

表 2-35

第一部分 建筑安装工程费(万元)	费率(%)	算例(万元)	
		建筑安装工程费	建设单位(业主)管理费
500 以下	3.48	500	500×3.48%=17.4
501～1 000	2.73	1 000	17.4+500×2.73%=31.05
1 001～5 000	2.18	5 000	31.05+4 000×2.18%=118.25
5 001～10 000	1.84	10 000	118.25+5 000×1.84%=210.25

续上表

第一部分 建筑安装工程费(万元)	费率(%)	算例(万元)	
		建筑安装工程费	建设单位(业主)管理费
10 001～30 000	1.52	30 000	210.25+20 000×1.52%=514.25
30 001～50 000	1.27	50 000	514.25+20 000×1.27%=768.25
50 001～100 000	0.94	100 000	768.25+50 000×0.94%=1 238.25
100 001～150 000	0.76	150 000	1 238.25+50 000×0.76%=1 618.25
150 001～200 000	0.59	200 000	1 618.25+50 000×0.59%=1 913.25
200 001～300 000	0.43	300 000	1 913.25+100 000×0.43%=2 343.25
300 000 以上	0.32	310 000	2 343.25+10 000×0.32%=2 375.25

水深大于15m、跨度大于或等于400m的斜拉桥和跨度大于或等于800m的悬索桥等独立特大型桥梁工程的建设单位(业主)管理费按表2-35中的费率乘以1.0～1.2的系数计算;海上工程,指由于风浪影响,工程施工期(不包括封冻期)全年月平均工作日少于15天的工程,建设单位(业主)管理费按表2-35中的费率乘以1.0～1.3的系数计算。

【例2-21】　某高速公路建筑安装工程费为25 000万元,试计算建设单位(业主)管理费。

解:按照表2-35的规定,当建筑安装工程费累计为10 000万元时,建设单位(业主)管理费为210.25万元,然后以题目中给定的建筑安装工程费25 000万元减去10 000万元之后的金额为基数,乘以表2-33中合适的费率,即:

$$210.25+(25\,000-10\,000)\times 1.52\%=438.25(\text{万元})$$

(二)工程监理费

工程监理费是指建设单位(业主)委托具有公路工程监理资格的单位,按施工监理规范进行全面的监督和管理所发生的费用。

费用内容包括:工作人员的基本工资,工资性补贴,社会保障费用(基本养老、基本医疗、失业、工伤保险),住房公积金,职工福利费,工会经费,劳动保护费;办公费,会议费,差旅交通费,固定资产使用费(包括办公及生活房屋折旧、维修或租赁费,车辆折旧、维修、使用或租赁费,通信设备购置费、使用费,测量、试验设备仪器折旧、维修或租赁费,其他设备折旧、维修或租赁费等),零星固定资产购置费,招募生产工人费;技术图书资料费、职工教育经费、投标费用;合同契约公证费、咨询费、业务招待费;财务费用、监理单位的临时设施费、各种税费和其他管理性开支。

工程监理费以建筑安装工程费总额为基数,按表2-36规定的费率计算。

工程监理费费率表　　表2-36

工程类别	高速及一级公路	二级公路	三级及四级公路	桥梁隧道
费率(%)	2.0	2.5	3.0	2.5

表2-38中的桥梁指水深大于15m的斜拉桥和悬索桥等独立特大型桥梁工程,隧道指水下隧道工程。

建设单位(业主)管理费和工程监理费均为实施建设项目管理的费用,执行时可根据建设单位(业主)和施工监理单位所实际承担的工作内容和工作量,在保证监理费用的前提下,统筹使用。

(三)设计文件审查费

设计文件审查费是指国家和省级交通主管部门在审批前,为保证勘察设计工作的质量,组织有关专家或委托有资质的单位,对设计单位提交的建设项目可行性研究报告和勘察设计文件以及对设计变更、调整概算进行审查所需要的相关费用。

设计文件审查费以建筑安装工程费总额为基数,按0.1%计算。

(四)竣(交)工验收试验检测费

竣(交)工验收试验检测费是指在公路建设项目交工验收和竣工验收前,由建设单位(业主)或工程质量监督机构委托有资质的公路工程质量检测单位按照有关规定对建设项目的工程质量进行检测,并出具检测意见所需要的相关费用。

竣(交)工验收试验检测费按表2-37的规定计算。

竣(交)工验收试验检测费标准表 表2-37

项目	路线(元/km)				有看桥房的独立大桥(元/座)	
	高速公路	一级公路	二级公路	三、四级公路	一般大桥	技术复杂大桥
试验检测费	15 000	12 000	10 000	5 000	30 000	100 000

关于竣(交)工验收试验检测费,高速公路、一级公路按四车道计算,二级及以下等级公路按双车道计算,每增加一条车道,按表2-39的费用增加10%。

三、研究试验费

研究试验费是指本建设项目提供或验证设计数据、资料进行必要的研究试验和按照设计规定在施工过程中必须进行试验、验证所需的费用以及支付科技成果、先进技术的一次性技术转让费。该费用不包括:

(1)应由科技三项费用(新产品试制费、中间试验费和重要科学研究补助费)开支的项目;

(2)应由施工辅助费开支的施工企业对建筑材料、构件和建筑物进行一般鉴定、检查所发生的费用及技术革新研究试验费;

(3)应由勘察设计费或建筑安装工程费用中开支的项目。

计算方法:按照设计提出的研究试验内容和要求进行编制,不需验证设计基础资料的,不计本项费用。

四、建设项目前期工作费

建设项目前期工作费是指委托勘察设计、咨询单位对建设项目进行可行性研究、工程勘察设计,以及设计、监理、施工招标文件及招标标底或造价控制值文件编制时,按规定应支付的费用。该费用包括:

(1)编制项目建议书(或预可行性研究报告)、可行性研究报告、投资估算,以及相应的勘察、设计、专题研究等所需的费用;

(2)初步设计和施工图设计的勘察费(包括测量、水文调查、地质勘探等)、设计费、概(预)算及调整概算编制费等;

(3)设计、监理、施工招标文件及招标标底(或造价控制值或清单预算)文件编制费等。

计算方法:依据委托合同计列,或按国家颁发的收费标准和有关规定进行编制。

五、专项评价(估)费

专项评价(估)费是指依据国家法律、法规规定须进行评价(评估)、咨询,按规定应支付的费用。该费用包括环境影响评价费、水土保持评估费、地震安全性评价费、地质灾害危险性评价费、压覆重要矿床评估费、文物勘察费、通航论证费、行洪论证(评估)费、使用林地可行性研究报告编制费、用地预审报告编制费等费用。

计算方法:按国家颁发的收费标准和有关规定进行编制。

六、施工机构迁移费

施工机构迁移费是指施工机构根据建设任务的需要,经有关部门决定成建制地(指工程处等)由原来驻地迁移到另一地区所发生的一次性搬迁费用。该费用不包括:

(1)应由施工企业自行负担的,在规定距离范围内调动施工力量及内部平衡施工力量所发生的迁移费用;

(2)由于违反基建程序,盲目调迁队伍所发生的迁移费;

(3)因中标而引起施工机构迁移所发生的迁移费。

费用内容包括:职工及随同家属的差旅费,调迁期间的工资,施工机械、设备、工具用具和周转性材料的搬运费。

计算方法:施工机构迁移费应经建设项目的主管部门同意按实计算,但计算施工机构迁移费后,如迁移地点为新工地地点(如独立大桥),则其他工程费内的工地迁移费不应再计算;如施工机构迁移地点至新工地地点尚有部分距离,则工地转移费的距离应以施工机构新地点为计算起点。

七、供电贴费

供电贴费是指按照国家规定,建设项目应交付的供电贴费、施工临时用电贴费。

计算方法:按国家有关规定计列(目前停止征收)。

八、联合试运转费

联合试运转费指新建、改(扩)建工程项目,在竣工验收前按照设计规定的工程质量标准,进行动(静)荷载试验所需的费用,或进行整套设备带负荷联合试运转期间所需的全部费用抵扣试车期间收入的差额。该费用不包括应由设备安装工程项目开支的调试费的费用。

费用内容包括:联合试运转期间所需的材料、油燃料和动力的消耗,机械和检测设备使用费,工具用具和低值易耗品费,参加联合试运转人员工资及其他费用等。

联合试运转费以建筑安装工程费总额为基数,独立大型桥梁按0.075%、其他工程按0.05%计算。

九、生产人员培训费

生产人员培训费指新建、改(扩)建公路工程项目,为保证生产的正常运行,在工程竣工验收交付使用前对运营部门生产人员和管理人员进行培训所必需的费用。

费用内容包括:培训人员的工资、工资性补贴、职工福利费、差旅交通费、劳动保护费、培训及教学实习费等。

生产人员培训费按设计定员和 2 000 元/人的标准计算。

十、固定资产投资方向调节税

固定资产投资方向调节税是指为了贯彻国家产业政策、控制投资规模、引导投资方向、调整投资结构、加强重点建设、促进国民经济持续稳定协调发展,依照《中华人民共和国固定资产投资方向调节税暂行条例》规定,公路建设项目应缴纳的固定资产投资方向调节税。

计算方法:按国家有关规定计算(目前暂停征收)。

十一、建设期贷款利息

建设期贷款利息是指建设项目中分年度使用国内贷款或国外贷款部分,在建设期内应归还的贷款利息。费用内容包括各种金融机构贷款、企业集资、建设债券和外汇贷款等利息。

计算方法:根据不同的资金来源按需付息的分年度投资计算,按式(2-27)计算。

建设期贷款利息=∑(年初付息贷款本息累计+本年度付息贷款额÷2)×年利率 (2-27)

即:

$$S=\sum_{n=1}^{N}(F_{\mathrm{n}}+b_{\mathrm{n}}\div 2)\times i$$

式中:S——建设期贷款利息;

N——项目建设期(年);

n——施工年度;

F_{n}——建设期第 n 年初需付息贷款本息累计;

b_{n}——建设期第 n 年付息贷款额;

i——建设期贷款年利率。

【例 2-22】 某新建项目,建设期为 2 年,需向银行贷款 2 000 万元。贷款时间安排为:第 1 年 1 000万元,第 2 年 1 000 万元,年利率 10%。试用复利法计算该项目建设期贷款利息。

解:依据式(2-27)计算可得:

$S=1\,000\div 2\times 0.1+(1\,000+1\,000\div 2\times 0.1)\times 0.1+1\,000\div 2\times 0.1=205$(万元)

也可分别进行计算,在建设期,各年利息计算如下:

第 1 年应计利息:$\frac{1}{2}\times 1\,000\times 10\%=50$(万元)

第 2 年应计利息:$(1\,000+50+\frac{1}{2}\times 1\,000)\times 10\%=155$(万元)

建设期贷款利息总和:50+155=205(万元)

第九节　预备费计算

预备费用由价差预备费及基本预备费两部分组成。在公路建设期限内，凡需动用预备费用时，属于公路交通部门投资的项目，需经建设单位提出，按建设项目隶属关系报交通运输部或交通厅(局、委)基建主管部门核定批准；属于其他部门投资的建设项目，按其隶属关系报有关部门核定批准。

一、价差预备费

价差预备费是指设计文件编制年至工程竣工年期间，第一部分费用的人工费、材料费、机械使用费、其他工程费、间接费等以及第二、三部分费用由于政策、价格变化可能发生上浮而预留的费用及外资贷款汇率变动部分的费用。

(1)计算方法。

价差预备费以概(预)算或修正概算第一部分建筑安装工程费总额为基数，按设计文件编制年始至建设项目工程竣工年终的年数和年工程造价增涨率计算，按式(2-28)计算。

$$价差预备费=P\times[(1+i)^{n-1}-1] \tag{2-28}$$

式中：P——建筑安装工程费总额；

i——年造价增涨率，%；

n——设计文件编制年至建设项目开工年＋建设项目建设期限，年。

(2)年工程造价增涨率按有关部门公布的工程投资价格指数计算，或由设计单位会同建设单位根据该工程人工费、材料费、施工机械使用费、其他工程费、间接费及第二、三部分费用可能发生的上浮等因素，以第一部分建安费为基数进行综合分析预测。

(3)设计文件编制至工程完工在一年以内的工程，不列此项费用。

二、基本预备费

基本预备费是指在初步设计和概算中难以预料的工程和费用，其用途如下：

(1)在进行技术设计、施工图设计和施工过程中，在批准的初步设计和概算范围内所增加的工程费用；

(2)在设备订货时，由于规格、型号改变、材料货源变更、运输距离或方式的改变以及因规格不同而代换使用等原因发生的价差；

(3)由于一般自然灾害所造成的损失和预防自然灾害采取的措施费用；

(4)在项目主管部门组织竣(交)工验收时，验收委员会(或小组)为鉴定工程质量而必须开挖和修复隐蔽工程的费用；

(5)投保的工程根据工程特点和保险合同发生的工程保险费用。

计算方法：以第一、二、三部分费用之和(扣除固定资产投资方向调节税和建设期贷款利息两项费用)为基数，按下列费率计算：

①设计概算按5%计列；

②修正概算按4%计列；

③施工图预算按3%计列。

采用施工图计算加系数包干承包的工程,包干系数为施工图预算中直接费与间接费之和的3%。施工图预算包干费用由施工单位包干使用。

该包干费用的内容为:

(1)在施工过程中,设计单位对分部分项工程修改设计而增加的费用,但不包括因水文地质条件变化造成的基础变更、机构变更、标准提高、工程规模改变而增加的费用;

(2)预算审定后,施工单位负责采购的材料由于货源变更、运输距离或方式的改变以及因规格不同而代换使用等原因发生的价差;

(3)由于一般自然灾害所造成的损失和预防自然灾害所采取的措施费(如一般台风、防洪的费用)等。

【例2-23】 某高速公路工程,当不实行预算加系数包干时,预算总金额为21.6亿元。一、二、三部分费用之和扣除固定资产投资方向调节税与建设期贷款利息之后为19.2亿元,其中直接费和间接费之和为13.2亿元。试问该工程当实行施工图预算加系数包干时的预算总金额为多少?

解:根据题目可知,当不实行预算加系数包干时,预算总金额21.6亿元中包括基本预备费;当实行施工图预算加系数包干时,预算总金额应包括包干费,不包括基本预备费。计算如下:

(1)基本预备费:

$$19.2\times3\%=0.576(\text{亿元})$$

(2)施工图预算加系数包干费:

$$13.2\times3\%=0.396(\text{亿元})$$

(3)施工图预算加系数包干时的预算总金额:

$$21.6-0.576+0.396=21.42(\text{亿元})$$

第十节 概预算文件的编制

一、编制的步骤

概预算文件的编制是一项十分严肃的工作,编制质量的高低及各项计算的准确与否,直接关系着国家的经济利益。为了确保概预算文件的编制质量,必须根据工程概预算内在的规律和国家的有关规定,按一定的程序编制。概预算编制的基本程序如图2-4所示。

1.熟悉设计图纸和资料

编制设计概算、修正概算、施工图预算等文件前,应对相应的初步设计、技术设计和施工图设计内容进行检查和整理,认真阅读和核对设计图纸及有关表格,如工程一览表、工程数量表等。若图纸中所用材料规格或要求不清时,要核对查实。

2.准备概预算资料

概预算资料包括概预算表格、定额和有关文件及现场调查的一系列数据等。在编制概预算前,应将有关文件,如《公路工程基本建设项目设计文件编制办法》、《公路工程基本建设项目概算预算编制办法》,地方和中央的有关文件,如《公路工程基本建设项目概算预算编制办法补充规定》等准备好,同时,也应将定额(如《公路工程概算定额》、《公路工程预算定额》)及各类补充定额等资料准备齐全。

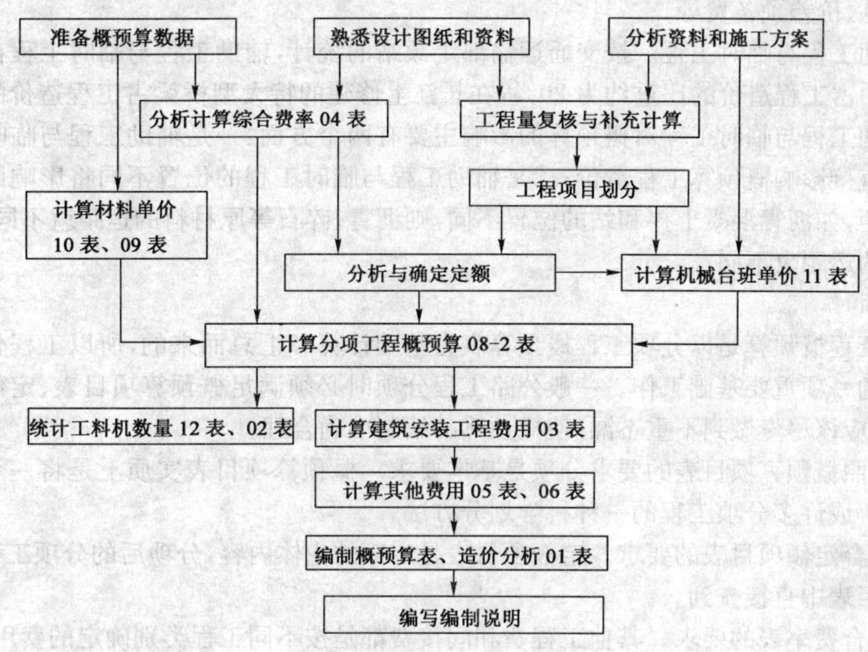

图 2-4 概预算编制的基本程序

3. 分析外业调查资料及施工方案

(1)概预算调查资料分析

概预算资料的调查工作是一项关系到概预算文件质量的基础工作,一般在公路工程外业勘察时同时进行。其调查的内容很广,原则上凡对施工生产有影响的一切因素都必须调查,主要是筑路材料的来源(沿线料场及有无自采材料),材料运输方式及运距,运费标准,占用土地的补偿费、安置费及拆迁补偿费、安置费及拆迁补偿费,沿线可利用的房屋及劳动力供应情况等。对这些调查资料应进行分析,若有不明确或不全的部分,应另行调查,以保证概预算的准确和合理。

(2)施工方案分析

对于相应设计阶段配套的施工组织设计文件(尤其是施工方案),应认真分析其可行性、合理性和经济性。因为施工方案将直接影响概预算金额的高低和定额的查用,因此编制概预算时,应重点对施工方案进行认真分析。

①施工方法。同一工程内容,可以采用不同的施工方法来完成。例如,土方施工有人工挖土方和机械挖土方两种方法;钢筋混凝土工程既可以采用现浇施工,也可以采用预制安装等。因此,应根据工程设计的意图和要求同工程实际相结合,选择最经济的施工方法。

②施工机械。施工机械的选择也将直接影响施工费用,因此应根据选定的施工方法选配相应的施工机械。例如,挖填土方既可以采用铲运机,又可以采用挖掘机配合自卸汽车;又如混凝土预制构件安装,也可采用多种机械施工等。

③工期。同一工程项目如果施工工期不同,则预算造价将有很大差别。施工工期对概预算的影响主要有三个方面:首先,施工工期的不同,施工方法的选择将不同;其次,施工工期不同,编制预算时,辅助工程与临时工程的数量将不同,如大型桥梁上部结构安装,要根据工期的长短合理配备吊装设备的数量;最后,施工工期的不同,与工期有关的费用计算将不同,如建设

期贷款利息、价差预备费等。

④辅助工程与临时工程。按交通运输部定额站的统计，辅助工程与临时工程在一般公路工程项目中占工程造价的比重约为20%，在长江上修建的特大型桥梁占工程造价的比重约为50%。辅助工程与临时工程对概预算的影响主要有两个方面：一是辅助工程与临时工程的数量的多少直接影响概预算工程造价；二是辅助工程与临时工程的位置不同将影响原材料与半成品的运距，如沥青混凝土拌和站的位置不同，则沥青、碎石等原材料的运距就不同，沥青混凝土半成品的运距也不同。

4.分项

公路工程概预算是以分项工程概预算表为基础计算和汇总而来的，所以工程分项是概预算工作中的一项重要基础工作。一般公路工程分项时必须满足概预算项目表、定额及费率的要求，分项应该尽量做到不重不漏，使概预算的编制准确合理。

(1)按照概预算项目表的要求分项是基本要求。概预算项目表实质上是将一个复杂的建设项目分解成许多分项工程的一种科学划分方法。

(2)符合定额项目表的要求。定额项目表是定额的主体内容，分项后的分项工程必须能够在定额项目表中直接查到。

(3)符合费率表的要求。其他工程费和间接费都是按不同工程类别确定的费用定额，因此所分的项目应满足其要求。

按上面三个方面的要求分项后，便可将工程细目一一引出并填入08-2表中。

5.计算工程量

在编制概预算时，应对各分项工程按工程量计算规则进行计算。一是对设计中已有工程量进行核对；二是对设计文件中缺少或未列的工程量进行补充计算。计算时，应注意计算单位和计算规则与定额的计量单位及计算规则一致。将算得的分项工程量填入08-2表中。

6.查定额

概预算定额就是以分项工程为对象，统一规定完成一定计量单位分项工程所需的人工、材料、机械台班消耗数量。分项工程一般是按照选用的施工方法，所使用的材料、结构构件规格等因素划分，经较简单的施工过程就能完成，以适当的计量单位就可以计算工程量及其单价的建筑安装工程产品，是建设项目最基本的组成要素。因此，根据分项所得的工程细目(分项工程)，即可从定额中查出相应的人工、材料、施工机械的名称、单位及消耗量定额值。查出各分项工程的定额，并将查得的定额值及定额号分别填入08-2表的有关栏目，再将各分项工程的实际工程换算的定额工程数量乘以相应的定额，即可得出各分项工程的工料机资源消耗量，填入08-2表的数量栏中。

7.基础单价的计算

编制概预算的另一项重要工作为确定基础单价。基础单价是人工工日单价、材料预算单价和施工机械台班单价的统称。定额中除小额零星材料及小型机具用货币指标表示外，其他均是资源消耗的实物指标。要以货币来表现消耗，就必须计算各种资源的单价。有关单价的计算方法将在后面的有关内容中介绍，公路工程概预算的基础单价通过材料预算单价计算表(09表)、自采材料料场价格计算表(10表)和机械台班单价计算表(11表)来计算。

(1)根据08-2表中所出现的材料种类、规格及机械作业所需的燃料和水电编制

09 表；

(2)根据 08-2 表中所出现的自采材料种类、规格，按照外业调查资料编制 10 表，并将计算结果汇入 09 表的材料原价栏中；

(3)根据 08-2 表、10 表中所出现的所有机械种类和 09 表中自办运输的机械种类计算所有机械的台班单价，即编制 11 表；

(4)根据工资地区类别划分或地方规定等资料计算确定人工工日单价；

(5)将上面 4 项所算得的各基础单价汇总编制人工、材料、机械台班单价汇总表(07 表)。

8. 计算分项工程的直接费和间接费

有了各分项工程的资源消耗数量及基础单价，便可计算其直接费和间接费。

(1)将 07 表的单价填入 08 表中的单价栏，将单价与数量相乘得出人工费、材料费、机械使用费，并可算得工、料、机合计费用；

(2)根据工程类别和工程所在地区，取定各项费率，并计算其他工程费费率和间接费费率，即编制 04 表；

(3)将 04 表中各费率填入 08-2 表中的相应栏目，并以直接工程费、直接费等为基数计算其他工程费和间接费；

(4)分别在 08-2 表中计算直接费和间接费。

9. 计算建筑安装工程费

根据直接工程费和间接费的计算结果，计算利润和税金。建筑安装工程费通过 03 表计算。

(1)将 08 表中各分项工程的直接费、间接费按工程(单位工程)汇总填入 03 表中的相应栏目；

(2)按要求确定利润、税金的百分率，并填入 03 表的有关栏目；

(3)以定额直接费为基数计算施工技术装备费、计划利润和税金；

(4)合计各单位工程的直接费、间接费、利润和税金，得到各单位工程的建筑安装工程费，总计各单位工程的建安费，得到工程项目的建筑安装工程费；

10. 实物指标计算

根据各分项工程的工料机实物消耗量，考虑冬季、雨季和夜间施工增工率、辅助生产、临时用工及场外运输损耗率等统计实物消耗指标，可通过 02 表的计算完成。

(1)将 09 表和 10 表中的人工、材料、机械消耗量汇总编制辅助生产工、料、机单位数量表(12 表)；

(2)汇总 08 表中人工、主要材料、机械台班数量；

(3)计算各种增工数量；

(4)合计上面 1、2、3 项中的各项数据，得出工程概预算的实物数量，即得到 02 表。

11. 计算其他有关费用

按规定计算第二、三、四部分费用及回收金额。

12. 编制总概预算表并进行造价分析

(1)编制总概预算表。将 03、05、06 表中的各项填入 01 表中相应栏目，并计算各项技术经济指标。

(2)造价分析。根据概算总金额、各单位工程或分项工程的费用比值和各项技术经济指标进行全面分析,对设计提出修改建议,并从经济角度对设计是否合理予以评价,找出挖潜措施。

13. 编制综合概预算

根据建设项目要求,当分段或分部编制 01 表和 02 表时,需要汇总编制综合概预算。

(1)汇总各种概预算表,编制"总概(预)算汇总表"(01-1 表);

(2)汇总各段的 02 表,编制"全概(预)算人工、主要材料、机械台班数量汇总表"(02-1 表)。

14. 编制说明

概预算表格计算并编制完成后,必须编制概预算说明,主要说明概预算编制依据、编制中存在的问题、工程总造价的货币和实物量指标及其他与概预算有关但不能在表格中反映的事项。

15. 复核与审核

所谓复核,就是指负责编制工程造价的单位(如承担勘察设计的测量队),在工程造价编制完成或某些计算表业已计算好后,由本单位另外的具有公路工程造价执业资格的人员对所编制的工程造价内容及计算情况进行一次全面的检查核对,对发现的差错及时进行改正,以提高工程造价的准确性。为此,要求一人负责编制,另一人进行复核,这是一个必要的组织过程。至于审核,则是指工程造价文件经编制和复核的环节后,在出版工作之前,将初稿提交设计院的造价主管部门的人员进行再一次的检查核对工作,使工程造价文件符合规定、合理可靠。由于工程造价工作计算烦琐,涉及国家建设有关的方针政策的贯彻执行,而且个人认识能力有限,难免会产生某些差错,所以建立严格的复核与审核制度是十分必要的。

(1)复核

工程造价的复核工作,应该同编制工程造价一样进行,可以说是造价编制工作的一次重复。因此,首先要对设计图纸资料进行必要的了解,复核所摘取的计价工程量以及有关的一些计算数据是否有错误;然后逐表逐项进行检查核对,并对量大价高的分部分项工程等影响造价大的因素进行必要验算,以检查其计算结果是否正确。总之,复核工程造价原则上要求按编制工程造价的程序和方法进行。同时,考虑到编制工程造价的各种计算表格都是环环相扣、紧密相连的,若某一个计价数据发生错误,就会引起连锁反应,使得其他有关的计算表格也要改动,为了不致延迟编制时间,减少返工浪费,应采取分序分步进行复核。例如,摘取路基土石方的工程量完成之后,随即进行复核,而不要等待全部工程量摘取好了再进行这项复核工作;当人工、材料、机械台班预算价格计算好后,即检查各种计算依据和计算方法是否正确,绝不要等工程造价编制工作全部完成之后,再进行复核。复核可相互交叉进行,以免延误工作。根据实践经验,复核时一般应注意如下内容:

①摘取的各项计价工程量是否符合工程计价的要求,分部分项工程的划分是否符合规定,有无漏项和重复计列情况。

②拟订的施工组织设计或施工方案是否合理可行,机械的选型配套能否满足建设工程的技术要求而又切合实际和经济合理。

③人工、材料、机械台班预算价格所采用的计算依据、原则和方法是否符合规定,计算过程有无错误。

④其他工程费、间接费综合费率中各项费率的取定是否符合中央和地方的有关规定,取定的综合费率是否正确。

⑤分项工程概(预)算表,按分部分项套用定额是否符合规定,计量单位或小数位置是否错误;定额规定可以抽换或可增计的系数和数量是否按规定执行,有无多计或少计情况。结合实际情况,对这些计算表要逐项进行必要的核算,以检查计算是否有错误。

⑥对建设工程其他费用和设备、工器具购置费的计算,要核对各种计算依据是否符合规定,数量要有依据,防止高估冒算。

⑦凡根据施工组织设计或施工方案提供或凭经验确定的辅助工程的数量是否符合规定和建设工程的实际情况,对其计算环节应进行必要的复核。

⑧补充定额的编制是否符合定额的编制原则。

⑨总造价表与相关的各种计算表的相应数据是否一致,散、总是否相符。

⑩编制说明的内容是否与采用的各种计算依据一致,有无与建设项目实际情况不符之处或遗漏内容等。

(2)审核

工程造价审核是承担勘察设计任务的勘察设计单位中负责工程造价管理部门的主要职责,也是保证工程造价编制质量的必要环节,一般应在工程造价文件全部完成草稿之后进行。经审核后,即成为定稿的工程造价文件。要求审核的主要内容是:

①总体施工部署是否合理可行,施工机械的选型配套是否经济合理;

②根据设计图纸资料和施工组织设计或施工方案,摘取的各种分部分项的计价工程量是否符合计价定额的规定与工程造价编制办法的有关规定,选用定额是否正确,有无漏项或重列情况;

③审核取定的各种费率标准和采用的计算基数是否与国家有关规定或建设工程的实际情况,以及建设主管部门或委托单位的规定与要求相符;

④对编制的补充定额,要检查编制的依据、原则和方法是否符合规定,定额水平是否先进合理;

⑤检查工程造价文件的各种计算表格是否符合规定、齐全,分部分项造价数据及总造价的汇总有无差错等;

⑥审阅编制说明内容、文字有无不当之处。

总之,在复核与审核工程造价文件的过程中,要注意造价编制是否严格贯彻执行了国家有关公路基本建设的方针、政策和规定,以及珍惜国土资源、节约用地、改土造田、保护环境等基本国策,以钢代木等技术经济政策。若发现有不符合规定和计算上的差错,要秉承实事求是的原则予以改正。复核与审核是编制工程造价的一个重要环节,应该在思想上给予足够的重视,在组织上给予必要的保证,选派经验丰富、业务娴熟的造价工程师,专门负责复核与审核工作。

16. 出版、总结、归档

出版、总结、归档,是编制工程造价的三项收尾工作,虽然内容简单,但作为一个比较重要的工作环节,要认真按如下要求进行。

(1)出版

所谓出版,就是指工程造价文件经按审核意见(如有)修正后,进行修正、印刷、装订成册等工作过程,要求字迹清楚,整齐完善,具体要求是:

①各阶段的工程造价文件的幅面尺寸应采用297mm×420mm(横式),并按工程造价文件编制办法的规定,分册装订,但每册不宜过厚或过薄,以便保管和使用。例如,概预算要求按

甲、乙两组文件分册装订。

②工程造价文件的各种计算表均应经编制和复核人员签名，并应注明造价工程师的从业执证等级及编号。

③工程造价文件的扉页上应盖主办单位公章，各级负责人要签名，并写明勘察设计证书等级及编号。

④工程造价文件是设计文件的一个组成部分，要随同设计文件报送主管部门或委托单位，其份数应按报送设计文件的规定执行。

(2)总结

对造价编制活动过程中的工作经验进行科学客观的总结，是做好造价工作的重要环节。在工程造价编制完成之后，对正反两方面的经验进行总结提高是必不可少的。例如，对一些疑难问题的处理原则和方法、有关方面的认可情况、尚存在有哪些不够经济合理的情况，在总结分析的基础上，提出改进意见，并进行简明扼要的文字说明。

此外，在进行总结的同时，应按照建立工程造价资料积累制度规定的内容、原则和方法，做好工程造价资料的积累工作。编制各种工程造价资料积累数据计算表，缮正装订成册，建立工程造价资料数据库，并抄送公路(交通)工程定额(造价管理)站备查。

(3)归档

根据国家规定工程造价文件，属于科学技术档案的资料，要按照机密文件立卷归档。按中华人民共和国国家标准《科学技术档案构成的一般要求》(GB/T 11822—2000)和交通运输部发布的《交通文件材料立卷归档办法》的规定，工程造价文件归档时，应按 210mm×297mm(立式)折叠，要求折叠整齐，符合规定。

对工程造价整理计算的重要基础资料、计算机运算数据准备表、工程造价编制的全部底稿、总结的书面文字材料以及编制的工程造价资料积累计算表等，均应整理装订成册，归档备查。

二、编制的注意事项及各项费用计算程序

(一)编制的注意事项

概预算编制中应注意的事项很多，下面只简要说明几个主要方面。

(1)注意表格之间的内在联系，理清其交叉关系。概预算表格是一个有机的整体，相互联系、相互补充，这些表格可反映整个工程的资源消耗，因此应熟练掌握各表格之间的内在联系。各表之间的关系见图 2-4，特别是其中的 07 表、08 表、09 表、10 表、11 表五个表格，在编制时交叉进行，需要特别注意。如 10 表中出现的外购材料单价及 11 表中出现的动力燃料单价通过 09 表计算，但要注意其运料终点是“料场”还是“工地料库”。09 表中出现的自办运输台班单价和 10 表中出现的机械台班单价通过 11 表计算。

(2)08 表的“工程名称”(01 表中“项”的名称)要按项目填列，应注意将费率相同的各“目”填列于一张表中，以便于小计。

(3)注意各取费费率适用范围的说明，如无路面的便道工程属于土方，有路面的便道工程属于路面等。

(4)使用定额时，一定要注意其小注和章、节说明等，如所有材料的运输及装卸定额中均未包括堆、码方工日等。

(5)按地方的规定计算有关费用时，要注意各地规定中的细节要求，如各省制订的《汽运规则实施细则》中，对15km以下短途运输的计价方法就不相同。

(6)编制中应注意公路工程概(预)算的工程费用中属非公路专业的工程，应执行有关专业部的直接费定额和相应的间接费定额。一般工业与民用建筑应执行所在地的地区统一直接费定额和相应的间接费定额，但其他费用应按公路工程其他费用项目划分及计算办法编制。

(二)费用计算程序

各项费用之间有着紧密的联系，其计算也有一定的规律和程序。各项费用的计算程序及计算方式归纳如表2-38所示。

公路工程建设各项费用的计算程序及计算方式 表2-38

代号	项　目	说 明 及 计 算 式
一	直接工程费(工、料、机费)	按编制年工程所在地的预算价格计算
二	其他工程费	(一)×其他工程费综合费率或各类工程人工费和机械使用费之和×其他工程费综合费率
三	直接费	(一)+(二)
四	间接费	各类工程人工费×规费综合费率+(三)×企业管理费综合费率
五	利润	[(三)+(四)-规费]×利润率
六	税金	[(三)+(四)+(五)]×综合税率
七	建筑安装工程费	(三)+(四)+(五)+(六)
八	设备、工器具购置费(包括备品备件) 办公和生活用家具购置费	∑(设备、工器具数量×单价+运杂费)×(1+采购保管费率) 按有关定额计算
九	工程建设其他费用 土地征用及拆迁补偿费 建设单位管理费 工程监理费 设计文件审查费 竣(交)工验收试验检测费 研究试验费 前期工作费 专项评价(估)费 施工机构迁移费 供电贴费 联合试运转费 生产人员培训费 固定资产投资方向调节税 建设期贷款利息	 按有关规定计算 (七)×费率 (七)×费率 (七)×费率 按有关定额计算 按批准的计划编制 按有关规定计算 按有关规定计算 按实计算 按有关规定计算 (七)×费率 按有关定额计算 按有关规定计算 按实际贷款数及利率计算

续上表

代号	项　目	说 明 及 计 算 式
十	预备费 价差预备费 基本预备费 预备费中施工图预算包干系数	包括价差预备费和基本预备费两项 按规定的公式计算 [(七)+(八)+(九)-固定资产投资方向调节税 -建设期贷款利息]×费率 [(三)+(四)]×费率
十一	建设项目总费用	(七)+(八)+(九)+(十)

(三)概预算表格计算

概预算表格共有12张,其表格数据的计算按编制办法规定,各表格之间的数据过渡与转换也存在一定技巧,必须多练习。详见《公路工程基本建设项目概算预算编制办法》附录五。

三、应用电子计算机编制概预算

公路工程概预算是一项极为烦琐而复杂的计算工作。为了提高效率,近年来公路设计施工部门已广泛推广应用电子计算机,编制一定的计算程序,按照程序和表格形式要求,即可编制并打印出概预算文件。

实践表明,应用计算机编制概预算,具有以下几方面的优点:

(1)速度快、效率高,使概预算编制人员摆脱了烦琐的手算工作,而有更多的时间进行工程经济分析;

(2)使用统一的电算程序,使计算方式、定额套用执行有关规定的口径一致,只要数据和输入正确,结果就准确无误;

(3)计算项目完整、数据齐全、文件漂亮。

(一)基本原理

概预算是根据该工程项目所使用的人工、材料、机械台班等套用相应的定额,按照《编制办法》中规定的编制方法和公式计算工程造价。因此,在设计程序时,首先应将工程项目、定额、人工、材料、机械按照一定的规律赋予一定的代号(标识符),人与计算机之间通过这种代号达成约定。有了这种约定以后,在源程序中就可以使用不同的代号来表示人工和各种材料、机械、工程项目和定额。计算时,只要按照计算机的提示和要求,给计算机输入相应的数据,计算机即自动地按照程序所规定的公式计算,确定单价以及各种费率,并进行数量汇总,最后输出概(预)算金额以及各类数据,填入各种表格形成概(预)算文件。功能较强的程序,不但能计算出概(预)算各项数据,还能按照编制办法所规定的内容打印出各类表格,一次完成计算、打印的各项工作,如"纵横公路造价"等一些软件公司均编制有相应的电算程序。

(二)工、料、机和工程项目代号的编制

上面已经提到,源程序以及计算过程中的人工、材料、机械、工程项目都是以代号形式出现的，这是设计和使用程序的关键。只有熟悉各种编号，才能正确运用程序。

根据不同机型，应编制各类代号表，列入程序使用手册以备查找对应关系。代号一般可分为：

(1)人工、材料、机械代号表；

(2)工程项目代号表；

(3)短途运输及运输方式代号表；

(4)自采材料代号表；

(5)工程类别代号表。

当程序输出需要打印《编制办法》规定的表格时，还应使用汉字系统根据不同代号打印出汉字表以及相应栏目。

(三)定额及各种费率的存储与修正

为了让计算机查找定额，就必须将定额存储于计算机中建立的定额库。定额库中存储的定额，可以是交通运输部公布的概预算定额，也可以是根据地区特点编制的补充定额。在明确定额库建立的方法之后，就可以根据具体工程所在地区和单位的特点，对定额库中的定额进行补充和修改。修改时，可以将应修改的定额项目调出来，换上修改后的定额再存入定额库中。

各种费率也应存入计算机中，用户同样应注意储存的各种费率是否适合于工程所涉及的地区和有关规定，否则应进行修改。

(四)程序结构

工程概(预)算程序一般由主程序和若干子程序组成。图 2-5 为主程序框图，图 2-6 为“材料预算单价”子程序的框图。

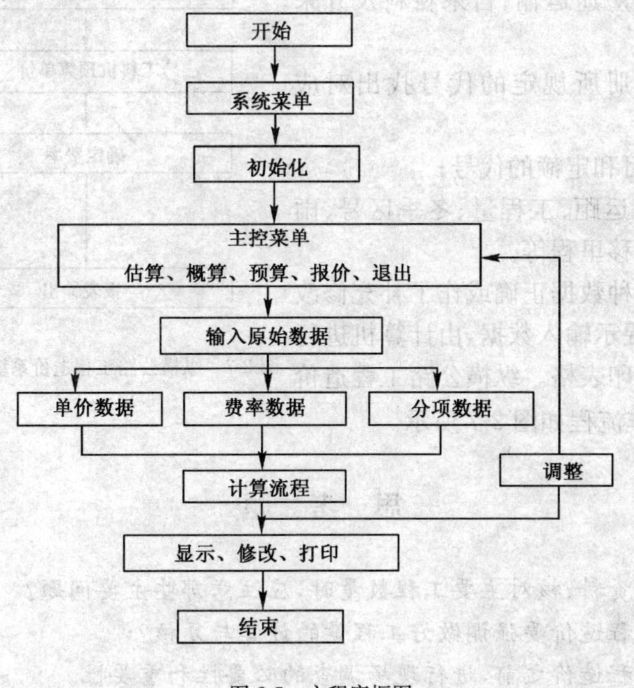

图 2-5　主程序框图

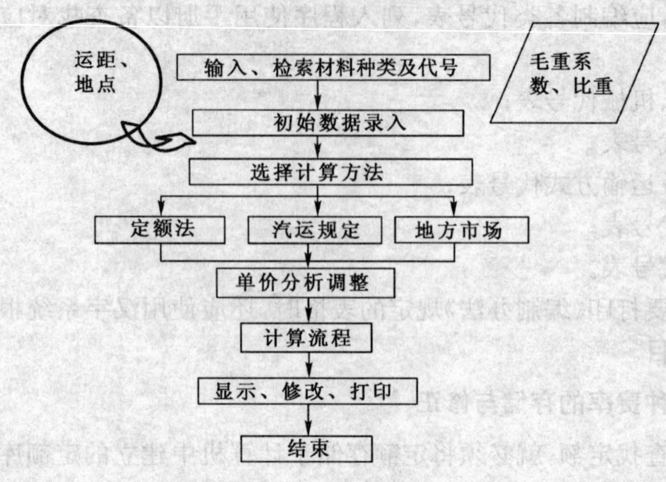

图 2-6 “材料预算单价”子程序的框图

(五)程序的使用

在进行上机计算以前,先将要做概(预)算的工程设计文件及其他资料准备好,然后做好以下工作:

(1)列出工程中要用到的材料、机械、工程项目清单;

(2)将长途运输、短途运输、自采材料及开采装运方式分类;

(3)根据使用手册所规定的代号找出对应关系;

(4)查出工程项目和定额的代号;

(5)准备数据,如运距、工程量、冬季区号、雨季区号、综合里程、迁移里程等。

在应用程序及各种数据正确或作了补充修改以后,便可按计算机提示输入数据,由计算机进行计算并输出结果和打印表格。纵横公路工程造价系统 Smart Cost 操作流程如图 2-7 所示。

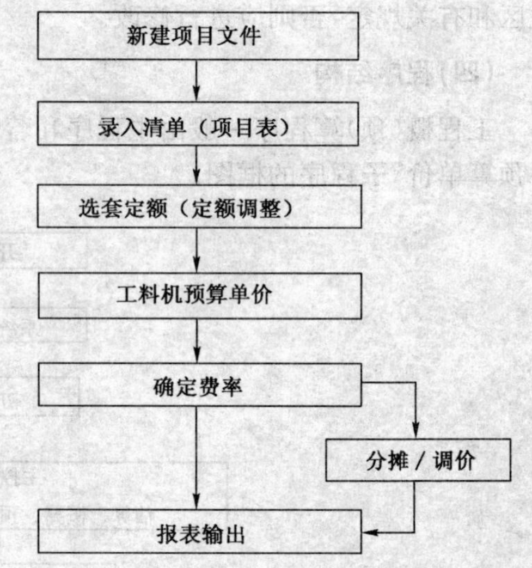

图 2-7 纵横公路工程造价系统 Smart Cost 操作流程图

思 考 题

1. 熟悉设计图纸资料、核对主要工程数量时,应注意哪些主要问题?
2. 为什么编制工程造价要强调做好工程量的计算与复核?
3. 试述在编制工程造价之前,进行现场调查的必要性和重要性。
4. 概预算现场调查应包括哪些主要内容?

5. 建设项目的实施方法对编制工程造价有何影响？

6. 各种工程定额手册的章、节说明中所规定的工程量计算规则的含义是什么？

7. 简述摘取编制概算和预算的路基土石方工程内容的差异。

8. 在摘取路基土石方的计价数量时，应进行哪些综合分析？为什么？

9. 在确定路基填方数量时，要考虑哪些与计价有关的因素？

10. 在摘取路面的计价工程量时，要考虑哪些与计价有关的因素？

11. 当路面混合料的设计配合比与概预算定额规定不符时，应如何进行调整？

12. 摘取编制隧道工程概预算的工程量应注意哪些问题？

13. 取定桥梁工程的各种辅助工程数量的依据是什么？

14. 人工费包括哪些主要内容？

15. 材料预算价格由哪几项费用组成？

16. 试述确定材料供应价格的原则和方法。

17. 了解掌握运输环节对计算材料预算价格有何意义？

18. 简述编制施工机械台班预算价格的原则和方法。

19. 编制建筑安装工程费的主要依据是什么？

20. 简述编制建筑安装工程费的程序和方法。

21. 怎样编制设备、工器具购置费？要注意哪些问题？

22. 设计概算有哪些作用？

23. 做好施工方案的编制对概算有何影响？

24. 预算与概算有哪些区别？它们之间有什么关系？

25. 施工图预算有哪些作用？

26. 编制施工图预算的主要依据有哪些？

27. 施工组织设计与施工图预算之间是一种什么样的关系？

28. 施工平面布置对编制施工图预算有何影响？

29. 编制施工图预算中的建筑安装工程费之前要注意做好哪些有关准备工作？

30. 简述编制路基土石方的施工图预算的注意事项。试举例说明。

31. 简述编制路面工程的施工图预算的注意事项。试举例说明。

32. 简述编制构造物工程的施工图的注意事项。试举例说明。

33. 编制施工图预算中的工程建设其他费用要注意哪些事项？

34. 编制施工图预算为什么要计算回收金额？应按什么原则来计算？在施工图预算文件中不单独反映这项费用而在相应的工程项目内扣除，有何优缺点？

35. 其地区要新建一条公路，实行招标和全面施工监理，已知条件如下，试按规定编制一个完整的设计概算文件。

(1)路线为高速公路，长为 4.23km。

(2)需计算的单价：

①水泥供应原价 325 元/t，汽车运 87km，运价 0.43 元/t·km，装卸费 3.2/；

②土供应价 1 元/m^3，自办汽车 5km，6t 以内自卸汽车，养路费 155 元/t·月，车船使用税 70 元/t·年。

(3)已知工程量：

①105kW 推土机推硬土 16 196m^3；

②2.0m^3 以内挖掘机装硬土 20 876m^3；

③自卸汽车运 20 876m^3，运距 2km；

④纵向排水钢筋混凝土预制块边沟 3 406m^3，长 1 800m；

⑤二灰稳定土路面基层(水泥：石灰：土=7：5：88)，厚 20cm，68 000m^2；

⑥沥青混凝土路面，拌和能力 100t/h，2 300m^3 中粒式，混合料的运距为 3km；

⑦缺少的工、料、机单价采用预算定额附录资料；

⑧按现行费率标准取费。

(4)旱地 37.8 亩，每亩补偿 12 000 元。

(5)测设费 5 万元。

(6)安 250kVA 变压器 1 台，1kVA550 元，按规定使用期一年回收 75%。

(7)施工期限为一年。

第三章　投资估算的编制

第一节　投资估算概述

投资估算是建设项目前期编制项目建议书、可行性研究报告的重要组成部分，主要包括项目投资总额、资金筹措和投资使用计划，同时也包括投资预测、投资效益分析及确定工程造价等内容。按照现行项目建议书和可行性研究报告审批的要求，可行性研究报告投资估算是编制初步设计概算或施工图预算（采用一阶段设计时）的限制条件。因为国家规定初步设计概算与可行性研究报告投资估算的误差不能超过10%，所以初步设计概算的编制，必须严格控制在投资估算的允许范围内。设计概算一经批准，即为建设项目投资的最高限额，一般情况下不得随意突破。因此，投资估算的准确与否，不仅影响到建设前期的投资决策，而且也直接关系到下一阶段设计概算、施工图预算的编制及项目建设期的造价管理和控制。

一、投资估算的概念

公路工程投资估算是对拟建的公路项目的全部投资费用进行的预测估计。公路工程投资估算包括项目建议书投资估算和工程可行性研究报告投资估算，是评价公路工程项目投资的重要工具。公路工程投资估算是公路建设项目建议书和可行性研究报告的重要组成部分，也是建设项目经济效益分析中确定成本的主要依据。

二、投资估算的作用

（一）项目建议书投资估算的作用

项目建议书是国家选择建设项目和进行可行性研究报告编制的依据，是公路基本建设程序中前期准备工作阶段的第一个工作环节。编制公路项目建议书，是以国民经济与社会发展长远规划、路网规划和地区规划的要求为依据的。通过踏勘和调查，对拟建项目的规模、技术标准、投资额度等提出建议，并重点分析项目建设的必要性和可能性，其中投资估算是审批立项的一个重要条件。由于基本建设工程消耗大量的物质资源，而这些资源是有限的，尤其是我国公路建设资金短缺，需要建设的公路、桥梁等交通基础设施又很多，为把有限的建设资金投入到最急需的项目上，以便更好地发挥投资的效益，做好投资估算工作就显得尤为重要。

遵照公路基本建设程序的规定和要求编制的公路项目建议书，就其工作深度而言，其投资估算的编制，不是依靠详细的分析计算，而是依靠粗略的估计来进行的。如工程估算指标就是以不同地形（如平原微丘、山岭重丘），以km为计量单位，所以影响投资估算的因素是多方面的，其可塑性较大。同时，它又是公路工程造价多次性计价过程中的第一阶段。因此，认真做好项目建议书的投资估算工作，具有十分重要的意义。

投资估算是在投资决策过程中对建设项目的投资数额进行的估计。它具有以下几方面的作用：

(1)拟建项目是否继续进行的依据之一；

(2)审批项目建议书的依据；

(3)审批建设项目可行性研究报告的依据；

(4)国家编制中长期规划和保持合理投资结构及决定国民经济计划中基建比例的依据。

(5)制订资金筹措计划、控制投资限额的依据。

(二)工程可行性研究投资估算的作用

一个公路建设项目能否立项，取决于众多的因素，而可行性研究报告的目的就是在公路建设项目决定兴建之前，运用现代手段和多种学科研究成果，对影响建设工程项目的投资效果的各种因素，如国家的产业政策、国民经济长期发展规划、地区经济与社会发展规划、全国和地区的综合运输体系、路网状况、建设项目的地位和作用、建设条件、环境保护、社会和经济效益等，进行全面、详细的调查研究和经济评价；就项目建设的必要性、技术的可行性、经济的合理性和实施的可能性等方面进行综合研究，拟订多种比较方案，提出综合性的研究论证报告，尽可能地对主要问题进行详尽的研究，使项目选择建立在可靠的科学基础上，建成后能发挥好的经济效益和社会效益，以避免或减少因盲目建设、仓促上马而造成的损失和浪费。

可行性研究是人们通过长期的建设实践和对客观事物的必然认识而形成的一套科学的工作方法，其研究成果起着决策性的作用。但对未来事物的发展，是按照一般的客观规律进行预测与分析的，由于人们认识的局限性，加上公路建设工程客观因素多变性的特点，难免会产生一些差错，所以在整个研究和编制投资估算的过程中，必须从实际出发，秉承实事求是的精神，尽可能把各种因素考虑周全，克服主观片面性和“长官意志”的干扰，以避免人为因素。同时，为了维护可行性研究的严肃性和科学性，不能把可行性研究作为争项目、争投资的手段，这是实际工作中应当特别引起重视的。

可行性研究报告不是目的，而是一种手段，是使建设项目的主管部门或建设单位能据此作出有科学依据的决策。因此，要求按照一定的程序和方法，做好投资估算的编制和审查工作，具有十分重要的意义。根据公路基本建设程序的有关规定和要求，为科学地组织建设项目的实施、减少失误，根据长期的建设实践经验，可行性研究报告投资估算在项目建设中具有多方面的作用。

(1)可行性研究报告投资估算是项目建设投资决策的依据。一个建设项目能否兴建，主要看可行性研究的结果。而根据投资估算所作的经济评价对投资的经济效益已提出结论性意见，故投资估算是投资决策的一个重要依据。

(2)公路建设项目的国民经济评价，是支出费用与获得效益的相对比较，就是通过效益费用比、净现值、内部收益率、投资回收期 4 个评价指标来进行的。而所得到的指标是作为评价的定量标准，其支出费用就是在可行性研究报告投资估算的基础上，按照国民经济评价的有关规定和方法进行调整后取定的。若没有投资估算资料，就无法进行这种评价，这是显而易见的。

(3)可行性研究报告投资估算，是编制初步设计概算或施工图预算(采用一阶段设计时)的主要依据。因为国家规定初步设计概算与可行性研究报告投资估算的误差不能大于 10%，所以初步设计概算的编制必须严格控制在投资估算的允许范围内。

(4)可行性研究报告投资估算是资金筹措的依据。目前，世界银行等许多国际金融组织都把可行性研究报告作为建设项目能否给予贷款的先决条件；国内银行贷款也是通过对可行性研究报告的审查了解，在确认该项目有较好的经济效益并具有偿还贷款能力后，才给予贷款。同时，在确定贷款的额度时，都是按投资估算的一定比例作为贷款的主要依据的。

(5)当采用一阶段设计时，可行性研究报告投资估算，是编制年度建设投资计划的依据。年度建设投资计划是国家控制投资规模、综合平衡投资计划、实行宏观调控的重要手段，故凡没有列入年度建设投资计划的建设项目，按公路基本建设程序的规定，均不得组织招标或施工。为了加强国民经济计划工作、加大资金管理的力度，历来作为国家预算外资金的车购费等公路建设与养护专项资金，今后也要纳入国家预算，即作为国家的第二预算来进行管理。因此，做好投资估算的编制工作就尤为重要。

由此可见，可行性研究报告投资估算，在公路建设工程中具有极其重要的作用且其作用是多方面的。因此，严格按照国家有关规定编制投资估算，对建设项目的前期准备工作和建设项目的实施有着重要的影响。

第二节　工程量计算

一、项目建议书投资估算编制中工程量计算

1. 路线工程项目主要工程的计算

(1)路线工程项目按综合指标计算，指标单位为1km；工程量按建设项目公路公里总长度计算。

若已知建设项目所含各类工程的工程量，可与估算指标中附录五所列的工程量比较，如工程量有较大出入时，可按调整指标或分项指标的相应项目予以增减。本指标中的高速公路、一级公路的路面面积已包括硬路肩的面积，大桥面积的计算规定见分项指标说明。

指标中未列北京市、天津市、上海市、重庆市的指标，可采用邻近省份的指标计算或通过测算编制新的指标报交通运输部批准后执行。

(2)路线工程项目中如有1 000m以上(含1 000m)特大桥工程、隧道工程或需设置的辅道工程、支线工程，则应按以下方法另行增列：

①1 000m以上(含1 000m)特大桥工程按分项指标的大(中)桥工程有关项目计算，特大桥的调治工程(如导流坝等)按分项指标路基工程的土方及防护工程项目计算；

②隧道工程按分项指标的隧道工程有关项目计算；

③辅道工程、支线工程按综合指标中相应等级公路的指标计算。

(3)公路工程估算指标中未综合城市进出口处的大型互通式立体交叉工程。如有此工程项目，应按分项指标有关项目另行增列。

2. 独立大(中)桥工程项目主要工程的计算

桥梁工程按分项指标的大(中)桥工程项目计算；调治工程(如导流坝等)按分项指标路基工程的土方及防护工程项目计算；引道工程按综合指标中相应等级公路的项目计算。

3. 其他工程的计算

其他工程不列工料机消耗指标，以主要工程费为基数，路线工程、隧道工程、独立大(中)桥工程和路线工程项目中1 000m以上(含1 000m)特大桥工程分别按指标附录一规定的百分率计算。估算指标仅编制有新建工程项目，如为改建工程使用本指标时，可按调整系数调整本

指标。

二、可行性研究报告投资估算编制中工程量计算

可行性研究报告投资估算是在踏勘或必要的测量的基础上取定各项工程量，按分项指标来进行编制的。分项指标分为路基、路面、隧道、涵洞、小桥及标准跨径小于20m的中桥、标准跨径大于20m的中桥及大桥、交叉工程及沿线设施七项。至于清理场地、拆除建筑物、环境保护、临时工程等其他工程，则以上述主要工程费为基数按规定的百分率计算，不反映实物工程量。

（一）路基工程

路基工程分为土方、石方、排水与防护等项。

1. 路基土石方

路基土方以1 000m^3为指标计量单位，按不同公路等级、不同地形、不同施工方法、不同运距编制，超出指标规定的运距时，按《估算指标》给出的远运指标进行计算。路基石方以1 000m^3为指标单位，按不同地形、不同施工方法、不同运距编制，超出《估算指标》规定的运距时，按远运指标计算。

路基土石方的工程量以挖方和借方的设计断面方（m^3）为计价依据，即填方加挖方扣除利用方，按《估算指标》计算。至于耕地填前压实、清除表土后压实、软土地段填土下沉及路基边缘压实加宽等所需增加的土方量和洒水用量等，均已综合在指标内，不再计取工程量。当土石方的综合平均运距经分析计算超过《估算指标》规定的运距范围时，其超运部分工程量应增计运输费用。

建设项目中有互通式和分离式立体交叉工程的，其被交道和匝道的土石方数量，因已综合在交叉工程的指标内，故不统计为路基土石方。

2. 路基排水与防护

路基排水与防护分圬工排水防护和其他排水防护，其中圬工排水防护包括砌石圬工、混凝土圬工、加筋挡土墙等几项。《估算指标》以圬工实体（100m^3）为计量单位，其工程量按挡土墙、护岸墙、护坡、边沟、急流槽等圬工实体数量计算。砌石工程既不分干砌、浆砌，也不分片石、块石，指标已根据实践经验加权平均综合在内。其他排水防护按不同公路等级以公路公里编制《估算指标》，因此其工程量应以其他排水防护的设计长度按其总公路公里数计算工程量。

3. 粉煤灰及填石路堤

其指标单位为1 000m^3，工程量按设计断面压实方计算。使用本指标需注意的问题是：一级公路填石路堤指标适用于购买或采集岩渣填筑路堤，要求岩渣最大粒径不得大于20cm，路槽底面以下80cm范围内不得大于12cm。二级、三级、四级公路填石路堤指标适用于利用路基石方填筑路堤，其石方调运应在路基石方中计算。

4. 特殊路基处理

其指标单位为1km，工程量按需要处理的路基长度计算。使用时应注意，二级及以下公路的软土处理指标中已综合了因地基土含水率过大而进行表土换填或翻挖掺灰的处理法，高速公路及一级公路软土处理指标中未综合该处理方法的费用，如高速公路或一级公路仅采用

表土换填或翻挖掺灰方法处理地基时，可采用二级公路软土处理指标计算。指标中未综合防雪设施，需要时可采用《公路工程概算定额》中的有关项目计算。

(二)路面工程

沥青路面及水泥混凝土路面以路面实体($100m^3$)为指标单位，按不同结构类型取定工程量。基层、垫层及其他路面以路面面积($1000m^2$)作为指标单位，按照不同的结构形式、平均厚度取定工程量。至于挖路槽、培路肩等因已综合在指标内，不再另行计算。

(三)隧道工程

隧道工程分洞身、洞门、装饰照明及通风三项。洞身、装饰照明及通风以隧道的长度与行车道加人行道加侧向宽度加人行道或检修道宽度的乘积($100m^2$)为计量单位，并应按不同公路等级、不同的土质和衬砌形式取定工程量。洞门分双洞式和单洞式，按不同公路等级以每端洞门为计量单位，每座隧道应计列洞门两座。

(四)涵洞工程

涵洞工程区别不同公路等级、不同地形或不同行政区域，以道为计量单位，应不分涵洞的类型，以总道数计算工程量。凡跨径小于 0.5m 的灌溉涵，已综合在定额指标内，不再计取程量。

(五)桥梁工程

桥梁工程因结构复杂、影响因素多，分为小桥及标准跨径小于 20m 的中桥和标准跨径大于 20m 的中桥及大桥两项。标准跨径大于 20m 的中桥及大桥又分为一般结构桥梁(如预应力空心板、T 形梁等)和技术复杂结构桥梁(如斜拉桥、连续钢构、连续梁等)两部分。

(1)小桥及标准跨径小于 20m 的中桥

以 $100\ m^2$ 桥面为计量单位，按不同地形、不同行政区域编制《估算指标》，因此不应分结构类型，而应分省、自治区，分地形按各种结构桥梁的桥面面积之和计算工程量。

(2)标准跨径大于 20m 的一般结构中桥及大桥

以 $100\ m^2$ 桥面为计量单位，分结构类型，分干处、水中编制《估算指标》，因此应按不同结构类型、按干处和水中统计其桥面面积。

(3)技术复杂大桥

分基础工程、下部结构、上部结构三项。

基础工程：以 $10m^3$ 实体为计量单位，分不同基础(扩大基础、沉井基础、灌注桩基础)，按干处、水中(分不同水深)计算工程量。

下部结构：以 $10m^3$ 实体为计量单位，分桥台、桥墩，索塔按干处和水中编制《估算指标》，其中桥墩还分不同形式，如实体式墩、薄壁墩、柱式墩、空心墩等。

上部结构：以 $100\ m^2$ 桥面为计量单位，按不同结构类型、不同跨径计算工程量。

桥面面积：桥梁全长与桥面宽度的乘积。

桥面宽度：行车道加人行道或安全带或桥梁护栏的宽度并计算至外缘。

桥梁全长：有桥台的桥梁为两岸桥台侧墙或八字墙尾端间的距离；无桥台的桥梁为桥面系行车道的长度。

(六)交叉工程包括互通式、分离式、通道、人行天桥等项

(1)互通式立体交叉

按跨线以 100m² 桥面为计量单位，分空心板和连续梁，分别计算工程量。匝道以 1km 为计量单位，分平原微丘和山岭重丘，分别计算工程量。被交道以 1km 为计量单位，分主线上跨、主线下穿，按被交道的公路等级分别计算。

(2)分离式立体交叉

按跨线以 100m² 桥面为计量单位，分不同结构类型计算工程量。被交道以 1km 为计量单位，分主线上跨、主线下穿，按被交道的公路等级分别计算。

(3)平面交叉

分公路与公路、公路与铁路两种情况，均以 1 处为计量单位，其中公路与公路的平面交叉按被交道的公路等级计算。

(4)通道

以 1 道为计量单位，分不同公路等级、不同地形计算工程量。

(5)人行天桥及渡槽

均以 1 座为计量单位，其中渡槽还分为不同公路等级编制《估算指标》。

(七)安全与服务管理设施

分不同公路等级和不同地形，以公路公里为计量单位，也就是不扣除桥梁、隧道所占长度，以公路修建的起讫点长度作为计算的依据。

(八)其他工程的计算

其他工程包括：清除场地，拆除旧建筑物、构造物，绿化工程，公路交工前养护费，临时轨道铺设，便道，便桥，临时电力线路，临时电信线路，临时码头，改河土方其他零星工程等。

其他工程不列工料机消耗指标，以主要工程费为基数，路线工程、隧道工程、独立大(中)桥工程和路线工程项目中的 1 000m 以上(含 1 000m)特大桥工程分别按指标附录一规定的百分率计算。

第三节　估算指标及其运用

一、估算指标的概念

公路建设项目从立项到竣工要经过多个不同的阶段，为了满足各阶段的造价控制和管理需要，要求编制与之相适应的造价文件，以不同的表现形式反映不同阶段的工作深度和工程价格。前期准备阶段的造价编制，是指依据公路建设项目建议书编制的项目建议书投资估算、并依据审批的公路项目建议书编制的公路工程可行性研究报告和投资估算。

估算指标是以独立的建设项目、单项工程或单位工程为标定对象，完成单位合格产品(1km 或 1 000m³、1 000m² 等)所必须消耗的工、料、机数量(或费用)的标准。

估算指标是编制和确定项目建议书和可行性研究报告投资估算的基础和依据，按其用途和表现形式分“综合指标”和“分项指标”两大类。

《公路工程估算指标》是全国公路专业工程估算指标，适用于公路基本建设新建、改建工程。公路工程估算指标根据基本建设前期工作的深度和要求，分为综合指标和分项指标两类。综合指标适用于编制项目建议书投资估算，主要用于建设项目经济上的研究、项目的选择及合理性研究、建设规模和编制公路建设发展规划的研究。分项指标适用于编制公路建设项目可行性研究报告投资估算,主要用于建设项目投资效益、经济可行性研究,方案的经济比选和建设成本的确定。

公路工程估算指标是根据交通运输部对公路建设项目建议书和可行性研究报告的工作深度要求,以现行的《公路工程技术标准》、技术规范、《公路工程概算定额》、各项费用定额以及近几年公路建设项目的设计和竣工资料为依据制订的,反映了我国当前公路建设的实际情况。

二、估算指标的作用及特点

1. 估算指标的作用

估算指标是以能独立发挥投资效益的建设项目或单项工程为对象的扩大的技术经济指标。它既是定额的一种表现形式,但又不同于其他的计价定额。由于它要与项目的前期工作深度相适应,从项目建设的全过程出发估算全部投资额,所以比其他各种计价定额具有更大的综合性和概括性。其作用可以概括为:

(1)在编制项目建议书和可行性研究报告阶段,它是多方案比选、优化设计方案、正确编制投资估算、合理确定项目投资额的重要基础;

(2)在建设项目评价、决策过程中,它是评价建设项目投资可行性、分析投资效益的主要经济指标;

(3)在实施阶段,它是限额设计和工程造价确定与控制的依据。

投资估算指标除上述作用外,在我国实行计划经济的时期,由于绝大部分建设项目是由国家投资,因此国家制订的各类建设项目投资估算指标,在国家控制固定资产投资规模、引导投资方向、制订中长期投资计划的工作中发挥了重要的作用。随着我国社会主义市场经济体制的逐步建立,固定资产投资体制改革的深化,建设项目投资主体已趋于多元化,投资风险责任已趋分散。因此,在项目投资决策和实施阶段,利用估算指标强化投资项目的管理已受到普遍的重视。在实际工作中也正在加强投资估算指标性质、表现形式、编制方法等方面的研究和实践,以更好地适应新形势。

估算指标的编制和管理,是实行全过程工程造价管理的"龙头",是固定资产投资管理工作中的一项重要基础工作,尤其是在当前改革开放、建立和完善社会主义市场经济体系的形式下,随着固定资产投资体制改革的不断深化,公路基本建设投资渠道的多元化(既有政府,又有集资、引进外资以及 BOT 投资等多种方式),项目决策的科学化以及投资包干制、设计与施工招标承包制等各项技术经济责任制的建立和完善,其重要性越来越明显。

2. 估算指标的特点

估算指标是以主要工程项目的人工、主要材料、其他材料费、机械使用的消耗量、指标基价为表现形式的指标。

与概预算定额相比,估算指标是以独立的建设、单位工程或单位工程为对象,综合项目全过程投资和建设中各类成本和费用,反映出其扩大的技术经济指标,既是定额的一种表现形式,又不同于其他的计价定额。估算指标作为项目前期服务的一种扩大的技术经济指标,具有较强的综合性和概括性。

三、估算指标的内容

投资估算指标是确定和控制建设项目全过程各项投资支出的技术经济指标,其范围涉及建设前期、建设实施期和竣工验收交付使用期等各个阶段的费用支出。估算指标分为两大部分,即综合指标和分项指标。

估算指标的内容还包括:总说明、各部分说明、附录(一)"综合指标及分项指标和其他工程指标表"、附录(二)"材料预算价格的规格取定表"、附录(三)"综合指标各等级公路路面的面层结构厚度、总厚度取值表"、附录(四)"分项指标路面压实厚度超过规定厚度机械费加倍取值表"、附录(五)"综合指标所含主要工程项目工程量"。

需要说明的是,估算指标仅包括主要工程项目的建设安装工程费中的人工费、材料费和机械使用费,至于其他工程的费用以主要工程费为基数按规定的费率计算,不列工、料、机消耗量。各项费用分别按《公路基本建设工程投资估算编制办法》中的规定计算。

1. 综合指标

综合指标适用于编制项目建议书投资估算,是按公路等级以及地形条件分别编制的。

(1)综合指标中包括的主要工程项目有:路基、路面、隧道、桥涵、交叉、安全设施、服务设施等,但不包括全长 1 000m 以上(含 1 000m)的特大桥梁工程、辅助工程、支线工程等主要工程。因为它是将不同的工程项目综合考虑而计算出的指标,故称为综合指标。

(2)综合指标不包括上述主要工程以外的其他工程,如清除场地,拆迁建筑物、构筑物,绿化工程,临时轨道铺设,便道,临时电力线路,临时电信线路,临时码头,改河土方及其零星工程等。

(3)综合指标的工程量是按照建设项目公路总长度来计算得到的,其指标单位也比较大,以"km"为计算单位。

(4)建设项目所含种类工程的实际工程量与估算指标中附录五所列的工程量比较,如含量出入较大时,可按调整指标或分项指标的相应项目予以增减。

(5)线路工程中有 1 000m 以上(含 1 000m)的特大桥以及独立大、中桥工程,按分项指标的大(中)桥工程有关项目计算;调治工程(如导流坝等)按分期指标路基工程的土方及防护工程项目计算;独立大(中)桥的引道工程和需设置的辅道、支线工程按综合指标中相应等级公路的项目计算。

(6)隧道工程按分项指标的隧道工程有关项目计算。

(7)城市进出口处的大型互通式立交工程未综合在估算指标中,有此工程项目时,应按分项指标有关项目另行增列。

(8)其他工程以主要工程费为基数,按估算指标中附录一规定的百分率计算。

(9)改建工程使用估算指标时,应按调整系数 K 进行调整。

$$K=(L_1+0.8L_2)/L \tag{3-1}$$

式中:L——建设项目路线总长度;

L_1——建设项目中新建路段的长度;

L_2——建设项目中利用旧路的路段长度。

2. 分项指标

分项指标适用于工程可行性研究报告投资估算。

(1)分项指标按照路基、路面、隧道、涵洞、小桥及标准跨径小于 20m 的中桥及大桥、交叉工程、安全设施、服务设施等主要项目分别编制。在项目的划分上,要比综合指标详细,这也是分项指标与综合指标的区别所在。

(2)上述主要工程项目以外的工程为“其他工程”,包括:清除场地,拆除旧建筑物、绿化工程,公路交工前养护费,临时轨道铺设,便道,便桥,临时电力线路,临时电信线路,临时码头,改河土方,其他零星工程等。其他工程不列工料机消耗指标,按主要工程费的百分率计算。

(3)路基工程。

①路基工程包括土方、石方、粉煤灰及填石路堤、排水与防护、特殊路基处理五项指标。各项指标单位:土方、石方、粉煤灰及填石路堤的指标单位为1 000m^3;排水与防护的指标单位为100m^3 圬工和1公路公里;特殊路基处理的指标单位为1km。

②路基土方工程量按设计断面计价方数量计算,即填方数量加挖方数量扣除利用方数量。如设计仅提供断面方数量时,应折成计价方,计价方=断面方×系数(平微丘区为0.85,山岭重丘区为0.75)。如断面方绝大部分为借土填方时,不乘以系数。

土方指标内已综合了耕地填前压实、清除表土后压实、软土地段填土下沉及路基边缘压实加宽等所需增加的土方量和洒水用量。机械施工项目不分机械种类均适用,当平均运距超过指标规定的运距时,其超过部分可按远运距指标计算。路基借土需赔偿土地费,其费用计入“拆迁赔偿费”项目内。

③路基石方工程量按开挖天然密实断面方计算。

④粉煤灰及填石土堤工程量按设计断面压实方计算。

⑤排水与防护工程量按挡土墙、护岸墙、护坡、边沟、急流槽等圬工(包括混凝土、浆砌及干砌)实体数量计量。中间带排水设施、非圬工防护工程(如铺草皮等)、边沟涵及其他零星排水防护工程等已综合在其他排水防护工程指标中,其他排水防护工程按建设项目路线总长度公里计算。

⑥特殊路基处理工程量按需要处理的路基长度计算。二级及以下等级公路的软土处理指标中已综合了因地基土含水率过大而进行表土换填或翻挖掺灰的处理方法,高速公路或一级公路仅采用表土换填或翻挖掺灰方法处理地基时,可采用二级公路软土处理指标计算。

⑦防雪措施可采用《公路工程概算定额》中的有关项目计算。

⑧当估算指标中设计路基宽度与指标取定值不同时,可按路基宽度比例调整。

(4)路面工程。

①路面工程包括路面垫层、稳定土基层、其他路面基层、沥青路面、水泥混凝土路面、其他路面、拦水带、沥青路面镶边、路缘石七项指标。挖路槽、培路肩已综合在指标项目中,不再单独计算。

②各项指标单位:沥青路面及水泥混凝土路面为100m^3,工程量按路面实体计算;基层、垫层及其他路面为1 000m^2,工程量按面积计算;拦水带、沥青路面镶边及路缘石为1 000m,工程量按需要设置的单边长度计算。

③实际压实厚度超过指标规定的压实厚度需进行分层拌和、碾压时,机械使用费按估算指标附录四的规定增列。

(5)隧道工程。

①隧道工程包括洞门、洞身、装饰、照明及通风等三项指标。

②各项指标单位:洞门为每端,一座隧道按两端洞门计算;洞身、装饰、照明及通风为100m^2,工程量按隧道正洞面积计算,即隧道长度与隧道宽度的乘积。隧道长度指进出口洞门端墙墙面之间的距离(两端墙墙面与路面的交线同路线中线交点间的距离);隧道宽度指行车

道加侧向宽度加人行道或检修道的宽度。

③隧道工程指标指隧道长度 1 000m 以内的洞内工程，即施工工作面距洞口 500m 以内，若工作面距洞口长度超过 500m，每增 500m 人工工日及机械使用费按相应指标增加 5%。而洞门端墙以外的工程应按有关指标另行计算。

④当工程可行性研究设计达到一定的深度，能提出喷射混凝土、现浇拱顶、边墙、仰拱混凝土衬砌圬工或拱顶、边墙砌石圬工的数量时，可按隧道洞身项目中列出的衬砌材料调整指标抽换洞身指标。

⑤需要计算洞内消防及救援设施、消声设施时，可根据《公路工程概算定额》、《公路工程预算定额》中的有关项目计算。

⑥当四级公路采用行车道宽净－3.5m 时，按三级公路指标乘以 1.3 的系数计算。

(6)涵洞工程。

①涵洞工程指标单位为 1 道，工程量计算不分涵洞类型按总道数计，但跨径小于 0.5m 的灌溉涵的道数不参加计算；

②当设计路基宽度与指标规定的路基宽度取定值不同时，可按指标调整系数(k)调整。

路基设计宽度大于取定值时，按式(3-2)调整。

$$k=1+(r-1)\times n \tag{3-2}$$

路基设计宽度小于取定值时，按式(3-3)调整。

$$k=\frac{1}{1+(r-1)\times n} \tag{3-3}$$

式中：n——路基宽度增减幅度，m；

r——路基宽度每增减 1m 的调整系数。

(7)桥梁工程。

①指标分为小桥及标准跨径小于 20m 的中桥及大桥、技术复杂的大桥等项。各项均包括基础、下部、上部、桥台锥坡等工程，并综合了混凝土集中拌和、运输及拌和站安拆、混凝土构建蒸汽养生及蒸汽养生室建筑、桥头搭板等项目。

②指标单位：小桥和中桥、一般结构大桥及技术复杂大桥的上部构造为 100m² 桥面，工程量按桥面面积计算，即为桥梁全长与桥面宽度的乘积。桥梁全长为两岸桥台侧墙或八字墙尾端间的距离(有桥台时)，或桥面系行车道的长度(无桥台时)。桥面宽度为车行道加人行道或安全带或桥梁护栏的宽度并计算至外缘。技术复杂大桥的基础和下部构造指标单位为 10m³ 实体，工程量按各部位设计混凝土圬工实体计算。但沉井基础水深 10m 以上时，应编制补充指标。

③设置导流坝、丁坝等调治构造物时，其圬工工程按防护工程指标估算，土方工程按路基指标估算。改河土方工程则已包括在“其他工程”指标中，不再单独计算。

④四级公路采用行车道宽净－3.5m 时，指标乘以 1.3 系数。

⑤可行性研究设计达到一定的深度，能提出技术复杂大桥上部构造用的高强钢丝(钢绞线)和基础、下部、上部等各部位用的钢筋数量时，可按实际设计数量调整指标中的数量。

(8)交叉工程。

①包括互通式立体交叉、分离式立体交叉、平面交叉、通道、人行天桥及渡槽五项指标。互通式、分离式立体交叉又分别按跨线桥、被交道、匝道(互通式立交有)编制。

②跨线桥包括基础、下部、上部、桥台锥坡等工程。指标单位为 $100m^2$ 桥面，工程量按桥面面积计算。其中，顶进箱涵的工程量为公路路基宽度与箱涵跨度的乘积。被交道包括路基、路面、构造物以及其他附属设施全部工程，指标单位为 1km，工程量按设计整修长度计算。匝道包括匝道桥以外的路基、路面、构造物以及其他附属设计等全部工程，指标单位为 1km，工程量按设计长度计算。当设计匝道宽度与指标取定值不同时，按式(3-4)进行调整。

$$k=\frac{(w_1-w_0)\times 0.8}{w_0}+1 \tag{3-4}$$

式中：k——调整系数；

w_1——设计匝道宽度，m；

w_0——匝道宽度指标取定值，一般取 7m。

③平面交叉包括路基、路面构造物以及其他附属设施等全部工程。指标单位为 1 处，工程量按需要设置的交叉处数计算。

④通道的指标单位为 1 道，工程量按涵洞式通道和小桥式通道的总道数计算。它包括了通道本身、通道内路面、被交道等全部工程。

⑤人行天桥及渡槽包括基础、下部、上部及其他附属设施等全部工程。指标单位为 1 座，工程量按设置的总数量计算。

(9)安全设施及服务、管理设施指标单位为 1 公路公里，工程量按建设项目路线总长度公路公里计算。

四、估算指标的表现形式

估算指标与概算定额、预算定额一样，是以人工、主要材料、其他材料费、机械使用费、基价等实物指标为表现形式。实物指标为计算具体建设项目造价和提供人工、主要材料数量使用。估算指标也是一种扩大的定额。

根据公路工程的特点，选择对公路工程造价的变化影响较大的因素，指标中人工列生产工人的人工数；主要材料列原木、锯材、R235 级钢筋、HRB335 级钢筋、预应力粗钢筋、高强钢丝、钢绞线、钢材、加工钢材、波形钢板及型钢立柱、刚梁、钢板标志、铝合金标志、钢板网及铁丝编织网、水泥、石油沥青、生石灰、砂、砂砾、片石、碎(砾)石、块石、粉煤灰、矿渣等材料；其他材料费包括除上述主要材料以外的其他材料的费用以及概算定额内的“其他材料费”和“设备摊销费”，以“元”表示；机械使用费按规定的《公路工程机械台班费用定额》计算，以“元”表示。

指标表头应写明指标名称、工程内容、计量单位、子目划分等内容。

因此，在编制投资估算时，应按指标的说明及附注(包括允许换算说明)正确使用指标，不要随意抽换指标内容，以免造成重算或漏算的失误。

对指标中缺少的项目可以编制地区补充指标。地区补充指标应按照指标的编制原则法进行编制，由各省、自治区、直辖市交通厅(局)批准执行，抄交通运输部公路工程定额站备案。

当项目建议书阶段的工作深度已达到可行性研究报告的深度时，可采用指标中的分项指标编制项目建议书投资估算。当可行性研究报告的工作深度已达到初步设计的深度时，可用《公路工程概算定额》编制可行性研究报告投资估算。

五、投资估算指标的运用

运用投资估算时，要特别注意说明及附录中的规定。指标包含的工程内容或工序很多，而所列细目相对较少，其中调整系数很多，不可漏列，更不可重复。运用中，对调整系数的范围、意义应特别注意，以免出错。

1.综合估算指标的直接套用

【例 3-1】 按估算指标计算在河北省境内平原微丘区修筑高速公路时，每 1km 所需的土、料、机械及其他各项指标。

解：由指标 1-1-3 可知，每 1km 高速公路所需：

人工：81 475 工日。原木：24.59m³。锯材：70.18m³。I 级钢筋：64.42t。II 级钢筋：129.77t。钢绞线：15.97t。钢材：98.93t。波形钢板及型钢立柱：43.75t。加工钢材：15.34t。钢板标志：1.3t。铝合金标志：0.86t。钢板网及铁丝纺织网：989.7m²。水泥：2 517.76t。石油沥青：661.82t。生石灰：1 849.51t。砂、砂砾：12 828.3m³。片石：5 829.7m³。砂(砾)石：1 5151.4m³。块石：1 273.1m³。其他材料费：733 711 元。设备摊铺费：16 753 元。机械使用费：3 896 717 元。指标基价：10 243 028 元。

若实际所修筑的高速公路为若干公里，则只需在上述各项指标基础上进行乘积即可，即

$$M_i = m_i x_i \tag{3-5}$$

式中：M_i——各项指标的总数量；

m_i——各项单位数量定额指标；

x_i——实际公路公里数。

2.调整指标的使用

【例 3-2】 仍以“例 3-1”题为例，若在该地区修筑 1km 高速公路时，其路基土方量为 105 000m³/km，而附录五所规定的指标标准为 100 000m³/km，那么按规定需进行相应项目的调整，由“高速公路的调整指标”1-IV 可知，在平微区的路基土方每增减 1 000m³ 时，则需增减人工 61 工日、碎砾石 0.4m³、其他材料费 3 元、机械使用费 21 755 元、指标基价22 747 元。

本例每公里实际增加的土方量：105 000－100 000＝5 000(m³)

则需增加的相应指标为：

人工：5×61＝305(工日)

机械使用费：5×21 755＝108 775(元)

碎(砾)石：5×0.4＝2.0(m³)

其他材料费：5×3＝15(元)

指标基价：5×22 747＝113 735(元)

【例 3-3】 拟对河北省境内某平原微丘区的一条一般二级公路进行改建，改建的路线长度为 55km，其中可利用的原有路线长度为 25km，新建路段长度为 30km。试按综合指标求出其每公里所需的工、料、机及各项指标。

解：根据题意，按综合指标说明中第五条的要求，则其调整系数为：

$$k = \frac{L_1 + L_2 \times 0.8}{L} = \frac{30 + 25 \times 0.8}{55} = 0.91$$

查《估算指标》4-I-3 得：

人工：20 453×0.91＝18 612.23(工日)

原木：8.11×0.91＝7.38(m^3)

锯材：13.23×0.91＝12.04(m^3)

R235 级钢筋：9.83×0.91＝8.95(t)

HRB335 级钢筋：15.96×0.91＝14.52(t)

钢绞线：1.96×0.91＝1.78(t)

钢材：8.81×0.91＝8.02(t)

波形钢板及型钢立柱：0.12×0.91＝0.11(t)

加工钢材：2.45×0.91＝2.23(t)

钢板标志：1.00×0.91＝0.91(t)

铝合金标志：0.30×0.91＝0.27(t)

钢板网及铁丝编织网：8.1×0.91＝7.37(m^2)

水泥：493.48×0.91＝449.07(t)

石油沥青：106.25×0.91＝96.69(t)

生石灰：125.48×0.91＝114.87(t)

砂、砂砾：5 376.7×0.91＝4 892.80(m^3)

片石：1 987.2×0.91＝1 808.35(m^3)

碎(砾)石：679.5×0.91＝618.345(m^3)

其他材料费：73 623×0.91＝66 996.93(元)

设备摊消费：4 826×0.91＝4 400.76(元)

机械使用费：633 089×0.91＝576 110.99(元)

指标基价：1 809 038×0.91＝1 646 224.58(元)

【例 3-4】 某高速公路有水泥稳定碎石基层 3.2 万 m^3，压实厚度 28cm，使用分项指标确定其工、机消耗量。

解：(1)指标号：详查表。

(2)按估算指标路面工程说明，估算指标规定稳定土基层压实厚度在 15cm 以内，实际压实厚度超过规定值时，应按附录四对机械费加倍取值。

(3)因指标单位为 1 000m^3，实际基层面积应为 32 000m^3÷0.28m＝114 285.71m^2，即工程量为 114.285 71km^2。

(4)计算工、料、机消耗量。

人工：(68＋3×13＋3.2)×114.285 71＝12 594(工日)

水泥：(19.87＋1.31×13)×114.285 71＝4 217(t)

砂、砂砾：9.7×114.285 71＝1 109(m^3)

片石：114m^3

碎(砾)石：212.6＋14.2×13＝45 394(m^3)

块石：0.9×114.285 71＝103(m^3)

其他材料费：(12＋1×13)×114.285 71＝905 257(元)

机械使用费：(4 339＋212×13＋826)×114.285 71＝905 257(元)

指标基价：(18 724＋1 122×13＋877)×114.285 71＝3 907 086(元)

归纳起来，运用指标应注意以下事项：全面核准工程数量及指标的计量单位要一致；注意实际采用的技术标准、价格及规定的调整系数;详细阅读估算指标中的说明内容及附录中的规定;由于估算数量在数值上很大,应反复复核计算的结果。

第四节　投资估算的编制程序和办法

一、项目建议书投资估算的编制依据、程序和方法

(一)项目建议书投资估算的编制依据

项目建议书的投资估算,是建设项目初步经济评价中计算费用的原始资料,也是立项决策的重要依据。所以项目建议书投资估算的编制,除应遵照国家的方针、政策和有关工程造价管理的规定和制度外,还要坚持实事求是的原则,避免受外界因素的干扰。项目建议书投资估算编制的依据主要有:

(1)建设规模和技术标准。通过踏勘和调查后,提出的路线或桥型方案设想,取定的不同地形的路段长度和主要工程数量、征用土地的数量,加工整理好的外业调查资料以及项目建议书文字说明。

(2)建设项目总体实施规划与要求的意见。

(3)交通运输部颁布的《公路工程估算指标》及指标中规定的工程量计算规则。

(4)交通运输部颁布的《公路基本建设工程投资估算编制办法》中规定的六种计算表格,以及有关费用的费率。

(5)当地公路(交通)工程定额(造价管理)站发布的人工费单价、材料供应价格信息。

(6)当地交通运输主管部门颁布的运输和装卸价格,但应考虑运输市场的影响因素,合理取定运价。

(7)当地人民政府颁布的征地、拆迁赔偿标准和有关的各项规定。

(8)编制项目建议书的委托书、合同或协议的有关规定和要求。

(9)经研究商定或批准的设备和大型专用机械设备购置计划清单。

(10)建设项目的主管部门或建设单位对建设项目的有关通知与要求。

(11)历史资料。由于项目建议书投资估算的可塑性大,为提高估算的可靠性,应充分利用并参考造价历史资料进行必要的分析。

(二)项目建议书投资估算费用组成

根据交公路发[1996]611 号文公布的《公路基本建设工程投资估算编制办法》(以下简称《办法》),项目建议书投资估算费用由建筑安装工程费,设备、工器具购置费,工程建设其他费用,预留费用四部分组成,如图 3-1 所示。

(三)项目建议书投资估算项目组成

项目建议书投资估算项目表包括项目建议书路线工程项目表(表 3-1)和项目建议书独立桥梁工程项目表(表 3-2)。

- 估算总金额
  - 建筑安装工程费
    - 直接费
      - 人工费
      - 材料费
      - 机械使用费
    - 其他工程费
    - 其他直接费、现场经费与间接费综合费用
    - 综合利税费
  - 设备、工器具购置费
  - 工程建设其他费用
    - 征用土地费
    - 拆迁赔偿费
    - 建设单位管理费
    - 研究试验费
    - 勘测设计费
    - 供电贴费
    - 大型专用机械设备购置费
    - 固定资产投资方向调节税
    - 建设期贷款利息
  - 预留费用
    - 工程造价增涨预留费
    - 预备费

图 3-1　项目建议书投资估算费用组成

项目建议书路线工程项目表　　表 3-1

项	目	节	工程或费用名称	单　位	备　注
			第一部分　建筑安装工程费	公路公里	
一			路线工程	公路公里	按路段分目
	1		……		
二			桥长 1 000m 以上(含 1 000m)特大桥工程	m/座	按桥名分目
	1		……		
三			附属工程	公路公里	按项目分目
	1		辅道工程	km	
	2		支线工程	km	
	3		……		
四			综合利税费	公路公里	
			第二部分　设备、工器具购置费	公路公里	
			第三部分　工程建设其他费用	公路公里	
一			征用土地费	公路公里	
二			拆迁赔偿费	公路公里	
三			建设单位管理费	公路公里	
	1		建设单位管理费	公路公里	
	2		工程监理费	公路公里	
	3		设计文件审查费	公路公里	
四			研究试验费	公路公里	
五			勘测设计费	公路公里	
六			供电贴费	公路公里	

续上表

项	目	节	工程或费用名称	单　位	备　注
七			固定资产投资方向调节税	公路公里	
八			建设期贷款利息	公路公里	
			第一、二、三部分费用合计	公路公里	
			预留费用	公路公里	
			1. 工程造价增涨预留费	公路公里	
			2. 预备费	公路公里	
			投资估算总金额	公路公里	
			平均每公里造价	万元	

项目建议书独立桥梁工程项目表　　表 3-2

项	目	节	工程或费用名称	单　位	备　注
			第一部分　建筑安装工程费	桥长米	
一			引道工程	桥长米	
二			大桥工程	桥长米	
	1		主桥工程	m^2/m	按结构形式分节
		1	……		
	2		引桥	m^2/m	按结构形式分节
		1	……		
	3		调治工程	m^2/m	按结构形式分节
		1	……		
三			综合利税费	桥长米	
			第二部分　设备、工器具购置费	桥长米	
			第三部分　工程建设其他费用	桥长米	
一			征用土地费	桥长米	
二			拆迁赔偿费	桥长米	
三			建设单位管理费	桥长米	
	1		建设单位管理费	桥长米	
	2		工程监理费	桥长米	
	3		设计文件审查费	桥长米	
四			研究试验费	桥长米	
五			勘测设计费	桥长米	
六			供电贴费	桥长米	
七			固定资产投资方向调节税	桥长米	
八			建设期贷款利息	桥长米	
			第一、二、三部分费用合计	桥长米	
			预留费用	桥长米	

续上表

项	目	节	工程或费用名称	单　位	备　注
			1. 工程造价增涨预留费	桥长米	
			2. 预备费	桥长米	
			投资估算总金额	桥长米	
			平均每桥长米造价	万元	

(四)项目建议书投资估算文件组成

项目建议书投资估算文件由封面、目录、估算编制说明及全部估算计算表格组成。

1. 封面及目录

工程项目的估算文件首先要有封面和扉页，并按《办法》的规定编制。扉页的次页应有建设项目名称，编制单位，编制、复核人员姓名并加盖资格印章，编制日期及第几册共几册等内容。估算文件的目录按估算表的顺序页码编排。

2. 估算编制说明

估算表格文件编制计算完成后，即可编写编制说明，且要求文字简明扼要。编写时，首先将与本项目有关的文件、协议、标准及指标收集于手边，然后加以整理，以突出重点，让读者大致明了项目在费用、数量方面的情况。具体编写时从以下几方面入手：

(1)项目建议书依据的有关文号，依据的资料及比选方案等；

(2)与估算有关的委托书、协议书、会谈纪要的主要内容(或抄件附后)；

(3)与估算有关的地方规定、文件文号及相关的文件说明，如征地、补偿等方面的文件；

(4)采用的估算指标、费用标准及人工、材料单价的依据或来源，补充指标及其他依据的来源或说明；

(5)总估算金额，人工、钢材、木材、水泥、沥青的总需要数量；

(6)编制中存在的问题，其他与估算有关但不能在表格中反映的事项，如定额指标的借用和来自于其他相关的规定的费率标准。

3. 项目建议书估算表格文件

项目建议书投资估算文件是项目建议书的重要组成部分，其文件格式必须按统一格式的估算表格计算。根据《公路建设项目可行性研究报告编制办法》关于文件报送的份数的规定，向有关单位报送。文件的幅面形式一般采用 210mm×297mm 文本。

(1)项目建议书投资估算文件包括的内容如下：

①项目建议书投资估算编制说明；

②项目建议书总估算汇总表，即 01 表；

③项目建议书总估算表，即 02 表；

④项目建议书人工、主要材料数量汇总表，即 03 表；

⑤项目建议书设备、工器具购置费与工程建设其他费用计算表，即 04 表；

⑥项目建议书工程估算表，即 05 表；

⑦项目建议书人工及主要材料价格计算表，即 06 表。

(2)估算表格文件是相互联系的整体，六份表格文件之间的关系如图 3-2 所示。

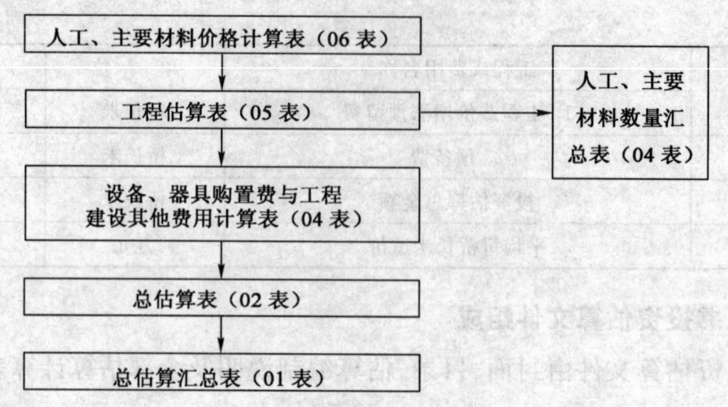

图 3-2 项目建议书投资估算计算表之间的关系

(五)估算费用标准及计算方法

1. 建筑安装工程费

建筑安装工程费包括主要直接费，其他工程费，其他直接费、现场经费、间接费的综合费用，综合利税费。下面分别介绍建安费中各项费用的计算方法。

(1)直接费

直接费是人工费、材料费、机械使用费之和，也称工、料、机费用。其中，人工费、材料费以综合指标的人工工日数及各种材料数量乘以工程所在地的人工工日单价、材料预算价格的综合单价来计算。而机械使用费可直接用综合指标的指标数值乘以工程数量来计算。

人工工日单价一般按各省区补充规定直接取用，当各省区没有补充规定也可按《公路工程基本建设项目概算预算编制办法》的计算方法来计算。要特别说明的是，在公路工程造价计算中，人工工资单价的计算不论什么工程类别、性质，也不论什么工种，在同一项目的估算文件中，一律取相同且唯一的单价。

材料预算价格的综合单价一般用两种方法计取：第一种计算方法按《公路工程基本建设项目概算预算编制办法》的规定计算，并根据《公路工程估算指标》(以下简称《指标》)附录二“材料预算价格的规格取定表”计算指标材料综合价格；第二种直接采用当地地方物价部门公布的工地结算价计算。

《办法》规定，其他材料费、机械使用费需按年价格上涨率予以调整。在投资中占有一定比例的其他材料费、机械使用费，其消耗量在《指标》中是按 1996 年的价格计算的。年价格上涨率一般取 5%，以 1996 年为基期，按式(3-6)调整。

$$A=B\times(1+C)^{n-1} \tag{3-6}$$

式中：A——投资估算编制年指标消耗量；

B——指标中消耗量，青海、新疆、西藏三省(区)需将指标内“机械使用费”乘以 1.15 系数；

C——年价格上涨率，一般取 5%；

n——1996 年至投资估算编制年的年数。

(2)其他工程费

$$其他工程费=直接费\times其他工程费费率 \tag{3-7}$$

其他工程费费率按《指标》附录一"综合指标及分项指标其他工程指标表"取定的百分率。该表是按不同省、区及公路等级、桥隧来规定所取费率的大小。

(3)其他直接费、现场经费、间接费综合费用(下称综合费用)

综合费用=指标直接费×(1+其他工程费费率)×综合费率 (3-8)

综合费率按《办法》附录规定的费率计算。综合费率是以省会地点和省、自治区、直辖市直属施工企业施工为对象测算的,如与建设项目实际有较大出入时,可进行调整。综合费率在《办法》附录中直接查找使用。

(4)综合利税费

综合利税费是指施工技术装备费、计划利润和税金之和。其计算如下:

综合利税费=(直接费+其他工程费+综合费用)×综合利税率 (3-9)

其中,综合利税率为10%。

2.设备、工器具购置费及工程建设其他费用

(1)设备、工器具购置费

设备、工器具购置费按《办法》附录规定计算,一般简称为设备购置费。

设备购置费=建筑安装工程费×设备购置费费率 (3-10)

设备购置费费率按《办法》附录直接取用,并分线路工程、隧道工程、独立桥梁工程而取不同的费率。

(2)工程建设其他费用

①征用土地费按规定的征用亩数乘以工程所在地规定价格(如地方国土局与物价局公布的政策性征地价格)。征用土地面积按《办法》附录规定的亩数计算。如建设项目的土地面积与《办法》附录有较大出入时,可以进行调整。

②拆迁赔偿费费率按《办法》附录规定取用,并分路线工程、隧道工程、独立桥梁工程而取不同的费率。

拆迁赔偿费=建安费×拆迁赔偿费费率 (3-11)

③建设单位管理费指工程监理费、设计文件审查费及其建设单位自身管理费之和。计算方法按《公路工程基本建设项目概算预算编制办法》规定的费率和方法计算。

④研究试验费费率按《办法》附录规定取用,并分路线工程、隧道工程、独立桥梁工程而取不同的费率。

研究试验费=建安费×研究试验费率 (3-12)

⑤勘察设计费、供电贴费的计算方法同拆迁赔偿费或研究试验费,只是费率不同而已。

⑥大型专用机械设备购置费、固定资产投资方向调节税、建设期贷款利息均按《公路工程基本建设项目概算预算编制办法》的规定计算。

附录中未列北京市、天津市、上海市及重庆市的上述相关费率数值,该四市可采用邻近省份的数值和费率计算。

3.预留费用

预备费以第一、二、三部分费用之和(扣除大型专用机械设备购置费、固定资产投资方向调节税、建设期贷款利息)的11%计算。

工程造价增涨预留费按《公路工程基本建设项目概算预算编制办法》的规定计算,即:

$$工程造价增涨预留费=P\times[(1+i)^{n-1}-1] \quad (3\text{-}13)$$

式中：P——建筑安装工程费总额；

i——年造价上涨率，%；

n——设计文件编制年至建设项目开工年＋建设项目建设期限。

4. 计算程序及计算方式

项目建议书投资估算的计算程序及计算方式如表 3-3 所示。

项目建议书投资估算的计算程序及计算方式　　表 3-3

代号	项　　目	计　算　式
一	指标直接费	指估算指标的基价
二	直接费	指估算编制年工程所在地的工、料、机费用之和
三	其他工程费	(二)×《指标》附录规定的其他工程费费率
四	其他直接费、现场经费、间接费综合费用	(一)×(1＋其他工程费费率)×综合费率
五	综合利税费	[(二)＋(三)＋(四)]×综合利税费费率
六	指标建筑安装工程费	(一)＋(三)＋(四)＋(五)
七	建筑安装工程费	(二)＋(三)＋(四)＋(五)
八	设备、工器具购置费	按《办法》附录及有关规定计算
九	工程建设其他费用	
	征用土地费	按《办法》附录及有关规定计算
	拆迁赔偿费	按《办法》附录及有关规定计算
	建设单位管理费	(六)×费率
	工程监理费	(六)×费率
	设计文件审查费	(六)×费率
	研究试验费	按《办法》附录及有关规定计算
	勘测设计费	按《办法》附录及有关规定计算
	供电贴费	按《办法》附录及有关规定计算
	固定资产投资方向调节税	按有关规定计算
	建设期贷款利息	按实际贷款数及利息计算
十	预留费用	
	工程造价增涨预留费	以(七)为基数按规定的计算式计算
	预备费	[(七)＋(八)＋(九)－大型专用机械设备购置费－固定资产投资方向调节税－建设期贷款利息]×费率
十一	建设项目投资估算总金额	(七)＋(八)＋(九)＋(十)

(六)项目建议书投资估算的编制程序

在编制项目建议书投资估算时，首先应熟悉了解所需的基础资料，熟悉综合估算指标的内容，即指标所包括的主要工程与含量；其次对拟建项目的总体实施规划进行必要的分析研究，尽可能做到合理可靠；然后按照下列程序进行项目建议书投资估算和编制工作。

编制项目建议书投资估算的一般步骤和程序概括起来是：熟悉设计意图，整理外业调查资料，确定人工、材料价格，进行计算汇总，写出编制说明并装订签章。其顺序如下：

(1)熟悉拟建项目的建设规模、技术标准,了解路线或桥型方案设想意图和工程全貌,掌握建设项目现场的有关实际情况;

(2)对踏勘调查所涉及的有关投资估算的基础资料进行分析整理,去伪存真,做到合理可靠;

(3)对路线中的路基土石方、排水与防护、路面、大(中)桥、立体交叉工程等几项主要工程每公里的实际含量进行可能的和必要的分析比较,以确定是否应对综合指标进行调整;

(4)研究建设项目的总体部署和实施方案,如筹资方式、贷款数额及资金使用计划、项目建设时间安排、采用何种方式分派施工任务及监理工作;

(5)取定工资标准、材料供应价格和运输方案,计算材料的预算价格;

(6)对使用指标中的其他材料费和机械使用费以及指标规定的应予调整的其他事项进行调整;

(7)进行人工和材料实物量的分析计算;

(8)计算各项费用并汇编总预算及人工、材料需要量;

(9)写出编制说明,进行复核与审核;

(10)出版、盖章、上报。

二、可行性研究报告投资估算的编制依据、程序和方法

(一)可行性研究报告投资估算的编制依据

投资估算是可行性研究报告的重要组成部分,是建设项目国民经济评价中计算支出费用的基础资料,具有限制建设项目投资限额的重要作用。因此,编制可行性研究报告投资估算必须严格执行国家有关的公路基本建设工程的方针、政策和公路工程造价管理制度。有关编制依据如下:

(1)经批准的项目建议书及投资估算文件。了解落实批准的项目建议书的筹资方式、贷款数额、年度贷款计划是否有变动或新的意图,以便确定建设期贷款利息,进一步了解是否需要对项目建议书的总体实施规划进行调整和补充。

(2)通过踏勘调查和必要的测量、地质钻探,根据 1∶10 000 的地形图上确定的路线方案而提出的路基土石方、排水与防护、路面、桥梁涵洞等主要工程数量,以及对一些典型路段和有代表性的大型构造物作出的典型布置图资料,都是编制可行性研究报告投资估算的基本依据。

(3)建设项目施工组织规划设计的意见。施工组织规划设计是编制可行性研究报告投资估算的主要基础资料,现场施工平面规划计划中确定的取土场、弃土坑的位置涉及土石方运量的计算,构件预制等场地、路面混合料拌和场、材料堆放场涉及材料平均运距的计算;项目的实施方法采用哪种招标方式、实行工程监理的意见等涉及工程监理费的计算;勘测设计计划实行几阶段设计、各设计阶段完成勘测设计任务的具体时间及由哪一级的勘察设计单位负担等涉及勘察设计费的计算;分年度完成的投资计划和贷款使用计划涉及建设期贷款利息和工程造价增涨预留费的计算年限;标段划分涉及施工单位所需的临时生产、生活用地数量的取定等。可以看出,以上费用的计算都是以施工组织规划设计的内容为依据的。因此,施工组织规划的合理与否会对投资估算的编制产生重要的影响。

(4)交通运输部颁布的《公路工程估算指标》中的分项指标及其相应的有关各项工程量的计算方法的规定。

调查掌握公路沿线的水文地质、地形地貌情况，以便正确计算工程数量套用分项指标。了解《公路工程估算指标》的内容、项目划分及其工程量的计算规则是正确计算工程量的前提，如《公路工程估算指标》中的路基土方、路基石方、涵洞工程、小桥及标准跨径小于 20m 的中桥、通道等分项指标，是按不同地形条件分别制订估算指标的；标准跨径大于 20m 的中桥及大桥的各种桥型结构，是分干处、水中两种不同的指标。如果了解不清、情况不明，就难以正确地计算工程数量、选用指标，也就不能保证投资估算的编制质量。

(5)交通运输部颁布的《公路工程预算定额》、《公路工程概算定额》。

(6)交通运输部颁布的《公路基本建设工程投资估算编制办法》中规定的八种计算表格，以及可行性研究报告投资估算路线和独立大桥工程项目表的序列及内容的规定。

(7)交通运输部颁布的《公路工程基本建设项目概算预算编制办法》中规定的其他直接费、现场经费、间接费、施工技术装备费、计划利润、综合税率、建设单位管理费等费率标准，以及有关相应的计算规定。

(8)当地公路(交通)工程定额(造价管理)站发布的人工费单价、材料供应价格信息、有关规定及材料价格的有关资料。

项目建议书与可行性研究报告的投资估算是在不同的时期编制的，故既要了解掌握作为编制项目建议书投资估算的工资标准和材料供应价格情况，又要了解当地公路(交通)工程定额(造价管理)站是否发布了新的价格信息。如果有的话，一方面应以此作为编制可行性研究报告投资估算的依据；另一方面可与项目建议书投资估算表所采用的价格水平进行比较，以了解其价格的变化情况，从而掌握对可行性研究报告投资估算可能产生的影响及程度。

调查落实公路沿线砂石材料的产供情况和市场销售价格，施工单位自行开采的可能性与开采条件，材料的规格品种、质量、数量，以及在今后实施阶段可能产生的变化和问题，凡对投资估算可能产生的影响因素，均应作必要的考虑。检查与原项目建议书所采用的数据有无差异，并绘制筑路材料运距示意图，提出筑路材料调查表，作为计算材料预算价格的原始依据。

(9)当地交通运输主管部门颁布的运价和有关规定，以及收取过路费、过桥费的标准。考虑运输市场的影响因素，合理取定运价。

调查落实建设项目所在地的各种外购材料的供应地点、供应渠道，并据以核查原项目建议书投资估算所取定的经济合理的运输方式和计算的平均运距，以及计算的过路费、过桥费和运费标准有无变化。除应以调查落实的资料作为计算材料运费的依据外，还应对存在的差异作必要的分析，掌握其变化规律，以不断提高投资估算的编制水平。

(10)当地人民政府颁布的征地、拆迁赔偿标准和有关规定。

调查建设项目占用土地和应予拆迁的建筑物、构建物的种类和数量，人均占有耕地等资料，以及当地人民政府颁布的征用土地赔偿标准、耕地占用税等有关规定，并提出拆迁及土地占用量表，作为计算土地、青苗等补偿费和安置补助费的依据。

(11)国家颁布的《公路工程勘察、设计收费标准》及有关各项计算的规定。

(12)编制可行性研究报告的委托书、合同或协议的有关规定和要求。

(13)建设项目的主管部门或建设单位对拟建项目投资估算的有关通知和要求。

(14)收集当地工程造价历史资料供编制投资估算参考，是进行投资估算时的一个极为重要的工作手段。

(二)工程可行性研究报告投资估算费用组成

根据交公路发[1996]611 号文公布的《公路基本建设工程投资估算编制办法》(以下简称《办法》),工程可行性研究报告投资估算费用由建筑安装工程费,设备、工器具购置费,工程建设其他费用,预留费用四部分组成,如图 3-3 所示。

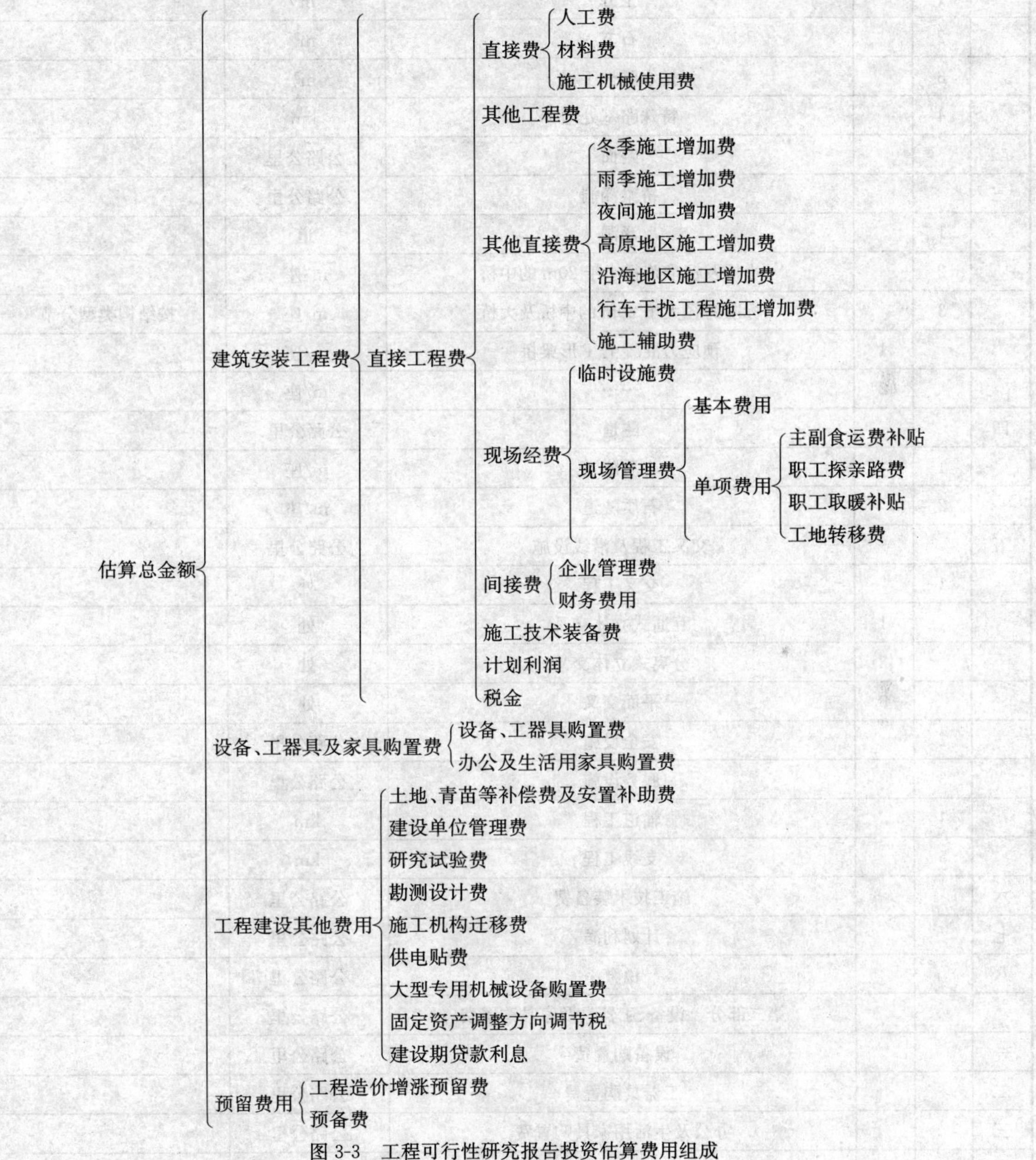

图 3-3　工程可行性研究报告投资估算费用组成

(三)工程可行性研究报告投资估算项目组成

工程可行性研究报告投资估算项目表包括工程可行性研究报告路线工程项目表(表 3-4)和工程可行性研究报告独立桥梁工程项目表(表 3-5)。

工程可行性研究报告路线工程项目表 表 3-4

项	目	节	工程或费用名称	单 位	备 注
			第一部分 建筑安装工程费	公路公里	
一			路基	公路公里	
	1		土方	m^3	
	2		石方	m^3	
	3		排水防护工程	m^3	
	4		特殊路基处理	km	
二			路面	公路公里	
三			桥梁涵洞	公路公里	
	1		涵洞	道	
	2		小桥及标准跨径小于 20m 的中桥	m/座	
	3		标准跨径大于 20m 的中桥及大桥	m/座	按结构类型分节
		1	预应力混凝土 T 形梁桥	m/座	
		2	……	m/座	
四			隧道	公路公里	
	1		土质隧道	m/座	
	2		石质隧道	m/座	
五			交叉工程及沿线设施	公路公里	
	1		交叉工程	处	
		1	互通式立体交叉	处	
		2	分离式立体交叉	处	
		3	平面交叉	处	
	2		安全设施	公路公里	
	3		服务设施	公路公里	
	4		辅道工程	km	
	5		支线工程	km	
六			施工技术装备费	公路公里	
七			计划利润	公路公里	
八			税金	公路公里	
			第二部分 设备、工器具及家具购置费	公路公里	
一			设备购置费	公路公里	
二			工器具购置费	公路公里	
三			办公及生活用家具购置费	公路公里	
			第三部分 工程建设其他费用	公路公里	
一			土地、青苗补偿费及安置补助费	公路公里	
二			建设单位管理费	公路公里	
	1		建设单位管理费	公路公里	

续上表

项	目	节	工程或费用名称	单　位	备　注
	2		工程监理费	公路公里	
	3		设计文件审查费	公路公里	
三			研究试验费	公路公里	
四			勘测设计费	公路公里	
五			施工机构迁移费	公路公里	
六			供电贴费	公路公里	
七			固定资产投资方向调节税	公路公里	
八			建设期贷款利息	公路公里	
			第一、二、三部分费用合计	公路公里	
			预留费用	公路公里	
			1. 工程造价增涨预留费	公路公里	
			2. 预备费	公路公里	
			投资估算总金额	公路公里	
			平均每公里造价	万元	

工程可行性研究报告独立桥梁工程项目表　　表 3-5

项	目	节	工程或费用名称	单　位	备　注
			第一部分　建筑安装工程费	桥长米	
一			桥头引道	桥长米	
	1		路基	km	
		1	土方	m^3	
		2	……		
	2		路面	m^2	
	3		桥梁涵洞	m/座	涵洞为道
		1	涵洞	道	
		2	桥	座	
		3	……		
	4		……		
二			大桥	桥长米	
	1		主桥	m/m^2	按结构类型分节
	2		引桥	m/m^2	按结构类型分节
	3		调制结构物	m^3	
		1	导流坝	m^3	
		2	驳岸	m^3	
		3	……		
	4		……		

续上表

项	目	节	工程或费用名称	单　位	备　注
三			施工技术装备费		
四			计划利润		
五			税金		
			第二部分　设备、工器具及家具购置费		
一			设备购置费	桥长米	
二			工器具购置费	桥长米	
三			办公及生活用家具购置费	桥长米	
			第三部分　工程建设其他费用	桥长米	
一			土地、青苗补偿费及安置补助费	桥长米	
二			建设单位管理费	桥长米	
	1		建设单位管理费	桥长米	
	2		工程监理费	桥长米	
	3		设计文件审查费	桥长米	
三			研究试验费	桥长米	
四			勘测设计费	桥长米	
五			施工机构迁移费	桥长米	
六			供电贴费	桥长米	
七			固定资产投资方向调节税	桥长米	
八			建设期贷款利息	桥长米	
			第一、二、三部分费用合计	桥长米	
			预留费用	桥长米	
			1. 工程造价增涨预留费	桥长米	
			2. 预备费	桥长米	
			投资估算总金额	桥长米	
			平均每桥长米造价	万元	
			平均每平方米桥面造价		

(四)工程可行性研究报告投资估算文件组成

工程可行性研究报告投资估算文件由封面、目录、估算编制说明及全部估算计算表格组成。

1. 封面及目录

工程项目的估算文件首先要有封面和扉页，并按《办法》的规定编制。扉页的次页应该有建设项目名称，编制单位，编制、复核人员姓名并加盖资格印章，编制日期及第几册共几册等内容。估算文件的目录按估算表的顺序页码编排。

2. 估算编制说明

估算编制完成后，即可编写编制说明，且要求文字简明扼要。应叙述的内容有：

(1)工程可行性研究报告依据的有关文号、依据或来源、补充指标及编制依据的详细说明；

(2)与估算有关的委托书、协议书、会谈纪要的主要内容(或抄件附后)；

(3)总估算金额,人工、钢材、木材、水泥、沥青的总需要数量,各建设方案的经济比较结果以及编制中存在的问题;

(4)其他与估算有关但不能在表格中反映的事项,如推荐方案的估算结果。

3. 工程可行性研究报告估算表格文件

工程可行性研究报告投资估算文件是项目建议书的重要组成部分,其文件格式必须按统一格式的估算表格计算。根据《公路建设项目可行性研究报告编制办法》关于文件报送的份数的规定,向有关单位报送。

(1)工程可行性研究报告投资估算文件包括的内容如下:

①工程可行性研究报告投资估算编制说明;

②工程可行性研究报告总估算汇总表,即01表;

③工程可行性研究报告总估算表,即02表;

④工程可行性研究报告人工、主要材料数量汇总表,即03表;

⑤工程可行性研究报告设备、工器具购置费计算表,即04表;

⑥工程可行性研究报告工程建设其他费用计算表,即05表;

⑦工程可行性研究报告工程估算表,即06表;

⑧工程可行性研究报告其他直接费、现场经费、间接费综合费率计算表,即07表;

⑨工程可行性研究报告材料预算价格计算表,即08表。

(2)估算表格文件是相互联系的整体,八份表格文件之间的关系如图3-4所示。

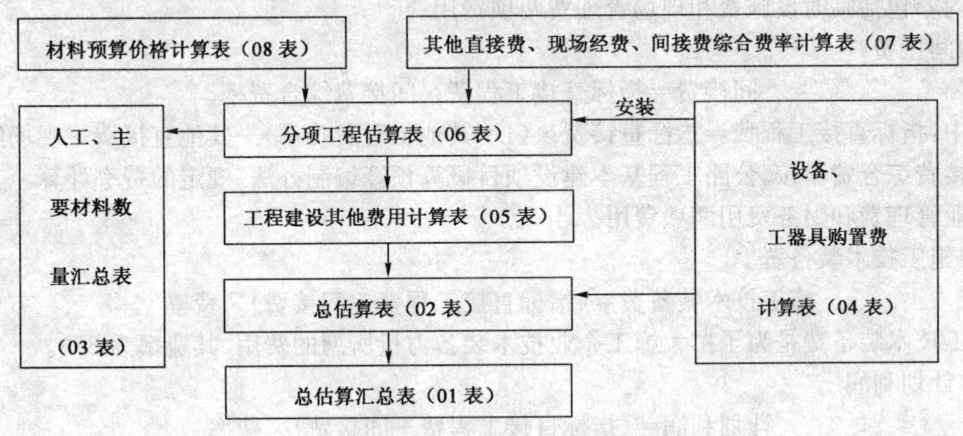

图3-4 项目建议书投资估算计算表之间的关系

(五)估算费用标准及计算方法

1. 建筑安装工程费

建筑安装工程费由直接工程费、间接费、施工技术装备费、计划利润、税金五项费用组成。下面分别介绍建安费中各项费用的计算方法。

(1)直接工程费

直接工程费由主要直接费、其他工程费、其他直接费、现场经费四部分组成。其中,直接费是估算费用的根本,它是用工程量通过《指标》的分项指标算出来的费用。与直接费对应的有指标直接费,即指标基价。指标基价,即按《指标》附录二规定的基价表计算的包括人工费、材料费、机械使用费在内的费用，受编制《指标》年度的影响，与工程所在地的人工、材料、机械价格无关。

①直接费。直接费即人工费、材料费、机械使用费。其中，人工费、材料费以分项指标的人工工日数及各种材料数量乘以工程所在地的人工工日单价、材料预算价格的综合单价来计算。而机械使用费可直接用分项指标的指标数值乘以工程数量来计算。

工程所在地的人工工日单价、材料预算价格的综合单价、其他材料费、机械使用费的计算同项目建议书投资估算中直接费的计算。

②其他工程费。其他工程费费率按《指标》附录一"综合指标及分项指标其他工程指标表"取定的百分率。该表按不同省、区及公路等级、桥隧来规定所取费率的大小。

$$其他工程费=直接费\times其他工程费费率 \tag{3-14}$$

③其他直接费。其他直接费综合费率按《公路基本建设工程概算、预算编制办法》(1996年版)规定的费率计算。其内容包括冬季施工增加费、雨季施工增加费、夜间施工增加费、高原地区施工增加费、沿海地区施工增加费、行车干扰工程施工增加费和施工辅助费七项费用。

$$其他直接费=指标直接费\times(1+其他工程费费率)\times其他直接费综合费率 \tag{3-15}$$

④现场经费。

$$现场经费=指标直接费\times(1+其他工程费费率)\times现场经费综合费率 \tag{3-16}$$

现场经费综合费率按《公路基本建设工程概算、预算编制办法》(1996年版)规定的费率计算。其内容包括临时设施费和现场管理费两项费用。

(2)间接费

$$间接费=指标直接工程费\times间接费综合费率 \tag{3-17}$$

其中：指标直接工程费＝指标直接费×(1＋其他工程费费率)＋其他直接费＋现场经费

间接费综合费率按《公路工程基本建设项目概算预算编制办法》规定的费率计算。其内容包括企业管理费和财务费用两项费用。

(3)施工技术装备费

$$施工技术装备费=(指标直接工程费+间接费)\times费率 \tag{3-18}$$

施工技术装备费是为了扩大施工企业技术装备力量所列的费用，其费率为3%。

(4)计划利润

$$计划利润=(指标直接工程费+间接费)\times费率 \tag{3-19}$$

计划利润是施工企业应该获得的法定利润，其费率为4%。

(5)税金

$$税金=(直接工程费+间接费+计划利润)\times税率 \tag{3-20}$$

税金是指施工企业应该缴纳的营业税、城市建设维护税和教育费附加，其税率为3.41%。

2.设备、工器具及家具购置费

设备、工器具购置费应列出计划购置清单，其费用按《公路工程基本建设项目概算预算编制办法》中规定的公式计算。

办公及生活用家具购置费按《公路工程基本建设项目概算预算编制办法》中规定的标准进行计算。

3.工程建设其他费用

工程建设其他费用中土地、青苗补偿费及安置补助费、建设单位管理费、研究试验费、勘察设计费、施工机构迁移费、供电贴费、固定资产投资方向调节税、建设期贷款利息均按《公路工程基本建设项目概算预算编制办法》的规定计算。

4.预留费用

预备费以第一、二、三部分费用之和(扣除固定资产投资方向调节税、建设期贷款利息)的9%计算。

工程造价增涨预留费按《公路工程基本建设项目概算预算编制办法》的规定计算。

5.计算程序及计算方式

工程可行性研究报告投资估算的计算程序及计算方式如表3-6所示。

工程可行性研究报告投资估算的计算程序及计算方式　表3-6

代号	项　目	计　算　式
一	指标直接费	指公路工程估算指标的基价
二	直接费	指估算编制年工程所在地的预算价格计算
三	其他工程费	(二)×《指标》附录一规定的其他工程费费率
四	其他直接费	(一)×(1+其他工程费费率)×其他直接费综合费率
五	现场经费	(一)×(1+其他工程费费率)×现场经费综合费率
六	指标直接工程费	(一)×(1+其他工程费费率)+(四)+(五)
七	直接工程费	(二)+(三)+(四)+(五)
八	间接费	(六)×间接费综合费率
九	施工技术装备费	[(六)+(八)]×施工技术装备费费率
十	计划利润	[(六)+(八)]×计划利润费率
十一	税金	[(七)+(八)+(十)]×税金综合税率
十二	指标建筑安装工程费	(六)+(八)+(九)+(十)+(十一)
十三	建筑安装工程费	(七)+(八)+(九)+(十)+(十一)
十四	设备、工器具购置费	Σ(设备、工器具购置数量×单价+运杂费)×(1+采购保管费费率)
	办公及生活用家具购置费	按有关规定计算
十五	工程建设其他费用	
	土地、青苗补偿费及安置补助费	按有关规定计算
	建设单位管理费	(十二)×费率
	工程监理费	(十二)×费率
	设计文件审查费	(十二)×费率
	研究试验费	按批准的计划编制
	勘测设计费	按有关规定计算
	施工机构迁移费	按有关规定计算
	供电贴费	按有关规定计算

续上表

代号	项　目	计 算 式
	固定资产投资方向调节税	按有关规定计算
	建设期贷款利息	按实际贷款数及利息计算
十六	预留费用	
	工程造价增涨预留费	以(十三)为基数按规定的计算式计算
	预备费	[(十三)+(十四)+(十五)－大型专用机械设备购置费－固定资产投资方向调节税－建设期贷款利息]×费率
十七	投资估算总金额	(十三)+(十四)+(十五)+(十六)

(六)可行性研究报告投资估算的编制程序

编制可行性研究报告投资估算的程序和方法没有固定模式,在某种程度上取决于国家规定的投资估算编制办法和可行性研究工作的深度。根据我国有关工程造价管理的规定,一般情况下,编制可行性研究报告投资估算的程序如下:

(1)熟悉设计方案和各种图表资料,对各项主要工程数量进行必要的核对和计算。若发现与分项指标的计算口径和要求不一致时,要提请设计人员查实,或在外业调查时予以解决。然后,按分项指标的内容要求,正确计算各种计价工程数量,为编制投资估算提供可靠的基础资料。

(2)按照编制可行性研究报告投资估算的要求,整理分析好涉及投资估算的各种外业调查资料,如进行材料综合供应价格的分析取定、计算各种材料的平均运距并确定合理的运输方案等。

(3)研究建设安排和实施方案的内容和要求是否合理可行,核算与批准的项目建议书投资估算文件的规定是否相符。如有变动,则要分析其合理性,做到切合实际、合理可靠。

(4)取定人工费单价和材料供应价格,按照运距示意图确定的运输方案和平均运距计算材料的预算价格。

(5)根据确定的总体实施方案的要求,结合建设项目的实际情况,正确取定其他直接费、现场经费、间接费等费率标准,并进行汇总。

(6)对拟选用的各分项估算指标中的其他材料费、机械使用费以及指标规定可以调整的其他有关内容,按指标规定进行调整。

(7)根据计算的主要工程数量和选用的并经调整好的分项估算指标,计算人工和材料的实物量。

(8)根据确定的人工、材料的预算价格和各种费率标准,计算各项费用,并进行累计汇总。

(9)编制设备、工器具购置费和工程建设其他费用。

(10)编制总估算及统计汇总人工和主要材料数量。

(11)若是分段编制投资估算的,再汇编总估算。

(12)写出编制说明,进行复核与审核。

(13)出版、盖章、上报。

思 考 题

1.项目建议书投资估算有哪些作用?

2.进行项目建议书投资估算的外业调查工作时,应注意收集哪些主要资料?

3.了解研究建设项目总体实施部署对项目建议书投资估算的编制有何影响?

4.查人工、材料的价格信息,为什么应以当地公路工程造价管理部门发布的信息为依据?

5.对于项目建议书投资估算外业调查所收集的各种原始资料进行认真的分析整理,有何意义?

6.编制项目建议书投资估算应有哪些主要依据?

7.简述编制项目建议书投资估算的程序。

8.简述编制项目建议书投资估算中建筑安装工程费的方法。

9.在计算项目建议书投资估算中的建筑安装工程费之前,应进行哪些分析计算工作?

10.如果在编制项目建议书投资估算时,综合指标需要调整,你认为采用哪种方法较好?

11.如何编制项目建议书投资估算中的设备、工器具购置费?

12.编制项目建议书投资估算的各种费率都进行了综合扩大,这对项目建议书投资估算的编制有何意义?

13.统计汇总建设项目所需的人工、主要材料的需要量时,要注意哪些事项?

14.工程造价历史资料对编制项目建议书投资估算有哪些参考作用?

15.简述投资估算在可行性研究报告中的地位。

16.可行性研究报告投资估算有哪些作用?

17.简述进行可行性研究报告投资估算所需基础资料的外业调查工作的原则和方法。

18.进行可行性研究报告投资估算的外业调查工作时,应注意收集哪些主要资料?

19.简述调查掌握公路建设项目的水文地质、地形地貌情况对正确摘取计价工程数量的重要性。

20.简述使可行性研究报告投资估算与初步设计概算误差不超过10%的关键环节。

21.编制可行性研究报告投资估算有哪些主要依据?

22.施工方案对投资估算有哪些影响?

23.在编制可行性研究报告投资估算时,为什么要考虑标段的划分?

24.简述编制可行性研究报告投资估算的一般程序。

25.简述熟悉设计方案和各种图表资料的必要性和重要性。

26.在编制可行性研究报告投资估算中的建筑安装工程费之前,应做好哪些有关的分析计算等准备工作?

27.计算和取定人工费单价和材料预算价格,要注意哪些事项?

28.在编制可行性研究报告投资估算时,有哪些分项估算指标必须结合建设项目的实际情况进行调查?为什么?

29.编制可行性研究报告投资估算与项目建议书投资估算有何显著不同?

30. 在取定其他工程费、现场经费、间接费的费率标准时，要注意哪些有关因素？

31. 简述编制可行性研究报告投资估算过程中进行工程造价分析的重要意义和作用。

32. 依据工程造价历史资料进行造价分析时，要注意哪些有关问题？

33. 如何编制可行性研究报告投资估算中的设备、工器具购置费？

34. 计算可行性研究报告投资估算中的勘察设计费时，要注意哪些问题？

第四章　竣工决算的编制

项目竣工决算是建设单位编制的反映建设项目实际造价和投资效果的文件，是竣工验收报告的重要组成部分。所有竣工验收的项目应在办理手续之前，对所有建设项目的财产和物质进行认真的清理，及时而正确的编报竣工决算报告，没有编制竣工决算的项目不得进行竣工验收。它对于总结分析建设过程的经验教训，提高工程造价管理水平和积累技术经济资料，为有关部门制订类似工程的建设计划与修订概预算定额指标提供资料和经验，都具有重要的意义。

竣工决算是从财务管理的角度出发，侧重于对资金的流向、大小和在时间上分布的分析，以现行的财税制度为依据，通过对资金的流动情况为重点进行分析，形成符合基本建设财务管理办法的科目体系，来反映竣工工程从开始建设起至竣工为止的全部资金来源和运用情况，达到核定使用资产价值的目的。由于它侧重于对财务制度执行情况的反映，因此能够确定资金流动的真实性和合法性，是办理资产交付使用手续的依据。

交通基本建设项目竣工决算报告，可按建设项目类型分公路建设项目、桥梁建设项目、内河航运建设项目、港口（码头）建设项目和其他建设项目等分别编报。编制竣工决算时，必须填制本类项目工程概况专用表和全套财务通用表。

建设项目完成时的收尾工程，建设单位可根据概算所列的投资额或收尾工程的实际情况，测算投资支出列入竣工报告。但收尾工程投资额不得超过工程总投资的5%。对列入竣工报告的基本建设收入，基建结余资金等财务问题，建设单位应按国家规定进行相应的处理。

建设项目完成时，建设单位要认真做好各项财务、物资、财产、债权债务、投资资金到位情况和报废工程的清理工作，做到工完料清，账实相符。各种材料、物资、设备、施工机具等要逐项清点核实，妥善保管，按照国家规定处理，不得任意侵占。

建设单位编制的竣工决算报告在审计部门提出审计意见后，方可组织竣工验收。未经竣工验收委员会认定的竣工报告不得上报。中央级大中型基本建设项目，其项目竣工决算报告经省级交通主管部门或部属一级单位签署意见后报部备案（一式四份）。竣工决算报告在竣工验收委员会审查同意后三个月内报出。

第一节　竣工决算的作用

竣工决算是建设各方考核工程经济活动成果的主要依据，主要有以下几个作用。

（1）全面反映竣工项目最初计划和最终建成的工程概况。

竣工决算报告要求编制的概况表及有关说明，反映了竣工计划和实际的建设规模、技术标准、建设工期、投资、用地、质量及主要工程数量、材料消耗等工程的全面情况。

（2）竣工决算是检查基本建设投资计划、设计概算执行情况和考核投资效果的依据。

公路建设项目是在国家基本建设投资计划安排下进行的，其投资额要以批准的可行性研究投资估算、设计概算、施工图预算文件为依据；实施要符合批准的建设计划和设计文件要求；工程项目的建设方案、技术标准不得随意变更；建设规模应当符合设计文件确定下来的修建原则的要求；投资应控制在批准的概算或预算金额以内。因此，竣工决算要围绕着检查基本建设投资计划的执行情况和概预算的执行情况进行。

通过竣工验收和竣工决算，检查落实是否已经达到了设计要求，是否提高了技术标准或扩大了建设规模的情况；通过各项实际完成的货币工作量的分析，来检查有无不合理的开支或违背财经纪律和投资计划的情况；竣工决算还应对其他费用开支分析是否超过了标准规定；对于临时设施、占地、拆迁以及新增工程都应认真的进行核对。

(3)竣工决算是核定新增固定资产流动和流动资产价值、办理交付使用财产的依据。

交通建设项目建设好后，要核定新增资产价值，并办理交付使用财产的移交手续。通常新增资产包括新增固定资产、流动资产、无形资产、递延资产、其他资产等。根据编制决算报告的内容要求，要编制交付使用财产总表和交付使用财产明细表，并详细计算交付使用财产的价值；还应向使用或管理单位提交交付使用财产具体的项目的名称、规格、数量、价值等明细表，作为办理交付使用资产交接手续的依据。

(4)竣工决算是全面反映建设项目的财务情况，总结提高财务管理水平的重要资料。

竣工决算反映着建设项目开始建设以来各项资金的来源和支出，以及取得财务成果的综合反映，也体现了项目建设中的财务管理水平。通过竣工决算，可以检查建设单位遵守财经纪律和完成投资计划的情况，为基建主管部门、财务部门总结经验、改善财务管理和拨款贷款监督工作提供重要资料。

(5)竣工决算是竣工验收的主要依据。

按照公路工程基本建设程序规定，当批准的设计文件规定的公路项目经负荷运转能够正常使用时，应及时组织竣工验收工作，对建设项目进行全面考核。按工程的不同情况，由负责验收委员会或小组进行验收。

在竣工验收之前，建设单位向主管部门提出验收报告，其中主要组成部分是建设单位编制的竣工决算文件，作为验收委员会(或小组)的验收依据。验收人员要检查建设项目的实际建筑物、构筑物与设施的使用情况，同时审查竣工决算文件中的有关内容和指标，确定建设项目的验收结果。

(6)竣工决算作为交通工程基本建设技术经济档案，为公路工程定额修订提供资料和依据，是工程造价积累的资料之一。

竣工决算要反映主要工程的全部数量和实际成本、工程总造价，以及从开始筹建至竣工为止全部资金的运用情况和工程建设后新增固定资产和流动资产价值。大中型交通工程建设项目竣工决算报告要报交通运输部。它是国家基本建设技术经济档案，也可以为以后的国家基本建设项目投资提供参考。

在工程决算中对已完工的人工、材料、机械台班消耗都要做必要的计算和分析；对其他费用的开支也应分析测算；人工、材料、机械台班消耗水平和其他费用开支额度，除了能够反映本工程的情况外，还可以作为以后定额修订和各项费用开支标准的编制作参考。

某些工程项目由于改进了施工方法，采用了新技术、新工艺、新设备、新结构，减低了材料消耗，提高了劳动生产率，降低了成本。通过决算资料的分析和积累，就可以为以后编制新定额或补充定额提供必要的数据。

通过决算对工程技术经济资料的分析和整理，还可以为公路基本建设评估和投资决策，加强投资管理提供依据；对提高工程造价的编制水平和管理水平具有积极的作用。

第二节　竣工决算编制依据

交通部《关于发布公路建设项目工程决算编制办法的通知》（交公路发[2004]507 号）规定：凡交通基本建设项目竣工以后，均需按照本办法编制竣工决算报告；未编制决算报告的原则上不能通过竣工动用验收。

竣工决算报告须提交竣工验收委员会审查，未经竣工验收委员会审查的竣工决算报告不能作为正式的竣工决算报告，不得上报。经竣工验收委员会审查并根据审查意见修改后的竣工决算报告，可作为财产移交、财务处理并作为有关待处理事宜的依据。

竣工决算报告在竣工验收委员会审查同意及项目通过正式验收后三个月内报出。大中型建设项目的竣工决算报告送交通运输部一式四份，报告送建设银行总行一份；属经营性投资建设项目还需报送国家交通投资公司一式两份；小型建设项目竣工决算报告只需报送项目主管单位。竣工决算报告由建设单位（业主）编制。

一、竣工决算报告的编制依据

编制竣工决算报告所依据的文件、资料主要如下：

（1）经交通主管部门批准的设计文件，以及批准的概（预）算或调整概（预）算文件；

（2）政府有关土地、青苗等补偿及安置补偿标准或文件，国土部门批准的公路征地数量，土地、青苗等补偿及安置补偿费用；

（3）历年年度的基本建设投资计划；

（4）经复核的历年年底的基本建设财务决算；

（5）批准或确认的招标文件及合同文本；

（6）与施工单位（承包人）签订的施工合同、投资包干合同或其他重要经济合同（或协议）等有关文件；

（7）有关工程变更的文件资料；

（8）历年有关物资、统计、财务会计核算、劳动工资、环境保护等有关资料；

（9）工程质量鉴定、检验等有关资料，工程监理有关资料；

（10）施工单位（承包人）的交工报告、竣工图表等有关技术经济资料；

（11）有关资金的筹集、借贷使用等方面的资料；

（12）上级有关部门对工程的指示、文件及有关的国家现行的法律、法规。

二、竣工决算报告的内容

竣工决算报告由以下四个部分组成。

1. 建设项目竣工决算报告封面（图 4-1）

（1）“主管部门”填写需上报竣工决算报告的主管部门或单位；

（2）“建设项目名称”填写报批前的项目初步设计文件中注明的项目名称；

（3）“建设项目类别”是指“大中型”或“小型”；

(4)“建设性质”是指建设项目属于新建、扩建、续建等内容；

(5)“级别”是指中央级或地方级的建设项目。

建设单位：　　　　建设项目名称：

主管部门：　　　　建设项目类别：

级别：　　　　建设性质：

交通基本建设项目竣工决算报表

建设单位盖章　　　　建设单位负责人

编报日期　　　　年　月　日

图 4-1　竣工决算报告封面示意图

2. 竣工平面示意图

为了满足竣工验收和竣工决算的需要，应绘制能反映竣工工程全部内容的工程设计平面示意图。平面示意图应按经过施工实际修改后的工程设计平面图绘制。

3. 竣工报告说明书

竣工决算报告说明书反映了竣工工程建设成果和经验，是全面考核分析工程投资与造价的书面总结，其主要内容包括：

(1)工程项目概况及组织管理情况；

(2)工程建设过程和工程管理工作中的重大事件、经验教训；

(3)工程投资支出和财务管理工作的基本情况(包括主要会计事项处理原则，财产物资清理及债权债务清偿情况，基建结余资金，基建收入等的上交分配情况，主要技术经济指标的分析、计算情况等)；

(4)工程遗留问题等。

4. 竣工决算表格

按照《交通基本建设项目竣工决算报告编制办法》的规定，竣工决算表格分为三部分：第一部分为决算审批表，第二部分为工程概况表等专用表格，第三部分为财务通用表式。

(1)竣工决算审批表(交建竣 1 表)

(2)工程概况专用表

①公路建设项目工程概况表(交建竣 2-1 表)；

②桥梁隧道建设项目工程概况表(交建竣 2-2 表)；

③内河航运建设项目工程概况表(交建竣 2-3 表)；

④港口(码头)建设项目工程概况表(交建竣 2-4 表)；

⑤其他建设项目工程概况表(交建竣 2-5 表)。

(3)财务通用表

①建设项目竣工财务决算总表(交建竣 3-1 表)；

②资金来源情况表(交建竣 3-2 表)；

③待核销基建支出及转出投资明细表(交建竣 3-3 表)；

④工程造价和概算执行情况表(交建竣4表);

⑤外资使用情况表(交建竣5表);

⑥基本建设项目交付使用资产总表(交建竣6-1表);

⑦基本建设项目交付使用资产明细表(交建竣6-2表)。

第三节　竣工决算的编制程序与方法

一、编制竣工决算的程序

1. 收集、整理和分析有关依据资料

在编制公路工程竣工决算文件前,必须准备一套完整齐全的资料,这是准确、迅速编制竣工决算的必要条件。在工程的竣工验收阶段,应注意收集资料,系统地整理所有的技术资料、工程结算的经济文件、施工图纸,审查施工过程中各项工程变更、索赔、价格调整、暂定金额等支付项目是否符合合同文件规定,签证手续是否完备;审查各中期支付和最终支付是否与竣工图表资料、合同文件相符。

2. 清理各项账务、债务和结余物资

在收集、整理和分析有关资料中,要特别注意建设工程从筹建到竣工投产(或使用)的全部费用的各项账务、债权和债务的清理,做到工完账清。既要核对账目,又要查点库存实物的数量,做到账与物相等,账与账相符;对结余的各种材料、工器具和设备,要逐项清点核实,妥善管理,并按规定及时处理,收回资金。对各种往来款项要及时进行全面清理,为编制竣工决算提供准确的数据和结果。

3. 填写竣工决算报表

按照公路工程决算表格中的内容,根据编制依据中的有关资料进行统计,或计算各个项目的数量,并将其结果填到相应表格的栏目,完成所有报表的填写。填写竣工决算报表是编制建设工程竣工决算的主要工作。

4. 编写建设工程竣工决算说明书

按照公路工程竣工决算说明的要求,根据编制依据材料和填写在报表中的结果编写说明。

5. 上报主管部门审查

上述编写的文字说明和填写的表格经核对无误,装订成册,即为建设工程竣工决算文件,将其上报主管部门审查,并把其中财务成本部分送交开户银行签证。竣工决算在上报主管部门的同时,抄送有关设计单位。大中型建设项目的竣工决算还应抄送财政部、建设银行总行和省、市、自治区财政局和建设银行分行各一份。

二、竣工决算报告表的编制方法

根据经审定的期中支付证书,最后(终)支付证书及支付表格(结账单),对原概算、预算进行调整,重新核算各单项工程、单位工程造价。原概(预)算中的费用项目,建筑安装工程费归属于“建筑安装工程投资”;设备、工器具购置费归属于“设备投资”;办公和生活用家具购置费归属于“其他投资”;工程建设其他费用一般归属于“待摊投资”;预留费用部分在施工期中已转化为建筑安装工程费,因此应归属于“建筑安装工程投资”。通过实际对属于增加固定资产价值的其他投资或待摊投资，如建设单位管理费、研究试验费、土地征用及拆迁补偿费等，应分摊于收益工程，随同收益工程交付使用的同时，一并计入新增固定资产价值。

竣工决算图表的编制方法，不像编制概算那样，要进行各种资料的分析计算。它主要是对建设工程的各种原始资料进行全面的审查与统计汇总，然后要按竣工决算的表格的要求，将各种数据资料摘录填入，同时做好决算与概算的对比分析，编制技术经济指标比较表。

1. 竣工决算审批表(交建竣1表)

中央级大中型基本建设项目，其项目竣工决算报告经省级交通主管部门或部属一级单位签署意见后报交通运输部备案(一式四份)。

2. 工程概况专用表

本表集中反映了已完工的建设项目的建设周期、完成的主要工程数量、主要材料消耗、占地拆迁面积、工程投资、新增资产和新增生产能力。编制本表时，应根据可行性报告的批复、初步设计概算等文件确定的主要指标和实际完成情况进行填列。

表中各项内容的填列方法如下：

(1)建设时间、开工和竣工日期按照实际开工和办理竣工验收的日期填列。如实际开工日期与批准的开工日期不符应作出说明。

(2)表中初步设计、调整概算的批准机关、日期、文号，应按历次审批文件填列。

(3)表中有关项目的设计、概算、决算等指标，应根据批准的设计文件和概算、决算等确定的数字填写。

(4)表中"总投资"应按批准的概算和调整概算数及累计实际投资数填列。

(5)表中"基建支出合计"是指建设项目从开工起至竣工止发生的全部基本建设支出，应根据财政部门或主管部门历年批准的"基建投资表"中有关数字填列。

(6)表中所列工程主要特征、完成主要工程量、主要材料消耗量、主要技术经济指标等，应根据主管部门批准的概算、建设单位统计资料和施工企业提供的有关成本核算资料等分别填列。

(7)"主要收尾工程"填写工程内容和名称、预计投资额及完成时间等。如果收尾工程内容较多，可增设"收尾工程项目明细表"。这部分工程的实际成本可根据具体情况进行估算，并作说明；完工以后不再调整竣工决算，但应将收尾工程执行结果按规定程序补报有关资料。

(8)"工程质量评定"填列经工程质量监督部门检测评定的单项工程质量评定及工程综合评价结果。

3. 财务通用表

财务通用表反映竣工工程从开始建设起至竣工时为止这期间资金来源、支出、节余等全部资金的运用情况，是作为考核和分析基本建设拨款和投资效果的依据。

(1)基本建设项目竣工财务决算总表(交建竣3-1表)。表中有关"交付使用资产"、"基建拨款"、"项目资本"、"基建借款"等项目，填列自开工建设至竣工止的累计数，上述指标应根据历年批复的年度基本建设财务决算和竣工年度的基本建设财务决算中资金平衡表相应项目的数字进行汇总填列(包括收尾工程的估列数)；表中其余各项目反映办理竣工验收时的结余数，应根据竣工年度财务决算中资金平衡表的有关项目期末数填列；资金占用总额应等于资金来源总额；补充资料的"基建投资借款期末余额"反映竣工时尚未偿还的基建投资借款数，应根据竣工年度资金平衡表内的"基建投资借款"项目期末数填列；"应收生产单位投资借款期末数"，应根据竣工年度资金平衡表内的“应收生产单位投资借款”项目的期末数填列；“基建结余资金”反映竣工时的结余资金，应根据竣工财务决算总表中有关项目计算填列；基建结余资金的计算公式：基建结余资金＝基建拨款＋项目资本＋项目资本公积＋基建投资借款＋企业债券资金＋待冲基建支出－基本建设支出－应收生产单位投资借款。

(2)资金来源情况表(交建竣 3-2 表)。本表反映建设项目分年度的投资计划与资金拨付到位情况。表中有关基建拨款、项目资本、基建投资借款等资金来源内容，应根据历年批复的年度基本建设财务决算和竣工年度的基本建设财务决算中资金平衡表相应项目的数字填列(包括收尾工程的估列数)。

(3)待核销基建支出及转出投资明细表(交建竣 3-3 表)。表中“待核销基建支出”反映非经营性项目发生的江河清障、航道清淤、补助群众造林、水土保持、取消项目的可行性研究费，以及项目报废等不能形成资产部分的投资支出；“转出投资”反映非经营性项目为项目配套而建成的、产权不归属本单位的专用设施的实际成本，应按照规定的内容分项逐笔填列。

(4)工程造价和概算执行情况表(交建竣 4 表)。本表反映工程实际建设成本和总造价以及概算投资节余和概算投资包干部分节余的情况，应按照概算项目或单项工程(费用项目)填列；“待摊投资”按照某一单项工程投资额占全部投资的比例分摊到单项工程上去。不计入固定资产价值的支出不分摊待摊投资。

(5)外资使用情况表(交建竣 5 表)。本表反映建设项目外资使用情况，应按照使用外资支出费用项目填列。填表时，应说明批准初步设计时的汇率、记账汇率、竣工时的汇率以及外资贷款的转贷金额和转贷单位等情况。各有关表格中，外币折合人民币时，应以项目竣工时的汇率为准。

(6)交付使用资产总表和交付使用资产明细表(交建竣 6 表)。交付使用资产总表中各栏数字应根据交付使用资产明细表中相应项目的数字汇总填列。交付使用资产明细表作为单位管理项目资产使用，可不纳入上报的竣工决算报告，其具体格式各单位可根据情况进行修改；交付使用资产总表中固定资产、流动资产、无形资产和递延资产各栏的合计数，应分别与竣工财务决算表交付使用资产的相应数字相符。

4. 新增资产价值的确定

正确的核定新增资产的价值，有利于建设项目使用期的财务管理，并能为建设项目进行经济后评价提供依据。按照新的财务制度和企业会计准则，新增资产是由各个具体的资产项目构成的，按期经济内容的不同，可以将资产划分为固定资产、流动资产、无形资产、递延资产其他资产等类别。资产的性质不同，计价的方法也有差异。

(1)新增固定资产价值的确定

新增固定资产价值是以独立发挥生产能力的单项工程为对象的。单项工程建成经有关部门验收鉴定合格，正式移交生产或使用，即应计算新增固定资产价值。一次性交付生产或使用的工程，应一次性计算新增固定资产价值；分期、分批交付生产或使用的工程，应分期、分批计算新增固定资产价值。在计算时应注意以下几种情况。

①对于为了提高产品质量、改善劳动条件、节约材料消耗、保护环境而建设的附属辅助工程，只要全部建成，正式验收交付使用后就要计入新增固定资产价值。

②对于单项工程中不构成生产系统，但能独立发挥效益的非生产性项目，如住宅、食堂、医务所、托儿所、生活服务网点等，在建成并交付使用后，也要计算新增固定资产价值。

③凡购置达到固定资产标准不需安装的设备、工器具，应在交付使用后计入新增固定资产价值。

④属于新增固定资产价值的其他投资，应随同受益工程交付使用的同时一并计入。

⑤交付使用财产的成本，应按下列内容计算：

a. 房屋、建筑物、管道、线路等固定资产的成本，应包括建筑工程成本和应分摊的待摊投资。

b. 动力设备和生产设备等固定资产的成本，应包括需要安装设备的采购成本、安装工程成本、设备基础支柱等建筑工程成本，或砌筑锅炉及各种特殊炉的建筑工程成本、应分摊的待摊投资。

c. 运输设备及其他不需要安装的设备、工器具、家具等固定资产，一般仅计算采购成本，不计分摊的“待摊投资”。

⑥共同费用的分摊方法。新增固定资产的其他费用，如果是属于整个建设项目或两个以上单项工程的，在计算新增固定资产价值时，应在各单项工程中按比例分摊。分摊时，什么费用应由什么工程负担应按具体规定进行。一般情况下，建设项目管理费应根据建筑工程、安装工程、需安装设备价值总额等按比例分摊，而土地征用费、勘察设计费等费用则按建筑工程造价分摊。

(2)新增流动资产价值的确定

新增流动资产是指新增加的在一年内或者超过一年的一个营业周期内，变现或者运用的资产，包括现金及各种存款、存货、应收及预付款等。在确定流动资产的时，应按以下原则处理：

①货币性资金，即现金、银行存款及其他货币金，应根据实际入账价值核定。

②应收及预付款项包括应收票据、应收账款、其他应收款、预付款和待摊费用。一般情况下，应收及预付款项应按企业销售商品，产品或提供服务、提供劳务时的实际成交金额入账核算。

③各种存货应当按照取得时的实际成本计价。存货的形式主要有外购和自制两种途径。外购存货应按照购买价加运费、装卸费、保险费、途中合理损耗、入库前加工、整理及挑选费用以及缴纳的税金等计价。自制存货应按照制造过程中的各项实际支出计价。

(3)新增无形资产价值的确定

新增无形资产是指新增加的、可供今后企业长期使用但是没有实物形态的资产，包括专利权、著作权、土地使用权、非专利技术、商誉等。无形资产的计价，原则上应按取得时的实际成本费用计价；企业取得无形资产的途径不同，所发生的支出也不一样，无形资产的计价也不相同。

①专利权的计价。专利权可分为自创和外购两类。

a. 自创专利权的计价，其价值为开发过程中的实际支出，主要包括专利的研发费用、专利申请费、专利登记费、专利年付费、法律诉讼费等。

b. 专利转让的计价，其价值主要包括转让的价格和手续费。由于专利是具有专有性并能带来超额利润的生产因数，因而其转让价格不能按期成本估价，而是要依据其所带来的超额收益来估价。

②非专利技术的计价：

a. 自创的非专利技术，一般不得作为无形资产入账；自创过程中发生的费用，现行的财务制度允许作当期费用处理，这是因为非专利技术自创时难以确定是否成功，这样处理符合财务会计的稳健性原则。

b. 购入非专利技术时，应由具有资格的评估机构确认后再进一步估价，往往是通过其生产的收益来进行估价，其基本思路同专利的计价方法。

③商标权的计价：

a. 自创的商标，自创时发生的各种费用，如商标设计、制作、注册和保护、宣传广告等费用，一般不作为无形资产入账，而是直接作为销售费用计入当期损益。

b. 当企业购入或转让商标时，才需要对商标权进行计价。商标权计价一般根据被许可方新增收益来确定。

④土地使用权的计价：

a. 建设单位向土地管理部门申请土地使用权，并为其支付了一笔出让金的，这时应作为无形资产进行计价。

b. 土地是通过行政划拨的，不能作为无形资产计价，只有在将土地使用权有偿转让、出租、抵押、作价入股或投资，按规定补交土地出让金后，才能作为无形资产计价。

(4)递延资产及其他资产价值的确定

递延资产是指不能全部计入当年损益，应当在以后年度内分期摊销的各项费用，包括开办费，租入固定资产的改良支出等。

①开办费的计价。开办费是指在筹建期间发生的费用，包括筹建期间人员的工资、办公费、培训费、差旅费、印刷费、注册登记费以及不计入固定资产和无形资产构建成本的汇兑损益和利息支出等。根据现行的财务制度的规定，除了筹建期间不计入资产价值的汇兑净损失外，开办费从企业开始生产经营月份的次月起，按照不短于5年的期限平均摊入管理费用。

②以经营租赁方式租入的固定资产改良工程支出的计价，应在租赁有效期内分期摊入制造费用或管理费用。

③其他资产，包括特准储备物资等，主要以实际入账价值核算。

思 考 题

1. 竣工决算有哪些作用？
2. 编制竣工决算需要哪些依据？
3. 简述竣工决算的编制程序。
4. 竣工决算的编制方法是怎样的？
5. 编制竣工决算要注意哪些事项？

第五章　工程造价文件审查

工程造价文件审查，是一项政策性、技术性、经济性和实践性很强的技术经济工作。审查工程造价文件的目的，是确定建设项目的投资总额，为项目的经济评价、投资控制、招标投标、保证实施等提供可靠的依据。投资总额的合理与否，对发展交通事业，繁荣市场经济，加速现代化建设，都有直接的影响。公路工程造价审查主要针对工程造价文件在工程量计算、定额套用与抽换、费率计取等方面是否合理与准确。按《交通建设项目审计实施办法》(交审发[2000]64号)，公路工程造价审查包括项目前期工作、概预算、工程结算、竣工决算等审查。

第一节　工程造价文件审查的程序

公路工程建设项目，应根据建设规模大小(如公路等级、长度及其车道数)、技术复杂程度、投资额数，分不同阶段进行。工程造价文件同建设阶段的作用、内容、深度有密切的关系。审查工程造价文件的重点，分别针对不同阶段和公路等级以及其功能和使用要求，有不同的对象和内容。

一、工程造价审查

(一)公路建设项目前期工作审查

1.工程可行性研究阶段的审查

根据国家发改委《关于建设项目进行可行性研究的试行管理办法的有关规定》，应对可行性研究报告进行审查。一般规定，大中型项目的可行性研究报告，由主管部、各省(市、自治区)或全国性专业咨询公司负责预审，报国家发改委委托有关单位审批；重大项目和特殊项目的可行性研究报告，由国家发改委会同有关部门预审，报国务院审批；小型项目的可行性研究报告，按隶属关系由各主管部、各省(市、自治区)或各全国性专业咨询公司审查。

审查的内容包括：项目建设的必要性与市场预测结论，项目的建设条件，项目采用的施工技术，项目的投资及财务，项目的国民经济效益，企业的经济效益，不确定性与风险性及可行性研究报告总评估等。通过初审、复审，得出评估结论，该结论是项目立项审批的依据。

2.对设计任务书的审批

设计任务书是以批准的可行性研究报告为依据编制的，按照分级管理的原则，要对设计任务书进行审查。应重点审查建设规模、技术标准、使用功能、配套项目、主要资源消耗、投资总额等技术经济指标。要特别注意配套项目和附属项目是否有遗漏或不全，建设规模是否与可行性研究报告相一致，投资总额是否控制在原批准值的范围内等方面问题，因为这些问题对今后造价管理工作成败影响很大。根据有关规定，大中型项目的设计任务书由国家发改委审批，其中重大项目由国家发改委提出审查意见后，报国务院审批；小型项目按隶属关系分别由主管或者省(市、自治区)发改委审批。

(二)公路建设项目设计阶段工程造价的审查

对设计阶段的造价审查主要通过基本建设程序、基本建设计划,对设计文件的审查、审批等方式来进行。初步设计经过审批,列入国家基本建设计划,即可进入项目的技术设计或施工图设计阶段。对技术设计或施工图设计文件,特别是概(预)算文件,要在设计评审的基础上,由国家有关机构进行审批。根据有关规定,大中型项目的概预算文件分别由国家发改委和地方发改委组织审查,一般建设项目的概预算由建设项目的主管部门审查。

根据《财政性基本建设资金投资项目工程预、决算审查操作规程》的规定,对工程预算进行审查的内容包括建设项目工程预算是否控制在概算允许范围以内,工程量计算、定额套用与换算、费用和费率计取是否合理、准确。审查步骤如下:

(1)收集建设单位提供的相关资料。

(2)根据项目技术特点和具体情况制订审查方案。

(3)组织初审,根据审查重点深入现场实地调查。

(4)复审并出具审查结论。审查的依据有工程施工图,国家和地方统一制定的工程预算定额、费用定额、人工和材料价格、价格调整指数等相关取费规定,行业主管部门制定的相关专业定额等。

在概预算审查时,应重点审查以下事项。

(1)单项工程预算编制是否真实,主要包括:

①工程量计算是否符合规定的计算规则、计算方法,计算结果是否准确;

②分项工程概预算定额选用与套用是否符合规定,定额抽换是否正确;

③有关取费是否执行了定额基价与《公路工程基本建设项目概算预算编制办法》中相应的计算基数和费率标准;

④设备、材料是否按国家定价或市场价计价;

⑤利润和税金的计算基数、利润率、税率是否符合规定。

(2)所列预算项目是否与设计图纸相符。

(3)多个单项工程构成一个工程项目时,要审查工程项目是否包含各个单项工程,费用内容是否正确,项目是否齐全等。

(4)预算是否控制在概算允许范围内。

(三)施工阶段工程造价的审查

1.工程价款结算审查

工程价款结算审查主要审查中期支付及其结账单(支付报表及其附件)、最终支付及其结账单(支付报表及其附件)。在具体审查前,应当获取如下的资料:①工程项目建设有关批文,监理、质量验收等有关文件;②概预算资料、招投标文件的单价资料及与支付有关的合同条款;③合同或协议书;④施工图或竣工图;⑤工程量计算书;⑥材料费用有关价格资料;⑦取费资料;⑧各种付款资料;⑨有关证照,如企业资质与项目经理资质、施工许可证、爆破许可证等;⑩施工组织设计资料;⑪工程变更签证资料;⑫隐蔽工程资料;⑬工程结算(或决算)的财务资料;⑭其他影响工程造价的有关资料。

工程价款的审查重点,应在预算审查相同事项基础上,还要重点审查:工程实施过程中发生的设计变更和现场签证,工程材料和设备价格的变化情况,工程实施过程中的技术经济政策变化情况，补充合同或协议的内容等。此外，还应审查：①计量、支付程序、手续是否完善，工程量计量是否与工程进度相符，是否符合工程实际；②结算单价或总额价是否与合同清单单价或总额价相一致；③工程变更手续是否规范与完善、变更的单价是否合理并符合合同文件规定；④索赔依据是否成立，是否遵守索赔程序、索赔时效，审批的索赔金额是否合理；⑤价格调整是否依据合同文件的调价条款，各价格指数来源是否真实，各项参数取值是否合理并符合合同文件规定：⑥是否存在乱收乱支行为等。

2.竣工决算审查

竣工决算主要审查：①竣工决算资料是否齐全，编制依据是否符合国家规定等；②项目是否按批准概算执行，有无提高建设标准和扩大规模等；③主要材料取价、设备购置价格是否合理；④费用计算是否符合行业或合同规定；⑤重大设计变更是否合理，审批手续是否完备等；⑥审核交付使用资产是否符合条件，资产价值是否准确等；⑦核实项目结余资金，属于应上交财政部分应及时督促上交；⑧清算基建收入和投资包干结余，属于应上交财政部分应及时督促上交；⑨审核项目竣工财务决算报表的真实性、完整性等；⑩审核项目从筹建到竣工、交付使用的全部费用，审定项目结算造价等。要重点审查工程项目概算执行情况，工程项目资金的来源、支出及结余等财务情况，合同工期执行情况和合同工程质量等级控制情况，交付使用资产情况。此外，还应审查费用支出是否合法，有无混淆生产成本和建设成本的情况，报废工程是否经主管部门审批，有无隐匿、截留或拖延不交应交财政部门的包干结余、竣工结余及各项收入，收尾工程的预留款是否合理及建设情况等。

在工程结算和竣工决算审查过程中，必要时，造价管理部门或咨询单位应会同建设单位、施工单位、监理单位对以下项目进行现场查勘：①分部或分项工程完成情况；②实际施工用料偏离结算的工程项目；③变更设计的工程项目；④必须丈量的工程项目；⑤交付使用的资产；⑥遗留的收尾工程；⑦需要查勘的其他事项。对涉及工程结算和决算的重要资料，还要审查是否经过批准或是否有相应的签证。

二、工程造价文件审查的程序

工程造价文件审查程序如图 5-1 所示。

三、关于控制项目投资问题

我国在建设程序中关于控制项目投资问题，在审查造价时必须遵守以下两点要求：

(1)初步设计概算(或技术设计修正概算)的工程造价总额经批准后，是最高投资控制数，一般不允许突破；如概算工程造价总额突破可行性研究报告批准的投资额 10%以上时，必须报原批准可行性研究报告单位批准后，初步设计(包括概算)才能生效。否则应重编初步设计文件或变更原批复的可行性研究报告。

(2)两阶段设计(或三阶段设计)中的施工图设计阶段所编的施工图，其预算造价总额不允许突破批准的初步设计概算(或技术设计修正概算)；如突破概算，应报原批准设计概算单位审查批复后才能生效。

建设项目的资金来源如系向外资银行(如世界银行、亚洲开发银行)贷款，工程造价文件审查程序应考虑外资贷款程序和国内基建程序相适应问题。现将外资银行程序和国内基建程序对照，见表 5-1。

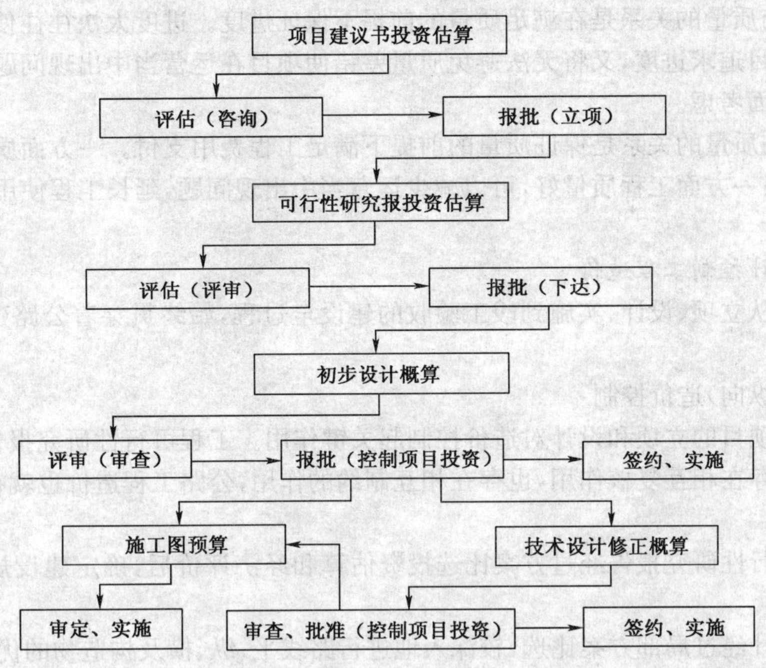

图 5-1　工程造价文件审查程序流程图

外资银行程序和国内基本建设程序对照表　　表 5-1

世行项目周期	亚行项目周期	我国基本建设程序
项目选定(鉴别)	选项(鉴别)	项目建议书报批
项目准备(预评估)	立项(审查、确认)	可行性研究报告报批
项目评估	实际考察、项目评估	初步设计审批、招标文件的编制、编报外资方案
项目谈判	项目谈判、批准和签署	列入年度计划、招标
项目实施	项目执行	开工报告、中间检查、竣工验收
项目后评价	项目后评价	工程后评价

四、公路工程造价控制

公路工程造价控制，一方面要从公路建设工程设计、工程管理(其中包括造价审查)入手，另一方面要开展技术标准、工程定额、计价规则、造价信息、资质管理等内容的工作；前者是直接控制——微观管理，后者是间接按公路工程结构划分控制——宏观管理。在公路建设市场尚未完全成熟时期，应开始和着重研究公路工程造价的宏观管理，做好基础工作，正确引导公路建设市场价格的健康发展，为市场提供优质服务。

1. 公路建设的三大控制

公路建设项目实行三大控制，即进度控制、质量控制、费用控制，它们之间有着紧密相连的关系。

(1)费用与进度的关系是进度合理时费用最低。进度太慢时，施工单位支出的经营管理成本会随工期长而大幅度增加；进度太快时，施工单位将为赶工期而改变原有的施工组织方案，导致施工措施费用增加。因此，进度与费用之间要合理把握。

(2)进度与质量的关系是在满足质量的前提下保证进度。进度太快往往使质量降低，而降低质量要求盲目追求进度，又将无法避免质量差错使项目在运营当中出现问题。因此，进度和质量之间要全面考虑。

(3)费用与质量的关系是保证质量的前提下满足工程费用支付。一方面质量要求越高，费用支出越高；另一方面工程质量好，可以减少运营当中出现问题，延长工程使用年限，提高投资效益。

2. 优化设计控制工程造价

公路项目从立项、设计、实施到竣工验收的建设全过程，始终贯穿着公路建设的三大控制目标。

(1)阶段(纵向)造价控制

公路建设项目的立项和设计对造价控制起关键作用。工程可行性研究报告、初步设计、施工图设计之间存在相互复核作用，也存在相互制约的作用，公路工程造价也就在纵向各阶段得到控制。

①工程可行性研究报告经过方案比选投资估算和经济评价后，确定建设规模和本阶段公路基本造价。

②初步设计经过局部方案比选，较深入地进行路线平、纵、横及构造物的优化设计后，确定工程数量和公路基本造价控制数。

③施工图设计通过结构设计计算，施工组织设计，核实工程数量和施工图预算计算建设资金，具有指导招投标工作和配备建设所需资源的作用。

(2)横向造价控制

①工程定额的作用。公路工程定额是一种标准，是造价计算的依据；造价计价同时具有单件性计价、多次性计价、分部组合计价的特点。根据这一特点，公路工程定额的形成采取了由细到粗的编制过程，即施工定额→预算定额→概算定额→估算分项指标→估算综合指标。在工程设计后经过多次计价(由粗到细的过程)，工程定额的作用就完全体现出来。定额的作用就是平均先进，各公路项目都采用统一的计价规则，使得工程造价得以横向控制。

②技术经济指标的作用。由于公路工程计价具有单件性，这表明了公路项目建设的复杂性。在复杂的情况下必须分析和研究造价计算结果——技术经济指标。桥梁工程师用这种分析比较方法选择较为经济的上部结构；路线工程师用这种分析比较方法在多个方案中选举推荐方案；造价工程师用这种分析比较方法(感性)判断计算结果是否合理。费用比例与技术经济指标一样，都能起到合理确定和有效控制工程造价的作用。

3. 加强公路工程造价管理

工程造价管理主要以合理确定和有效控制工程造价为中心，采取全过程全方位的管理方针予以保证。公路建设项目的投资估算、初设概算、施工图预算、变更设计概算、工程决算都要经过造价管理单位审查，报交通主管部门审批。

但是，公路工程造价管理必须实行规划、联络、指导协调、控制过程，才能合理确定和有效控制工程造价。因此要注重以下两个方面的工作。

(1)正确处理工程设计与工程造价的关系

工程设计一方面是体现功能上的需要，另一个方面是如何体现技术与经济对立统一的关系，此即为“技术经济指标”的合理性、实时性。

合理性就是强化工程设计在国家财力不足的情况下，必须遵循经济决定技术的规律。

实时性就是强化工程设计在功能需要的情况下，必须遵循技术决定经济的规律。

(2)提高造价管理意识，培养复合型人才

设计阶段是控制工程造价的关键，施工阶段也是工程造价控制的重要环节。工程造价管理水平提高是靠管理体制和技术人才，必须加大推行造价工程师执业资格制度，设计阶段、施工结算都要有造价工程师执业。而且要提倡全过程、全员参与造价管理，应进一步要求设计单位主任工程师既要有高级工程师职称，又要有造价工程师资质才能胜任其职。施工单位、项目管理单位也应一样，要求更多的技术人员共同参与造价管理工作，各个部门都能提高造价管理意识，发现和培养更多的复合型人才，齐抓共管才能合理确定和有效控制工程造价。

4. 重视定额管理有效控制工程造价

公路工程定额是由交通主管部门通过审批颁发，具有法令性质，其中包括工料机消耗定额和费用定额两大类。目前，公路工程定额都是部颁，各省市只能颁发极少量的补充定额。

(1)重视工程定额的作用

定额是一种数据信息，具有科学性、系统性和统一性、权威性和强制性、稳定性和时效性；定额是长期设计与施工实践中不断总结、积累的宝贵资料。世界上无论是哪一个国家，无论采用哪一种计价方法，都离不开两个基本要素：一是工程量，二是定额。因此，我国加入 WTO 后，工程定额仍然是造价计价的依据，仍然需要重视工程定额的作用。

(2)市场经济需要工程定额的指导

从世界大多数国家采用的工程计价模式上看，项目实施前造价的形成是单位工程价格(定额)信息的作用，项目实施阶段才是工程量清单报价，即为市场确定工程造价。与目前我国项目实施情况基本相同，在工程前期、设计阶段采用定额计价，实施阶段采用市场形成价格机制——投标报价。

(3)公路工程定额的管理原则

从定额管理角度谈原则：定额要适应社会主义市场经济发展的需要，不断完善定额的体系、内容和管理体制。

从造价管理角度谈原则：一是用好定额，检查定额的使用情况，才能合理确定和有效控制工程造价；二是编制和审定补充定额，合理确定和有效控制工程造价。

第二节　工程造价文件审查的要求和内容

一、工程造价文件审查的要求

工程造价文件审查的要求和内容，应与基本建设程序各阶段的作用、深度相结合。在各个阶段中，以下两个阶段比较关键，一是可行性研究报告阶段，它是决策建设项目可行与不可行、确定规模和标准及总投资额的前期工作的重要阶段；二是初步设计阶段，它是确定建设项目主要工程的设计方案、总投资额控制的建设时期的重要阶段。投资估算是项目建议书和可行性研究报告的重要组成部分，也是建设项目经济评价中支出费用的关键部分。

设计概算或修正概算是初步设计或技术设计文件的重要组成部分。概算造价总额应控制在批准的投资估算造价总额允许幅度范围之内。设计概算(或修正概算)经批准后是建设项目投资最高限额，一般不允许突破。如在已批准的初步设计或技术设计基础上进行施工招标的工程，其标底总额应控制在批准的概算总额范围内。

设计预算是施工图设计文件的重要组成部分。施工图预算应控制在已批准的设计概算或修正概算的范围之内。在施工图设计基础上进行施工招标的工程，其标底（或最高限价）总额应控制在经审定的施工图预算范围内。

二、工程造价审查的内容

1)首先应审查本建设项目工程造价文件是否符合上一个阶段设计文件批准的要求和规定（如审查初步设计概算文件应掌握可行性研究报告批复的要求和规定；同样审查施工图设计预算应掌握初步设计或技术设计批复的要求和规定）。

(1)建设依据和重要意义；

(2)路线或独立大桥的建设规模及修建性质；

(3)路线走向和主要控制点，独立大桥的主要特点；

(4)工程技术标准和主要技术指标；

(5)按几阶段设计，各阶段完成时间；

(6)建设期限和资金筹措以及是否有分期修建的要求；

(7)在技术方案中需要进一步研究的问题是否解决。

2)设计方案和施工方案的合理性、正确性、经济性

公路建设的设计方案和施工方案比选，着重是路线、隧道、大桥、互通式立体交叉等方面，应通过技术和经济的结合进行论证，所得到的方案才是全面的。

3)总投资额的确定

这部分一般包括工程项目、工程数量、设计实施方案、基础资料（包括人工工资、材料供应和价格、运输条件和运价、施工条件、各种赔偿单价等），以及对建设项目中有关资金筹措、实施计划、水电供应、配套工程、土地拆迁赔偿、工程监理等安排和计算是否正确合理；造价文件是否严格执行国家的方针、政策和有关制度；是否按《公路工程估算指标》和《公路基本建设工程投资估算编制办法》的规定执行（指项目建议书、可行性研究报告阶段的投资估算）；是否按《公路工程基本建设项目概算预算编制办法》、《公路工程概算定额》、《公路工程预算定额》的规定执行（指初步设计、技术设计、施工图设计阶段）；工程造价文件是否准确地反映建设项目设计内容，是否达到质量要求：符合规定、结合实际、经济合理、不重不漏、数据准确、字迹清晰、装订完善。

第三节　工程造价文件审查的步骤和方法

基本建设程序各个阶段的工程造价文件，包括项目建议书和可行性研究报告的投资估算，初步设计的概算，技术设计的修正概算，施工图设计的预算，施工招标工程标底，其审查程序一般由主管部门（建设单位）委托工程造价管理专业机构进行审查。审查意见送项目主管部门后，如属项目建议书和可行性研究报告阶段，可作为预评估的依据；主管部门聘请有关单位和专家，进行预评估并提出预评估报告，连同项目建议书（或可行性研究报告）呈报上一级主管部门（如国家发改委）；上一级主管部门再聘请有关单位和专家进行评估，最后国家根据评估意见

和报告，经研究批复后，才能进行下一个阶段工作。如属初步设计（或技术设计）、施工图设计阶段的设计概算（或修正概算）、施工图预算，其审查意见送交主管部门后，如工程造价总额在允许范围以内，则此审查意见即可作为审批单位批复的依据。

一、步骤

(1)先看可行性研究报告（或设计文件）总说明部分：了解建设项目各项工程概况，重点掌握与工程造价有关的问题，如技术标准、水文地质、气候条件、施工场地、交通现状、筑路材料以及下一阶段必须解决的主要问题等。

(2)阅读设计方案比选的具体内容：了解与工程造价有关问题，从经济角度分析其是否优越。

(3)阅读工程造价总说明（如总估算表、总概算表、总预算表）：掌握编制依据与要求，以便调整工程造价时考虑。

(4)阅读工程造价总表（如总估算说明、总概算说明、总预算说明）：主要掌握总的情况、占工程造价较大的工程项目和费用、经济指标情况，以便查看其他工程造价文件（如分项表）时，做到有针对性。

(5)查看材料价格计算：抓主要材料，了解其合理性。

(6)查看机械台班费计算：抓主要机械，了解价格合理性情况。

(7)分析施工方案的合理性、经济性：其内容包括施工工艺及辅助工程设施，如设备数量、施工便道、便桥、临时码头、水上水下设施、供水供电设施、大型设备机械安排（如规模、位置）以及工期安排等。

(8)各项费率的取定：了解其合理性。

(9)分项工程计算：抓主要工程项目，了解其套用指标、定额及工程量计算的合理性以及是否有漏算、重算等。

(10)其他费用计算：主要包括土地、青苗等补偿费和安置补助费、建设项目管理费、研究试验费、勘察设计费等是否符合规定和合理。

(11)预备费用：包括价差预备费、基本预备费等，了解其是否符合规定和合理。

(12)建设期贷款利息计算：了解是否合理。

(13)计算建设项目总造价金额。

(14)编写审查报告。审查后应编写审查报告，报告中应形成结论性意见。

二、方法

工程造价文件的审查，通常可以采用单审、会审、粗审、细审（逐项审查）、对比审查、重点审查等方式；主要审查造价文件的编制依据是否合法、编制方法是否正确、编制内容是否齐全、费率取值是否恰当、有无重复或漏项、计算数据是否正确、是否执行了国家的有关技术经济政策等；具体操作上应注重具体问题，抓住主要问题。

（一）主要问题

审查工程造价文件应抓主要问题进行分析比较，从中发现问题，提出调整意见。主要问题一般指以下几个方面：

(1)占总造价比重较大的工程项目和费用项目。

(2)影响造价的主要因素。

(3)施工方案的合理性、经济性、可能性。

在审查施工方案时,必须结合工程量大小、工期安排、实施的合理性和可能性(包括技术、设备机械、材料)、材料和设备的价格(包括施工企业自行加工的可能性)。

(4)同国家政策有关问题,如土地征用数量和赔偿费、现行的技术经济政策等。

(二)应注意的一些问题

根据近几年建设项目的实践,在工程造价文件中,归纳起来尚存在以下问题(主要是高等级公路和技术复杂大桥)应引起注意。

1. 路基工程

(1)设计断面计算中有关挖路槽部分计算

由于高速公路、一级公路的路面较厚,设计单位的路基断面设计中,填方部分数量已将路面厚度的路槽部分扣除,挖方部分的挖路槽项目则列入路面工程范围内。而目前不少建设项目招标文件中,施工技术规范计量支付将挖路槽规定在挖方单价内;在编制标底(或最高限价)和报价时,将此工程数量归入挖方内;计算挖方单价时,将其作为一个工程细目套用挖路槽定额,综合在挖方单价中,即挖方单价应包括挖、装、运、卸及挖路槽等工程内容。在标底及报价的工程量清单内,不出现“挖路槽”名称,而在路面工程中工程量清单却有“培路肩”项目。所以“挖路槽”部分的计算,如招标文件规定列入挖方内,则初步设计文件概算或施工图设计文件预算,为了控制投资和便于比较,也应将“挖路槽”数量和金额,列入路基挖方项目内;同时在概算或预算文件总说明内加以说明,路基土石方的挖方数量包括了挖路槽部分的数量。

(2)路基土石方工程

①天然密实方和压实方的关系。公路工程路基工程量计算规则规定,土方挖方按设计断面天然密实体积计算,填方按设计断面压实后的体积计算;石方爆破按设计断面天然密实体积计算。利用方是指以挖作填的土石方。目前,多数设计单位在土、石方数量计算表上,将利用方分为本桩利用(即不计增运距离)和纵向调配利用(计增运距离),一般都以挖方的天然密实方表示。而利用方是填方的利用量,因此在计算填方中的借方时,必须根据天然密实方和压实方的关系换算为压实方后,才能正确计算填方中的借方数量。换算系数由于土、石方不同和土质类别的不同,规定了不同系数。为了计算方便,一般可以按土方类别(即松土、普通土、硬土)和数量,先求出一个加权平均的综合系数,再进行换算。如以二级及以上等级为例,根据挖方不同土质数量求得综合系数为 1.17,利用方总数为 11700m^3(天然密实方),折成填方压实方为 11700/1.17=10000m^3,如填方总数为 100000m^3,则借方为 100000−10000=90000m^3 压实方。套用挖方定额时,定额也必须乘以综合系数 1.17,如取土坑土质已清楚,则乘以该土质的换算系数(如取土坑土质为普通土,则套用挖方定额时即乘以换算系数 1.16)。

②设计断面以外填方应增加数量计算。土石方计算表的设计断面,是以地面高程测量为依据的,实际竣工断面的填方部分,由于以下几种原因,往往同设计断面有所差异。这部分填方数量在设计时,有几项应计入填方总数量内,有一项计价不计量,但数量可根据经验估列,作为计价依据。

a. 清除表土或零填方地段的基底压实,耕地填前压实后回填至原地面高程所需的填方数量。

b. 因路基沉陷需增加填筑的填方数量。

c. 为保证路基边缘的压实度须加宽填筑所需的填方，根据高速公路实践经验，机械碾压路基两侧每侧需加宽 30～50cm。此项填方数量只计价、不计量，竣工后须刷坡清除或远运，全部费用摊入填方单价内。

③借土工程有关“土地费”计算。近几年来在平原区或微丘区修建高速公路增多，由于高速公路每千米填方数量很大，借土的“土地费”支出较大，即借土用地费用 $1m^3$ 土约需 2～5 元（如用地每亩 4 000 元，平原区挖深 2m 即有地下水，每亩地只能取土 1 330m^3，则 $1m^3$ 土摊“土地费”约 3 元）。因此借土地点的选择要作分析比较，有时运距多增加几千米，选择一大型的取土坑，地势高一些，可挖深好几米，或许对大量填方地段的施工更有利，也便于机械化施工。因此，取土坑的选择，要全面分析，慎重选定。

④填土最佳含水率和填料质量问题。土方的压实，只有在最佳含水率条件下，才能达到规定的压实度。高速公路、一级公路要求填方压实度很高，保证路基设计的填方压实度，才能保证路面的设计质量。如填方土质含水率不够，在编制工程造价时，必须计算洒水车的费用，在缺水地区尤其重要。另外填料的质量及对填方的压实要求，也是一个影响质量和工程造价的重要因素，必须按技术规范对粒料不超过最大粒径的规定。因此，填方的取土坑选择，应充分考虑上述因素。

⑤弃方处理要求的计算。山岭重丘区的高速公路、一级公路修建逐渐增多，每千米土、石方在这种地区数量很大。如某条六车道高速公路在山岭重丘区修建，每千米土石方平均达 60 多万立方米，最高达 80 多万立方米，弃方数量也很大。凡是修建高速公路沿线地区，一般经济都比较发达，环境保护要求亦较严格，所以弃方处理一是运距较远，二是卸土地点要利用（作为今后经济开发区场地），必须平整、碾压。因此编制工程造价时，要考虑这些因素，才能确保投资控制。

⑥大量土石方施工对临时便道、便桥质量的考虑。高速公路、一级公路路基土、石方数量很大，而且绝大部分是大型机械化施工，汽车远运土数量大，车型吨位高，每天来往交通量可观；因此一般便道、便桥的宽度和质量满足不了实际需要，必须根据工期、车型和数量以及当地地质、水文、有否湿地、软土等情况，设计合适的便道、便桥，包括宽度和路面临时结构类型、便桥类型等；不能简单地套用定额中一般的便道、便桥来编制工程造价。

⑦互通式立体交叉匝道之间土方平整和绿化工程的考虑。互通式立体交叉地区在高速公路中具有重要的作用，根据国外的经验，互通式立体交叉地区，多数均能发展为一个中、小经济区。因此，对互通式立体交叉今后要考虑总体设计，必须照顾各方面的关系和发展需要，在匝道之间按总体设计要考虑土方平整（在山岭重丘区尤为重要，还要计算平整的土、石方开挖工程）和绿化工程以及其他设施问题。

(3)路基边坡防护工程种类的选用

南方雨量大而集中，必须加强高速公路、一级公路路基边坡防护工程。防护工程每千米平均达几千立方米圬工实体；且防护工程种类很多，有铺草皮、栽草、播草籽、编篱填石、混凝土、浆砌片石骨架种草（网格形或人字形）、石砌（干砌或浆砌）等，每平方米护坡工程价格相差很大，因此设计选用种类必须同当地水文、地质、地形、材料供应等情况结合起来，实事求是地根据工程需要考虑。

(4)高速公路、一级公路对土路肩处理的选择

为了排除路面地面水，对高速公路、一级公路土路肩的处理目前有以下几种常见方法，有

的将填方边坡浆砌片石一直砌筑到路肩全部；有的土路肩部分铺上碎石或砾石垫层，上面用沥青表处罩面，如无浆砌片石护坡地段，则通过泄水沟由边坡急流槽排出；有的在路面边缘用水泥混凝土或沥青混凝土铺筑拦水带，通过边坡水簸箕流水槽排出路基外。因此，对土路肩的处理，必须结合地区的雨量、地质、边坡铺砌等情况，综合考虑较为合适。有些路面分期修建的高速公路，如六车道路基先铺筑四车道路面的高速公路，余下两个车道宽度和土路肩部分更应考虑处理，否则地面水渗透到路基中，对路基、路面质量将产生很大影响。

2. 路面工程

(1)沥青混合料和稳定土拌和站的设立

高速公路、一级公路路面工程中沥青混合料和稳定土的用量较大，一般在拌和设备选型上多采用大型设备，如沥青混合料拌和设备选用 150t/h，稳定土厂拌设备选用 250t/h 较多。这种大型设备需要场地面积很大，地点选择一般应考虑下列因素：

①地点场地面积能否满足堆料、拌和、运输道路及其他设施的需要。

②各种材料供应条件的方便。

③拌和站通往工程的上路处，有无道路，道路新建或整修的工程量大小和难易程度。

④对周围居民有否环境保护问题。

⑤拌和站到工程地点在规定质量要求内的最大距离。

如沥青混合料运输到现场温度不低于 120～150℃的最远距离，国外施工可达 60km 以上，15～18t 自卸车用篷布覆盖，到达工地温度一般在 130℃以上，可满足要求。

⑥临时占地、平整场地、场地垫层、围栏、仓库、工棚和设备安、拆一次等费用的多少。

⑦安、拆一次和运输的时间多少。

经以上因素多方面分析比较后，再考虑拌和场的设立和安、拆次数，切忌简单地估列安、拆次数。

(2)沥青混合料拌和设备用电量供应的选用

公路工程大型沥青混合料拌和设备台班耗电量很大(150t/h 拌和设备每台班用电量约 3 500kW・h)，电价直接影响台班单价的高低，因此在选择用电消耗的供应方式上要作综合比较分析。一是外来电源单价加输电线路设施费用；二是施工单位自行发电分析计算电价：配备大型发电机组，沥青混合料拌和设备使用一个台班(或配备中型两台，则计算发电机组两个台班)，不计算拌和设备台班中电量消耗价格，看一看哪一种方法经济和合理。如当地供应电源电价很高[某些地区供应电价达 1 元/(kW・h)以上]，而且还要架设输电线路，不分析就直接计算台班单价，会增大工程造价。如以 1 元/(kW・h)为例估算，150t/h 拌和设备电费每台班就要 3 500 元，比自行配备两台中型发电机组的台班费用还高得多。

(3)沥青混合料路面中"矿粉"材料价格的选定

高速公路、一级公路沥青混合料路面工程量大，所需矿粉数量也大。因此，调查当地价格时，要充分考虑到石料场筛余的矿粉供应量问题。这种料场的筛余料，价格可能不很高，但是否能满足工程数量的需要，应作详细计算。如工程需要量很大，则必须单独加工成矿粉，这样价格就会提高。同时加工数量能否符合工期要作分析，否则应考虑用石灰或水泥代替矿粉。所以在编制路面造价时，要慎重注意这些问题。

3. 一般大桥及技术复杂大桥

(1)一般大桥干处和水中施工的确定

大桥工程造价中干处和水中相差达50%以上,主要是基础工程的差异,设计工程数量和施工难度都有较大不同。水中施工技术措施、施工方法、施工工艺复杂,人工和机械工效低。因此在编制投资时,应根据施工水位及实际调查认真确定水中施工的墩台数。

(2)技术复杂大桥[指水深大于10m、单孔跨径在120m以上(含120m)]

①跨径不同时,灌注桩和承台工程量的变化。这个问题主要是在投资估算时要注意的一个问题。在项目建议书和可行性研究报告阶段,由于不进行结构设计,不作设计详图,反映不出具体灌注桩和承台数量。有的估算者简单地套用造价指标进行估算,不区别跨径,就会产生跨径大的桥梁造价少算的情况,对方案比选不利。如斜拉桥跨径300～400m与跨径500～600m的承台数量,在同一个桥位上,有时会相差1倍左右,灌注桩数量同样差别亦很大。因此,造价工程师要经常注意资料的积累,类似这种方案比较时,要调整某些主要工程项目消耗量后,再进行论证,才能体现出工程真实情况,有利于设计方案的比选。

②基础围堰形式对工程造价的影响。桥梁基础围堰形式很多,目前国内常用的有草袋(麻袋)围堰、竹笼围堰、钢板桩围堰、钢壳浮运沉井等。每一种形式都有其特点和适用范围,如草袋(或麻袋)围堰只能在水流不急、水深2m左右、堰高不超过3m,较为合适。基础围堰形式不同,它的技术措施也不同,所需工程造价也相差很多。技术复杂大桥、跨径大、水深10m以上时,在大海、大江上施工,国内外用的较多的是复合基础,即在沉井内设置桩或管柱形成组合基础的一种深水基础形式,用双壁钢壳浮运沉井围堰作为完成桩基的施工手段;浮运沉井就位后,沉井不嵌岩,只下沉到岩层顶面或覆盖层内一定深度,水下封底后钻孔,将沉井内的桩或管柱嵌岩。这种基础国内如武汉长江大桥、黄石长江大桥、铜陵长江大桥,国外如日本的柜石岛桥。大型桥梁基础由于水深、跨径大、桩长、桩径大、施工技术复杂,需要辅助工程多,配置设备多,如导向船、定位船、钻孔船、锚碇系统以及水上混凝土拌和运输、钢架工作平台、水下电缆等设备配置,是大桥施工的关键工程,计价工作要考虑周到,不要漏算工程项目,工程数量做到合理和符合需要。

③大块构件安装设备与工期安排的相互关系。大块构件安装设备数量和价格要考虑不同的情况,如有的施工单位自己准备;有的施工单位需要向外单位租用;有的必须委托别的部门承担吊装(如几百吨一个块件水上浮吊)。这些设备数量的准备,同工期安排有密切关系。有的建设项目有几个施工单位参加施工,如长江某座大桥一个桥墩一个承包人(预应力混凝土T构),架桥金属设备就要按一个桥墩配一套考虑,增加一套或数套设备,工程造价就不一样。因此,遇到类似问题时,造价工程师要根据工期的长短和建设单位对施工单位的安排以及设备来源等情况,经研究分析后,才能作出正确的计价。

④大跨径桥梁、新技术、新结构桥梁,要充分考虑必需的大型机械设备,如跨径1 385m的江阴长江钢悬索大桥,在主缆索加工、固定、扎紧、安装、定位,必须有相关大型设备才能完成。有的机械设备还必须向国外订货,才能满足要求。新技术、新结构同样要考虑大型和专用机械设备的需要,这些机械和设备价格都比较昂贵,直接影响到工程造价。因此,在编制投资时,应多方面调查和询价,才能合理地确定造价。

4. 互通式立体交叉、分离式立体交叉、通道工程

(1)互通式立体交叉工程的总体设计

互通式立体交叉工程是高速公路的主要工程之一。根据国外经验,互通式立体交叉区域,尤其是大城市进出口的大型互通式立体交叉处,会逐步发展成为一个经济区,因此国外十分重

视互通式立体交叉工程的总体设计，根据今后发展趋势，必须考虑在总体设计下设计一些设施，如平整场地，绿化工程，公共汽车停靠站以及各项服务设施等。

(2)被交道路的新建或整修工程

互通式立体交叉、分离式立体交叉、通道工程，都存在被交道路的新建和整修问题。目前已竣工的高速公路，其竣工决算所反映的费用，超过原设计数量很多。尤其跨线桥，被地下通道的道路抬高增加工程较多，有的原设计调查时为三级公路，等到施工时，已改建成二级公路，这样跨线桥部分的被交公路地段又要提高公路标准，修建工程造价也随之增大。因此关于被交道路工程的修建或整修工程，除调查时必须认真做好设计外，在确定这部分工程造价时，还应详细分析、研究是否符合实际，合理地对待被交道路的修建或整修的工程项目和数量问题。

5.施工技术措施问题

公路工程施工技术措施费在工程造价中占有相当比重。该项费用的高低，是施工企业在投标报价中能否中标的一项主要因素，也是反映施工企业的施工技术和管理水平，同样也是设计单位和技术咨询公司在编制投资时是否能合理、正确地确定投资的主要因素之一，还是衡量设计单位设计水平高低的一个方面。因此，不论施工、设计单位以及技术咨询公司，都应十分重视施工技术措施费问题。施工技术措施主要包括以下两个方面。

(1)大型临时设施(公路称临时工程)

据铁路大桥工程部门通过实践测算，在技术复杂大桥中这项费用约占主体工程的17%～20%。公路工程中的临时工程包括轨道铺设、便道、便桥、码头、水下电缆、输电线路、电信线路等，应注意的问题主要如下：

①对于高等级公路建设中大量土、石方工程中汽车运输的临时便道，由于自卸汽车数量多、载重大，每日来回行驶交通量高，一般临时便道满足不了需要，便道应有一定宽度的路基和路面的承载能力(路面铺筑)。在编制便道费用时，应结合当地情况(包括地质、水文、材料)和实际需要(路基宽度和车辆数量)，先编出补充定额，才能适应汽车运输、确定工程造价。

②技术复杂大桥主要是临时码头、临时水下电缆的设施等，应按施工组织设计的需要合理的考虑。

③公路建设项目多远离城市，路线工程狭长，用电量大。如需外接电源供电，则必须根据路线和大桥实际情况，详细而合理地计算输电线路长度。

(2)其他施工技术设施(或称辅助工程)

公路工程的辅助工程(不包括其他工程费中的施工辅助费)包括：平整场地，混凝土蒸汽养生措施，大型预制构件底座，大型预制构件装船用的栈桥码头，先张法预应力张拉，冷拉台座，大型拌和站的配备和安拆，水上混凝土运输设施，海上供水设施，施工电梯，安装构件及预制场设备配置数量，预制构件运输方式，现浇混凝土上部构造及拱桥的支架、拱盔，基础围堰措施，灌注桩水上工作平台，船上混凝土搅拌台及泥浆循环系统以及主要工程施工方法的合理选用等。近几年通过实践，值得注意的有以下几个方面：

①预制场、堆料场、大型拌和设备拌和场等平整场地中，应根据场地的地质、水文及实际需要情况，考虑场地的碾压和必要的砂砾或碎(砾)石垫层，以及进入施工地点道路的修建或整修。

②大型拌和站(包括沥青混合料、水泥混凝土、厂拌稳定土)的站址选择和安、拆次数，以及配置设备型号和台数的合理考虑。

③技术复杂大桥的大型预制构件装船用的栈桥或码头,水上混凝土运输设施,构件运输方式,基础围堰措施,安装(或浮吊)构件及预制场设备配置的名称、规格、数量计划,深水灌注桩的混凝土拌和、工作平台设施等的施工组织设计,应认真提出具体项目和数量,并说明施工程序、施工方法、操作工艺等质量要求。

(三)问题的整理

造价文件审查以后,应把问题逐个整理出来,并尽量做到每个问题有根、有据、有分析提出意见和解决措施。

(四)计算建设项目总造价金额

审查工程造价文件,必须本着实事求是和坚持原则的精神,尽量事先征得设计单位及有关部门的意见,结合上一个阶段批复文件和国家有关规定;凡是可以计算的问题,应逐个进行计算,有增有减的提出书面审查意见,并汇总审查的总造价金额,列出总表(如总估算表、总概算表、总预算表)。

(五)问题

(1)在下一个阶段应进一步研究的问题。

(2)在施工过程中应采取措施及应注意的问题。

思考题

1.审查工程造价文件的目的是什么?

2.简述不同阶段的工程造价文件的作用。

3.简述初步设计概算超过可行性研究报告投资估算;施工图预算超过初步设计概算时,如何处理?

4.在公路工程基本建设程序中有两个阶段比较关键,是指哪两个阶段?其理由是什么?

5.简述工程造价审查的主要内容。

6.简述工程造价审查的步骤。

7.审查工程造价文件要抓哪些主要问题?

8.你认为当前公路工程造价中存在的主要问题有哪些方面?

第六章　公路建设项目经济评价

公路建设项目的经济评价是可行性研究的主要组成部分。经济评价工作是指根据国民经济发展规划和有关技术经济政策的要求，结合交通预测和工程技术研究情况，比较项目的建设费用和效益，多方案论证，对项目的经济合理性进行分析，为项目决策提供依据。公路建设项目的经济评价可分为为国民经济评价和财务评价。国民经济评价是指通过比较拟建项目建设中所消耗的价值以及该项目建成后所创造的国民经济效益，来计算该项目的经济效果，评价该项目的经济可行性。在财务评价中，所考察的是项目清偿能力和盈利能力，追求的是企业盈利最大，考察的对象是项目本身的直接效益和直接费用。由于评价范围较窄，故称为微观评价或微观经济分析。对中外合资道路建设项目、世界银行贷款道路建设项目以及其他必须偿还建设投资的公路建设项目，都必须进行财务评价。公路建设项目后评价是在公路通车运营 2～3 年后，用系统工程的方法，对建设项目决策、设计、施工和运营各阶段工作及其变化的成因，进行全面的跟踪、调查、分析和评价。

作为交通运输设施的公路项目与一般的工业项目相比，具有独特的生产方式，它产出的不是具体的物质产品，而是货物或旅客在空间的位移，是生产过程在流通领域内的继续。因此，公路建设项目的经济效益不是以产品收入来衡量，而主要是通过项目实施后对整个社会或地区经济发展所作的贡献和给国民经济带来的节约来衡量。实际上公路建设项目的实施，其经济效果主要表现在它的外部而不是内部。因此，国家规定公路建设项目必须进行国民经济评价。国民经济评价，是指从国家的、社会的角度来考察项目，分析计算公路建设项目需要国家支付的代价和对国家能作出的贡献，它是经济评价的第一个层次。若是收费公路还应进行财务分析，重点是作收费体系的分析，以明确偿还贷款的能力、确定收费标准，这是经济评价的第二个层次。此外，国家规定公路在建成之后，要对建设项目进行经济后评价，其目的是总结经验，吸取教训。经济后评价的方法与可行性研究经济评价的方法是基本相同的。公路建设项目后评价的目的是通过全面总结，为不断提高决策、设计、施工、管理水平，合理利用资金，提高投资效益，改进管理，制订相关政策等提供科学依据。

第一节　经济评价概述

一、经济评价的特点

(1)公路项目形不成建设和运营统一核算的独立企业

公路面向全社会开放。公路上行驶的车辆分属于许多运输企业和非运输企业的机关、企事业单位及个人。而且，公路建设、公路管理、公路运输是分开经营与管理，分属于不同单位和企业，不会形成一个建设和营运统一核算的独立企业。

(2)公路项目以获得间接经济效益和社会效益为主

公路运输作为生产过程在流通领域里的继续，在实现产品价值的同时，不仅使公路运输部门获得直接经济效益，更主要的是全社会公路使用者获得社会效益。由于大部分的公路车辆附属于各部门、工矿和企事业，这部分运输创造的价值，理所当然地计入在各自部门的产值中，而公路部门本身获得的经济效益甚微。因此，确切地讲，公路的效益应该是指间接经济效益和社会效益。

(3)收费与经营性公路项目需进行财务分析

通过收费偿还贷款的公路建设项目必须进行财务分析，其目的是通过研究收费标准，测算过路(桥)费收入，动态计算贷款偿还年限等指标，分析项目财务的可行性。如果收费公路管理机构是经营性的经济实体，则财务分析就不仅要计算贷款偿还年限，还要计算偿还年限后的收费所得。由于公路是一项公共基础设施，公路建设部门本身没有盈利问题，且公路收费收入不完全是公路效益的全部货币表现。因而，公路建设项目的财务分析不必计算用路者的经济效益，这是公路建设项目财务分析的一个显著特点。

二、经济评价原则

(1)效益与费用的估算采用“有无对比”原则

“有无对比”是国际上项目评价中通用的效益与费用识别的基本原则。所谓“有项目”是指实施项目后的将来状况，“无项目”是指不实施项目时的将来状况。在识别项目的效益和费用时，需要注意只有“有无对比”的差额部分才是由于项目的建设增加的效益和费用。采用“有无对比”的方法，是为了识别那些真正应该算作项目效益的部分，即增量效益，排除那些由于其他原因产生的效益；同时，也要找出与增量效益相对应的增量费用，只有这样才能真正体现项目投资的净效益。

(2)效益与费用计算口径对应一致的原则

将效益与费用限定在同一个范围里才有可能进行比较，计算的净效益才是项目投入的真实回报。效益与费用计算口径对应一致包括计算内容的一致和价格体系的一致。

(3)定量分析与定性分析相结合，以定量分析为主的原则

经济评价的本质就是要对拟建项目在整个计算期的经济活动，通过效益与费用的计算，对项目经济效益进行分析和比较。一般来说，项目经济评价要求尽量采用定量指标；但对一些不能量化的经济因素，由于不能直接进行数量分析，对此应进行定性分析并与定量分析结合起来进行评价。

(4)动态分析与静态分析相结合，以动态分析为主的原则

动态分析是指利用资金时间价值的原理对现金流量进行折现分析。静态分析是指不对现金流量进行折现分析。项目经济评价的核心是折现，所以分析评价要以折现(动态)指标为主。非折现(静态)指标计算简单，比较直观，但是只能作为辅助指标。

(5)年限统一的原则

公路建设项目经济评价计算年限为建设年限加公路投入使用后的预测年限，投入使用后的预测年限原则上按20年计算。

经济评价的计算年限，往往易与项目的使用年限、设计年限相混淆。项目的使用年限是指公路开通使用起到公路改线废弃或下一次重大改造时的年限。项目的设计年限是和各级公路所能适应的年平均日交通量即远景服务交通量相联系的。《公路工程技术标准》(JTG B01—

2003)规定远景设计年限:高速公路、一级公路为20年,二级公路为15年,三级公路为10年,四级公路一般为10年。

项目的经济评价主要是将公路使用年限内各年的效益和费用贴现比较。但是各个项目的具体使用年限不尽相同,如果项目使用30年,那么项目的效益与费用的经济比较按理是30年。但因为20年后经济贴现的费用和效益甚小,对整个项目的经济评价影响不大,因此经济评价要统一建成后预测年限为20年。另外,统一建成后的预测年限,以便比较不同项目的经济评价结果。不采用设计年限作为项目效益计算年限,是因为公路的使用年限并不等于公路设计年限。不同等级公路的建设,在项目比选中,采取同一尺度进行衡量是合理的。如果高等级公路评价期为20年,低等级公路评价期为15年或10年,当两个项目内部收益率相等时,很难对两个项目作出判断;而这种评价计算期的确定,会使人们明显地感到对于低等级公路的经济评价要求反而高于高等级公路。因此,只有对不同等级公路采用同一经济评价计算年限,才便于项目比选。

三、经济评价要求

1. 内容深度要求

项目前期研究各个阶段是对项目的内部、外部条件由浅入深、由粗到细的逐步细化过程,一般可分为规划、机会研究、项目建议书和可行性研究四个阶段。由于不同研究阶段的研究目的、内容深度和要求等不相同,因此,经济评价的内容深度和侧重点也随着项目决策不同阶段的要求有所不同。

(1)规划和机会研究是将项目意向变成简要的项目建议的过程,研究人员对项目赖以存在的客观(内外部)条件认识还不深刻,或者说不确定性比较大。在此阶段,可以用一些综合性的信息资料,计算简便的指标进行分析。

(2)项目建议书阶段的经济评价,重点是围绕项目立项建设的必要性和可能性,分析论证项目的经济条件及经济状况。这个阶段采用的基础数据可适当粗略,采用的评价指标可根据资料和认识的深度适度简化。

(3)可行性研究阶段的经济评价,应按照国家主管部门的有关规定和行业的特点,对建设项目的财务可接受性和经济合理性进行详细、全面的分析论证。

2. 项目计算期

项目计算期是指经济评价中为进行动态分析所设定的期限,包括建设期和运营期。建设期是指项目资金正式投入开始到项目建成投产为止所需要的时间,可按合理工期预计的建设进度确定;运营期分为投产期和达产期两个阶段。投产期是指项目投入生产,但生产能力尚未完全达到设计能力时的过渡阶段。达产期是指生产运营达到设计预期水平后的时间。运营期一般应以项目主要设备的经济寿命确定。

项目计算期的长短主要取决于行业特点和项目本身的特性。公路建设项目的计算期包括建设期和运营期。在国民经济评价中运营期按20年计算,残值可取公路建设经济费用的50%,以负值计入费用。财务评价的运营期应根据项目特点或投资协议而定。对于内资项目和利用国家政策性贷款项目的财务评价运营期,取项目要求的贷款偿还期;其他经营性项目运营期不应超过30年。

由于折现评价指标受计算时间的影响,对需要比较的项目或方案应取相同的计算期。

3. 价格体系

项目投入物和产出物的价格，是影响方案比选和经济评价结果最重要、最敏感的因素之一。项目评价都是对未来活动的估计，投入和产出都在未来一段时间发生，所以要采用预测价格对费用效益进行估算。

在国民经济评价中，采用以影子价格体系为基础的预测价格，计算期内各年均采用基年(开工前一年)价格，不考虑通货膨胀因素的影响。

财务评价应采用以市场价格体系为基础的预测价格。影响市场价格变动的因素很多，也很复杂，但归纳起来，不外乎两类：一是由于供需量的变化、价格政策的变化、劳动生产率变化等可能引起商品间比价的改变，产生相对价格变化；二是由于通货膨胀或通货紧缩而引起商品价格总水平的变化，产生绝对价格变动。

在市场经济条件下，货物的价格因地而异，因时而变，因此，要准确预测货物在项目计算期中的价格是很困难的。在不影响评价结论的前提下，可采取以下简化办法。

(1)对建设期的投入物，由于需要预测的年限较短，可既考虑相对价格变化，又考虑价格总水平变动；由于建设期投入物品种繁多，分别预测难度大，还可能增加不确定性，因此在实践中一般以涨价预备费(价差预备费)的形式综合计算。

(2)对运营期的投入物和产出物价格，由于运营期比较长，在前期研究阶段对将来的物价上涨水平较难预测，预测结果的可靠性也难以保证，因此一般只预测到经营期初价格，运营期各年采用同一的不变价格。

考虑到项目可能有多种投入(或产出)，在不影响评价结论的前提下，只需对在生产成本中影响很大的货物(或主要产出物)的价格进行预测。在对未来市场价格信息有充分可靠判断的情况下，本着客观、谨慎的原则；也可以采用相对变动的价格，甚至考虑通货膨胀因素。在这种情况下，财务分析采用的财务基准收益率也应考虑通货膨胀因素。

四、国民经济评价与财务评价

由于公路是一项公共基础设施，公路项目以获得间接经济效益和社会效益为主，因此，公路建设项目通常以国民经济评价为主；对于贷款或集资修建的项目，即收费公路，还应进行财务评价。

国民经济评价是指从国家整体角度来分析、计算项目对国民经济净贡献，以判断项目的经济合理性，通过所支出的费用与社会使用公路者获得的效益两个要素的比较来衡量。公路建设项目的国民经济评价指标一般有：经济效益费用比、经济净现值、经济内部收益率和投资回收期等。

财务评价是指根据国家现行财税制度和价格体系，分析计算项目的财务效益和费用，编制财务报表，计算财务评价指标，考察项目的盈利能力、清偿能力等财务状况，以判别项目财务可行性。财务评价指标主要是财务内部收益率、财务净现值和财务投资回收期。

国民经济评价与财务评价相互之间存在很大联系，如两者的指标与方法相同，采用的计算期相同等，但两者也有很大的区别，主要如下：

(1)地位不同。当国民经济评价与财务评价的结果不一致时，对于公益性、基础性、战略性强、耗费社会资源和自然资源较大的项目，应按国民经济评价的结论考虑项目的取舍。

(2)立场与角度不同。财务评价是从投资者的立场和角度来考察建设项目的经济效果；而国民经济评价则是从整个社会公路使用者的角度(及国家和社会的角度)来考察建设项目的经济效果。

(3)投入的计算内容和方法不同。财务评价所考察的是投资者的财务支出,计算中,是在投资估算的基础上,剔除工程造价增涨预留费后计算出来的。而国民经济评价考察的是公路建设项目所消耗的各种费用,是指在投资估算的基础上,按照影子价格计算建设项目所消耗的各种资源的价值,并剔除估算中的利润、税金、贷款利息、工程造价增涨预留费和供电贴费等费用。

(4)产出的计算内容与方法不同。财务评价分析中的产出是投资者的财务受益;而国民经济评价分析中的产出所考察的是公路建设项目能为公路使用者带来的效益。

(5)采用的价格不同。财务评价采用的价格是市场(不变)价格;而国民经济采用的是影子价格。

(6)主要参数不同。财务评价所使用的参数有官方汇率、行业折现率和行业基准回收期;而国民经济评价采用的参数为影子汇率、社会折现率和国民经济评价基准回收期。

第二节　经济评价基本原理

一、资金的时间价值

资金的时间价值就是资金通过一系列的经济活动,其价值随时间而变化。也就是说,在一定时间内,通过一系列的经济活动,资金具有增值的能力。

资金的价值是时间的函数,随时间的推移而增值,所增值部分的资金就是原有资金的时间价值。而本书所讨论的,是假定不存在通货膨胀的情况下,货币资金存在增值的时间价值。

资金的利息和利润是体现资金时间价值的两个方面,是衡量资金时间价值的绝对尺度。在实际中,往往用利率和利润率这两个量来作为衡量资金时间价值的相对尺度,并且经常对两者不加区分,统称为利率。

影响资金时间价值的因素如下:

(1)资金的使用(占用)时间长短;

(2)资金数额的大小;

(3)资金投入或回收的(时间)特点;

(4)资金周转速度的快慢。

二、现金流量图

1.现金流量

所谓现金流量,是指拟建项目在整个项目计算期内各个时点上实际发生的现金流入、现金流出的情况。如果用流入与流出的差额表示在各个时点上则称净现金流量。现金流量一般以计息期(年、季、月等)为时间量的单位,用现金流量图或现金流量表来表示。

2.现金流量图

现金流量图是描述现金流量作为时间函数的图形,它能表示资金在不同时间点流入与流出的情况。现金流量图包括三大要素:大小、流向、时间点。其中大小表示资金数额,流向指项目的现金流入或流出，时间点指现金流入或流出所发生的时间。

在工程经济中，为便于分析资金的收支和变化，并避免计算时发生错误，经常采用现金流量(图6-1)。

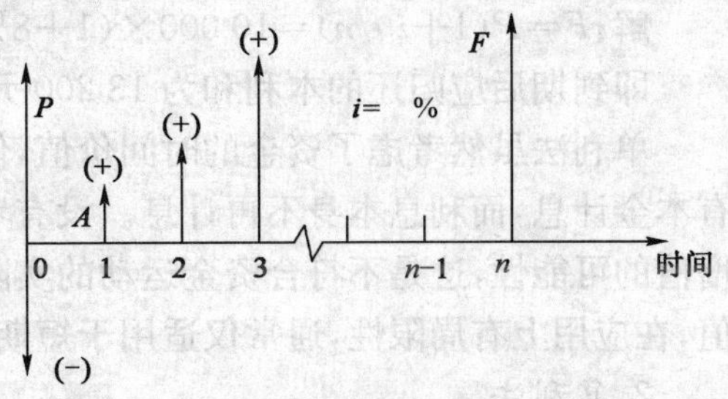

图 6-1　现金流量图

图 6-1 中，横轴称为时间轴，表示一个从 0 开始到 n 的时间序列，每一个刻度表示一个计息期，比如按年计息，则时间轴上的刻度单位即为年。每一个系统的分析期都假定从 $n=0$ 年开始。实际上，$n=0$ 表示为第一年之初。$n=1$ 时，可理解为第一年的年末，也可理解为第二年之初。相对于时间轴的纵坐标用来描述现金流量情况，箭头向上表示现金流入，即有资金流入时，现金流量为正值，用“＋”号表示。箭头向下表示现金流出，即有资金流出时，现金流量为负值，用“－”号表示。箭线的长度与流入或流出的金额成正比，金额越大，其相应的箭线长度就越长。

需要说明的是，现金流量的位置确定问题，如第三年发生了一笔资金流入或流出，因而形成相应的现金流量，那么这笔现金流量应该标在时间轴上的哪个时点上呢？是标在 2 上呢(因为 2 是第三年的始点)，还是标在 3 上呢(因为 3 是第三年的终点)，需要对此作出规定或说明。对这个问题有两种处理方法：一种是工程经济分析中常用的方法，其规定是现金流入(收益)标示在年(期)末，而现金流出标示在年(期)初；另一种是项目财务评价中常用的方法，即以计息期末为现金流量的时点，无论现金是流出还是流入，均标示在年(期)末。本章讲述的内容采用工程经济分析中的处理方法，因此，前面提到的那笔现金流量，如果是流入(收益)，应标示在 3 这个时点上，如果是流出(投资)，则应标示在 2 这个时点上。

三、利息与利率

按照通常的理解，所谓利息就是借出一定数量的货币，在一定时间内除本金以外所取得的额外收入。利息的大小常用利率来表示。利率就是在一定时期内所付利息额与借贷金额(本金)的比值，通常以百分率表示。例如，借贷 1 000 元，一年后支付的利息是 50 元，则年利率为 5%。用于表示计算利息的时间单位称为利息周期。国外计算利息的周期有年、半年、季度、月、周或日，我国现行存、贷款的计息周期多为年或月。

利息的计算有单利法和复利法两种。

1. 单利法

单利法是指只对本金计息，不对利息计息的方法。因此，每期的利息是固定不变的。其计算公式为：

$$F=P(1+i\cdot n) \tag{6-1}$$

式中：F——第 n 期末的本利和；

P——本金；

i——计息期单利利率；

n——计息期。

【例 6-1】　借款 10 000 元，按 8% 的年利率单利计息。求第四年末的本金与全部利息之和(即所欠的总金额)。

解:$F=P(1+i \cdot n)=10\,000\times(1+8\%\times4)=13\,200$(元)

即到期后应归还的本利和为 13 200 元。

单利法虽然考虑了资金的时间价值,但利息与时间呈线性关系,不论计息期数为多大,只有本金计息,而利息本身不再计息。没有考虑每期所得利息再进入社会再生产过程从而实现增值的可能性,这是不符合资金运动的实际情况的。因此,单利法未能完全反映资金的时间价值,在应用上有局限性,通常仅适用于短期投资及期限不超过一年的借款项目。

2. 复利法

复利法就是对利息也计息的方法,即将本期的利息转为下期的本金,下期将按本利和的总额计息,这种计息方式称为复利,也就是利上加利。其计算公式为:

$$F=P(1+i)^n \tag{6-2}$$

式中,F、P、i、n 同单利计算公式。

上式的推导:第一年年初为 P,第一年年末为 $P+Pi=P(1+i)$,第二年年末为 $P(1+i)+P(1+i)i=P(1+i)^2$,第 n 年年末为 $P(1+i)^n$。

【例 6-2】 在第一年年初,以年利率 6%投资 1 000 元,则到第四年年末可得本利和是多少?

解:$F=P(1+i)^n=1\,000\times(1+6\%)^4=1\,262.50$(元)

单利计息贷款与资金占用时间之间呈线性变化关系,利息额与时间按等差级数增值;而复利计息贷款与资金占用时间之间则呈指数变化关系,利息额与时间按等比级数增值。当利率较高、资金占用时间较长时,所需支付的利息额很大。所以,复利计息方法对资金占用的数量和时间有较好的约束力。目前,在工程经济分析中一般都采用复利法,单利法仅在我国银行储蓄存款中采用。

3. 实际利率与名义利率

利息通常是按年计算的,但在实际应用中,计算利息的周期与利率周期可能相同也可能不相同,有时计算复利的次数会多于计息期数。这样就出现了"名义利率"和"实际利率"。比如,计算复利时,有时是一年计息一次,有时是半年计息一次,或每季度、每月计息一次。由于计息周期的不同,同一笔资金在占用的总时间相等的情况下,其计算结果是不同的。

所谓名义利率,是指计息周期的实际利率乘以一个利率周期内的计息期数所得的利率周期利率。如月利率为 1%时,则年利率为 1%×12=12%,该年利率称为"名义利率"。它没有考虑年内计息周期间的复利影响。通常所说的利率周期利率都是指名义利率。

所谓实际利率,是指利率周期和计息周期一致时对应的利率。如年利率为 12%,按年计息时,年利率=12%称为"实际利率"。实际利率又称为有效利率。

【例 6-3】 某人在银行存款 10 000 元,按月利率 1%计算复利,按月计息,则一年后的本利和为:

$$F=P(1+i)^n=10\,000\times(1+1\%)^{12}=11\,268.25\text{(元)}$$

$$\text{则其年利率}=\frac{\text{年利息}}{\text{本金}}\times100\%=\frac{11\,268.25-10\,000}{10\,000}\times100\%=12.68\%$$

12.68%考虑了年内复利影响,是考虑年内计息周期月与月之间的复利影响的年利率,是"实际利率"。

在进行方案的经济比较时,若按复利计息,而各方案在一年中计算利息的次数不同,则就难以比较各方案的经济效益。因此,需要将各方案的名义利率换算成实际利率,然后再进行比较。在工程经济比较中，一般都以实际利率为准。

设名义利率为 $i_{名}$，每年计息期数为 m，则每一计息期的利率为：

$$i=\frac{i_{名}}{m}$$

其一年后的本利和为：

$$F=P(1+i)^{m}=P\left(1+\frac{i_{名}}{m}\right)^{m}$$

其利息为：

$$F-P=P\left(1+\frac{i_{名}}{m}\right)^{m}-P$$

实际利率为：

$$i_{实}=\frac{利息}{本金}=\frac{F-P}{P}=\left(1+\frac{i_{名}}{m}\right)^{m}-1$$

【例 6-4】 假设年名义利率为 10%，试问当以年、半年、季、月、天计息的情况下，它们的实际利率各为多少？

解：计算结果见表 6-1。

实际利率计算表　　表 6-1

年名义利率 $i_{名}$	计息期	年计息次数 m	计息期利率 i(%)	实际利率 $i_{实}$(%)
10%	年	1	10	10
	半年	2	5	10.25
	季	3	2.5	10.38
	月	12	0.833	10.46
	天	365	0.0274	10.51

从例 6-4 可以看出，在一定的年利率条件下，计息期越短，即计息次数 m 越大数，其实际利率就越大。当计息周期为无限小时，即连续复利条件下的利率最大。

【例 6-5】 某公司拟从甲银行取得贷款，年利率为 16%，按年计息；从乙银行取得贷款，年利率为 15%，按月计息。试问从哪家银行取得贷款较为有利？

解：从甲银行取得贷款的实际利率为 16%；从乙银行取得贷款的名义利率为 15%，其实际利率为：

$$i_{实}=\left(1+\frac{i_{名}}{m}\right)^{m}-1=\left(1+\frac{0.15}{12}\right)^{12}-1=16.075\%$$

乙银行的实际利率高于甲银行的实际利率，因此向甲银行贷款较有利。

四、资金时间价值计算

由于资金存在时间价值，在不同时点上发生的现金流量的数值不能直接相加或相减，为了达到对投资项目的现金流量进行计算和分析的目的，可以采用一种称为资金等值计算的方法，即将不同时点上发生的现金流量换算为同一时点上的等价的现金流量，然后再进行计算和分析。所谓“等值”，是指在特定利率条件下，在不同时点上的两笔绝对值不等的资金具有相同的价值。这种考虑时间因素对现金流量进行转换计算的过程，即为资金时间价值的计算过程。

在进行资金时间价值的计算之前，首先明确几个相关的参数符号的概念和含义。

i——利率或折现率。在工程经济分析中，把根据未来的现金流量计算现在的现金流量时所使用的利率称为折现率。一般对利率和折现率不加区别，统统以 i 表示，且一般指年利率或年折现率。

n——复利的计息期数。指投资项目从开始投入资金（开始建设）到项目的寿命周期终结为止的整个期限内，计算利息的次数，通常以年为单位。

P——现值(Present Value)。表示资金发生在（或折算为）某一特定时间序列起点时的价值；一般情况下，为整个系统的现金流量折算到 0 点时的价值。折现计算法是评价投资项目经济效果时经常采用的一种基本方法。

F——终值(Future Value)。表示资金发生在（或折算为）某一特定时间序列终点时的价值，或整个系统现金流量折算到计算期期末的期终值，即期末本利和的价值。

A——年金(Annuity)。其值每年均相等，是指各年等额收入或支出的金额，通常以等额序列表示，即在某一特定时间序列期内，每隔相同时间收到或支出的等额款项。

把在一个（一系列）时间点发生的资金额转换成另一个（一系列）时间点的等值的资金额，这样的一个转换过程就称为资金的等值计算。根据支付方式和等值换算点的不同，资金等值计算公式可分为两类：一次支付类型和等额支付类型。

1. 一次支付类型

一次支付又称整付，类似银行的整存整取，是指所分析系统的现金流量，无论是流入还是流出均在某一个时点上一次发生。一次支付包括以下两个公式。

(1)一次支付终值公式

如果有一项资金，按年利率 i 进行投资，n 年后本利和应该是多少？也就是已知 P、i、n，求终值 F，其计算公式与前面讲到的按复利法计算本利和的公式是相同的，即：

$$F = P(1+i)^n \tag{6-3}$$

上式表示在利率为 i，计息期数为 n 的条件下，终值 F 与现值 P 之间的等值关系。一次支付终值公式的现金流量图如图 6-2 所示。

上式中，$(1+i)^n$ 称为终值系数，记为$(F/P,i,n)$，F/P 表示已知 P 求 F。因此，上式又可写为：

$$F = P(F/P,i,n) \tag{6-4}$$

在实际应用中，为了计算方便，按照不同的利率 i 和计息期 n，分别计算出 $(1+i)^n$ 的值，排列成一个表，称为终值系数表（见附表 1）。在计算时，根据 i 和 n 的值，查表得出终值系数，然后与 P 相乘即可求出 F 的值。

【例 6-6】 某公路改建工程由银行贷款 10 万元，年利率为 8%，五年后一次结算偿还，其本利和是多少？

解：这是一个已知现值求终值的问题，其现金流量图见图 6-3。

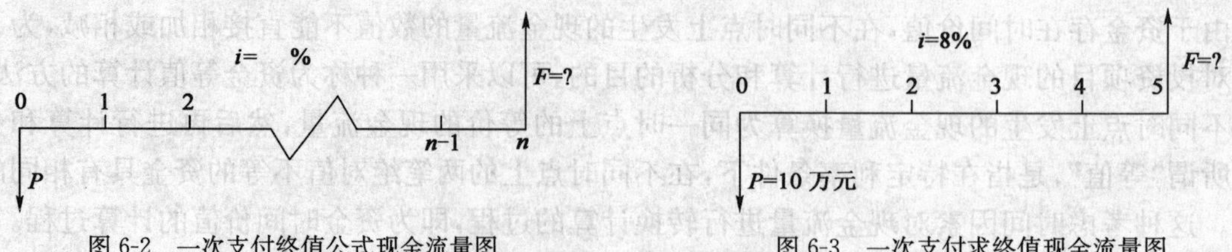

图 6-2 一次支付终值公式现金流量图　　图 6-3 一次支付求终值现金流量图

利用计算公式(6-3)可求得：

$$F = P(1+i)^n = 10\times(1+8\%)^5 = 14.693(\text{万元})$$

或查终值系数表可得：$(F/P,8\%,5)=1.4693$，所以

$$F = P(F/P,i,n) = 10(F/P,8\%,5) = 10\times 1.4693 = 14.693(\text{万元})$$

即五年后应偿还银行 14.693 万元。

(2)一次支付现值公式

如果我们希望在 n 年后得到一笔资金 F，在年利率为 i 的情况下，现在应该投资多少？即在已知 F,i,n 的情况下，求现值 P。其公式为：

$$P = F(1+i)^{-n} \tag{6-5}$$

其现金流量图如图 6-4 所示。

上式中，$(1+i)^{-n}$称为现值系数，记为$(P/F,i,n)$，它与终值系数$(F/P,i,n)$互为倒数，可通过查表(见附表 2)求得。因此，上式又可写为：

$$P = F(P/F,i,n) \tag{6-6}$$

【例 6-7】　某企业五年后需要资金 1 000 万元，作为扩大规模的投资，若已知年利率为 8%，问现在应存入银行多少钱？

解：这是一个已知终值求现值的问题，其现金流量图见图 6-5。

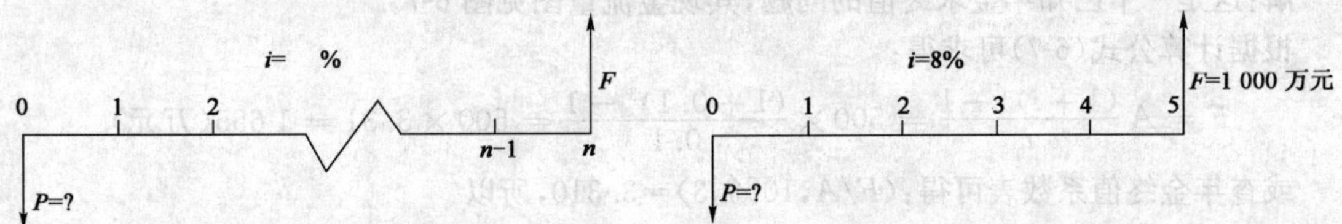

图 6-4　一次支付现值公式现金流量图　　图 6-5　一次支付求现值现金流量图

根据计算公式(6-5)可求得：

$$P = F(1+i)^{-n} = 1\,000\times(1+8\%)^{-5} = 680.60(\text{万元})$$

或查现值系数表可得：$(P/F,8\%,5)=0.6806$，所以

$$P = F(P/F,i,n) = 1\,000(P/F,8\%,5) = 1\,000\times 0.6806 = 680.60(\text{万元})$$

即现在应存入银行 680.60 万元。

2. 等额支付类型

等额多次支付，是指所分析的系统中现金流入与现金流出可在多个时间点上发生，而不是集中在一个时间点，即形成一个序列现金流量，并且这个序列现金流量额的大小是相等的。等额支付包括以下四个基本公式。

(1)年金终值公式——已知 A,i,n，求 F。

其含义是在一个时间序列中，在利率为 i 的情况下连续在每个计息期的期末支付一笔等额的资金 A，求 n 年后由各年的本利和累积而成的总值 F，类似于银行储蓄中的零存整取。其现金流量图如图 6-6 所示。

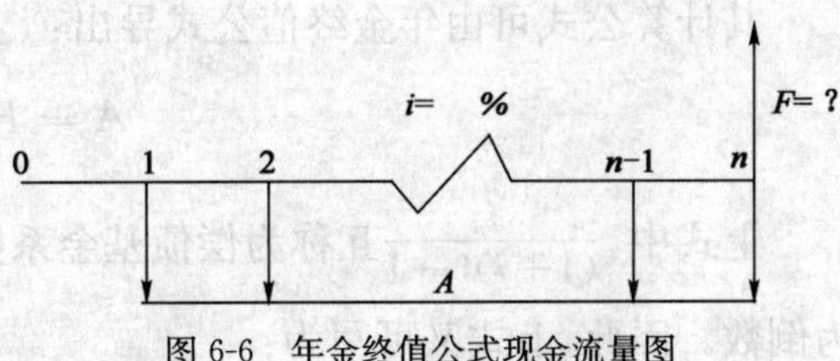

图 6-6　年金终值公式现金流量图

其计算公式的推导过程为：若在每年末投资 A 元，则在第 n 年末累积的终值 F 显然等于各年投资之本利和。第一年的投资 A 可得 $n-1$

年的利息，其本利和为 $A(1+i)^{n-1}$；第二年的投资 A 可得 $n-2$ 年的利息，其本利和为 $A(1+i)^{n-2}$；余此类推，直到第 n 年的投资不得利息，本利和仍为 A。因此，各年投资的本利和总额为：

$$F = A(1+i)^{n-1} + A(1+i)^{n-2} + \cdots + A$$
$$= A[(1+i)^{n-1} + (1+i)^{n-2} + \cdots + 1]$$

将上式两边同乘以 $(1+i)$ 后，则有：

$$F \cdot (1+i) = A[(1+i)^{n} + (1+i)^{n-1} + \cdots + (1+i)]$$

后式减前式后可得：

$$F \cdot i = A[(1+i)^{n} - 1]$$

$$F = A\frac{(1+i)^{n}-1}{i} \tag{6-7}$$

上式中，$\frac{(1+i)^{n}-1}{i}$ 称为年金终值系数，记为 $(F/A,i,n)$，可通过查表（见附表 3）求得。因此，上式又可写为：

$$F = A(F/A,i,n) \tag{6-8}$$

【例 6-8】 某公路工程，在 3 年内每年年末均等地投资 500 万元，按年利率 10% 计算，问 3 年后累计的总投资为多少？

解：这是一个已知年金求终值的问题，其现金流量图见图 6-7。

根据计算公式(6-7)可求得：

$$F = A\frac{(1+i)^{n}-1}{i} = 500 \times \frac{(1+0.1)^{3}-1}{0.1} = 500 \times 3.31 = 1\,655(\text{万元})$$

或查年金终值系数表可得：$(F/A,10\%,3)=3.310$，所以

$$F = A(F/A,i,n) = 500(F/A,10\%,3) = 500 \times 3.310 = 1\,655(\text{万元})$$

即 3 年后累计的总投资为 1 655 万元。

(2)偿债基金公式——已知 F,i,n，求 A。

其含义是为了筹集未来 n 年后需要的一笔偿债资金 F，在利率为 i 的情况下，求每个计息期的期末应等额存储的资金 A，类似于日常商业中的分期付款业务。其现金流量图如图 6-8 所示。

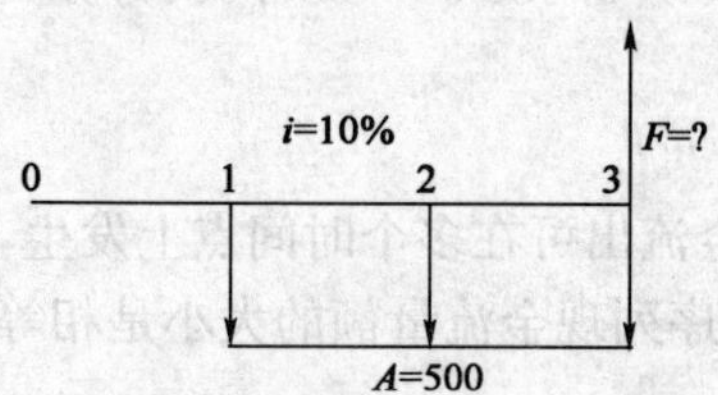

图 6-7 已知年金求终值现金流量图

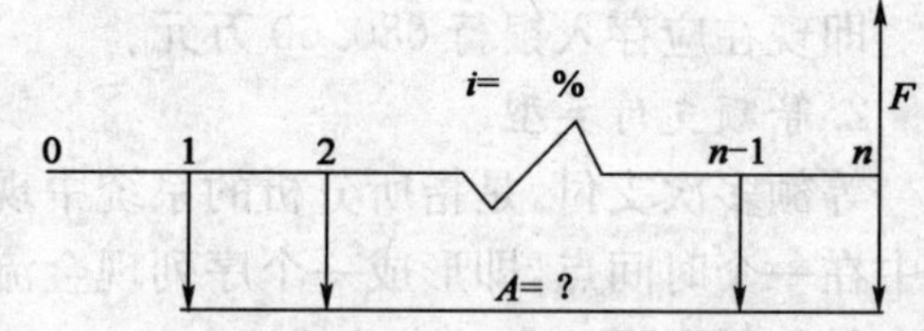

图 6-8 偿债基金公式现金流量图

其计算公式可由年金终值公式导出：

$$A = F\frac{i}{(1+i)^{n}-1} \tag{6-9}$$

上式中，$\frac{i}{(1+i)^{n}-1}$ 互称为偿债基金系数，记为 $(A/F,i,n)$，它与年金终值系数 $(F/A,i,n)$ 为倒数。因此，上式又可写为：

$$A = F(A/F,i,n) \tag{6-10}$$

【例 6-9】 某人希望在 10 年后得到一笔 4 000 元的资金，在年利率 5% 的条件下，他每年

应均匀地存入多少钱？

解：这是一个已知终值求年金的问题，其现金流量图见图 6-9。

根据计算公式(6-9)可求得：

$$A = F\frac{i}{(1+i)^n - 1} = 4000 \times \frac{0.05}{(1+0.05)^{10} - 1} = 4\,000 \times 0.079\,5 = 318.02(\text{元})$$

即他每年应存入 318.02 元。

(3)资金回收公式——已知 P,i,n，求 A。

其含义是期初一次投资数额为 P，欲在 n 年内将投资全部收回，则在利率为 i 的情况下，求每年应等额回收的资金 A。其现金流量图如图 6-10 所示。

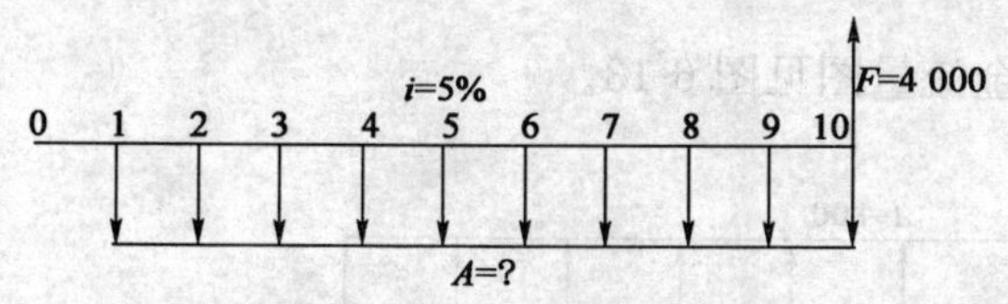

图 6-9 已知终值求年金现金流量图

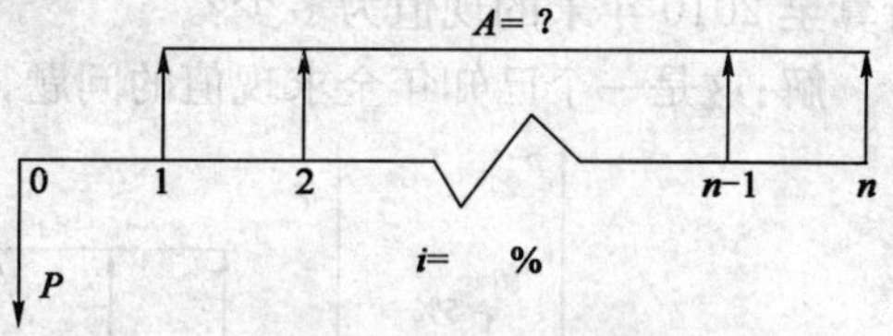

图 6-10 资金回收公式现金流量图

资金回收计算公式可根据偿债基金公式和一次支付终值公式推导，即：

$$F = A\frac{(1+i)^n - 1}{i} \qquad F = P(1+i)^n$$

$$A = F\frac{i}{(1+i)^n - 1} = P\frac{i(1+i)^n}{(1+i)^n - 1} \tag{6-11}$$

上式中，$\frac{i(1+i)^n}{(1+i)^n-1}$称为资金回收系数，记为$(A/P,i,n)$，因此，上式又可写为：

$$A = P(A/P,i,n) \tag{6-12}$$

【例 6-10】 某公路工程一次投资 100 万元，年利率为 10%，拟分 5 年在每年年末等额收回，问每年末应收回的金额为多少？

解：这是一个已知现值求年金的问题，其现金流量图见图 6-11。

根据计算公式(6-11)可求得：

$$A = P\frac{i(1+i)^n}{(1+i)^n - 1} = 100 \times \frac{0.1 \times (1+0.1)^5}{(1+0.1)^5 - 1} = 100 \times 0.263\,8 = 26.38(\text{万元})$$

即每年年末应收回 26.38 万元，在五年年末才能将 100 万元投资连本带利全部收回。

(4)年金现值公式——已知 A,i,n，求 P。

其含义是在 n 年内每年等额收支一笔资金 A，则在利率为 i 的情况下，求此等额年金收支的现值总额 P。其现金流量图如图 6-12 所示。

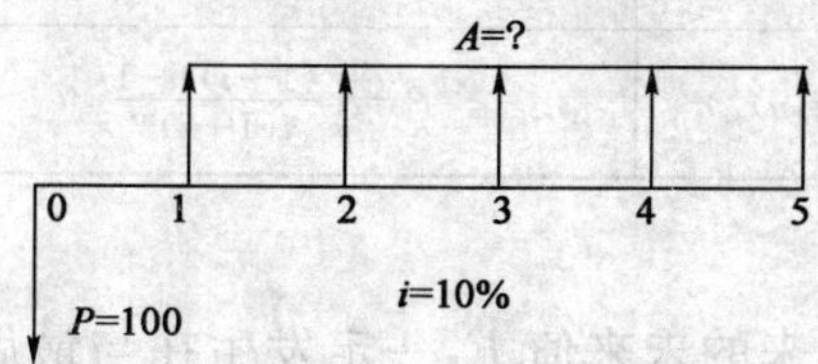

图 6-11 已知现值求年金现金流量图

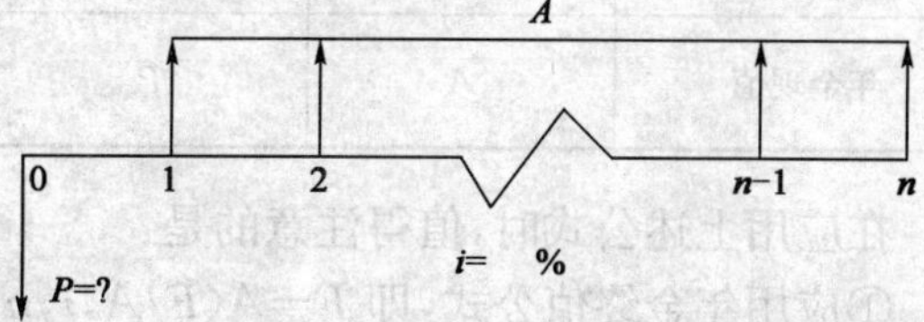

图 6-12 年金现值公式现金流量图

其计算公式为：

$$P = A\frac{(1+i)^n - 1}{i(1+i)^n} \tag{6-13}$$

上式中，$\frac{(1+i)^n-1}{i(1+i)^n}$称为年金现值系数，记为$(P/A,i,n)$，可通过查表(见附表4)求得，它与资金回收系数互为的倒数。因此，上式又可写为：

$$P = A(P/A,i,n) \tag{6-14}$$

【例 6-11】 某收费公路，2010年底开始建设，2012年底完工交付使用，2013年开始受益，连续运用至2022年。这10年内的年平均收费效益为800万元，年利率为5%，问将全部效益折算至2010年末的现值为多少?

解:这是一个已知年金求现值的问题，其现金流量图见图6-13。

图 6-13 已知年金求现值现金流量图

首先根据公式计算等额收益的现值P'：

$$P' = A(P/A,i,n) = 800(P/A,5\%,10) = 800 \times 7.722 = 6\,177.6(\text{万元})$$

然后再根据公式将P'折算至2010年底时的现值P，即：

$$P = P'(P/F,i,n) = 6\,177.6(P/F,5\%,2) = 6\,177.6 \times 0.907 = 5\,603.08(\text{万元})$$

即折算到2010年底的现值为5 603.08万元。

以上介绍的六个基本公式在工程经济分析中经常用到。为便于理解和查阅，将其列于表6-2中。公式中的六个系数，可根据不同的i值和n值进行计算，也可直接查表得到。

六个基本资金等值计算公式 表 6-2

公式名称	已知项	欲求项	系数符号	公式
一次支付终值	P	F	$(F/P,i,n)$	$F=P(1+i)^n$
一次支付现值	F	P	$(P/F,i,n)$	$P=F(1+i)^{-n}$
等额支付序列终值	A	F	$(F/A,i,n)$	$F=A\frac{(1+i)^n-1}{i}$
偿债基金	F	A	$(A/F,i,n)$	$A=F\frac{i}{(1+i)^n-1}$
资金回收	P	A	$(A/P,i,n)$	$A=P\frac{i(1+i)^n}{(1+i)^n-1}$
年金现值	A	P	$(P/A,i,n)$	$P=A\frac{(1+i)^n-1}{i(1+i)^n}$

在应用上述公式时，值得注意的是：

①应用年金终值公式，即$F=A(F/A,i,n)$所计算出来的未来值F，一定发生在与最后一次支付款额的同一年。

②应用年金现值公式，即$P=A(P/A,i,n)$所计算出来的现值永远是位于第一个支付值A

的前一年。

③在利用$(F/A,i,n)$或$(P/A,i,n)$计算时，年数n一定等于支付次数。

第三节　经济评价基本方法

一、经济效果评价

经济效果评价是指对评价方案计算期内各种有关技术经济因素和方案投入与产出的有关财务、经济资料数据进行调查、分析、预测，对方案的经济效果进行计算、评价，分析比较各方案的优劣，从而确定和推荐最佳方案。

经济效果评价的基本方法包括确定性方法和不确定性方法。对同一个项目，必须同时进行确定性和不确定性评价。

经济效果评价方法按照其是否考虑时间因素，又可以分为静态评价方法和动态评价方法。

静态评价方法不考虑货币的时间因素，即不考虑时间因素对货币价值的影响，而对现金流量分别进行直接汇总来计算评价指标的方法。静态评价方法的最大特点是计算简便。因此，在对方案进行粗评价，或对短期投资项目进行评价时，以及对于逐年收益大致相等的项目，静态评价的方法还是可以采用的。

动态评价方法考虑资金时间价值来计算评价指标。在工程经济分析中，由于时间和利率的影响，对投资方案的每一笔现金流量都应该考虑其发生的时间，以及时间因素对其价值的影响。动态评价方法能够比较全面地反映投资方案整个计算期的经济效果。

在进行方案比较时，一般以动态评价方法为主。在方案粗选阶段，可采用静态评价方法。

二、经济效果评价指标

评价指标是投资项目经济效益或投资效果的定量化及其直观的表现形式，它通常是通过对投资项目所涉及的费用和效益的量化和比较来确定的。只有正确地理解和适当地应用各个评价指标的含义及其评价准则，才能对投资项目进行有效的经济分析，才能作出正确的投资决策。

评价指标按照其所考虑的因素及使用方法的不同，可进行不同的分类，其中最常用的分类方法之一是按照是否考虑所量化的费用和效益的时间因素，即是否考虑资金的时间价值，将评价指标分为静态评价指标和动态评价指标。

（一）静态评价指标

在工程经济分析中，把不考虑资金时间价值的经济效益评价指标称为静态评价指标。此类指标的特点是简单易算，主要有投资收益率和静态投资回收期。

1. 投资收益率

投资收益率是指在项目建成达到设计生产能力后，其一个正常生产年份的净收益与项目全部投资的比率，是考察项目单位投资的盈利能力的指数。其表达式为：

$$投资收益率=\frac{年净收益}{项目全部投资}\times 100\% \qquad (6\text{-}15)$$

当项目在正常生产年份内各年收益情况变化幅度较大时，也可采用下式进行计算：

$$投资收益率=\frac{年平均净收益}{项目全部投资}\times 100\% \tag{6-16}$$

采用投资收益率对项目进行经济评价时，应将计算出的项目的投资收益率与行业的平均投资收益率进行比较。若高于或等于行业平均投资收益率，则项目可以考虑接受；若低于行业平均投资收益率，则项目不可行。

投资收益率是一个综合性的指标。在进行项目经济评价时，根据分析目的的不同，投资收益率又具体分为：投资利润率、投资利税率和资本金利润率。其中最常用的是投资利润率。

投资利润率是指项目在正常生产年份内所获得的年利润总额或年平均利润总额与项目全部投资的比率，其表达式为：

$$投资利润率=\frac{年利润总额(年平均利润总额)}{项目全部投资}\times 100\% \tag{6-17}$$

【例 6-12】 某公路投资项目投资与收益情况如表 6-3 所示，试计算其投资利润率。

某项目投资收益情况 表 6-3

年 份	0	1	2	3	4	5	6
投资(万元)	−100						
利润(万元)		10	12	12	12	12	14

解：根据计算公式(6-17)则有：

$$投资利润率=\frac{(10+12+12+12+12+14)\div 6}{100}\times 100\%=12\%$$

投资利润率反映了项目在正常生产年份的单位投资所带来的年利润，如上例中的项目，其投资利润率为 12%，则说明该项目在建成投产后，其每百元投资每年所产生的利润为 12 元。

投资收益率指标的优点与缺点如下。

优点：计算简便，能直观地衡量项目的经营成果；可适用于各种投资规模。

缺点：没有考虑投资收益的时间因素，忽视了资金具有时间价值的重要性；指标的计算主观随意性太强，在指标的计算中，对于应该如何计算投资资金占用，如何确定利润，都带有一定的不确定性和人为因素。因此，以投资收益率指标作为主要的决策依据不太可靠。

2. *静态投资回收期*(P_t)

静态投资回收期是指以项目每年的净收益回收项目全部投资所需要的时间，是考察项目财务上投资回收能力的重要指标。这里所说的全部投资，既包括固定资产投资，也包括流动资金投资。

其表达式为：

$$\sum_{t=0}^{P_t}(CI-CO)_t=0 \tag{6-18}$$

式中：P_t——静态投资回收期；

CI——现金流入量；

CO——现金流出量；

$(CI-CO)_t$——第 t 年的净现金流量。

静态投资回收期一般以“年”为单位，可以自项目建设开始年算起，也可以计算自项目建成投产年算起。对于这种情况，需加以说明，以防止两种情况的混淆。

在具体计算静态投资回收期时，又分为以下两种情况：

(1)项目建成投产后各年的净收益(即净现金流量)均相同，则静态投资回收期的计算公式为：

$$P_t = \frac{K}{R} \tag{6-19}$$

式中：K——全部总投资；

R——每年的净收益。

【例 6-13】 某公路项目一次性投资 500 万元，估计投产后各年的平均净收益为 80 万元，问该公路项目的静态投资回收期为多少？

解：根据公式(6-19)有：

$$P_t = \frac{K}{R} = \frac{500}{80} = 6.25(\text{年})$$

(2)项目建成投产后各年的净收益(即净现金流量)不相同，则静态投资回收期可根据累计净现金流量求得，其计算公式为：

$$P_t = [\text{累计净现金流量开始出现正值的年份}] - 1 + \frac{\text{上一年累计净现金流量绝对值}}{\text{当年净现金流量}} \tag{6-20}$$

【例 6-14】 某公路投资项目的净现金流量如图 6-14 所示，试计算其静态投资回收期。

解：计算该公路投资项目的累计净现金流量，见表 6-4。

根据公式(6-20)计算可得：

$$P_t = 5 - 1 + \frac{|-20|}{60} = 4.33(\text{年})$$

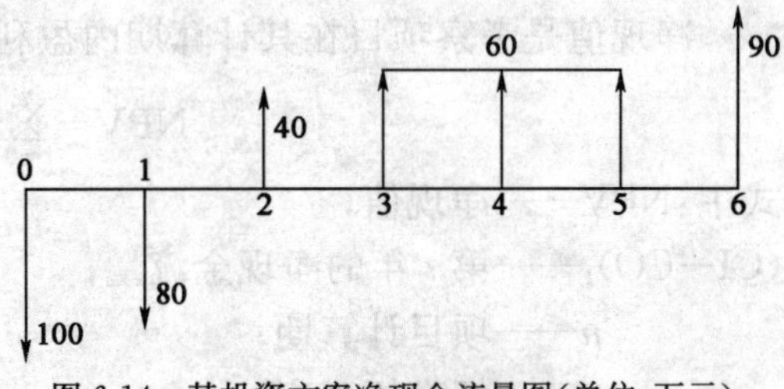

图 6-14 某投资方案净现金流量图(单位：万元)

某公路投资项目累计净现金流量(万元) 表 6-4

年 份	0	1	2	3	4	5	6
净现金流量	−100	−80	40	60	60	60	90
累计净现金流量	−100	−180	−140	−80	−20	40	130

静态投资回收期一般从建设开始年算起。采用静态投资回收期对投资方案进行评价时，其基本做法如下。

①确定行业的基准投资回收期(P_c)。基准投资回收期是国家根据国民经济各部门、各地区的具体经济条件，按照行业和部门的特点，结合财务会计上的有关制度及规定而颁布，同时进行不定期修订的建设项目经济评价参数，它是对投资方案进行经济评价的重要标准。

②计算项目的静态投资回收期(P_t)。

③比较 P_t 与 P_c：

若 $P_t \leqslant P_c$，则项目可以考虑接受；

若 $P_t > P_c$，则项目是不可接受的。

静态投资回收期(P_t)指标的优点与缺点如下。

优点:经济意义明确、直观,计算简便;在一定程度上反映了投资效果的优劣;可适用于各种投资规模。

缺点:只考虑投资回收之前的效果,不能反映回收投资之后的情况,即无法准确衡量项目投资收益的大小;未考虑资金的时间价值,因此无法正确地辨识项目的优劣。

(二)动态评价指标

一般将考虑了资金时间价值的经济效益评价指标称为动态评价指标。与静态评价指标相比,动态评价指标更加注重考察项目在其计算期内各年现金流量的具体情况。因而也就能够更加直观地反映项目的盈利能力,所以它的应用也就比静态评价指标更加广泛。在项目的可行性研究阶段进行项目经济评价时,一般是以动态评价指标作为主要指标,以静态评价指标作为辅助指标。

动态评价指标常用的一般有:净现值(率)、内部收益率、净年值、动态投资回收期、效益费用比等。

1. *净现值与净现值率*

(1)净现值(NPV)的含义及计算

净现值是指把项目计算期内各年的净现金流量,按照一个给定的标准折现率(基准收益率)折算到建设期初(项目计算期第一年年初)的现值之和。

净现值是考察项目在其计算期内盈利能力的主要动态评价指标。其表达式为:

$$NPV=\sum_{t=0}^{n}(CI-CO)_t(1+i_c)^{-t} \tag{6-21}$$

式中:NPV——净现值;

$(CI-CO)_t$——第 t 年的净现金流量;

n——项目计算期;

i_c——标准折现率。

(2)净现值的判别准则

净现值是评价项目赢利能力的绝对指标。用于投资方案的经济评价时其判别准则如下:

当 NPV>0 时,方案可行。因为这种情况说明投资方案实施后的投资收益水平不仅能达到标准折现率的水平,而且还会有盈余,即项目的盈利能力超过其投资收益期望水平。

当 NPV=0 时,方案可考虑接受。因为这种情况说明投资方案实施后的投资收益水平恰好等于标准折现率,即其盈利能力能达到所期望的最低财务盈利水平。

当 NPV<0 时,方案不可行。因为这种情况说明投资方案实施后的投资收益水平达不到标准折现率,即项目盈利能力水平比较低,甚至有可能出现亏损。

【例 6-15】 某公路投资项目的各年现金流量如表 6-5 所示,试用净现值指标判别项目的经济性($i_c=15\%$)。

某公路投资项目的各年现金流量 表 6-5

年　份	0	1	2	3	4～19	20
投资支出(万元)	40	10				
经营成本(万元)			17	17	17	17
收入(万元)			25	25	30	50
净现金流量(万元)	−40	−10	8	8	13	33

解:将表中各年的净现金流量代入计算公式(6-21),得:

$$
\begin{aligned}
NPV &= (-40)+(-10)(P/F,15\%,1)+8(P/F,15\%,2)+8(P/F,15\%,3)+13(P/A,15\%,16)(P/F,15\%,3)+33(P/F,15\%,20) \\
&= -40-10\times 0.8696+8\times 0.7561+8\times 0.6575+13\times 5.954\times 0.6575+33\times 0.0611 \\
&= 15.52(\text{万元})>0
\end{aligned}
$$

由于 NPV>0,故此项目在经济效果上是可以接受的。

(3)净现值与折现率的关系

从净现值的计算公式可以看出,对于具有常规现金流量(即在计算期内,方案的净现金流量序列的符号只改变一次的现金流量)的投资方案,其净现值的大小与折现率的高低有直接的关系。比如说,如果已知某投资方案各年的净现金流量,则该方案的净现值就完全取决于所选用的折现率,折现率越大,净现值就越小,折现率越小,净现值就越大;随着折现率的逐渐增大,净现值将由大变小,由正变负。NPV 与 i 之间的关系一般如图 6-15 所示。

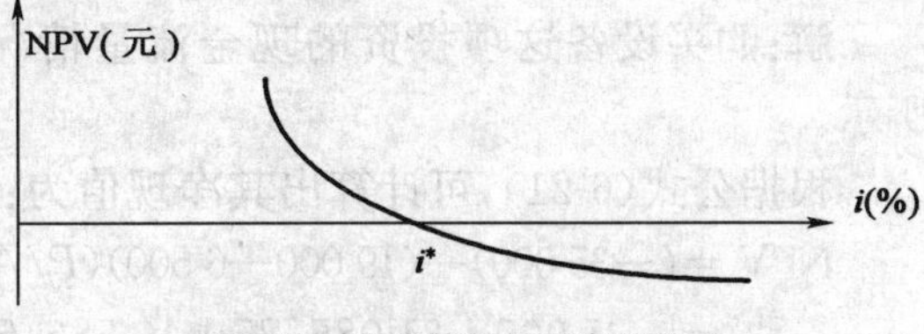

图 6-15 净现值与折现率的关系

从图 6-15 中可以看出,NPV 随 i 的增大而减小。在 i^* 处,曲线与横轴相交,说明如果选定 i^* 为折现率,则 NPV 恰好等于零。在 i^* 的左边,即 $i<i^*$ 时,NPV>0;在 i^* 的右边,即 $i>i^*$ 时,NPV<0。由于 NPV=0 是净现值判别准则的一个分水岭,因此可以说 i^* 是折现率的一个临界值,称为内部收益率。在 NPV 的表达式中,还有一个重要的概念,即标准折现率 i_c。

标准折现率又称基准收益率,它代表了项目投资应获得的最低财务盈利水平,是衡量投资方案是否可行的标准,也是一个重要的经济参数;其数值确定的合理与否,对投资方案的评价结果有直接的影响,算得过高或过低都会导致投资决策的失误。因为如果标准折现率定得过高,由于存在资金的时间价值,会导致现值之和变小,从而使一些经济效益不错的方案被拒绝;而如果定得过低,又会使现值之和变大,致使经济效益不好的一些投资方案也可能会被接受,从而造成不应有的损失。

标准折现率的确定一般以行业的平均收益率为基础,同时综合考虑资金成本、投资风险、通货膨胀以及资金限制等影响因素。对于国家投资项目,进行经济评价时使用的标准折现率是由国家组织测定并发布的行业基准收益率;非国家投资项目可参照行业基准收益率,由投资者自行确定。

(4)净现值(NPV)的优点与缺点

优点:考虑了资金的时间价值,并全面考虑了项目在寿命期内的经济状况;经济意义明确直观,能够直接以货币额表示项目的净收益;能直接说明项目投资额与资金成本之间的关系。

缺点:须首先确定一个符合经济现实的基准收益率,而基准收益率的确定往往比较困难;不能直接说明在项目运营期间各年的经营成果;不能真正反映投资中单位投资的使用效果。

(5)净现值率(NPVR)

净现值指标用于多个方案的比选时,没有考虑各方案投资额的大小,因而不能直接反映资金的利用效率。为了考察资金的利用效率,通常采用净现值率作为净现值的辅助指标。

净现值率(NPVR)是指项目的净现值与投资总额现值的比值,其经济涵义是单位投资现值所能带来的净现值,是一个考察项目单位投资的盈利能力的指标。其表达式为:

$$\mathrm{NPVR}=\frac{\mathrm{NPV}}{K_{\mathrm{p}}} \tag{6-22}$$

式中:K_{p}——全部投资的现值之和。

【例 6-16】 某施工企业拟购买一台设备,其购置费用为 35 000 元,使用寿命为 4 年,第 4 年末的残值为 3 000 元,在使用期内,每年的收入为 19 000 元,经营成本为 6 500 元,若给出标准折现率为 10%。试计算该设备购置方案的净现值率。

解:购买设备这项投资的现金流量情况如图 6-16 所示。

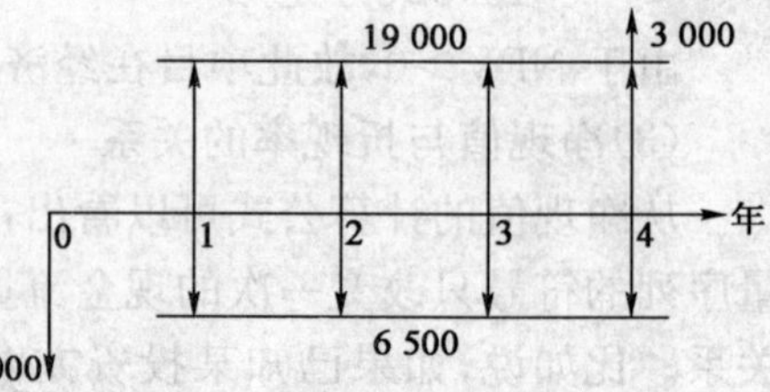

图 6-16 设备购置方案的现金流量图(单位:元)

根据公式(6-21),可计算出其净现值为:

$$\begin{aligned}\mathrm{NPV}&=(-35\,000)+(19\,000-6\,500)(P/A,10\%,3)+(19\,000+3\,000-6\,500)\times(P/F,10\%,4)\\&=-35\,000+31\,086.25+10\,586.5\\&=6\,672.75(\text{元})\end{aligned}$$

根据公式(6-22)可求出其净现值率为:

$$\mathrm{NPVR}=\frac{\mathrm{NPV}}{K_{\mathrm{p}}}=\frac{6\,672.75}{35\,000}=0.190\,7$$

净现值率主要用于对多个独立投资方案进行比选时的优劣排序。

2. 净年值(NAV)

净年值是指通过资金时间价值的计算将项目的净现值换算为项目计算期内各年的等额年金,是考察项目投资盈利能力的指标,其表达式为:

$$\mathrm{NAV}=\mathrm{NPV}(A/P,i,n) \tag{6-23}$$

式中:$(A/P,i,n)$——资本回收系数。

其现金流量图如图 6-17 所示。

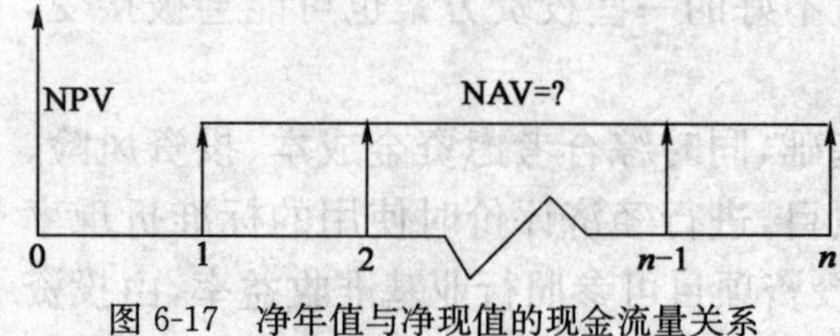

图 6-17 净年值与净现值的现金流量关系

由 NAV 的表达式(6-23)可以看出,NAV 实际上是 NPV 的等价指标,即对于单个投资方案来讲,用净年值进行评价和用净现值进行评价其结论是相同的,其评价准则是:

当 NAV≥0 时,方案可考虑接受;

当 NAV<0 时,方案不可行。

【例 6-17】 根据例 6-16 中的数据用净年值指标分析投资的可行性。

解:根据计算公式(6-23)可得:

$$\begin{aligned}\mathrm{NAV}&=(-35\,000)(A/P,10\%,4)+19\,000-6\,500+3\,000(A/F,10\%,4)\\&=-35\,000\times0.315\,5+12\,500+3\,000\times0.215\,5\\&=2\,104(\text{元})\end{aligned}$$

由于 NAV>0,故此项投资是行的。

净年值指标主要用于寿命期不同的多方案评价与比较,特别是寿命期相差较大,或寿命周期的最小公倍数较大时的多方案评价与比较。

3. 内部收益率(IRR)

(1)内部收益率的概念及判别准则

内部收益率是指项目在整个计算期内各年净现金流量的现值之和等于零时的折现率，也就是项目的净现值等于零时的折现率。其表达式为：

$$\sum_{t=0}^{n}(\mathrm{CI}-\mathrm{CO})_t(1+\mathrm{IRR})^{-t}=0 \tag{6-24}$$

式中：IRR——内部收益率。

根据净现值与折现率的关系，以及净现值指标在方案评价时的判别准则，可以很容易地导出用内部收益率指标评价投资方案的判别准则，即：

当 $\mathrm{IRR}\geqslant i_c$ 时，则 NPV>0，方案可考虑接受；

当 $\mathrm{IRR}<i_c$ 时，则 NPV<0，方案不可行。

(2)内部收益率的计算

由内部收益率的表达式可以看出，内部收益率的计算是求解一个一元多次方程的过程。在实际应用过程中，一般采用线性插值法来近似求得内部收益率的解。它的基本步骤如下：

①首先根据经验，选定一个适当的折现率 i_0。

②根据投资方案的现金流量情况，利用选定的折现率 i_0，求出方案的净现值 NPV。

③若 NPV>0，则适当使 i_0 继续增大；若 NPV<0，则适当使 i_0 继续减小。

④重复步骤③，直到找到这样的两个折现率 i_1 和 i_2，其所对应求出的净现值 $\mathrm{NPV}_1>0$，$\mathrm{NPV}_2<0$，其中 i_1-i_2 一般不超过2%～5%。

⑤采用线性插值公式求出内部收益率的近似解，其公式为：

$$\mathrm{IRR}=i_1+\frac{\mathrm{NPV}_1}{\mathrm{NPV}_1+|\mathrm{NPV}_2|}(i_2-i_1) \tag{6-25}$$

计算公式可结合图6-18推导如下：

在 i_1 和 i_2 之间，净现值与折现率的关系如弧 AD 所示，它在 F 处与横轴相交，内部收益率为 IRR，直线 AD 可以近似替代弧线 AD，然后用几何方法求出 AD 与横轴的交点 IRR′，用 IRR′作为 IRR 的近似值。

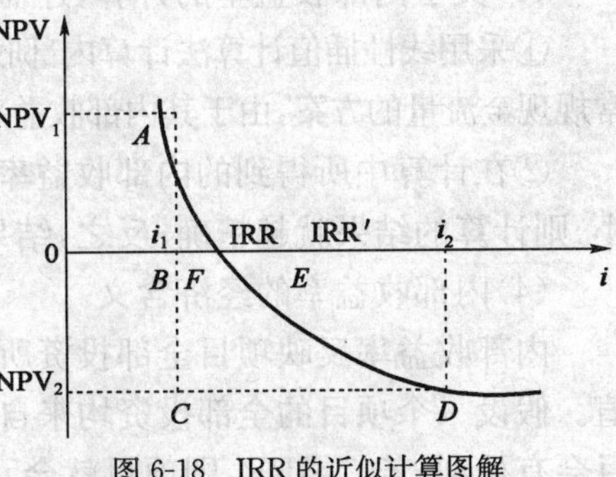

图6-18　IRR的近似计算图解

求 IRR′的方法如下。

根据几何原理：$\because \triangle ABE \backsim \triangle ACD$

$\therefore AB/AC=BE/CD$

即　$\mathrm{NPV}_1/(\mathrm{NPV}_1+|\mathrm{NPV}_2|)=(\mathrm{IRR}'-i_1)/(i_2-i_1)$

故　$\mathrm{IRR}'=i_1+\dfrac{\mathrm{NPV}_1}{\mathrm{NPV}_1+|\mathrm{NPV}_2|}(i_2-i_1)$

【例6-18】　假定现在投资5 000万元，预计10年中每年可获利300万元，并在第10年末另可获利12 000万元，当基准收益率 $i_c=12\%$ 时，试用内部收益率指标判断该项目的经济性。

解：作现金流量图如图6-19所示。

此项目的净现值为：

$\mathrm{NPV}=(-5\,000)+12\,000(P/F,i,10)+300(P/A,i,10)$

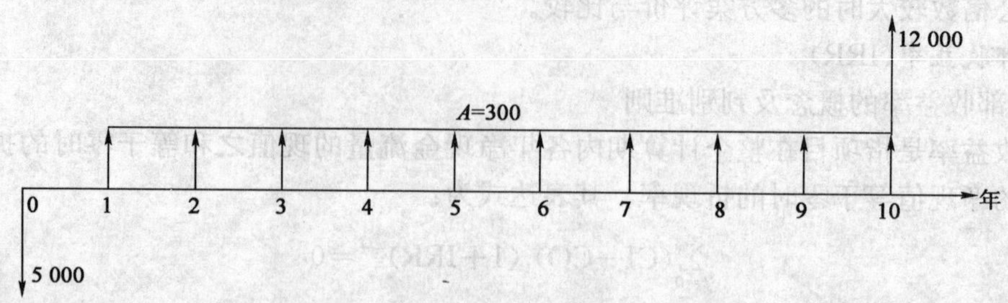

图 6-19 求内部收益率的现金流量图(单位:元)

现分别设 $i_1=13\%$,$i_2=14\%$,计算相应的 NPV_1 和 NPV_2:

$$NPV_1=(-5\,000)+12\,000(P/F,13\%,10)+300(P/A,13\%,10)$$
$$=-5\,000+12\,000\times0.295+300\times5.426$$
$$=167.8(\text{万元})>0$$

$$NPV_2=(-5000)+12000(P/F,14\%,10)+300(P/A,14\%,10)$$
$$=-5000+12000\times0.27+300\times5.216$$
$$=-195.2(\text{万元})<0$$

用线性插值计算公式(6-25)可算出 IRR 的近似值:

$$IRR=i_1+\frac{NPV_1}{NPV_1+|NPV_2|}(i_2-i_1)$$
$$=13\%+\frac{167.8}{167.8+|-195.2|}(14\%-13\%)$$
$$=13.46\%$$

因为 $IRR=13.46\%>i_c=12\%$,故该项目在经济效果上是可以接受的。

(3)关于内部收益率的计算,还需补充以下两点:

①采用线性插值计算法计算内部收益率,只适用于具有常规现金流量的投资方案;对于具有非常规现金流量的方案,由于其内部收益率的存在可能不是唯一的,因此这种计算方法就不太适用。

②在计算中所得到的内部收益率的精确度与(i_2-i_1)的大小有关。i_2与i_1之间的差距越小,则计算的结果就越精确;反之,结果误差就越大。

(4)内部收益率的经济含义

内部收益率反映项目全部投资所能获得的实际最大收益率,是项目借入资金利率的临界值。假设一个项目的全部投资均来自借入资金,从理论上讲,若借入资金的利率$i<IRR$,则项目会有盈利;若$i>IRR$,则项目就会亏损;若$i=IRR$,则由项目全部投资所得的净收益刚好用于偿还借入资金的本金和利息。这样一个偿还的过程只与项目的某些内部因素(如借入资金额、各年的净收益以及由于存在资金的时间价值而产生的资金的增值率)有关,反映的是发生在项目内部的资金的盈利情况,而与项目之外的外界因素无关。

(5)内部收益率指标的优点与缺点

优点:考虑了资金的时间价值以及项目在寿命期内的经济状况;能衡量项目的真正的投资收益率;不需要事先确定一个基准收益率,而只需要知道基准收益率的大致范围即可。

缺点:需要大量的与投资项目有关的数据,计算比较烦琐;对于具有非常规现金流量的项目来讲,其内部收益率往往不是唯一的,在某些情况下甚至是不存在的。

4. 动态投资回收期

动态投资回收期是指在考虑了资金的时间价值的情况下，以项目每年的净收益回收项目全部投资所需要的时间。动态投资回收期的表达式为：

$$\sum_{t=0}^{P_t'}=(CI-CO)_t(1+i_c)^{-t}=0 \tag{6-26}$$

式中：P_t'——动态投资回收期。

采用上式计算 P_t'一般比较烦琐，因此在实际应用中往往是根据项目的现金流量表，用下列近似公式计算：

$$P_t'=\text{累计净现金流量现值开始出现正值的年份数}-1+\frac{\text{上一年累计净现金流量现值的绝对值}}{\text{当年净现金流量现值}} \tag{6-27}$$

【例 6-19】 某项目的有关数据见表 6-6，设 $i_c=10\%$，试计算该项目的动态投资回收期。

解：根据计算公式(6-27)可得：

$$P_t'=6-1+\frac{|-118.5|}{141.1}=5.84(\text{年})$$

某项目的有关数据(万元)　　表 6-6

年　份	0	1	2	3	4	5	6	7
投资	20	500	100					
经营成本				300	450	450	450	450
销售收入				450	700	700	700	700
净现金流量	−20	−500	−100	150	250	250	250	250
净现金流量现值	−20	−454.6	−82.6	112.7	170.8	155.2	141.1	128.3
累计净现金流量现值	−20	−474.6	−557.2	−444.5	−273.7	−118.5	22.6	150.9

动态投资回收期用于投资方案评价的判别准则可根据净现值的判别准则推出。根据净现值的计算公式和动态投资回收期的计算公式。

当 NPV=0 时，$P_t'=n$，因此 P_t'的判别准则为：

当 $P_t'\leqslant n$ 时，NPV$\geqslant$0，方案可考虑接受；

当 $P_t'>n$ 时，NPV$<$0，方案不可行。

动态投资回收期是考察项目财务上投资实际回收能力的动态指标。它反映了等值回收，而不是等额回收项目全部投资所需要的时间，因而更具有实际意义。

5. 效益费用比

(1)效益费用比的含义及计算

效益费用比也是一种常用的经济分析指标，特别是在对项目进行宏观分析和国民经济评价时，它发展成为宏观经济分析的主要指标之一。

效益费用比所反映的经济关系就是项目或某个投资方案的总收益与其总费用的关系。用 B 表示效益，用 C 表示费用，BCR 表示效益费用比，也就是指一个项目的总效益现值与总费用现值之比；或者是项目的效益年值与费用年值之比。其表达式为：

$$\frac{B}{C}=\frac{\sum_{t=0}^{n}CI(1+i_c)^{-t}}{\sum_{t=0}^{n}CO(1+i_c)^{-t}}=\frac{\sum_{t=0}^{n}CI(1+i_c)^{-t}(A/P,i_c,n)}{\sum_{t=0}^{n}CO(1+i_c)^{-t}(A/P,i_c,n)} \tag{6-28}$$

(2)效益费用比的判别准则

当 BCR>1 时，方案是经济的；

当 BCR=1 时，方案可考虑接受；

当 BCR<1 时，方案不可行。

【例 6-20】 假定有一条公路，经多年统计每年由于车祸而造成的财产损失平均为 90 万元。现考虑拓宽增加一条车道，估计改建后车祸可减少一半。增加一条车道的投资约 180 万元，使用寿命 30 年，每年保养费为原投资的 3%。假定 $i_c=7\%$，试用效益费用比指标对该工程作出评价。

解：该工程的效益是减少车祸，用年值计算 BCR。

$C=180(A/P,7\%,30)+180\times3\%=180\times(0.0806+0.03)=19.91$(万元)

$B=90\times50\%=45$(万元)

$\text{BCR}=\frac{B}{C}=\frac{45}{19.91}=2.26>1$

因此，该工程是可行的。

(3)效益费用比的主要用途及存在的问题

效益费用分析主要用于公共工程项目的经济分析，如公路、铁路、桥梁、港口、机场、水库、市政和环保等建设项目均属于公共工程。公共工程不同于一般工业项目，它不是以项目的自身盈利为主要目的，而是通过为社会提供服务而使社会效益增加。因此，公共工程项目的经济效益不能单纯以项目自身的盈利性来衡量，只能用项目建成后社会所得到的效益与社会为之付出的费用(包括一次性投入及日常经营费用)作为评价的标准，故这种方法称为效益费用分析。

在效益费用分析中，必须分清什么是费用、效益和负效益。一般而言，费用是由政府机构来负担，凡属于费用的现金项目均应全部归入效益费用比的分母；而效益、负效益则是发生于社会的公众，凡属于效益或负效益的现金项目应全部归入效益费用比的分子中。

应当说明的是，计算公共工程项目的费用时，除计算其一次性投资及日常的维护费用外，如果项目本身还有一定的现金收入(如使用者日常交纳的使用费以及项目最后的残值等)，一般应从分母的费用中减去而不是加在分子的效益中，因为这部分资金从性质上来讲属于政府费用的节约，而不是项目所产生的效益。

效益费用分析中存在的主要问题，是如何用货币的形式来衡量一个项目的社会效益，实际上比这个问题更为根本的，是评价公共工程项目时，究竟应当涉及哪些社会效益。在交通部 1988 年 6 月颁布的《公路建设项目经济评价方法》中，对公路工程的效益和费用进行了明确的规定。

三、投资方案经济效益评价方法

(一)项目评价方法概论

投资方案经济效益评价分为两个基本内容：单方案检验和多方案比选。

单方案检验是指对某个初步选定的投资方案，根据项目收益与费用情况，通过计算其经济评价指标，确定项目的可行性。单方案检验的方法比较简单，其主要步骤如下：

(1)确定项目的现金流量情况，编制项目现金流量表或绘制现金流量图。

(2)根据公式计算项目的经济评价指标，如 NPV、NAV、IRR、P_t等。

(3)根据计算出的经济评价指标值及相应的判别准则，如 NPV≥0 、NAV≥0 、IRR≥i_c、$P_t\leqslant P_c$等来确定项目的可行性。

多方案比选是指对根据实际情况所提出的多个备选方案，通过选择适当的经济评价方法与指标，来对各个方案的经济效益进行比较，最终选择出具有最佳投资效益的方案。与单方案检验相比，多方案的比选要复杂得多，所涉及的影响因素、评价方法以及要考虑的问题都要多得多，归纳起来，主要有以下几方面：

(1)备选方案的筛选，剔除单方案检验明显不可行的方案。

(2)进行方案比选时所考虑的因素。多方案比选可按方案的全部因素计算多个方案的全部经济效益与费用，进行全面的分析对比；也可仅就各个方案的不同因素计算其相对应的经济效益和费用，进行局部的分析对比。另外，还要注意各个方案间的可比性，要遵循效益与费用计算口径相一致的原则。

(3)各个方案的结构类型。对于不同结构类型的方案比选要选用不同的比较方法和评价指标。考察的结构类型所涉及的因素有：方案的计算期是否相同，方案所需的资金来源有否限制，方案的投资额是否相差过大等。

(4)备选方案之间的关系。备选方案之间的关系不同，决定了所采用的评价方法也会有所不同。一般来讲，方案之间存在着以下三种关系。

互斥关系：是指各个方案之间存在着互不相容、互相排斥的关系，进行方案比选时，在多个备选方案中只能选择一个，其余的均必须放弃，不能同时存在。

独立关系：是指各个投资方案的现金流量是独立的，不具相关性，其中任一方案的采用与否只与其自己的可行性有关，而与其他方案是否采用没有关系。

相互关系：是指在各个投资方案之间，其中某一方案的采用与否会对其他方案的现金流量带来一定的影响，进而影响其他方案的采用或拒绝。

(二)寿命期相同的互斥方案的比选

对于寿命期相同的互斥方案，计算期通常设定为其寿命周期，这样能满足在时间上可比的要求。寿命期相同的互斥方案的比选方法一般有：净现值法、净现值率法、差额内部收益率法、差额效益费用比法、最小费用法等。

1.净现值法

净现值法就是通过计算各个备选方案的净现值并比较其大小而判断方案的优劣，是多方案比选中最常用的一种方法。

净现值法的基本步骤如下：

(1)分别计算各个方案的净现值，并用判别准则加以检验，剔除 NPV＜0 的方案。

(2)对所有 NPV≥0 的方案比较其净现值。

(3)根据净现值最大准则，选择净现值最大的方案为最佳方案。

【例 6-21】　现有 A、B、C 三个互斥方案，其寿命期均为 16 年，各方案的净现金流量如表 6-7 所示，假定 $i_c=10\%$，试用净现值法选择出最佳方案。

各方案的现金流量表(万元)　　表 6-7

年份 方案	建设期		生产期		
	1	2	3	4～15	16
A	−2 024	−2 800	500	1 100	2 100
B	−2 800	−3 000	570	1 310	2 300
C	−1 500	−2 000	300	700	1 300

解:各方案的净现值计算结果如下:

$NPV_A=(-2\,024)(P/F,10\%,1)+(-2\,800)(P/F,10\%,2)+500(P/F,10\%,3)+1\,100(P/A,10\%,12)(P/F,10\%,3)+2\,100(P/F,10\%,16)$

$=582.5$(万元)>0

$NPV_B=(-2\,800)(P/F,10\%,1)+(-3\,000)(P/F,10\%,2)+570(P/F,10\%,3)+1\,310(P/A,10\%,12)(P/F,10\%,3)+2\,300(P/F,10\%,16)$

$=586.0$(万元)>0

$NPV_C=(-1\,500)(P/F,10\%,1)+(-2\,000)(P/F,10\%,2)+300(P/F,10\%,3)+700(P/A,10\%,12)(P/F,10\%,3)+1\,300(P/F,10\%,16)$

$=14.3$(万元)>0

计算结果表明,方案B的净现值最大,因此方案B是最佳方案。

净现值法是对寿命期相同的互斥方案进行比选时最常用的方法。有时在采用不同的评价指标对方案进行比选时,会得出不同的结论,这时往往以净现值指标作为最后衡量的标准。

2. *差额内部收益率法*

内部收益率是衡量项目综合能力的重要指标,也是在项目经济评价中经常用到的指标之一;但在进行互斥方案的比选时,如果直接用各个方案内部收益率的高低来作为衡量方案优劣的标准,往往会导致错误的结论。

【例 6-22】 某公路建设项目有A、B、C三个设计方案,其寿命期均为10年,各方案的初始投资和年净收益如表6-8所示。假定 $i_c=10\%$,试选择最佳方案。

解:首先用净现值法对方案进行比选,计算结果如下:

$NPV_A=(-170)+44(P/A,10\%,10)=100.34$(万元)$>0$

$NPV_B=(-260)+59(P/A,10\%,10)=102.53$(万元)$>0$

$NPV_C=(-300)+68(P/A,10\%,10)=117.83$(万元)$>0$

各方案的净现金流量表(万元) 表6-8

方案 \ 年份	0	1~10
A	170	44
B	260	29
C	300	68

计算结果表明,方案C的净现值最大,因此方案C是最佳方案。

如果采用内部收益率指标进行比选又会如何呢?下面来计算一下。根据IRR的定义及各个方案的现金流量情况,有:

$(-170)+44(P/A,IRR_A,10)=0 \longrightarrow IRR_A=22.47\%$

$(-260)+59(P/A,IRR_B,10)=0 \longrightarrow IRR_B=18.49\%$

$(-300)+68(P/A,IRR_C,10)=0 \longrightarrow IRR_C=18.52\%$

可见,$IRR_A>IRR_C>IRR_B$,且 IRR_A、IRR_B、IRR_C 均大于 i_c。

即方案A是最佳方案。这个结论与采用净现值法计算得出的结论是矛盾的。那么究竟哪一种方法得出的结果是正确的呢?这个问题通过下面的图6-20来加以说明。

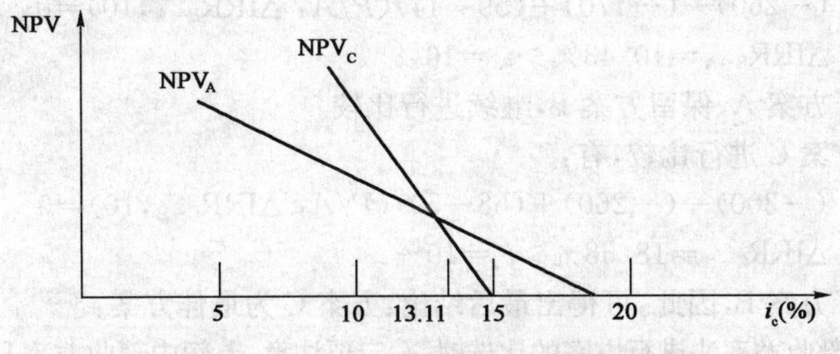

图 6-20 方案 A、C 的净现值与折现率的关系

图 6-20 中两条曲线分别是方案 A 和方案 C 的净现值函数曲线。由两条曲线的形状可以看出，两条曲线在 $i_c=13.11\%$ 处相交。当折现率 $i_c<13.11\%$ 时，$NPV_C>NPV_A$；当折现率 $i_c>13.11\%$ 时，$NPV_A>NPV_C$。也就是说，当取定的标准折现率 $i_c>13.11\%$ 时，采用净现值指标与采用内部收益率指标对方案进行比选得出的结论是相同的；当取定的标准折现率 $i_c<13.11\%$ 时，采用两种方法对方案进行比选得出的结论是相反的。产生这种现象的根本原因在于净现值与内部收益率这两个评价指标的经济含义有所不同。

净现值的经济含义十分明确，比如说对一个投资方案而言，假若其 NPV＝0，则表明该方案的净收益刚好抵付用标准折现率所计算的利息，即方案的盈利水平恰好等于所选用的标准折现率。而内部收益率则是表明了投资方案所能承受的最高利率，或最高的资金成本，用式子表示就是当选定的 $i=\text{IRR}$ 时，方案的 NPV＝0。根据标准折现率的经济含义，它代表的是项目投资的收益期望水平，是项目投资的资金机会成本。采用净现值最大准则作为方案比选的决策依据，可以达到总投资的收益最大化，是符合方案比选的基本目标的。而内部收益率并未考虑真正的资金机会成本，其决策结果与资金机会成本无关，这样就难以保证比选结论的正确性。

由于互斥方案的比选，实质上是分析投资大的方案所增加的投资能否用其增量收益来补偿，即对增量的现金流量的经济合理性做出判断，因此，可以通过计算增量净现金流量的内部收益率即差额内部收益率来比选方案，这样就能够保证方案比选结论的正确性。

差额内部收益率的表达式为：

$$\sum_{t=0}^{n}[(CI-CO)_2-(CI-CO)_1]_t(1+\Delta IRR)^{-t}=0 \tag{6-29}$$

其计算与内部收益率的计算相同，也采用线性插值法求得。

采用差额内部收益率指标对互斥方案进行比选的基本步骤如下：

(1)计算备选方案的 IRR。

(2)将 $IRR\geqslant i_c$ 的方案按投资额由小到大依次排列。

(3)计算排在最前面的两个方案的差额内部收益率 ΔIRR，若 $\Delta IRR\geqslant i_c$，则说明投资大的方案优于投资小的方案，保留投资大的方案；若 $\Delta IRR<i_c$，则保留投资小的方案。

(4)将保留的较优方案依次与相邻方案两两逐对比较，直至全部方案比较完毕，则最后保留的方案即为最优方案。

【例 6-23】 根据例 6-22 的资料，试用差额内部收益率法选择出最佳方案。

解：由于三个方案的 IRR 均大于 i_c，将它们按投资额大小排列为：A→B→C。先对方案 A 和方案 B 进行比较。

根据差额内部收益率的计算公式(6-29)，有：

$$(-260)-(-170)+(59-44)(P/A, \Delta IRR_{B-A}, 10)=0$$

$$\Delta IRR_{B-A}=10.43\%>i_c=10\%$$

故方案 B 优于方案 A,保留方案 B,继续进行比较。

将方案 B 和方案 C 进行比较,有:

$$(-300)-(-260)+(68-59)(P/A, \Delta IRR_{C-B}, 10)=0$$

$$\Delta IRR_{C-B}=18.68\%>i_c=10\%$$

故方案 C 优于方案 B,因此,可得出最后结论:方案 C 为最佳方案:

在采用差额内部收益率法进行方案的比选时,一定要注意:差额内部收益率只能说明增加投资部分的经济合理性,亦即 $\Delta IRR \geqslant i_c$,只能说明增量投资部分是有效的,并不能说明全部投资的效果。因此采用此方法前,应先对备选方案进行单方案检验,只有可行的方案才能作为比较的对象。

3. *差额效益费用比法*

差额效益费用比就是对增加的费用所带来的增量效益进行比较。假定有方案 1 和方案 2 两个方案,且方案 2 的费用大于方案 1 的费用,则有:

$$\Delta BCR=\frac{\Delta B}{\Delta C}=\frac{B_2-B_1}{C_2-C_1} \tag{6-30}$$

若 $\Delta BCR \geqslant 1$,则选择投资大的方案;若 $\Delta BCR<1$,则选择投资小的方案。基准方案可以是零方案,也可以是某一个 $BCR \geqslant 1$ 的最小投资方案,但不能是 $BCR<1$ 的方案,因为它本身就不可接受,故不能成为基准方案。

采用超额效益费用比法对互斥方案进行比选的步骤与差额内部收益率法的步骤一样。

【例 6-24】 某公路工程有四种建设方案,其基础数据见表 6-9,假定 $i_c=10\%$,试用差额效益费用比法选择出最佳方案。

某工程四种建设方案的基础数据 表 6-9

方案	Ⅰ	Ⅱ	Ⅲ	Ⅳ
投资 C(万元)	20	27.5	19	35
年效益 B(万元)	2.2	3.5	1.8	4.4
寿命 n(年)	30	30	30	30

解:把四个方案按其投资额由小到大排列在表 6-10 中,首先计算它们各自的 BCR,并舍弃 $BCR<1$ 的方案。本例中方案Ⅲ虽然 $BCR<1$,但为了说明问题,仍让其参与计算比较。本例最后一个可被接受的方案是方案Ⅳ,即方案Ⅳ为最佳方案。

某公路工程四种建设方案的计算数据 表 6-10

方案	Ⅲ	Ⅰ	Ⅱ	Ⅳ
投资 C(万元)	19	20	27.5	35
年效益 B(万元)	1.8	2.2	3.5	4.4
$B\times(P/A,10\%,30)$(万元)	16.97	20.74	32.99	41.48
各方案的 BCR	0.89<1	1.04>1	1.20>1	1.18>1
对比方案	Ⅲ对 0	Ⅰ对 0	Ⅱ对Ⅰ	Ⅳ对Ⅱ
增量费用 ΔC(万元)	19	20	7.5	7.5
增量效益 ΔB(万元)	16.97	20.74	12.25	8.94

续上表

方案	Ⅲ	Ⅰ	Ⅱ	Ⅳ
ΔBCR	0.89<1	1.04>1	1.63>1	1.13>1
可否接受	否	可	可	可
最佳方案	0	Ⅰ	Ⅱ	Ⅳ
净效益 NB(万元)	−2.03	0.74	5.49	6.48

虽然最后选中了方案Ⅳ，但它本身的 BCR 在四个方案中并非最大，最大的是方案Ⅱ为1.2，而方案Ⅳ只有1.18。

4. 最小费用法

在工程经济中经常会遇到这样一类问题，两个或多个互斥方案其产出的效果相同，或基本相同但却难以进行具体估算，比如一些环保、国防、教育等项目，其所产生的效益无法或很难用货币直接计量。在这种情况下，假定各方案的收益是相等的，对各方案的费用进行比较，根据效益极大化目标的要求，即费用较小的项目比费用较大的项目更为可取的原则，来选择最佳方案，这种方法称为最小费用法。最小费用法包括费用现值法和年费用法。

(1)费用现值(PC)法

费用现值法实际上是净现值法的一个特例，费用现值法所计算出的净现值只包括费用部分。假定各方案的收益是相等的，只计算各备选方案的费用现值(PC)并进行对比，以费用现值较低的方案为最佳方案。其表达式为：

$$PC=\sum_{t=0}^{n}CO(1+i_c)^{-t}=\sum_{t=0}^{n}CO_t(P/F,i_c,t) \tag{6-31}$$

【例 6-25】 某公路项目有 A、B 两种不同的工艺设计方案，均能满足同样的生产技术需要，其有关费用支出情况见表 6-11，假定 $i_c=10\%$，试用费用现值法选择出最佳方案。

A、B 两方案费用支出情况(万元)　　表 6-11

方　案	投资(第一年末)	年经营成本(2～10 年)	寿　命　期
A	600	280	10
B	785	245	10

解：根据计算公式(6-31)，可分别计算出 A、B 两个方案的费用现值为：

$PC_A=600(P/F,10\%,1)+280(P/A,10\%,9)(P/F,10\%,1)=2\,011.40$(万元)

$PC_B=785(P/F,10\%,1)+245(P/A,10\%,9)(P/F,10\%,1)=1\,996.34$(万元)

由于 $PC_A>PC_B$，所以方案 B 为最佳方案。

(2)年费用(AC)法

年费用法是通过计算各备选方案的年费用(AC)并进行比较，以年费用较低的方案为最佳方案的一种方法，其表达式为：

$$AC=\sum_{t=0}^{n}CO_t(P/F,i_c,t)(A/P,i_c,n) \tag{6-32}$$

【例 6-26】 根据例 6-25 的资料，试用年费用比较法选择出最佳方案。

解：根据计算公式(6-32)，可分别计算出 A、B 两个方案的等额年费用为：

$AC_A=2\,011.40(A/P,10\%,10)=327.46$(万元)

$AC_B=1\,966.34(A/P,10\%,10)=325.00$(万元)

由于 $AC_A > AC_B$，所以方案 B 为最佳方案。

采用年费用比较法与费用现值比较法对方案进行比较的结论是一致的。因为实际上费用现值(PC)和等额年费用(AC)之间可以很容易进行转换。即：

$$PC = AC(P/A, i, n)$$

或

$$AC = PC(A/P, i, n)$$

所以，根据费用最小的选择原则，两种方法的计算结果是一致的。因此，在实际应用中，对于效益相同或基本相同但又难以进行具体估算的互斥方案进行比选时，若方案的寿命期相同，则任意选择其中一种方法即可；若方案的寿命期不同，则一般使用年费用比较法。

(三)寿命期不同的互斥方案的比选

对于其寿命期不相同的互斥方案，不能直接采用净现值等评价方法对方案进行比选，因为此时寿命期长的方案与寿命期短的方案的净现值不具有可比性。为了满足时间可比的要求，必须对各个备选方案进行适当的处理，使各个方案在相同的条件下进行比较，才能得出合理的结论。

对寿命期不相同的互斥方案进行处理的方法很多，常用的有年值法、最小公倍数法和研究期法等。

(1)年值(AW)法

年值法是对寿命期不同的互斥方案进行比选时用到的一种最简明的方法。它是通过分别计算各备选方案净现金流量的等额年值(AW)并进行比较，以 $AW \geqslant 0$，且 AW 最大者为最优方案。其中年值(AW)的表达式为：

$$AW = \left[\sum_{t=0}^{n}(CI-CO)_t(1+i_c)^{-t}\right](A/P, i_c, n) = NPV(A/P, i_c, n) \tag{6-33}$$

【例 6-27】 某公路建设项目有 A、B 两个方案，其净现金流量情况见表 6-12，假定 $i_c = 10\%$，试用年值法对方案进行比选。

A、B 两方案的净现金流量(万元)　　表 6-12

方案＼年份	1	2～5	6～9	10
A	−300	80	80	100
B	−100	50	—	—

解：先计算出 A、B 两个方案的净现值为：

$$NPV_A = (-300)(P/F, 10\%, 1) + 80(P/A, 10\%, 8)(P/F, 10\%, 1) + 100(P/F, 10\%, 10) = 153.83\text{(万元)}$$

$$NPV_B = (-100)(P/F, 10\%, 1) + 50(P/A, 10\%, 4)(P/F, 10\%, 1) = 53.18\text{(万元)}$$

根据年值的计算公式，可得两个方案的等额年值为：

$$AW_A = NPV_A(A/P, 10\%, 10) = 25.04\text{(万元)}$$

$$AW_B = NPV_B(A/P, 10\%, 5) = 14.03\text{(万元)}$$

由于 $AW_A > AW_B$ 且 AW_A、AW_B 均大于零，所以方案 A 为最佳方案。

(2)最小公倍数法

最小公倍数法又称方案重复法，是以各备选方案寿命期的最小公倍数作为比选方案的共同的计算期，并假设各方案在这个共同的计算期内重复进行，对共同计算期内各方案的净现金流量进行重复计算。例如，有A、B两个互斥方案，A方案的计算期为6年、B方案的计算期为8年，则其共同的计算期为24年(即6和8的最小公倍数)，则共同计算期内A方案重复实施4次、B方案重复实施3次。分别对其净现金流量进行重复计算，计算出在共同的计算期内各个方案的净现值，以净现值较大的方案为最佳方案。

【例6-28】 假定标准折现率$i_c=15\%$，试用最小公倍数法选择不同型号的两种设备购置方案。其基本数据如表6-13所示。

A、B两方案的现金流量　　表6-13

设备型号	A型	B型
一次投资(元)	11 000	18 000
年经营费(元)	3 500	3 100
残值(元)	1 000	2 000
寿命(年)	6	9

解：因为两种设备的寿命不等，所以必须按最小公倍数法换算成相同的计算期为18年，A、B两个方案的现金流量图如图6-21和图6-22所示。

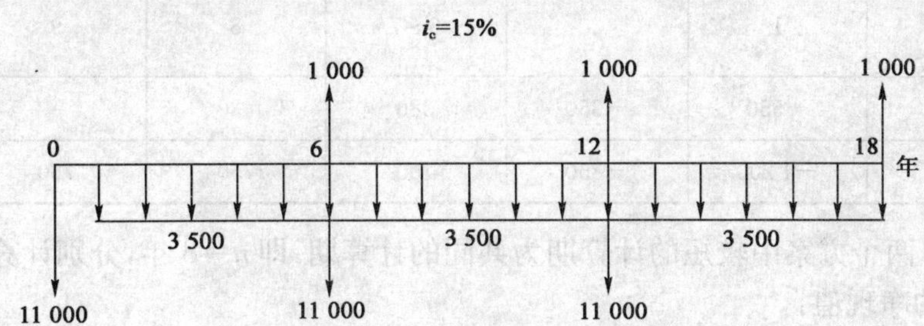

图6-21　方案A的现金流量图(单位：元)

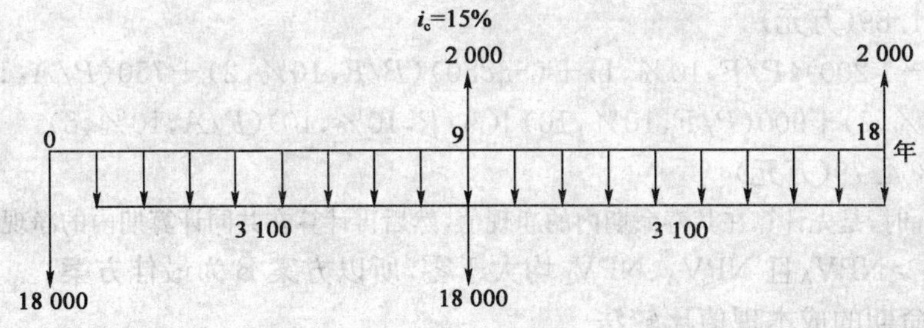

图6-22　方案B的现金流量图(单位：元)

根据计算公式(6-21)得：

$$NPV_A=(-11\,000)+(-11\,000+1\,000)(P/F,15\%,6)+(-11\,000+1\,000)(P/F,15\%,12)+1\,000(P/F,15\%,18)+(-3\,500)(P/A,15\%,18)$$

$$=-38\,557(\text{万元})$$

$$NPV_B=(-18\,000)+(-18\,000+2\,000)(P/F,15\%,9)+2\,000(P/F,15\%,18)+(-3\,100)\times(P/A,15\%,18)$$

$=-41\ 379$(万元)

由于 $NPV_A > NPV_B$,所以应选购 A 型设备。

(3)研究期法

在用最小公倍数法进行方案比选时,如果诸方案寿命期的最小公倍数比较大,则就需要对各方案进行多次重复计算。由于技术在不断地进步,一个完全相同的方案在一个较长的时期内反复实施的可能性不大,多次重复计算与实际情况显然不相符合,此时用最小公倍数法得出的评价结论就不太令人信服。这时可以采用研究期法。

所谓研究期法,就是针对寿命期不相等的互斥方案,直接选取一个适当的分析期作为各个方案共同的计算期,通过比较各个方案在该计算期内的净现值来对方案进行比选,以净现值最大的方案为最佳方案。在实际应用中,为简便起见,往往直接选取诸方案中最短的计算期为各个方案的共同计算期,所以研究期法又称最小计算期法。采用研究期法对方案进行比选时,对于寿命期比共同的计算期长的方案,要对其在计算期后的现金流量情况进行合理的估算,以免影响结论的合理性。

【例 6-29】 A、B 两个公路项目的净现金流量情况如表 6-14 所示,假定标准折现率 $i_c=10\%$,试用研究期法对方案进行比选。

A、B 两方案的现金流量(万元)　　表 6-14

方案 \ 年份	1	2	3～7	8	9	10
A	−550	−350	380	430		
B	−1 200	−850	750	750	750	900

解:取 A、B 两个方案中较短的计算期为共同的计算期,即 $n=8$ 年,分别计算当计算期为 8 年时两个方案的净现值:

$$NPV_A=(-550)(P/F,10\%,1)+(-350)(P/F,10\%,2)+380(P/A,10\%,5)(P/F,10\%,2)+430\times(P/F,10\%,8)$$

$$=601.89\text{(万元)}$$

$$NPV_B=[(-1\ 200)(P/F,10\%,1)+(-850)(P/F,10\%,2)+750(P/A,10\%,7)(P/F,10\%,2)+900(P/F,10\%,10)](A/P,10\%,10)(P/A,10\%,8)$$

$$=1\ 364.79\text{(万元)}$$

注:计算 NPV_B 时,是先计算在其寿命期内的净现值,然后再计算在共同计算期内的净现值。

由于 $NPV_B > NPV_A$ 且 NPV_A、NPV_B 均大于零,所以方案 B 为最佳方案。

(4)无限寿命期的成本现值比较法

在实际工作中,经常会遇到具有很长服务期(大于 50 年)的工程方案(如桥梁、水库等)。一般来讲,经济分析对遥远未来的现金流量是不敏感的。因此,对于服务寿命很长的工程方案,可以近似地当作具有无限服务寿命期来处理。按无限期计算出来的现值,通常称为“资金成本”或“资金化成本”。

由 $P=A(P/A,i,n)$ 有,当 $n\to\infty$ 时,P 应为:

$$P=A\lim_{n\to\infty}\left[\frac{(1+i)^n-1}{i(1+i)^n}\right]=\frac{A}{i}\lim_{n\to\infty}\left[1-\frac{1}{(1+i)^n}\right]=\frac{A}{i}[1-0]=\frac{A}{i} \tag{6-34}$$

(四)组合互斥方案的比选

1.有资金限制的独立方案的比选

独立方案是指其现金流量相互独立的方案。对于独立方案比选,如果没有资金的限制,其比选的方法与单个项目的检验方法是基本一致的,即只要项目本身的 NPV≥0 或 IRR≥i_c或 BCR≥1 等,则项目就可行。但是如果存在有明确的资金限制时,情况就发生了变化。

例如,有 A、B、C 三个方案,其相互之间是独立关系,已知三个方案所需的投资分别为:300 万元、200 万元、450 万元,且其净现值分别为:150 万元、120 万元、210 万元,如果没有资金的限制,则毫无疑问三个方案均可行,均可付诸实施。但若现在有一个资金约束的条件,即可供利用的资金共 550 万元,则三个方案之间的关系就发生了变化,资金的限制使得我们在接受某些方案的同时,必须拒绝或放弃另一些方案。比如说,接受方案 A 和 B,则必须放弃方案 C,这样方案 A、B 与方案 C 之间就变成了互斥的关系。

对于上面这类方案进行比选,目标是要取得最佳的经济效果。在具有资金约束的情况下,常用的方法有两种,即独立方案互斥化法和净现值率排序法。

(1)独立方案互斥化法

独立方案互斥化法是指在有资金限制的情况下,将相互独立的方案组合成总投资额不超过投资限额的组合方案。这样各个组合方案之间的关系就变成了互斥的关系,然后利用互斥方案的比选方法(如净现值法等),对方案进行比选,选择出最佳方案。

【例 6-30】 有 A、B、C 三个独立的方案,其净现金流量情况如表 6-15 所示,假定总投资额为 800 万元,$i_c=10\%$,试作出最佳投资决策。

A、B、C 三方案的现金流量(万元) 表 6-15

项目 \ 年份	1	2~10	11
A	−350	62	80
B	−200	39	51
C	−420	76	97

解:首先计算三个方案的净现值:

$$NPV_A=(-350)(P/F,10\%,1)+62(P/A,10\%,9)(P/F,10\%,1)+80(P/F,10\%,11)$$
$$=34.46(万元)$$

$$NPV_B=(-200)(P/F,10\%,1)+39(P/A,10\%,9)(P/F,10\%,1)+51(P/F,10\%,11)$$
$$=40.24(万元)$$

$$NPV_C=(-420)(P/F,10\%,1)+76(P/A,10\%,9)(P/F,10\%,1)+97(P/F,10\%,11)$$
$$=50.08(万元)$$

由于 A、B、C 三个方案的净现值均大于零,从单方案检验的角度来看,三个方案均可行。但现在由于总投资额要限制在 800 万元以内,而三个方案加在一起的总投资额为 970 万元,超过了投资限额,因而不能同时实施。

下面采用独立方案互斥化法来进行投资决策,其步骤为:

首先,列出不超过总投资限额的所有组合投资方案,则这些组合方案之间具有互斥关系。

其次,将各组合方案按投资额大小顺序排列。分别计算各组合方案的净现值,以净现值最大的组合方案为最佳方案。详细计算过程见表 6-16。计算结果表明，方案 B 与方案 C 的组合为最佳投资组合方案，即投资决策为投资方案 B 与 C。

用净现值法比选最佳组合方案(万元) 表 6-16

序　号	组 合 方 案	总 投 资 额	净　现　值	结　论
1	B	200	40.24	
2	A	350	34.46	
3	C	420	50.08	
4	A+B	550	74.70	
5	B+C	620	90.32	最佳
6	A+C	770	84.54	

(2)净现值率排序法

所谓净现值率排序法，是指将净现值率大于或等于零的各个方案按净现值率的大小依次排序，并依此次序选取方案，直至所选方案组合的投资总额最大限度地接近或等于投资限额为止。

【例 6-31】 根据例 6-30 资料，试用净现值率排序法作出最佳投资决策。

解:首先计算三个方案的净现值率：

$NPVR_A = 34.46 \div [350(P/F,10\%,1)] = 10.83\%$

$NPVR_B = 40.24 \div [200(P/F,10\%,1)] = 22.13\%$

$NPVR_C = 50.08 \div [420(P/F,10\%,1)] = 13.12\%$

然后将各方案按净现值率从大到小顺序排列，结果见表 6-17。

三个方案的 NPVR 排序 表 6-17

方　案	净现值率(%)	投资额(万元)	累计投资额(万元)
B	22.13	200	200
C	13.12	420	620
A	10.83	350	970

根据上表可知，方案的选择顺序是 B→C→A。由于资金限额为 800 万元，故最佳投资方案为方案 B、C 的组合。

在对具有资金限制的独立方案进行比选时，独立方案互斥化法和净现值率排序法各有其优劣。净现值率排序法的优点是计算简便，选择方法简明扼要；缺点是由于投资方案的不可分性，经常会出现资金没有被充分利用的情况，因而不一定能保证获得最佳组合方案。而独立方案互斥化法的优点是在各种情况下均能保证获得最佳组合方案，但缺点是在方案数目较多时，其计算比较烦琐。因此在实际应用中，因该综合考虑各种因素，选用适当的方法进行方案比选。

2. 一般相关方案的比选

一般相关方案是指各方案的现金流量之间相互影响，如果接受(或拒绝)某一方案，就会对其他方案的现金流量产生一定的影响，进而会影响到其他方案的接受(或拒绝)。

对一般相关方案进行比选的方法很多，下面仅介绍常用的组合互斥方案法，其基本步骤如下：

(1)确定方案之间的相关性,对其现金流量之间的相互影响作出准确估计。

(2)对现金流量之间具有正的影响的方案,等同于独立方案看待,对相互之间具有负的影响的方案,等同于互斥方案看待。

(3)根据方案之间的关系,把方案组合成互斥的组合方案,然后按互斥方案的评价方法对组合方案进行比选。

【例 6-32】 为满足运输要求,有关部门分别提出要在某两地之间修建一条铁路和(或)公路。只进行一个项目时的净现金流量如表 6-18 所示。若两个项目都进行,由于货运分流的影响,两项目均将减少净收益,其净现金流量如表 6-19 所示。假定 $i_c=10\%$,应如何决策?

只进行一个项目时的净现金流量(百万元)　　表 6-18

方案＼年份	0	1	2	3～32
铁路(A)	−200	−200	−200	100
公路(B)	−100	−100	−100	60

两个项目都进行时的净现金流量(百万元)　　表 6-19

方案＼年份	0	1	2	3～32
铁路(A)	−200	−200	−200	80
公路(B)	−100	−100	−100	35
(A+B)	−300	−300	−300	115

解:先将两个相关方案组合成三个互斥方案,在分别计算其净现值,结果如表 6-20 所示。

组合互斥方案及其净现值(百万元)　　表 6-20

方案＼年份	0	1	2	3～32	NPV
铁路(A)	−200	−200	−200	100	281.65
公路(B)	−100	−100	−100	60	218.73
(A+B)	−300	−300	−300	115	149.80

根据净现值最大的评价标准,在三个互斥方案中,$NPV_A > NPV_B > NPV_{A+B} > 0$,故方案 A 为最佳方案。

第四节　国民经济评价

一、国民经济评价的步骤

公路建设项目国民经济评价的步骤是:首先,在建设项目投资估算的基础上调整投资费用,并使用影子价格重新确定项目的建设和养护的经济费用;其次,依据预测交通量和汽车运输成本测算资料计算公路项目的经济效益;最后,通过经济费用和经济效益的对比分析计算评价指标。具体内容如下。

1. 使用影子价格确定经济费用

影子价格是指资源在最有利用情况下,单位(资源的利益单位)效益增量价值。影子价格比市场交换价格更能反映资源的真实经济价值和社会经济处于某种最优状态下时的资源稀缺程度。采用影子价格进行经济评价,有利于促进资源合理利用和最优配置。公路建设项目国民经济评价只涉及使用投入物的影子价格。由于公路建设使用的投入物量大、面广,如果在经济评价中全部采用影子价格分析,既烦琐也没有必要,因此一般针对选择对项目影响大的投入物。以下两类投入物在计算时必须使用影子价格。

(1)公路建设及养护所涉及的主要投入物,包括:钢材、木材、水泥、沥青等一般投入物,以及劳动力、土地、外汇等特殊投入物。

(2)维持车辆营运服务的投入物,即车辆营运成本的构成要素,如驾乘人员人工、燃料、轮胎、保修人工及零配件、折旧等。

对于公路交通事故费用中涉及的货物(含车辆)损失,也宜使用影子价格。在确定了建设项目的经济费用后,即可编制项目经济费用估算调整表。

2. 预测交通量

公路建设项目建成后所带来的最重要、最直接的可以用货币计量的经济效益,是公路使用者获得的直接效益,而交通量是计算项目效益的基本数据。公路建设项目预测交通量一般由趋势交通量、诱增交通量和其他运输方式转移交通量组成。

(1)趋势交通量:又称正常交通量,是指区域交通需求在正常发展条件下的预测交通量。

(2)诱增交通量:是指建设项目实施后,诱发了区域交通需求增长而产生的交通量。诱发交通量主要产生于两个方面:一是原先就存在的潜在交通需求,因为运输不方便或运费太高而没有发生;二是因拟建项目带来新的经济活动而引起的交通量。

(3)转移交通量:是由于建设项目的实施,引起区域交通条件变化而使其他运输方式与公路建设项目之间相互转移的交通量。

在进行建设项目交通量预测时,趋势交通量、诱增交通量和转移交通量宜分别预测,并准备以下预测数据:

①"无项目"与"有项目"情况下的路段正常交通量;

②"有项目"情况下的总交通量(包括正常、诱增和转移三部分);

③分车型交通量(拟建项目为高等级公路或收费公路时);

④分时段平均小时交通量(拟建项目为高速公路或利用外资项目)。

3. 测算汽车运输成本

在公路建设项目经济效益中,有相当部分是由汽车运输成本的降低所产生的效益。汽车运输成本是公路经济效益计算中十分重要的因素。

汽车运输成本是指公路运输承运者进行旅客、货物运输所消耗的以货币形式表现的一切费用。汽车运输成本一般分车辆费用和企业管理费用两大类。车辆费用是指营运车辆从事运输生产所发生的费用,如工资、提取的职工福利基金、燃料、轮胎、大修、折旧、养路费、运营费及其他费用;企业管理费是指为组织和管理运输生产所发生的各项费用和业务费用。企业管理费一般分企业管理部分管理费、车队管理费和车站管理费。

影响汽车运输成本的因素很多,如路况(路面质量、最小平曲线半径、坡度等)、公路等级、车速、交通量等。汽车运输成本具有十分重要的特点:不同的公路等级若车速不一样,成本也不一样；即使相同的等级，对于不同的交通量，汽车运输成本也不一样。

由于经济评价采用“有无对比法”，因此汽车运输成本也应分为有此项目的运输成本和无此项目的运输成本。故汽车运输成本存在以下四种不同状况的运输成本：无此项目老路基年运输成本；无此项目评价期的老路运输成本；有此项目老路运输成本（新路修建使交通量转移后的老路运输成本）；新路运输成本。在这四个成本中，除基年成本外，老路成本、新路成本每年都是不同的。这是因为每条公路所能承受的交通量是弹性的，并受运输条件、路况及经济发展多因素制约的。在项目效益计算时，必须要考虑这种差异才能正确计算。

为了便于运作，在诸多影响汽车运输成本因素中，主要利用公路等级和交通量这两个因素来研究其与汽车运输成本之间的关系。由于交通量不同，行车速度就不同；相同的交通量，在不同的公路等级下行车速度也是不同的，而速度不同汽车运输成本就不同。

4. 分析经济效益

公路建设项目国民经济评价的经济效益，主要包括：客、货运输成本降低的效益，相关公路减少拥挤的效益，公路因改建而缩短里程节约的客、货运输费用，货物节约在途时间的效益，旅客节约在途时间的效益，公路减少交通事故的效益及减少货损事故的效益。

5. 计算评价指标

编制建设项目投资经济费用效益流量表，并计算经济净现值（ENPV）、经济效益费用比（EBCR）、经济内部收益率（EIRR）和投资回收期（N）等指标，以论证建设项目的经济可行性。对于不收费公路项目，以国民经济评价的结论取舍项目；收费公路项目经济可行性的结论应结合财务评价的结果进行。

对于收费公路项目，国民经济评价与财务评价结论均可行的项目，则该项目可行；国民经济不可行的项目，一般应予否定；对某些具有重大政治、经济、国防、交通意义的公路项目，若国民经济评价结论可行，但财务评价不可行，可重新考虑方案，或提出相应优惠措施的建议，使项目在财务上具有生存能力；必要时进一步说明建设的必要性，不再考虑财务评价结果。

二、国民经济评价参数

建设项目经济评价参数是指用于计算、衡量建设项目费用与效益的主要基础数据，以及判断项目可行性和经济合理性的一系列评价指标的基准值和参考值。国民经济评价参数包括计算、衡量项目的经济费用效益的各类计算参数和判定项目经济合理性的判据参数。

1. 判据参数

社会折现率是建设项目在国民经济评价中的判据参数，是衡量经济内部收益率的基准值，也是计算项目经济净现值的折现率。它是项目经济可行性和方案比选的主要判据。

社会折现率的高低，表示了社会对资金时间价值的估量。实际上，社会折现率即是资金的影子价格（即影子利率），它是按机会成本的原则来确定的，其大小等于因为项目占用资金，从而放弃其他资金使用机会给国民经济所带来的损失。社会折现率是由中央主管部门根据国家的社会经济发展目标、发展战略、发展优先顺序、发展水平、宏观调控意图、社会成员的费用效益时间偏好、社会投资收益水平、资金供给状况、资金机会成本等因素综合测定的。在实际工作中，可根据项目产出效果的特性、项目所在地区经济发展的情况、项目投资管理的要求等因素，在国家公布的社会折现率的基础上，适当调整社会折现率的取值，但调整幅度不宜太大。

结合当前的实际情况，国家发展和改革委员会和建设部在《建设项目经济评价方法与参数》(第三版)(以下简称《方法与参数》)中,测定了当前的社会折现率为 8%;对于受益期长的建设项目,如果远期效益较大,效益实现的风险较小,社会折现率可适当降低,但不应低于 6%。

社会折现率体现了国家的经济发展目标和宏观调控意图,综合反映国家当前的投资收益水平、资金供需情况及资金的机会成本。适当的社会折现率有助于合理分配建设资金,引导资金投向对国民经济贡献大的项目,调节资金供需关系。

2.计算参数

在国民经济评价中用到的计算参数主要有:影子汇率换算系数、影子工资换算系数和土地的影子价格。

①影子汇率就是外汇的影子价格,它反映外汇对于国家的真实价值,是项目国民经济评价的重要参数。影子汇率由国家统一测定发布,并且定期调整。影子汇率的发布有两种形式,一种是直接发布影子汇率;另一种则是将影子汇率与国家外汇牌价挂钩发布影子汇率换算系数。在《方法与参数》中采用的是后一种形式,即影子汇率换算系数。通过影子汇率可以将外汇统一转化为国内货币单位。

②影子工资是指建设项目使用劳动力,国家和社会为此付出的代价。影子工资主要包括劳动力的机会成本和新增资源消耗。机会成本是该劳动力不被拟建公路项目使用时,他在原来岗位上为社会创造的净效益;新增资源消耗是国家为劳动力就业而付出的代价,这部分代价是国家付出的,没有体现在职工的工资中。影子工资采用影子工资换算系数计算。

③土地的影子价格是建设项目使用土地而使社会付出的代价。应当注意的是,由国家行政主管部门统一测定并发布的社会折现率和影子汇率换算系数,在各类建设项目的国民经济评价中必须采用。影子工资换算系数和土地影子价格在各类建设项目的国民经济评价中可以参考采用。

三、国民经济评价影子价格的确定

由于我国还是发展中国家,整个经济体系还没有完成工业化过程,国际市场和国内市场的完全融合仍然需要一定时间,目前的市场价格还不能完全反映产品的真实经济价值,因此需要测算其影子价格。影子价格的测算在建设项目的经济费用效益分析中占有重要地位。

1.影子价格的确定原则

(1)对项目耗用货物按是否可外贸进行分类

《方法与参数》中将投入物和产出物区分为外贸货物和非外贸货物,并采用不同的思路确定其影子价格。凡是可外贸的货物,一律采用国际市场价格作为其影子价格的基础。原因是世界贸易市场是一个由众多国家参与的竞争市场,一般来说,它的价格比较真实地反映货物的经济费用。非外贸的货物根据国内市场条件分析确定。

(2)特殊投入物以对国民经济的影响来确定

建设项目的特殊投入物主要指土地、外汇和人工。确定其影子价格时主要考虑由于项目占用而使国家放弃的代价。

(3)对项目投入物有选择的确定其影子价格

一般选择那些项目使用量大或价值量大的投入物,以及市场价格扭曲严重的投入物。

2.外贸货物影子价格

对于可外贸货物，其投入物或产出物价格应基于口岸价格进行计算，以反映其价格取值具有国际竞争力。计算公式为式(6-35)和式(6-36)：

出口产出的影子价格(出厂价)＝离岸价(FOB)×影子汇率－出口费用　(6-35)

进口投入的影子价格(到厂价)＝到岸价(CIF)×影子汇率＋进口费用　(6-36)

式中：离岸价(FOB)——出口货物运抵我国出口口岸交货的价格；

到岸价(CIF)——进口货物运抵我国进口口岸交货的价格，包括货物进口的货价、运抵我国口岸之前所发生的境外的运费和保险费。

进口或出口费用是指货物进出口环节在国内所发生的所有相关费用，包括运输费用、储运、装卸、运输保险等各种费用支出及物流环节的各种损失、损耗等。

在对可外贸货物以财务费用或价格为基础调整计算经济费用和效益时，应注意以下两点：

(1)如果不存在关税、增值税、消费税、补贴等转移支付因素，则项目的投入物或产出物价值可直接采用口岸价格进行调整计算。

(2)如果在货物的进出口环节存在转移支付因素，则应区分不同情况处理。

3.非外贸货物影子价格

对于非外贸货物，若该货物或服务处于竞争性市场环境中，市场价格能够反映支付意愿或机会成本，应采用市场价格作为计算项目投入物或产出物影子价格的依据。

如果项目的投入物或产出物的规模很大，项目的实施将足以影响其市场价格，导致“有项目”和“无项目”两种情况下市场价格不一致，在项目评价实践中，则取二者的平均值作为测算影子价格的依据。

投入与产出的影子价格中流转税按下列原则处理：

(1)对于产出品，增加供给满足国内市场供应的，影子价格按支付意愿确定，含流转税；顶替原有市场供应的，影子价格按机会成本确定，不含流转税。

(2)对于投入品，用新增供应来满足项目的，影子价格按机会成本确定，不含流转税；挤占原有用户需求来满足项目的，影子价格按支付意愿确定，含流转税。

(3)在不能判别产出或投入是增加供给还是挤占(替代)原有供给的情况下，可简化处理为，产出的影子价格一般包含实际缴纳流转税，投入的影子价格一般不含实际缴纳流转税。

4.特殊投入物影子价格

(1)劳动力

项目占用的人力资源，是项目实施所付出的代价。如果财务工资与人力资源的影子价格之间存在差异，应对财务工资进行调整计算，以反映其真实经济价值。

劳动力的影子工资＝劳动力机会成本＋新增资源消耗　(6-37)

劳动力机会成本，是指拟建项目占用的人力资源由于在本项目使用而不能再用于其他地方或享受闲暇时间而被迫放弃的价值。其值应根据项目所在地的人力资源市场及劳动力就业状况，按下列原则进行分析确定。

①过去受雇于别处，由于本项目的实施而转移过来的人员，其影子工资应是其放弃过去就业机会的工资(含工资性福利)及支付的税金之和。

②对于自愿失业人员，影子工资应等于本项目的使用所支付的税后净工资额，以反映边际工人投入到劳动力市场所必须支付的金额。

③非自愿失业劳动力的影子工资，应反映他们为了工作而放弃休闲愿意接受的最低工资金额，其数值应低于本项目的使用所支付的税后净工资，并大于支付的最低生活保障收入。当缺少信息时，可按非自愿失业人员接受的最低生活保障收入和税后净工资率的平均值近似测算。

新增资源耗费是指劳动力在本项目新就业或由其他就业岗位转移到本项目而发生的经济资源消耗，这种消耗与劳动者生活水平的提高无关。在分析中，应根据劳动力就业的转移成本测算。

劳动力的影子工资应根据项目所在地劳动力就业状况、劳动力就业或转移成本来测定。

在经济费用效益分析中，影子工资可通过影子工资换算系数得到。影子工资换算系数系指影子工资与项目财务分析中的劳动力工资之间的比值，影子工资可按式(6-38)计算：

$$劳动力的影子工资＝财务工资\times影子工资换算系数 \tag{6-38}$$

《方法与参数》对影子工资换算系数的推荐值为：技术劳动力的工资报酬一般可由市场供求决定，影子工资一般可以财务实际支付工资计算，即影子工资换算系数为1；对于非技术劳动力，在一般情况下采取财务工资的0.2～0.8倍作为影子工资，即影子工资换算系数为0.2～0.8；非技术劳动力较为富余的地区可取较低值，不太富余的地区可取较高值，中间状况可取0.5。由于我国各地经济发展不平衡，劳动力供求关系有一定差别，分析时应当按照当地非技术劳动力供给富余程度调整影子工资换算系数。

(2)土地

土地是一种重要的经济资源，项目占用的土地无论是否需要实际支付财务费用，均应根据土地用途的机会成本原则或消费者支付意愿的原则，计算其影子价格。项目占用的土地性质不同，具有不同的机会成本或消费者支付意愿，需要采取不同的估算方法。

①生产性用地。主要指农业、林(园)业、牧业、渔业及其他生产性用地，应按照这些生产用地未来可以提供的产出物的效益及因改变土地用途而发生的新增资源消耗，来计算其影子价格。

$$土地影子价格＝土地机会成本＋新增资源消耗 \tag{6-39}$$

其中，土地的机会成本按照社会对这些生产用地未来可以提供的消费产品的支付意愿价格进行分析计算，一般按照项目占用土地在“无项目”情况下“最佳可行替代用途”的生产性产出的净效益现值进行计算。

新增资源耗费按照在“有项目”情况下土地的征用造成原有地上附属物财产的损失及其他资源耗费来计算。土地平整等开发成本通常计入工程建设成本中，在土地的影子价格估算中不再重复计算。

征用农业用地的耕地补偿费及青苗补偿费应视为土地机会成本；地上建筑物补偿费及安置补偿费应视为新增资源消耗。在征地过程中收取的征地管理费、耕地占用税、耕地开垦费、土地管理费、土地开发费等各种税费，应视为转移支付，不列入土地影子价格的计算。

在城市郊区农业用地被征用、转用频繁的地区，也可参照市场交易价格来确定农用土地的影子价格。

②非生产性用地。如住宅、休闲用地等，应按照支付意愿的原则，根据市场交易价格测算其影子价格。具体规定如下：

通过招标、拍卖和挂牌出让方式取得使用权的国有土地，其影子价格应按财务价格计算。

通过划拨、双方协议方式取得使用权的土地，应分析价格优惠或扭曲情况，参照公平市场交易价格，对价格进行调整。

经济开发区优惠出让使用权的国有土地，其影子价格应参照当地土地市场交易价格类比确定。

当难以用市场交易价格类比方法确定土地影子价格时，可采用收益现值法或以开发投资应得收益加上土地开发成本来确定。采用收益现值法确定土地影子价格时，应以社会折现率对土地的未来收益及费用进行折现。

(3)外汇

汇率是指两种不同的国家货币之间的比价。我国政府公布的人民币外汇牌价，是外汇在国内的市场价格。影子汇率就是外汇的影子价格，是假定政府不干预外贸(既不对进口物品征税，也不对出口物品补贴)，由国内国际市场决定的本国货币与国际货币的兑换率，是正确反映国家外汇经济价值的汇率。在《方法与参数》中规定，建设项目国民经济评价项目的进口投入物和出口产出物，应采用影子汇率换算系数来调整计算进出口外汇收支的价值。

影子汇率换算系数系指影子汇率与外汇牌价之间的比值。影子汇率应按式(6-40)计算：

$$影子汇率=外汇牌价\times影子汇率换算系数 \tag{6-40}$$

作为项目国民经济评价的重要参数，影子汇率的取值对于项目决策有着重要的影响。影子汇率转换系数取值较高，反映外汇的影子价格较高。外汇的影子价格高，表明项目使用外汇时的社会成本较高，而项目为国家创造外汇收入时的社会价值较高。对于那些主要产出物是外贸货物的项目，若影子汇率较高，将使得项目收入的外汇经济价值较高。而对于投入物中有较大进口货物的项目，若外汇影子价格较高，将使得项目投入外汇的社会成本较高。

在项目评价中，影子汇率的取值可以影响项目进出口的抉择。项目投资中使用进口设备或原材料，与国产设备或原材料比较时，如果影子汇率取值较高，则进口设备或原材料的社会成本较高，但国产设备或原材料社会成本相对较低，这有利于方案选择中选用国产设备或原材料。

根据我国外汇收支、外汇供求、进出口结构、进出口关税、进出口增值税及出口退税补贴等情况，《参数与方法》确定影子汇率换算系数为 1.08。

四、公路建设项目的经济费用

1. 经济费用与财务费用的区别

公路建设项目的经济费用，是指国民经济为兴建和经营该项目所花费的全部费用，其不仅包括兴建项目和营运的有关费用，还包括项目完成预计效益带来的一切费用。它是以货币的形式来计量和表示的。

经济费用与财务费用既有联系又有区别。它们之间的区别主要表现在以下三个方面。

(1)衡量观点不同。经济费用是站在国家立场上(至少是地区立场)看问题，衡量由于执行某一项目而带来多少国民收入减少及各类资源的分配流向，以便作出合理的宏观决策；而财务费用则是站在项目执行者的立场(如企业立场)上看问题，它可以从具体企业的角度来衡量、估算在执行项目过程中所有的货币代价，进而与企业的期望利润比较，以便作出投资决策。

(2)鉴别成本的原则不同。鉴别财务费用是以货币的支付和现金流量的减少为原则，只要项目实际支付了费用，就应一概列入财务费用，如税金、利息；而经济费用是以国民收入减少为唯一鉴别原则，只有项目使国民经济消耗了资源，使国民经济增加了成本，才可计入经济费用。如税金、补贴、利息等，是项目与相关部门之间的转移支付，并不减少国民收入，故不能计入经济费用。

(3)对稀缺资源的计值方法不同。财务费用是以现行市场价格为尺度对项目投入资源计值；而经济费用是以资源的影子价格(机会成本)为尺度来计量的。

2. 经济费用构成

公路项目的经济费用由项目建设投资、营运费用和外差成本三部分组成。

(1)公路项目建设投资由建筑安装工程费用、设备工具器具购置费用、工程建设其他费用以及预备费用等共四部分组成。

(2)营运费用是项目建成后的经营管理费用，主要包括公路的养护、大修及管理费等。

(3)公路项目的兴建和营运除了为国民经济带来贡献外，同时给社会带来负面影响，如环境污染等，因此，外差成本是指国民经济为消除或减少消极外差因素而付出的代价。衡量外差成本时，应根据项目有无的原则来鉴别、衡量外差成本的有无、多少。只有当存在公路项目时，才发生了消极外差因素，以至减少了国民收入，这样的费用才可列入外差成本。如果无项目之前已经发生了消极外差因素，有项目只是扩大了其消极因素，那么列入经济费用的也只能是国民经济为消除有项目时增加的消极外差因素而付出的那部分代价。由于准确衡量外差成本比较困难，在国民经济评价中一般只作定性分析。

3. 经济费用计算

(1)项目建设费用计算

公路建设项目的经济费用，是在项目投资估算的基础上，对建筑安装工程费中的人工、木材、钢材、沥青、水泥等主要材料作影子价格调整，并对其他基本建设费中的土地占用费作影子价格调整，剔除估算费用中的税金、贷款利息等国民经济内部转移支付费用后得出的。

经济费用调整的步骤如下：

①对项目总投资按建设成本编制财务费用一览表。

②再按经济费用的鉴别原则对表中每一细目进行识别，剔除转移性费用，增加国民经济的增支成本，构成经济费用一览表。

③对经济费用构成项目按性质、用途分类，并按影子价格重新计算。

(2)公路工程大修和养护管理费用应根据各地区的实际情况，结合各等级公路的技术状况和服务水平进行测算，并参照公路建设费用的调整方法进行调整。

(3)汽车运输成本费计算

汽车运输成本是公路建设项目效益计算的重要参数，公路建设项目的效益主要以汽车运输成本的降低来反映。为了正确估价项目所产生的效益，必须对汽车运输成本进行调整；调整时可采用对汽车运输成本构成要素分解的方法，具体如下：

①列出汽车运输成本各要素及在单位成本中所占的比重，并扣除车船使用税。

②对运输成本中的燃料、人工工资等进行影子价格换算；对轮胎费用、保修费、大修费、养路费等主要是扣除转移支付部分的费用，将财务费用还原为经济费用；对车辆折旧费用要重新换算为车辆资金回收费用。

③将汽车运输财务费用还原为经济费用。

五、公路建设项目的经济效益

1. 公路建设项目经济效益的类型

经济效益是指公路项目的兴建给国民经济带来的实际成果和利益，它是站在全社会的角度来衡量的，即社会各部门使用拟建公路项目所产生的效益。

公路项目的经济效益，从不同角度看有直接效益和间接效益，有宏观效益和微观效益，有可用货币计量的效益和很难用货币计量的效益。一般可分为以下四类。

(1)外部效益。即为公路项目所在部门以外的部门所带来的实际成果和利益，其大小按给国民经济中商品与劳务生产所带来的增加额来确定。

(2)内部效益。即因新建或改建某公路项目，使运输部门的运输效率提高而带来社会开支的节约，其大小按运输费用的降低额来计算。这种效益通常表现在汽油、维修、轮胎磨耗的减少，运输时间的节约及交通事故的减少等方面。

(3)有形效益。即公路项目给社会带来的能用货币计量的效益。

(4)无形效益。即公路项目给社会带来的很难用货币计量的效益。如旅途的舒适方便、提高抗灾能力、加强国防等。

目前，在公路建设项目国民经济评价中，主要是计算可以量化的内部有形效益，而对外部的无形效益采用定性评价。

2. 公路项目经济效益的计算

公路建设项目的效益是指项目为国民经济所作的贡献，分为直接效益和间接效益，一般只计算直接效益。直接效益是根据“有项目”和“无项目”对比的原则来确定。

(1)客、货运成本降低的效益

客、货运输成本降低的效益即公路晋级的效益，是指由于公路建设项目的实施，使得旅客、货物运输的运输成本降低所产生的效益。新建公路项目运输成本降低额，按没有此公路时，旅客、货物通过其他公路或其他运输方式的运输成本，与有此公路时汽车运输成本之差额来计算。改建公路项目运输成本降低额，按公路未经改建时评价年度交通量状况下的旅客、货物运输成本之差额来计算。即：

$$B_{hj}=(C_{hw}-C_{hy})\times Q_{hk} \tag{6-41}$$

$$B_{kj}=(C_{kw}-C_{ky})\times Q_{kk} \tag{6-42}$$

式中：B_{hj}——公路新建或改建导致货物运输成本降低金额(万元)；

C_{hw}——对于新建公路项目，指无此项目时货物通过其他公路运输方式的单位运输成本(元/千吨千米)；对于改建公路项目，指公路未经改建时，评价年度交通量状况下的货物单位运输成本(元/千吨千米)；

C_{hy}——对于新建公路项目，指有此项目时货物通过此公路的单位运输成本(元/千吨千米)；对于改建公路项目，指货物通过改建后公路运输的单位运输成本(元/千吨千米)；

Q_{hk}——新建公路或改建后公路的货物周转量(千万吨千米)；

B_{kj}——旅客运输成本降低的金额(万元)；

C_{kw}——对于新建公路项目，指无此项目时旅客通过其他旅行渠道的单位运输成本(元/千人千米)；对于改建公路项目，指公路未经改建时，评价年度交通量状况下的旅

客单位运输成本(元/千人千米);

C_{ky}——对于新建公路项目,指有此项目时,旅客通过此公路运输的单位成本(元/千人千米);对于改建公路项目,旅客通过改建后公路运输的单位成本(元/千人千米);

Q_{kk}——新建公路或改建公路的旅客周转量(千万人千米)。

如果缺乏旅客运输单位成本时,可采用换算吨公里按货物运输单位成本进行间接推算。

(2)减少拥挤所产生的效益

无此项目时,原有相关公路的交通量不断增加,平均行车技术速度相应降低,单位运输成本亦不断提高。有此项目后,使原有相关公路部分交通量发生转移从而减少拥挤,原应提高的单位运输成本不再提高,此项金额的节省即为效益,其公式为:

$$B_{hy}=(C_{hw}-C_{hyy})\times Q_{hk} \quad (6\text{-}43)$$

$$B_{ky}=(C_{kw}-C_{kyy})\times Q_{kk} \quad (6\text{-}44)$$

式中:B_{hy}、B_{ky}——由于公路兴建使原有相关公路减少拥挤的货、客运输效益(万元);

C_{hw}、C_{kw}——无此项目,原有相关公路货、客运输的单位成本(元/千吨千米、元/千人千米);

C_{hyy}、C_{kyy}——有此项目,使原有相关公路减少拥挤相应的货、客运输成本(元/千吨千米、元/千人千米);

Q_{hk}、Q_{kk}——原有相关公路转移到新建公路后,剩余的货物、旅客周转量(千万人千米、千万吨千米)。

当缺乏旅客运输成本资料时,暂可采用换算吨公里按货物运输成本进行间接计算。

(3)缩短里程而产生的效益

公路因改建而缩短里程,节约了货物、旅客运输费用,其节约金额以改建当时交通量状况的货、客运输成本计算。即:

$$B_{hd}=C_{ho}\times Q_{hdx} \quad (6\text{-}45)$$

$$B_{kd}=C_{ko}\times Q_{kdx} \quad (6\text{-}46)$$

式中:B_{hd}、B_{kd}——公路改建缩短里程而降低的货、客运输成本(万元);

C_{ho}、C_{ko}——与公路改建当时交通量状况下的货、客运输单位成本(元/千吨千米、元/千人千米);

Q_{hdx}、Q_{kdx}——公路缩短里程上的货、客周转量(千万吨千米、千万人千米)。

对于诱发的交通量的缩短里程的效益,应在公式中乘以 0.5 的系数(其理由同前面介绍的成本降低的效益的分析和计算)。

缩短里程上的周转量可按下式计算:

$$周转量=新路交通量\times 被缩短的里程\times 平均吨位\times 实载率\times 365 \quad (6\text{-}47)$$

(4)货物节约在途时间的效益

货物节约在途时间的效益,以货物运送速度提高引起资金周转缩短而获得效益来考虑,按在途物资所需资金利息(国民经济评价时采用社会折现率)的减少支出量来计算。计算公式是:

$$B_{hs}=P_t\times Q_{hk}\times I\times T/(16\times 365L) \quad (6\text{-}48)$$

式中:B_{hs}——货物节约在途时间的效益(万元);

P_t——在途货物平均价格(元/t);

Q_{hk}——新建或改建公路货物周转量(万吨千米)；

I——社会折现率；

T——全程节约小时数(h)；

L——公路路线全长(km)。

在计算货物时间节约效益时，考虑到当前公路运输的一般经营水平，汽车运输企业大都达不到昼夜连续运送货物的水平，将节约16h在途时间认为相当于减少1d的货物流动资金周转时间。

(5)旅客节约在途时间的效益

旅客节约在途时间的效益，以旅客旅行时间缩短可多创造的国民收入来考虑，其金额以每人平均创造国民收入(净产值)的份额来计算。即：

$$B_{ks}=I_k\times Q_{kk}\times T/(8\times 240L) \tag{6-49}$$

式中：B_{ks}——旅客节约在途时间的效益(万元)；

I_k——计算年度每一旅客国民收入的份额(元/人)；

Q_{kk}——新建或改建公路旅客周转量(万人千米)；

T——全程节约小时数(h)；

L——公路路线全长(km)。

如考虑节约的时间只有一半用于生产目的，则公式中还应乘以0.5的系数；对于诱发的客运交通量，则应在上述计算的基础上，还应乘以0.5的系数。

每个旅客所能创造的国民收入，可根据当地的统计资料测算。计算方法为：

平均每个旅客所创造的国民收入＝国民收入总额(万元)/总人口数(万人)　(6-50)

应说明几点：

第一，计算旅客节约在途时间的价值必须要符合计算范围对应一致的原则。若时间价值指标以全社会人口数求得，则计算效益时应以旅客总数为乘数；若旅客按年龄、职业、出行目的分组进行计算，则时间价值指标也要分组测算。

第二，计算期内各年使用同一价格，国民收入应以评价年度的第1年(项目开工的当年)的价格为基准计算。

第三，在计算旅客国民收入时，按每天8h工作制并扣除法定节假日(按每年工作240d计)来计算旅客每小时的国民收入。

(6)公路减少交通事故而节约的效益

拟建项目实施后导致交通事故减少，其节约的费用以事故率差及事故平均损失费用计算。即：

$$B_{jsh}=P_{jsh}\times(J_w-J_y)\times M_k \tag{6-51}$$

式中：B_{jsh}——减少交通事故而节约的效益(万元)；

P_{jsh}——公路交通事故平均损失费(万元/次)；

J_w——无此项事故率(次/万车千米)；

J_y——有此项事故率(次/万车千米)；

M_k——车辆行驶量(万车千米)。

(7)减少货损事故节约的效益

减少公路货损事故所节约的效益，按货损率差及评价年度在途货物平均价格计算。即：

$$B_{ksh}=(S_w-S_y)\times Q_{hk}\times P_t/L \tag{6-52}$$

式中：B_{ksh}——减少货损事故节约的效益(万元)；

S_w——无此项目时的货损率(%)；

S_y——有此项目时的货损率；

Q_{hk}——货物周转量(万吨千米)；

P_t——在途货物平均价格(元/t)；

L——平均运距(km)。

(8)全社会公路使用者的效益

全社会公路使用者的效益即为上述七项效益之和。公式为：

$$B=B_{hj}+B_{kj}+B_{hy}+B_{ky}+B_{hd}+B_{kd}+B_{hs}+B_{ks}+B_{jsh}+B_{ksh} \tag{6-53}$$

以上所述是公路建设项目必须考虑和应进行计算的各种效益。显而易见，这些都是属于项目的外部效益，其投资效果具有公用性，总是与其他国民经济各部门的效果相互作用而产生。因此，在进行公路建设项目可行性研究时，应从整个国民经济和地区经济的发展出发，着重作好国民经济评价。

六、评价指标计算

公路项目国民经济评价指标的选择应根据项目的特点和实际需要选择。对于由国外政府或国际金融组织贷款兴建的项目，还应注意国际金融机构通常采用的评价指标，如美国与英国的国际开发机构比较注重净现值法，世界银行偏重于内部收益率，亚洲开发银行则采取内部收益率与净现值指标并用。一般我国在公路项目国民经济评价中主要计算四个指标，即经济净现值(ENPV)、经济效益费用比(EBCR)、经济内部收益率(EIRR)和投资回收期(N)。

1. 经济净现值(ENPV)

经济净现值是反映项目对国民经济所作贡献的绝对指标(价值指标)。它是用社会折现率将项目计算期内各年的净效益折算到建设起点(开工前一年)的现值之和，其经济含义是在整个计算期内项目投资对国民经济的净贡献。计算公式为：

$$\mathrm{ENPV}=\sum_{t=0}^{n}(B_t-C_t)(1+i_s)^{-t} \tag{6-54}$$

式中：ENPV——项目经济净现值；

B_t——第 t 年的项目经济效益额(万元)；

C_t——第 t 年的项目经济费用额(万元)；

i_s——社会折现率；

n——项目评价年限。

当 ENPV=0 时，表明项目投资的净贡献刚好满足社会折现率的要求；

当 ENPV>0 时，表明项目评价期内总效益大于总费用，可以得到以现值计算的社会盈余，项目可行；

当 ENPV<0 时，说明项目投资的净贡献未达到社会折现率的要求，故项目是不能接受的。

ENPV 的数值越大，方案的经济可行性就越好。

2. 经济效益费用比(EBCR)

项目投资的经济效益费用比是指评价期限内各年的经济效益现值总额与各年的经济费用

现值总额的对比，其经济含义为单位投资经济费用能获取多少经济效益。计算公式为：

$$EBCR=\frac{\sum_{t=0}^{n}B_t(1+i_s)^{-t}}{\sum_{t=0}^{n}C_t(1+i_s)^{-t}} \tag{6-55}$$

当 EBCR＝1 时，说明项目的经济效益现值与经济费用现值相等；

当 EBCR＞1 时，说明项目的经济效益现值大于经济费用现值，具有社会盈余，项目可行；

当 EBCR＜1 时，说明项目具有的社会盈余不足以抵偿项目的投入，项目不可接受。

3. 经济内部收益率(EIRR)

经济内部收益率是经济净现值等于零时的折现率。它是反映项目占用的投资对国民经济的净贡献能力的相对指标(比率指标)。计算公式为：

$$\sum_{t=0}^{n}(B_t-C_t)(1+EIRR)^{-t}=0 \tag{6-56}$$

一般当经济内部收益率大于或等于社会折现率时，说明项目所占用的投资对国民经济净贡献能力可达到要求，即从国民经济的角度来看是可以接受的；反之，应予拒绝。

前面介绍的经济净现值和经济效益费用比两个指标，都是在基于社会经济贴现率标准的基础上计算的。利用它们可以判断某个公路项目是合格或不合格，可行还是不可行，达到标准还是不够标准。而经济内部收益率则不同，它是试探项目获利水平高低的尺度，它可以检验一个公路项目究竟能达到多高的收益水平。而通过效益成本比和净现值却不能判断一个项目可能达到的最高获利水平。如果想既要知道项目是否可行，又想从选定项目或方案中直接比较获益能力最高的项目，经济内部收益率是一种比较理想的方法。

经济内部收益率的不足在于，它是一个相对比率，不能反映项目的效益现值总额，也不能反映成本与效益之间的差异。

4. 投资回收期(N)

投资回收期是指以项目的净效益抵偿项目建设总投资所需要的时间，也就是项目的经济效益与费用相抵需要的年份数。投资回收期有静态和动态两种。静态投资回收期采用费用效益的原值，不考虑货币的时间价值；动态的投资回收期要考虑时间价值因素，即对建设投资费用和效益采用同一折现率折现为现值，然后再计算费用和效益相抵的年限。

采用投资回收期作为评价指标，主要是根据收回投资年限的长短来作为衡量和筛选项目的标准和依据。一般地，投资回收期短说明项目对社会的投入回收快，风险较小，项目值得投资，或项目方案可行。

第五节　财　务　评　价

一、财务评价的评价步骤

公路建设项目财务评价的主要步骤如下：

(1)选取财务评价基础数据与参数，包括财务价格、税率、利率、汇率、计算期、折旧率和基准收益率等；

(2)计算收入，估算成本费用；

(3)编制财务评价报表,主要有财务现金流量表、损益表和借款偿还计划表等;

(4)计算财务评价指标,进行盈利能力分析和偿债能力分析;

(5)进行不确定性分析,包括敏感性分析和风险分析;

(6)编写财务评价报告。

二、评价参数的确定

财务评价的基础数据与参数选取是否合理,直接影响到财务评价的结论,在进行财务分析之前,应做好这项基础工作。部分参数以《方法与参数》为参考,进行取值。

1.财务价格

财务评价是对拟建项目未来的效益与费用进行分析,应采用预测价格。预测价格应考虑价格变动因素,即各种产品相对价格变动和价格总水平变动(通货膨胀或通货紧缩)。由于建设期和生产经营期的投入产出情况不同,应区别对待。财务价格分为固定价格和变动价格。

固定价格是指在项目生产运营期内不考虑价格相对变动和通货膨胀影响的不变价格,即在整个生产运营期内都用预测的固定价格,计算产品销售收入和原材料、燃料动力费用。基于在投资估算中已经预留了建设期涨价预备费,因此建筑材料和设备等投入品,可采用一个固定的价格计算投资费用,其价格不必年年变动。

变动价格是指在项目生产运营期内考虑价格变动的预测价格。变动价格又分为两种情况:一是只考虑价格相对变动引起的变动价格;二是既考虑价格相对变动,又考虑通货膨胀因素引起的变动价格。采用变动价格是预测在生产运营期内每年的价格都是变动的。生产运营期的投入品和产出品,应根据具体情况选用固定价格或者变动价格进行财务评价。为简化起见,有些年份也可采用同一价格。

若进行盈利能力分析,一般采用只考虑相对价格变动因素的预测价格,计算不含通货膨胀因素影响的财务内部收益率等盈利性指标,不反映通货膨胀因素对盈利能力的影响。

若进行偿债能力分析,预测计算期内可能存在较为严重的通货膨胀时,应采用包括通货膨胀影响的变动价格计算偿债能力指标,反映通货膨胀因素对偿债能力的影响。

2.税费

财务评价中合理计算各种税费,是正确计算项目效益与费用的重要基础。财务评价涉及的税费主要有增值税、营业税、资源税、消费税、所得税、城市维护建设税和教育附加费等。进行评价时,应说明税种、税基、税率和计税额等。如有减免税费,应说明政策依据以及减免方式和减免规模。

3.利率

借款利率是项目财务评价的重要基础数据,用以计算借款利息。采用固定利率的借款项目,财务评价应直接采用约定的利率计算利息。并采用浮动利率的借款项目,财务评价时应对借款期内的平均利率进行预测,并采用预测的平均利率计算利息。

4.汇率

财务评价汇率的取值,一般采用国家外汇管理部门公布的当期外汇牌价的卖出、买入的中间价。

5.项目计算期

财务评价计算期包括建设期和生产运营期。生产运营期应根据项目使用年限、主要设施和设备的使用寿命期、主要技术的寿命期等因素确定。财务评价的计算期一般不超过20年。

6.财务基准收益率

财务基准收益率(i_c)是项目财务内部收益率指标的基准和判据,也是项目在财务上可行的最低要求,可用作计算财务净现值的折现率。

如果有行业发布的本行业基准收益率,即以其作为项目的基准收益率;如果没有行业规定,则由项目评价人员设定。设定方法有两种:一是参考本行业一定时期的平均收益水平,并考虑项目的风险因素确定;二是按项目占用的资金成本加一定的风险系数确定。

设定财务基准收益率时,应与财务评价采用的价格相一致;如果财务评价采用变动价格,设定基准收益率则应考虑通货膨胀因素。

对于贷款项目,若费用全部由银行贷款,财务基准收益率应依照国家的有关规定确定;若费用全部由国外贷款,应按照国外的利率适当地考虑贷款的承诺费、管理费来确定;若项目费用为中外合资,财务基准收益率应考虑国内外银行贷款利率所确定的综合利率。

三、投资及收费估算

1.项目的资金来源

公路建设项目的资金渠道,分国家基建计划之内与国家基建计划之外两种。需要进行财务分析的公路建设项目从资金来源上分,主要有两类:一是国内贷款项目,二是利用外资项目。如果项目是利用外资建设,为了准确估算贷款偿还能力,应了解贷款方式。贷款方式分为以下两种。

一种按贷款的期限分长期、中期和短期贷款。长期贷款一般指5年以上,金额超过1亿美元的巨额贷款;中期贷款是指1年以上、5年以内的贷款,借贷金额一般在1亿美元左右;短期贷款一般指1年和1年以下的贷款,数额较小。公路建设项目一般采用长期贷款。

另一种按贷款的利率分为无息贷款、低息贷款、中息贷款和高息贷款。无息贷款只还本不付息,低息贷款是利率在5%以下的贷款,中息贷款的利率一般在5%~10%之间,高息贷款年利在10%以上,有的贷款利率(如商业贷款)还要随国际金融市场的利率上下波动。

2.项目收费标准

公路收费标准是一个十分复杂的问题,目前全国还没有统一的规定。具体收费标准的确定是一个科学性、技术性、政策性和社会性较强的综合性问题,是一个涉及公路建设与发展的重大课题。收费标准应该是根据“贷款修路,收费还贷”的政策,根据建设投资总额、偿还年限、车辆成本及效益分析、交通量及交通组成等,对收费标准进行综合分析,同时考虑社会承受能力统筹确定。通行费收费标准确定一般应从道路使用者、道路管理经营者以及社会效益等方面考虑。

现将已采用的确定公路收费标准的几种方式及需要考虑的因素介绍如下。

(1)影响公路收费标准的主要因素

确定公路收费标准应考虑的主要因素有:有无此项目条件的各种车辆的速度和汽车运输成本;用路者所获得的效益;其他运输方式的收费标准和国内外公路的收费标准;经济发展对公路的需求;公路收费对个人收入的负担能力;公路建设费用的投资利率、社会折现率等。

(2)公路收费标准的确定

第一种，根据用路者受益价值的大小确定收费标准，主要依据有此项目与无此项目之间形成的车辆行驶费用的节约额，考虑不同车型或汽车的载重吨位确定收费标准（一般收费标准取节约成本的60%）；具体应取多少作为收费标准才能偿还贷款需要测算。

第二种，考虑了公路建设项目的总投资费用，项目评价期内交通量增涨率，项目的投资利率等因素，用公式计算平均收费标准。

第三种，参照日本道路公团高速公路的收费方法，按收费的负担度测算的。收费的负担度是指人们在一定的收入水平下对公路收费的承受能力。

第四种，采用类比法，即参照国内现有高速公路的收费标准，结合具体项目所在地区的经济发展状况测算项目的收费标准。

以上几种收费方法，从计算方法讲各有利弊，是否均为合理或者哪一种更为合理，有待于在今后的实践中不断总结经验，不断摸索。

3. 总投资和总收入估算

（1）项目总投资估算

公路建设项目的投资估算，应根据交通部的《公路工程估算指标》要求进行计算。财务分析的总投资估算与工程总投资估算的区别在于前者不考虑项目建设期间的物价上涨费用。

（2）收费总收入估算

$$S=\sum_{t=1}^{n}Q_t\times K \tag{6-57}$$

式中：S——收费总收入；

Q_t——第 t 年交通量；

K——收费额；

n——项目评价期。

四、评价指标计算

1. 财务净现值（FNPV）

财务净现值是指按行业的基准收益率或设定的折现率，将项目计算期内各年净现金流量折现到建设期初的现值之和。它是考察项目在计算期内盈利能力的动态评价指标，即财务净现值是项目的收费收入现值总额减去项目费用现值总额的差额。计算公式为：

$$\text{FNPV}=\sum_{t=0}^{n}(B_t-C_t)(1+t_c)^{-t} \tag{6-58}$$

式中：B_t——第 t 年的收费金额（万元）；

C_t——第 t 年的费用金额（万元）；

t_c——财务基准折现率；

n——公路项目计算年限。

财务净现值可根据财务现金流量表计算求得，财务净现值大于或等于零的项目是可以考虑接受的。净现值 FNPV 越大越好。

2. 财务效益费用比（FBCR）

项目的财务效益费用比是评价期内各年收费收入现值总额与各年费用现值总额的比率。计算公式为：

$$FBCR=\frac{\sum_{t=0}^{n}B_t(1+t_c)^{-t}}{\sum_{t=0}^{n}C_t(1+t_c)^{-t}} \tag{6-59}$$

财务效益费用比大于1时，说明项目收入大于投入，可行；小于1时，说明项目收入小于投入，项目不可行。效益费用比越大越好。

3. 财务内部收益率(FIRR)

财务内部收益率是指项目在整个计算期内各年净现金流量现值累计等于零时的折现率，它反映项目所占用资金的盈利率，是考察项目盈利能力的主要动态指标，即财务内部收益率是使项目的收费收入现值总和等于费用现值总和的折现率。计算公式为：

$$\sum_{t=0}^{n}(B_t-C_t)(1+FIRR)^{-t}=C \tag{6-60}$$

财务内部收益率是反映项目实际收益率的一个动态指标，该指标越大越好。财务内部收益率可根据财务现金流量表中净现金流量用试差法计算求得。将求出的财务内部收益率(FIRR)与行业的基准收益率或设定的折现率(t_c)比较，当 $FIRR>t_c$ 时，即认为其盈利能力已满足最低的要求，在财务上是可以考虑接受的。

4. 财务投资回收期(N)

财务投资回收期是指项目的净收益抵偿全部投资所需的时间，它是考察项目在财务上的投资回收能力的评价指标，即财务投资回收期是项目的收费收入抵偿总建设费用所需要的时间。投资回收期一般从建设开始年算起，以年表示。投资回收期可根据财务现金流量表(全部投资)中累计净现金流量计算求得。投资回收期按照是否考虑资金时间价值可以分为静态投资回收期和动态投资回收期。

五、借款偿还能力分析

借款偿还能力分析是指对项目使用期间收费收入的估算，通过对项目借款的本利预测，说明项目是否在规定的偿还条件下，保证有足够的偿还能力，以防止出现财务状况的恶化和长期负债的现象。借款偿还能力分析的重点在于借款偿还期内可否偿还借款。

1. 借款偿还期分析

借款偿还期，是指根据国家财税规定及投资项目的具体财务条件，以可作为偿还贷款的项目收益(利润、折旧、摊销费及其他收益)来偿还项目投资借款本金和利息所需要的时间。它是反映项目借款偿债能力的重要指标。借款偿还期的计算式如下：

$$I_d=\sum_{t=1}^{P_d}(R_{pt}+D_t+R_{ot}-R_{tt}) \tag{6-61}$$

式中：P_d——借款偿还期；

I_d——借款本金和利息之和；

R_{pt}——第 t 年可用于还款的利润；

D_t——第 t 年可用于还款的折旧和摊销费；

R_{ot}——第 t 年可用于还款的其他收益；

R_{tt}——第 t 年企业留利。

借款偿还期满足贷款机构的要求期限时，即认为项目是有借款偿债能力的。

借款偿还期指标适用于那些不预先给定借款偿还期限，且按最大偿还能力计算还本付息的项目，不适用于那些预先给定借款偿还期的项目。对于预先给定借款偿还期的项目，应采用利息备付率和偿债备付率指标分析项目的偿债能力。

2. 利息备付率

利息备付率也称已获利息倍数，是指项目在借款偿还期内各年可用于支付利息的税息前利润与当期应付利息费用的比值。其表达式为：

$$利息备付率=税息前利润/当期应付利息费用 \tag{6-62}$$

式中：税息前利润——利润总额与计入总成本费用的利息费用之和，即税息前利润＝利润总额＋计入总成本费用的利息费用；

当期应付利息费用——当期应付的全部利息。

利息备付率可以分年计算，也可以按整个借款期计算。但分年的利息备付率更能反映偿债能力。利息备付率从付息资金来源的充裕性角度反映项目偿付债务利息的能力，它表示使用项目税息前利润偿付利息的保证倍率。对于正常经营的项目，利息备付率应大于2。否则，表示项目的付息能力保障程度不足，尤其是当利息备付率低于1时，表示项目没有足够资金支付利息，偿债风险很大。

3. 偿债备付率

偿债备付率是指项目在借款偿还期内，各年可用于还本付息的资金与当期应还本付息金额的比值。其表达式为：

$$偿债备付率=可用于还本付息的资金/当期应还本付息的金额 \tag{6-63}$$

式中：可用于还本付息的资金——包括可用于还款的折旧和摊销、成本中列支的利息费用、可用于还款的利润等；

当期应还本付息的金额——包括当期应还贷款本金及计入成本费用的利息。

偿债备付率可以分年计算，也可以按项目的整个借款期计算。分年计算的偿债备付率更能反映偿债能力。偿债备付率表示可用于还本付息资金偿还借款本息的保证倍率。正常情况应当大于1，而且越大越好。当指标小于1时，表示当年资金来源不足以偿付当期债务，需要通过短期借款来偿付已到期的债务。

第六节　不确定性分析

考察经济效果时，需要使用各种参数，如工程总投资、工程建设期，交通量等，这些数据都带有不确定性，不可能与实际情况完全吻合，主要影响因素如下：

(1)原始数据可靠性不够；

(2)原始数据太少；

(3)原始数据的处理方法不当；

(4)预测模型和预测方法有问题；

(5)国家宏观政策的重大变化；

(6)存在不能剂量的因素和未知因素；

(7)各种不可抗力因素；

(8)市场情况的变化。

当然，还有其他一些影响因素。在项目经济评价中，如果想全面分析这些因素的变化对项目经济效果的影响是十分困难的，因此，在实际工作中，往往要着重分析和把握那些对项目影响大的关键因素，以期取得较好的效果。

严格来讲，这里所说的不确定性分析包含了不确定性分析和风险分析两个内容。不确定性分析就是研究各种经济参数发生变化时，经济分析结果的变化情况和变化范围，估计经济分析结果所面临的风险，为投资决策风险分析提供资料和结果，以避免投资决策的失误。风险是指由于随机原因所引起的项目实际值与期望值的差异，其结果可用概率分布规律来描述。不确定性与风险是有区别的，其区别就在于一个是不知道未来可能发生的结果，或不知道各种结果发生的可能性，由此产生的问题称为不确定性问题；另一个是知道未来可能发生的各种结果的概率，由此产生的问题称为风险问题。

不确定性分析是项目经济评价中的一个重要内容。因为在前面介绍的对项目进行评价时，都是以一些确定的数据为基础的，如项目总投资、建设期、年销售收入、年经营成本、年利率、设备残值等指标值，认为它们都是已知的，是确定的；即使对某个指标值所做的估计或预测，也认为是可靠、有效的。但在实际工作中，由于前述各种影响因素的存在，这些指标值与实际值之间往往存在着差异，这样就对项目评价的结果产生了影响。如果不对此进行分析，也就是不对项目进行不确定性分析，而仅凭对一些基础数据所做的确定性分析为依据来取决项目，就可能导致投资决策的失误。比如，某项目的标准折现率为8%，根据项目基础数据求出的项目内部收益率为10%，由于内部收益率大于标准折现率，因此根据方案评价准则自然认为项目是可行的。但如果凭此就作出投资决策则是欠考虑的，因为还没有考虑不确定性问题和风险问题，比如只要在项目实施过程中存在通货膨胀且通货膨胀率高于2%，则项目的风险就很大，甚至会变成不可行的。因此，为了有效地减少不确定性因素对项目经济效果的影响，提高项目的风险防范能力，进而提高项目投资决策的科学性和可靠性，除对项目进行确定性分析外，还很有必要对项目进行不确定性分析。

不确定性分析包括盈亏平衡分析、敏感性分析和概率分析三种方法，其内容各有不同。具体应用时，要在综合考虑项目的类型、特点、决策者的要求，相应的人力、物力，以及项目对国民经济的影响程度等条件来选择。一般来讲，盈亏平衡分析只适用于项目的财务评价，而敏感性分析和概率分析则可同时适用于财务评价和国民经济评价。

一、盈亏平衡分析

盈亏平衡分析又称损益平衡分析，它是通过盈亏平衡点(BEP)来分析项目的成本与收益的平衡关系的一种方法，也是在项目的不确定性分析中常用的一种方法。

投资项目的经济效果，会受到许多因素的影响，当这些因素发生变化时，可能会导致原来盈利的项目变为亏损项目。盈亏平衡分析的目的就是找出这种由盈利到亏损的临界点，据此判断项目风险的大小及对风险的承受能力，为投资决策提供科学依据。

1. 盈亏平衡点及其确定

在盈亏平衡分析中，首先要做的就是盈亏平衡点的确定，然后据此来分析和判断项目风险的大小，因此可以说盈亏平衡点是一个核心的概念。

所谓盈亏平衡点(BEP)，是指项目盈利与亏损的分界点，它标志着项目不亏不盈的生产经营临界水平，反映了在达到一定的生产经营水平时该项目的收益与成本的平衡关系。盈亏平衡点通常用产量表示，也可以用生产能力利用率、销售收入、产品单价等来表示。

盈亏平衡点的确定主要是根据其定义来进行。即在盈亏平衡点处，项目处于不亏不盈的状态，项目的收益与成本相等，可用下式表示：

$$TR = TC \tag{6-64}$$

式中：TR——项目的总收益；

TC——项目的总成本。

由于 TR 和 TC 都是产品产量的函数，因此从上式出发即可求出项目在盈亏平衡点处的产量，即盈亏平衡产量。

【例 6-33】 某新建项目生产一种产品，根据市场预测估计每件售价为 500 元，已知该产品单位可变成本为 400 元，固定成本为 150 万元，试求该项目的盈亏平衡产量。

解：根据收益、成本与产量的关系可有：

TR＝单价×产量＝$P\times Q=500Q$

TC＝固定成本＋可变成本＝$1\,500\,000+400Q$

设该项目的盈亏平衡产量为 Q^*，则当产量为 Q^* 时，应有：TR＝TC

即：$500Q^*=1\,500\,000+400Q^*$

解得：$Q^*=15\,000$(件)

盈亏平衡点反映了项目对市场变化的适应能力和抗风险能力。项目的盈亏平衡点越低，表明其适应市场变化的能力越强，抗风险能力越大；反之，其适应市场变化的能力越小，抗风险能力越弱。因此也可以说盈亏平衡点的高低反映了项目风险性的大小。

由于项目的收益与成本都是产品产量的函数，一般又可根据它们之间的函数关系，将盈亏平衡分析分为两种，即：

当项目的收益与成本都是产量的线性函数时，称为线性盈亏平衡分析。

当项目的收益与成本都是产量的非线性函数时，称为非线性盈亏平衡分析。

2. 线性盈亏平衡分析

线性盈亏平衡分析一般是基于以下假设条件来进行的：产品的产量与销售量是一致的；单位产品的价格保持稳定不变；成本分为可变成本与固定成本，其中可变成本与产量成正比例关系，固定成本与产量无关，保持不变。

线性盈亏平衡分析的方法一般有两种：图解法和解析法。本书只介绍解析法。

解析法是指通过数学解析方法计算出盈亏平衡点的一种方法。如图 6-23 所示，根据盈亏平衡点的概念，当项目达到盈亏平衡状态时，其收益与支出恰好相等。即：

$$TR=TC$$

根据前面所做的假设，有：

$$TR=(P-t)Q$$

式中：P——单位产品的价格；

t——单位产品的销售税金及附加。

$$TC=F+VQ$$

式中：F——固定成本；

V——单位产品的可变成本。

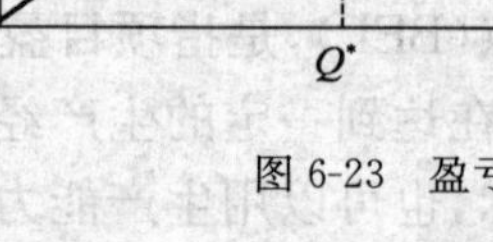

图 6-23　盈亏平衡图

设盈亏平衡产量为 Q^*，则当 $Q=Q^*$ 时，

则有：

$$(P-t)Q^* = F + VQ^*$$

$$Q^* = \frac{F}{P-t-V}$$

盈亏平衡点(BEP)除经常用产量表示外，还可以用生产能力利用率、单位产品价格等指标来表示。其具体表达式为：

$$\text{BEP(生产能力利用率)} = \frac{Q^*}{Q_0} \times 100\%$$

式中：Q_0——设计生产能力。

$$\text{BEP(单位产品价格)} = \frac{F+VQ_0}{Q_0} + t$$

【例 6-34】 某项目设计生产能力为年产 50 万件产品，根据统计资料分析，估计每件产品的售价为 100 元，单位产品可变成本为 80 元，固定成本为 300 万元，已知该产品销售税金及附加的合并税率为 5%。试用产量、生产能力利用率、单位产品价格分别表示项目的盈亏平衡点。

解：①求 Q^*。

根据题中所给条件，有：

$$Q^* = \frac{F}{P-t-V} = \frac{3\,000\,000}{100\times(1-5\%)-80} = 200\,000\text{(件)}$$

②求 BEP(生产能力利用率)。

$$\text{BEP(生产能力利用率)} = \frac{Q^*}{Q_0} \times 100\% = \frac{200\,000}{500\,000} \times 100\% = 40\%$$

③求 BEP(单位产品价格)。

$$\text{BEP(单位产品价格)} = \frac{F+VQ_0}{Q_0} + t = \frac{3\,000\,000 + 500\,000\times 80}{500\,000} + 100\times 5\% = 91\text{(元/件)}$$

从项目盈利及承受风险的角度可以看出，其 BEP(生产能力利用率)越小，BEP(单位产品价格)越低，则项目的盈利能力就越强，抗风险的能力也就越强。

3. 线性盈亏平衡分析的应用

盈亏平衡分析是在对项目进行不确定性分析时常采用的一种方法。通过盈亏平衡分析，能够预先估计项目对市场变化情况的适应能力，有助于了解项目可承受的风险程度；还可以对决策者确定项目的合理经济规模及对项目工艺技术方案的投资决策，起到一定的参考与帮助作用，因而其应用是较广泛的。下面通过两个例子加以说明。

【例 6-35】 某建筑工地需抽除积水以保证施工顺利进行，现有两个方案可供选择。

方案 A：新建一条动力线，需购置一台 2.5kW 电动机并线运行，其投资为 1 400 元，第 4 年末残值为 200 元。电动机每小时运行成本为 0.84 元，每年预计维修费为 120 元，因设备完全自动化无需专人管理。

方案 B：购置一台 3.68kW 柴油机，其购置费为 550 元，使用寿命为 4 年，设备无残值。柴油机运行每小时燃料费为 0.42 元，平均每小时维护费为 0.15 元，每小时的人工成本为 0.8 元。

若寿命均为 4 年，基准折现率为 10%。试比较两个方案的优劣。

解：两方案的总费用均与年开机时间 t 有关，故两方案的年成本均可表示为 t 的函数。

$$C_A = 1\,400(A/P,10\%,4) - 200(A/F,10\%,4) + 120 + 0.84t = 518.56 + 0.84t$$

$$C_B=550(A/P,10\%,4)+(0.42+0.15+0.8)t=175.51+1.37t$$

令 $C_A=C_B$，即：$518.56+0.84t=175.51+1.37t$

可得出：$t=651(\text{h})$

A、B两个方案的年成本函数曲线见图6-24所示。

从图6-24中可以看出，当年开机小时数低于651h时，选B方案有利；当年开机小时数高于651h时，选A方案有利。

线性盈亏平衡分析方法简单明了，有助于尽快地全面把握决策的目的；但这种方法在应用中有一定的局限性，主要表现在对投资项目来讲，在实际生产经营过程中，收益和支出与产品产量之间的关系往往是呈现出一种非线性的关系，而非所假设的线性关系。这时就需要用到非线性盈亏平衡分析方法。

4. 非线性盈亏平衡分析

在实际生产经营过程中，产品的销售收入与销售量之间，成本费用与产量之间，并不一定呈线性关系。比如当项目的产量在市场中占有较大的份额时，其产量的高低可能会明显影响市场的供求关系，从而使得市场价格发生变化；再比如根据报酬递减规律，变动成本随着生产规模的不同而与产量呈非线性的关系；在生产中还有一些辅助性的生产费用（通常称为半变动成本）随着产量的变化而呈梯形分布。由于这些原因，造成产品的销售收入和总成本与产量之间存在着非线性的关系，在这种情况下进行的盈亏平衡分析称为非线性盈亏平衡分析。

非线性盈亏平衡分析的基本过程见图6-25。

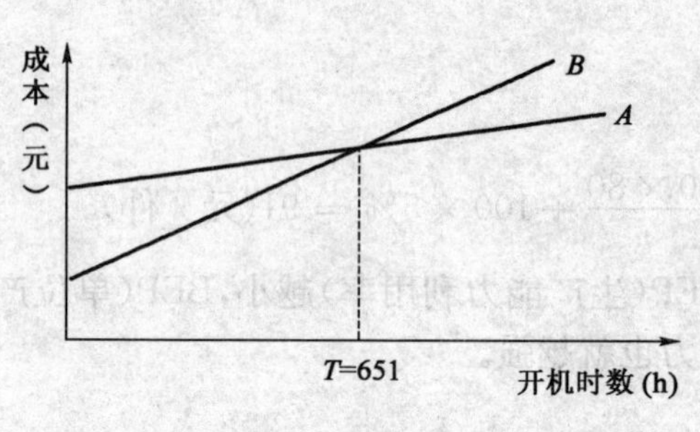

图6-24 A、B方案年成本函数曲线

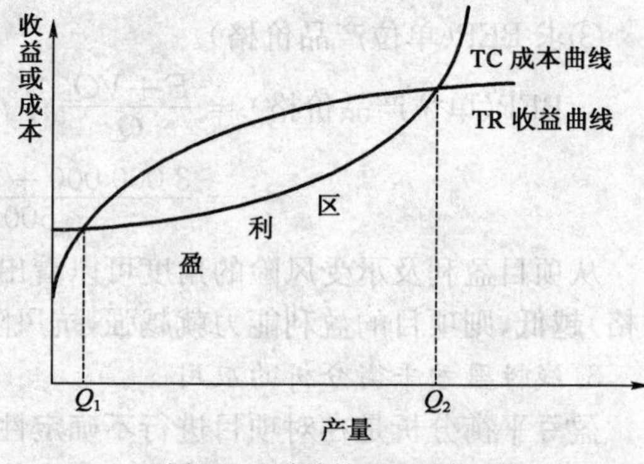

图6-25 非线性盈亏平衡图

从图6-25中可以看出，当产量小于 Q_1 或大于 Q_2 时，项目均处于亏损状态；只有当产量处于 $Q_1 \leqslant Q \leqslant Q_2$ 时，项目才处于盈利区域，因此 Q_1 和 Q_2 是项目的两个盈亏平衡点。其解法如下：

假设产品的产量等于其销售量，均为 Q，则产品的销售收益和总成本与产量的关系可表示如下：

$$\text{TR}(Q)=a_1Q^2+b_1Q+c_1$$

$$\text{TC}(Q)=a_2Q^2+b_2Q+c_2$$

式中：a_1,b_1,c_1,a_2,b_2,c_2——均为系数。

根据盈亏平衡点的定义，有：$\text{TR}(Q)=\text{TC}(Q)$

代入整理后得出：

$$(a_1-a_2)Q^2+(b_1-b_2)Q+(c_1-c_2)=0$$

解此一元二次方程，得到两个解分别为 Q_1 和 Q_2，即求出了项目盈亏平衡点的产量。

另外，根据利润的表达式：

$$利润=收益-成本=\mathrm{TR}-\mathrm{TC}$$

通过求上式对产量的一阶导数并令其为零，即：

$$\frac{\mathrm{d}(\mathrm{TR}-\mathrm{TC})}{\mathrm{d}Q}=0$$

还可以求出使其利润为最大时的产量水平 Q_{max}，Q_{max}又称为最大盈利点。

【例 6-36】 某公司计划生产一种新产品，经过市场调研及历年来的资料分析，预计产品的年销售收入函数及成本函数分别为：

$$\mathrm{TR}=3\,100Q-0.6Q^2$$

$$\mathrm{TC}=3\,187\,500+600Q-0.2Q^2$$

试确定该产品的盈亏平衡点以及最大盈利点。

解：根据盈亏平衡点的定义，及题中给定的条件，可知在盈亏平衡点处有：

$$3\,100Q-0.6Q^2=3\,187\,500+600Q-0.2Q^2$$

$$0.4Q^2-2\,500Q+3\,187\,500=0$$

解方程可得：$Q_1=1\,500$，$Q_2=8\,500$，即产品的盈利区域为产量介于 1 500～8 500 之间。

根据最大盈利点的含义，当产量水平达到最大盈利点时，应有：

$$\frac{\mathrm{d}(0.4Q^2-2\,500Q+3\,187\,500)}{\mathrm{d}Q}=0$$

解得：$Q^*=3\,125$，即当产量水平达到 3 125 时，该产品将获得最大的利润。

盈亏平衡分析虽然能够度量项目风险的大小，但并不能揭示产生项目风险的根源。比如说虽然知道降低盈亏平衡点就可以降低项目的风险，提高项目的安全性，也知道降低盈亏平衡点可采取降低固定成本的方法，但是如何降低固定成本，应该采取哪些可行的方法或通过哪些有利的途径来达到这个目的，盈亏平衡分析并没有给出答案，还需采用其他一些方法来帮助达到这个目标。因此在应用盈亏平衡分析时，应注意使用的场合及欲达到的目的，以便能够正确运用这种方法。

二、敏感性分析

敏感性分析就是对影响经济效果的各种参数的变化作出估计和预测，并对经济效果的变化作出相应的分析和计算，从而判断经济参数变化时，经济效果的敏感程度。

先看下面一个式子：

$$Y=1\,000X_1+0.001X_2+1$$

假定 X_1 和 X_2 相互独立，当 X_1 变化一点点时，Y 变化很大，此时可以说 X_1 对 Y 敏感，将这一类因素称为敏感性因素；当 X_2 变化一点点时，Y 变化很小，此时可以说 X_2 对 Y 不敏感，这一类因素称为非敏感性因素。当然我们更关注敏感性因素，以及敏感性因素对项目经济评价指标的影响程度，敏感性分析的作用就在于此。一般来讲，敏感性分析的目的，就在于通过分析各个因素对项目经济评价指标的影响程度的大小，找出敏感性因素，从而为采取必要的风险防范措施提供依据。

1. 敏感性分析的分类

敏感性分析可分为单因素敏感性分析和多因素敏感性分析。

单因素敏感性分析是指在进行敏感性分析时，假定只有一个因素是变化的，其他因素均保持不变，分析这个可变因素对经济评价指标的影响程度和敏感程度。

多因素敏感性分析是指在同时有两个或两个以上的因素发生变化时，分析这些变化的因素对经济评价指标的影响程度和敏感程度。

2. 单因素敏感性分析的步骤

单因素敏感性分析的基本步骤如下。

(1)确定敏感性分析的对象

敏感性分析的对象就是前面所谈的项目经济评价指标。一般是根据项目的特点、不同的研究阶段、实际需求情况和指标的重要程度来选择一至两种指标为研究对象，经常用到的是净现值(NPV)和内部收益率(IRR)；另外还要说明的一点是，敏感性分析中所确定的经济评价指标，往往应该与方案的经济评价指标一致，不宜设立新的分析指标。

(2)选择需要分析的不确定性因素

影响项目经济评价指标的不确定性因素很多，但在实际分析中并没有必要对所有的不确定性因素进行敏感性分析，而往往是选择一些主要的影响因素，如项目总投资、建设期、经营成本、产品价格、标准折现率等。选择需要分析的不确定性因素时，主要应从以下两方面考虑：

①预计这些因素在其可能的变化范围内对经济评价指标的影响较大。

②这些因素发生变化的可能性较大。

(3)计算各不确定性因素对经济评价指标的影响程度

对所选定的需要进行分析的不确定性因素，按照一定的变化幅度(如 5%、10%、20%等)改变其数值，然后计算这种变化对经济评价指标(如 NPV、IRR 等)的影响数值，并将其与该指标的原始值相比较，从而得出该指标的变化率。可用下式表示：

$$\text{变化率}(\beta)=\frac{|\text{评价指标变化幅度}|}{|\text{变量因素变化幅度}|}=\frac{|\Delta Y_j|}{|\Delta X_i|}=\frac{\left|\dfrac{Y_{j1}-Y_{j0}}{Y_{j0}}\right|}{|\Delta X_i|} \tag{6-65}$$

式中：ΔY_j——第 j 个指标受变量因素变化影响的差额幅度(变化率)；

ΔX_i——第 i 个变量因素的变化幅度(变化率)；

Y_{j1}——第 j 个指标受变量因素变化影响后所达到的指标值；

Y_{j0}——第 j 个指标未受变量因素变化影响时的指标值。

式中的 β 又称灵敏度，是衡量变量因素敏感程度的一个指标。

(4)确定敏感因素

敏感因素是指对经济评价指标产生较大影响的因素，根据分析问题的目的不同一般可通过两种方法来确定。第一种称为相对测定法，即设定要分析的因素均从初始值开始变动，且假设各个因素每次变动的幅度均相同，分别计算在同一变动幅度下各个因素的变动对经济评价指标的影响程度，即灵敏度；然后按灵敏度的高低对各个因素进行排序，灵敏度高的因素就是敏感因素。第二种称为绝对测定法，即假设要分析的因素均向只对经济评价指标产生不利影响的方向变动，并设该因素达到可能的最差值；然后计算在此条件下的经济评价指标，如果计算出的指标值已超过了项目可行的临界值，从而改变了项目的可行性，则就表明该因素是敏感因素。

3. 单因素敏感性分析图

敏感性分析图是通过在坐标图上作出各个不确定性因素的敏感性曲线，进而确定各个因素的敏感程度的一种图解方法，其基本作图方法如下：

(1)以纵坐标表示项目的经济评价指标(项目敏感性分析的对象)，横坐标表示各个变量因素的变化幅度(以%表示)。

(2)根据敏感性分析的计算结果绘出各个变量因素的变化曲线，其中与横坐标相交角度较大的变化曲线所对应的因素就是敏感性因素。

(3)在坐标图上作出项目经济评价指标的临界曲线(如 NPV＝0、IRR＝i_c 等)，求出变量因素的变化曲线与临界曲线的交点，则交点处的横坐标就表示该变量因素允许变化的最大幅度，即项目由盈到亏的极限变化值。

4. 单因素敏感性分析的应用

【例 6-37】 某投资方案设计年生产能力为 10 万台，计划总投资为 1 200 万元，期初一次性投入，预计产品价格为 35 元/台，年经营成本为 140 万元，方案寿命期为 10 年，到期时预计残值收入为 80 万元，标准折现率为 10%。试就投资额、单位产品价格、经营成本等影响因素对该投资方案作敏感性分析。

解：选择净现值为敏感性分析的对象，根据净现值的计算公式，可计算出项目在初始条件下的净现值。即：

$$NPV_0=(-1\,200)+(35\times10-140)(P/A,10\%,10)+80(P/F,10\%,10)=121.21(\text{万元})$$

由于 $NPV_0>0$，该项目是可行的。

下面取投资额、产品价格、经营成本这三个因素，然后令其逐一在初始值的基础上按±10%、±20%的变化幅度变动，分别计算相对应的净现值的变化情况，来对项目进行敏感性分析。分析结果如表 6-21 和图 6-26 所示。

单因素敏感性分析表(万元)　　表 6-21

项目 \ 变化幅度	−20%	−10%	0	+10%	+20%	平均+1%	平均−1%
投资额	361.21	241.21	121.21	1.21	−118.79	−9.90%	9.90%
产品价格	−308.91	−93.85	121.21	336.28	551.34	17.71%	−17.71%
经营成本	293.26	207.24	121.21	35.19	−50.83	−7.10%	7.10%

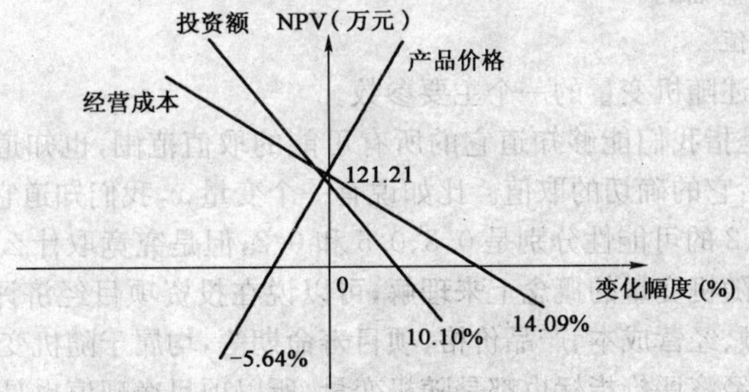

图 6-26　单因素敏感性分析图

由表 6-21 和图 6-26 可以看出，在各个变量因素变化率相同的情况下：首先，产品价格的变动对净现值的影响程度最大。当其他因素均不变化时，产品价格每下降 1%，净现值下降 17.71%；此外，还可以看出，当产品价格下降幅度超过 5.64%时，净现值将由正变负，即项目由可行变为不可行。其次，对净现值影响大的因素是投资额。当其他因素均不变化时，投资额每增加1%，净现值下降9.90%；当投资额增加幅度超过10.10%时，净现值将由正变负，项目变为不可行。最后，对净现值影响最小的因素是经营成本。在其他因素均不变化时，经营成本每上升1%，净现值下降7.10%；当经营成本上升幅度超过14.09%时，净现值将由正变负，项目变为不可行。

由此可见，按净现值对各个因素的敏感程度来排序，依次为：产品价格、投资额、经营成本，最敏感的因素是产品价格。因此，从方案决策的角度来讲，应该对产品价格进行进一步的、更准确的测算。因为从项目风险角度来讲，如果未来产品价格发生变化的可能性较大，则意味着该投资项目的风险性亦较大。

5.敏感性分析的局限性

敏感性分析是项目经济评价时经常用到的一种方法。它在一定程度上对不确定因素的变动对项目投资效果的影响作了定量的描述，得到了维持投资方案在经济上可行所允许的不确定因素发生不利变动的最大幅度。但敏感性分析在使用中也存在一定的局限性，就是它不能说明不确定因素发生变动的情况的可能性的大小，也就是没有考虑不确定因素在未来发生变动的概率，而这种概率是与项目的风险大小密切相关的。实际工作中，经常会碰到这样的情况，某些因素在未来发生不利变动的可能性很小，虽然它可能是一个敏感因素，但实际上它给项目带来的风险并不大；而另外有一些因素，虽然它们不太敏感，不是敏感因素，但由于它们在未来发生不利变化的可能性很大，因而实际上给项目带来的风险可能比敏感因素还要大。对于此类问题，敏感性分析是无法解决的，还要借助于下面介绍的概率分析来解决。

三、概率分析

概率分析也称为风险分析，是利用概率来研究和预测不确定因素对项目经济评价指标的影响的一种定量分析方法。概率分析的目的在于确定影响方案投资效果的关键因素及其可能的变动范围，并确定关键因素在此变动范围内的概率，然后进行概率期望值的计算，得出定量分析的结果。

概率分析的方法很多，这些方法大多是以项目经济评价指标（主要是NPV）的期望值的计算过程和计算结果为基础的。

1.净现值的期望值

期望值是用来描述随机变量的一个主要参数。

所谓随机变量，是指我们能够知道它的所有可能的取值范围，也知道它取各种值的可能性，但却不能肯定最后它的确切的取值。比如说有一个变量x，我们知道它的取值范围是0、1、2，也知道x取值0、1、2的可能性分别是0.3、0.5和0.2，但是究竟取什么值却不知道，那么x就称为随机变量。从随机变量的概念上来理解，可以说在投资项目经济评价中所遇到的大多数变量因素，如投资额、经营成本、产品价格、项目寿命期等，均属于随机变量的范畴，因而主要根据它们计算出来的经济评价指标也都是随机变量，所以项目净现值也是一个随机变量。

从理论上讲，要完整地描述一个随机变量，需要知道它的概率分布的类型和主要参数，但在实际应用中，这样做不仅非常困难，而且也没有太大的必要。因为在许多情况下，我们只需要知道随机变量的某些主要特征就可以了。在这些随机变量的主要特征中，最重要也是最常用的就是期望值。

期望值是反映随机变量取值的平均值，但这个平均值不是一般意义上的算术平均值，而是以随机变量各种取值的概率为权重的加权平均值。如前面所谈到的随机变量 x，它的期望值就不是 1，而是 0×0.3＋1×0.5＋2×0.2＝0.9。

一般来讲，期望值的计算公式为：

$$E(X)=\sum_{i=1}^{n}x_i p_i$$

式中：$E(X)$——随机变量 x 的期望值；

x_i——随机变量 x 的各种取值；

p_i——X 取值 x_i 时所对应的概率值。

根据期望值的计算公式，可以很容易地推导出项目净现值的期望值的计算公式为：

$$E(\mathrm{NPV})=\sum_{i=1}^{n}\mathrm{NPV}_i P_i \tag{6-66}$$

式中：$E(\mathrm{NPV})$——NPV 的期望值；

NPV_i——各种现金流量情况下的净现值；

P_i——对应于各种现金流量情况的概率值。

【例 6-38】 已知某投资方案各种因素可能出现的数值及其对应的概率如表 6-22 所示。假设投资发生在期初，年净现金流量均发生在各年的年末，标准折现率为 10%，试求其净现值的期望值。

某投资方案变量因素值及其概率　　表 6-22

投资额(万元)		年净收益(万元)		寿命期(年)	
数值	概率	数值	概率	数值	概率
120	0.30	20	0.25	10	1.00
150	0.50	28	0.40		
175	0.20	33	0.35		

解：根据各因素的取值范围，共有 9 种不同的组合状态，根据净现值的计算公式，可求出各种状态的净现值及其对应的概率如表 6-23 所示。

方案所有组合状态的概率及净现值　　表 6-23

投资额(万元)	120			150			175		
年净收益(万元)	20	28	33	20	28	33	20	28	33
组合概率	0.075	0.12	0.105	0.125	0.2	0.175	0.05	0.08	0.07
净现值(万元)	2.89	52.05	82.77	−27.11	22.05	52.77	−52.11	−2.95	27.77

根据净现值的期望值的计算公式(6-66)，可求出：

$$\begin{aligned}E(\mathrm{NPV})&=2.89\times0.075+52.05\times0.12+82.77\times0.105-27.11\times0.125+22.05\times0.2+\\&\quad 52.77\times0.175-52.11\times0.05-2.95\times0.08+27.77\times0.07\\&=24.51(\text{万元})\end{aligned}$$

投资方案净现值的期望值为 24.51 万元。

净现值的期望值在概率分析中是一个非常重要的指标。在对项目进行概率分析时，一般都要计算项目净现值的期望值及净现值大于或等于零时的累计概率。累计概率越大，表明项目承担的风险越小。

2. 决策树法

决策树法是直观运用概率分析的一种图解方法。它主要是用于对各个投资方案的状态、概率和收益进行比选，为决策者选择最优方案提供依据。决策树法特别适用于多阶段决策分析。决策树一般由决策点、机会点、方案枝、概率枝等组成，其绘制方法如下。

首先确定决策点，决策点一般用“□”表示；然后从决策点引出若干条直线，代表各个备选方案，这些直线称为方案枝；方案枝后面连接一个“○”，称为机会点；从机会点画出的各条直线称为概率枝，代表将来不同的状态；概率枝后面的数值代表不同方案在不同状态下可获得的收益值。为了便于计算，对决策树中的“□”(决策点)和“○”(机会点)均进行编号。编号的顺序是从左到右，从上到下。

画出决策树后，就可以很容易地计算出各个方案的期望值并进行比选。

【例 6-39】 某项目有两个备选投资方案 A 和 B，两个方案的寿命期均为 10 年，生产的产品也完全相同，但投资额和年净收益不同。A 方案的投资额为 500 万元，其年净收益在产品销路好时为 150 万元，销路差时为 −50 万元；B 方案的投资额为 300 万元，其年净收益在产品销路好时为 100 万元，销路差时为 10 万元。根据市场预测，在项目寿命期内，产品销路好的可能性为 70%，销路差的可能性为 30%。假设标准折现率为 10%。试根据以上资料对方案进行比选。

解：首先画出决策树。

本例中有一个决策点，两个备选方案，每个方案又面临两种状态，因此可画出其决策树如图 6-27 所示。

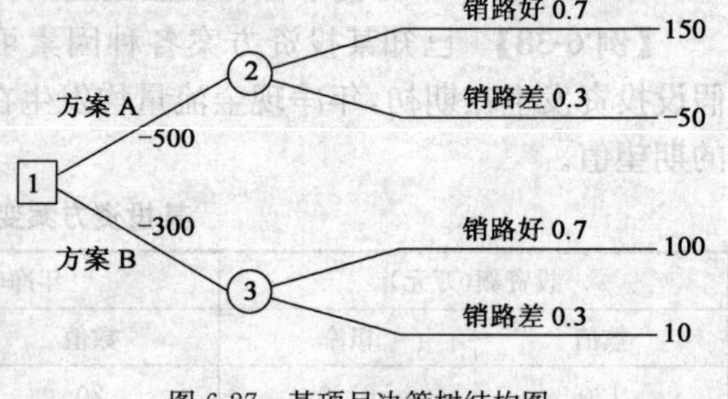

图 6-27 某项目决策树结构图

然后计算各个机会点的期望值：

机会点②$=150(P/A,10\%,10)\times 0.7+(-50)(P/A,10\%,10)\times 0.3=533$(万元)

机会点③$=100(P/A,10\%,10)\times 0.7+10(P/A,10\%,10)\times 0.3=448.50$(万元)

最后计算各个备选方案净现值的期望值。

方案 A 的净现值期望值＝533−500＝33(万元)

方案 B 的净现值期望值＝448.50−300＝148.50(万元)

因此应优先选择 B 方案。

决策树法也可用于一般的概率分析，即用于判断项目的可行性及所承担风险的大小。

第七节 经济后评价

项目后评价源于 20 世纪 30 年代。几十年来，为提高项目管理水平的实际需求所推动，项目后评价得到了较快发展。发达国家和不少发展中国家政府及世界银行、亚洲开发银行等国际金融组织为了提高投资效率，都成立了后评价机构，推行后评价制度；同时建立了相应的后评价指标体系和评价方法，创造并发展了后评价理论体系。我国项目后评价始于 20 世纪 80 年代中后期，现在已经有不少行业、部门和金融机构建立了后评价制度以及本部门的后评价指标体系和评价方法。1996 年 12 月 31 日，交通部以交计发[1996]1130 号文发布《公路建设项目后评价报告编制办法》和《公路建设项目后评价工作管理办法》，并在 2000 年第 8 号令发布的《公路建设项目监督管理办法》中，明确要求公路项目竣工后要进行后评价。公路项目后评价实践推动了我国后评价理论和方法的逐步完善。

一、项目后评价概述

1. 投资项目评价的分类

根据目前国家有关固定资产投资项目的现行规定和实际情况，项目周期可分为下述3个时期，即项目建设前期、项目建设时期和项目使用时期；这3个时期又大致可以分为6个阶段。与项目周期对应，投资项目评价可分为项目前评价、项目中评价和项目后评价，如图6-28所示。

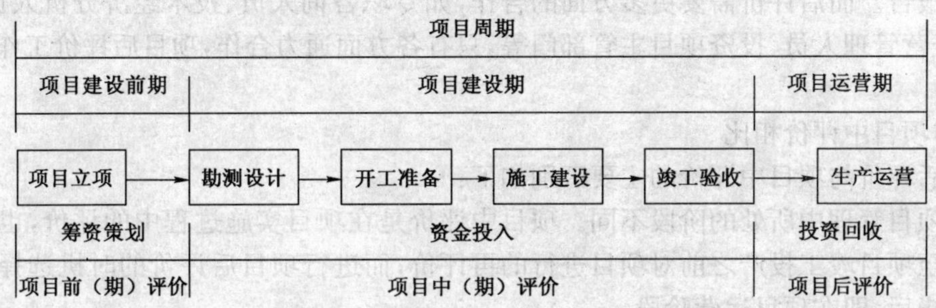

图6-28　项目评价与项目周期的关系

项目前评价，一般也称投资项目的可行性研究，它是从投资项目决策的角度出发，目的是确定投资项目是否可以立项，并站在投资项目的起点，采用技术经济分析的方法来分析、预测和评价投资项目未来的效益，以确定项目的投资是否值得与是否可行。

项目中评价也称中期评价，是指在项目实施过程中，通过项目实施的实际情况与预测（计划）目标的比较分析，揭示问题，分析原因，提出改进措施的过程，其目的是改进项目管理。中期评价除了全面检查总结阶段性项目执行情况外；其另一个重要意义在于，能根据评价结果对正在进行的项目采取纠正措施，即所谓的中期调整，使项目重新回到规定的轨道上来。因此，中期评价不管是对项目的总结还是对问题的揭露，都对项目下一阶段的项目执行具有重要指导作用，同时也为项目的竣工总结（完成评价）打下良好的基础。

项目后评价一般是在项目建成投入生产营运2～3年后，用系统工程的方法，对建设项目的立项决策、设计、施工和营运各个阶段工作及其变化的原因，以及成功的经验与失误的教训进行全面的跟踪、调查、分析与评价，检验项目是否达到预期目标。项目后评价位于项目周期的最后一个时期，因此又可看作是一个新的项目周期的“前期”，它处于“承前启后”的位置。在项目周期中，后评价的一个基本功能就是要通过项目经验教训的反馈，改进和调整投资项目及其相关计划或规划、政策措施和管理机制等，从而提高投资的决策水平。

2. 项目后评价与项目前评价、项目中评价的比较

(1)与项目前评价相比

与项目前评价相比，项目后评价具有以下特点：

①现实性。项目后评价分析研究的是项目实际情况，是在项目投产的一定时期内，根据企业的实际经营结果进行评价；而项目前评价分析研究依据的是项目预测数据，其依据历史和经验性资料，具有一定的预测性。

②全面性。在进行项目后评价时，既要分析其投资过程，又要分析其经营实施过程；不仅要分析项目投资的经济效益，而且要分析其经营管理，发掘项目的潜力。

③探索性。项目后评价要分析企业现状，发现问题并探索未来的发展方向，因而要求后评价人员具有较高的素质和创造性，把握影响项目效益的主要因素，并提出切实可行的改进措施。

④反馈性。项目前评价的目的在于为计划部门投资决策提供依据；而项目后评价主要目的在于为有关部门反馈信息，为今后项目管理、投资计划和投资政策的制定积累经验，并用来检验投资决策正确与否。

⑤合作性。项目前评价一般是评价单位与投资主体间的合作，由专职的评价人员就可以提出评价报告。而后评价需要更多方面的合作，如专职咨询人员、技术经济分析人员、项目经理、企业经营管理人员、投资项目主管部门等，只有各方面通力合作，项目后评价工作才能顺利进行。

(2)与项目中评价相比

项目后评价与项目中评价的主要区别如下：

①在项目管理中所处的阶段不同。项目中评价是在项目实施过程中的评价，也就是在项目开工后至项目竣工投产之前对项目进行的再评价；而进行项目后评价的时机选择在项目实施过程完毕后，即在项目运营阶段。

②目的和作用不同。项目中评价的目的在于检测项目实施状况与预测目标的偏离程度，并分析其原因，将信息反馈到项目管理机构，以改进项目管理；而后评价的目的在于检测项目前期工作、项目实施、项目运营全过程中项目实际情况与预测目标的偏差程度，并分析其原因，提出改进措施，将信息反馈到计划、银行等投资和决策部门，为投资计划、决策的制订和改进项目管理提供依据。

③组织实施不同。项目中评价不必像项目后评价那样需要一个相对独立的机构来组织实施，其组织管理机构可以设在项目管理机构内，人员也可以由项目管理人员承担；而对于后评价，因为涉及对项目实施过程的评价，由项目管理人员进行后评价显然不合适，需要由专门的第三方中介进行评价。

④评价的内容不同。项目中评价的内容范围限定在项目实施阶段，如回答项目实施进展与目标进度有何程度的偏差，原因何在；如果实际建设成本突破了计划成本，为什么；承包人表现如何等问题。而后评价内容较为广泛，重点放在项目运营阶段的再评价上。

3.项目后评价的内容

从实现项目后评价的目的和作用出发，按项目运行过程的先后顺序划分，项目后评价的主要内容如下。

(1)对项目前期工作的后评价

项目前期工作的后评价主要包含项目立项条件的再评价、项目决策程序和方法的再评价、项目勘察设计的再评价、项目前期工作管理的再评价等。

(2)对项目实施阶段的后评价

项目实施阶段的后评价主要包含项目实施管理的再评价、项目施工准备工作的再评价、项目施工方式和施工组织管理的再评价、项目监理和工程质量的再评价、项目竣工验收和工程决算的再评价等。

(3)对项目运营状况的后评价

项目运营状况的后评价包含对项目经营管理的再评价、项目服务设施的再评价、项目预期效果达标情况的再评价、项目的社会经济环境影响再评价、项目的经济后评价等。评价的主要内容包括:建设项目概述、建设项目的过程评价、建设项目的效益评价、建设项目的影响评价、建设项目目标持续性评价和结论等。

4.项目后评价的工作步骤

项目后评价是一项涉及面很广的技术经济分析工作,不仅需要科学的方法作工具,而且需要严密的程序作保证。这个程序一般包括提出问题、筹划准备、深入调查和收集资料、分析研究、编写报告、成果送审等,共六个既有区别又有联系的阶段,主要步骤如下。

(1)提出问题,明确项目后评价的具体对象、组织机构和具体要求

原则上对所有竣工通车的公路建设项目都应进行后评价,但由于公路建设项目的投资规模和作用影响往往相差很大又为数众多,所以本着代表性、有效性的原则,后评价工作又通常只在一定范围内进行。

项目后评价的组织单位可以是国家计划部门、交通行政主管部门,也可是项目法人或建设单位。无论哪种组织形式,在组织机构上都应满足客观性、公正性的要求,同时应具有反馈检查功能。这样才能保证项目后评价的客观、公正,并把后评价的有关信息迅速地反馈到计划决策部门。从这个意义上讲,项目原可行性研究单位或实施过程中的项目管理机构都不宜作为项目后评价的组织单位。

具体从事项目后评价的机构,可以是后评价的组织单位,也可以委托外部机构,如投资咨询公司、专职的后评价机构等。由项目后评价组织单位进行项目后评价的优点,是对后评价项目了解较全面,工作难度较小,节省费用,信息反馈迅速。但也有其缺点,主要是人力资源不足,缺乏既懂投资又懂管理,既懂技术又懂经济的人才,可能存在片面性和人为的干扰,影响到项目后评价结论的客观、公正性。由外部机构具体进行项目后评价的优点,是有利于保证项目后评价的客观、公正性,可以弥补人员知识结构的不全。但也有其局限性,主要是对项目实施的外界环境了解困难,与项目实施单位、管理单位等的合作也较困难;有时甚至会遭到项目实施单位或管理单位的抵制,费用较高;外部单位可能责任心不强,难免有时不出现敷衍现象,不利于深入挖掘项目实施过程中存在的问题和总结项目投资的经验教训。一般来讲,将两种方式结合起来比较有利,组织单位负责后评价的组织工作,协调项目可行性研究、设计、施工、监理、运营、管理等部门、单位的关系;主要的分析研究工作由外部机构来承担,但组织单位要尽力为外部机构进行具体后评价工作创造条件。

(2)筹划准备

筹划准备阶段的主要任务是组建一个人员结构合理的工作班子,并按委托单位的要求制订一个详细的项目后评价计划。后评价计划的内容包括:项目评价人员的配备、建立组织机构的设想、时间进度的安排、内容范围与深度的确定、预算安排、评价方法的选定等。

(3)深入调查,收集资料

建设项目后评价必须以项目各阶段的正式文件和项目建成通车一定时期内进行的各种调查及重要运行参数的测试数据为依据。本阶段的主要任务是制订详细的调查提纲,确定调查对象和调查方法并开展实际调查工作,收集后评价所需要的各种资料和数据。这些资料和数据主要包括:

①项目建设资料，如项目建议书，可行性研究报告，初步设计、施工图设计及其审查意见和批复文件，工程概算、预算、决算报告，项目竣工验收报告及有关合同文件等。

②国家经济政策资料，如与项目有关的国家宏观经济政策、产业政策，国家金融、价格、投资、税收政策及其他有关政策法规等。

③项目运营状况的有关资料，如通车后历年的交通量情况，收费情况，设备利用情况，工程质量情况，维修养护管理费用情况，车速、交通事故变化情况，偿还投资贷款本息情况等。这些可在一系列有关报表上反映出来；必要时，还需做一些相应的实际补充调查。

④反映项目实施和运营实际影响的有关资料，如环境监测报告，对周围地区和行业的影响等有关资料。

⑤本行业有关资料加国内外同类行业、同类项目的有关资料。

⑥与后评价有关的技术资料及其他资料。

(4)分析研究

围绕项目后评价内容，采用定量分析和定性分析方法，发现问题，提出改进措施。

二、项目经济效益后评价

项目经济效益后评价包括国民经济后评价和财务效益后评价。

1. 国民经济效益后评价

建设项目的国民经济效益后评价，要求参照《公路建设项目经济评价方法》，根据通车运营后的实际交通量、车速、经济成本等各项数据，计算项目的实际经济费用与效益，得出项目实际状况的经济评价结论；并与决策阶段预测的结论比较，分析其差别及原因。

(1)国民经济效益后评价指标

根据可比性原则，建设项目经济后评价的指标应尽可能与前评价时所采用的指标保持一致。道路项目常用的国民经济评价指标有经济内部收益率(EIRR)、经济净现值(ENPV)、经济效益成本比(EBCR)及经济投资回收期(EN)。后评价中所利用的数据都是实际的或根据实际情况重新预测的，所以为了与前评价的指标加以区别，对后评价的指标均冠以“实际”二字(符号R)，分别记为REIRR、RENPV、REBCR和REN。根据后评价的实际经济指标及前评价的预计经济指标，就可进一步求得上述四项指标的变化率，从而明确实际经济效益与预计经济效益的差距大小及性质。

(2)国民经济效益后评价的影子价格和国家参数

进行国民经济效益后评价时，项目投入物的影子价格仍然是在将投入物划分为外贸货物(贸易货物)、非外贸货物(非贸易货物)和特殊投入物三类的基础上，分别按不同的方法确定，其具体确定方法与项目前评价相同。但要注意可能存在这样一种情况，某种项目的投入物在前评价时属非外贸货物或外贸货物，但由于国家外贸政策或国际贸易形势的变化，原来判断属于非外贸货物的，后评价时实际属于外贸货物；或原来判断属于外贸货物的，后评价时实际属于非外贸货物。在正确划分外贸货物、非外贸货物、特殊投入物的基础上，可直接采用国家新近统一颁布的影子价格，或在对世界市场的变化趋势作出有根据预测的基础上，采用预测影子价格。但采用预测影子价格时，要具体说明预测的依据。当预测影子价格与国家颁布的影子价格偏差较大时，还要分析偏差产生的原因及其对项目实际国民经济效益评价的影响程度。国民经济评价的国家参数主要有社会折现率、影子汇率、影子工资和贸易费用率。后评价时，一般选用国家有关部门最新颁布的国家参数值。若新近颁布的国家参数与前评价时的国家参数偏差较大时，还应具体分析由于国家参数的变化对建设项目实际国民经济效益的影响程度。

(3)国民经济效益后评价的步骤与方法

①统计项目实际投入物的品种、数量以及国家最新颁布的影子价格和国家参数的实际经济费用；

②调查项目运营后实际发生的或根据实际情况重新预测的交通量、车速及运输成本等，计算项目的实际经济效益；

③确定计算项目国民经济效益后评价的指标；

④计算项目国民经济效益后评价指标与国民经济前评价指标的偏离程度，即四项经济指标的变化率；

⑤分析产生偏差的原因；

⑥得出项目国民经济效益后评价的结论，总结经验教训并进一步提出提高项目国民经济效益的对策与建议。

2.财务效益后评价

建设项目的财务效益后评价，主要是对于收费公路(包括独立大桥、隧道)，根据实际财务成本和实际收费收入，进行项目的财务效益分析，并与决策阶段预测的结论进行比较，分析其差别和原因。同时，要进一步作出收费分析，明确贷款偿还能力，并分析物价上涨、汇率变化及收费标准变化对财务效益产生的影响。

财务效益后评价同样应采用与前评价相一致的指标，分财务分析和清偿能力分析两类，一般冠以“实际”三字(符号 R)，以示与前评价指标的区别。财务分析的后评价指标一般有四项，分别为实际财务内部收益率(RFIRR)、实际财务净现值(RFNPV)、实际财务效益成本比(RFBCR)和实际财务投资回收期(RFN)。

在财务效益分析和贷款偿还能力分析的基础上，还应根据建设资金来源、投资执行情况及财务效益后评价结论，进一步对项目现有的资金筹措方式进行全面的总结与评价，分析利率变化及汇率风险的影响总结筹资的经验教训，寻求最优资金结构。

三、我国公路建设项目后评价

1.公路建设项目进行项目后评价的必备条件

根据预定目标已全部建成并通过竣工验收，至少经过 2～3 年的通车运营实践。公路建设项目经济后评价工作的重点项目是国家重点公路建设项目或符合下列条件之一的公路建设项目：

(1)40km 以上的国道主干线项目或 100km 以上的国道及省道高等级公路项目；

(2)利用外资的公路项目；

(3)特大型独立公路桥隧项目；

(4)上级主管部门指定的项目。

2.交通运输部对公路建设项目后评价报告的规定

编制建设项目后评价报告必须以项目各阶段的正式文件和项目建成通车 2～3 年内进行的各种调查及重要运行参数的测试数据为依据。项目通车后需要调查以下内容：交通量、车辆运行特征、车辆运输费用、工程质量、项目财务状况、社会经济效果、环境等。项目各阶段的正式文件主要包括:项目建议书、可行性研究报告、初步设计、施工图设计及其审查意见、批复文件;施工阶段重大问题的请示及批复;工程竣工报告、工程验收报告和审计后的工程竣工决算及主要图纸等。按照经济评价的原理和方法,以数字为基础,通过分析、对比、检查项目的决策、设计、施工及通车营运各阶段的主要指标的变化关系,判断其变化是否科学合理。编制公路建设项目后评价报告的目的是通过全面总结,为不断提高决策、设计、施工、管理水平,合理利用资金,提高投资效益,改进管理,制订相关政策等提供科学依据。

公路建设项目后评价报告的主要内容包括以下几点。

(1)建设项目的过程评价。依据国家现行的有关法令、制度和规定,分析和评价项目前期工作、建设实施、投资执行、运营管理以及管理、配套及服务设施情况等执行过程,从中找出变化原因,总结经验教训。

(2)建设项目的效益评价。根据实际发生的数据和后评价时国家颁布的参数进行国民经济评价和财务评价,并与前期工作阶段按预测数据进行的评价相比较,分析其差别和成因。此外,还应根据建设资金来源、投资执行情况及财务效益分析,对项目的资金筹措方式进行评价。

(3)建设项目的影响评价。分析、评价对影响区域的经济、社会、文化以及自然环境等方面所产生的影响,评价一般可分为社会经济影响评价和环境影响评价。其中,社会经济影响评价分析项目对所在地区社会经济发展所产生的影响,包括土地利用、就业、地方社区发展、生产力布局、扶贫、技术进步等方面的影响和评价;环境影响评价对照项目前评估时批准的《环境影响报告书》,重点从项目建设所引起的区域生态平衡、环境质量变化及自然资源的利用和文物保护等方面评价项目环境影响的实际效果。

(4)建设项目目标持续性评价。根据对建设项目的公路网状况、配套设施建设、管理体制、方针政策等外部条件,以及运行机制、内部管理、运营状况、公路收费、服务情况等的内部条件分析,评价项目目标(服务交通量、社会经济效益、财务效益、环境保护等)的持续性,并提出相应的解决措施和建议。

此外,公路建设项目后评价报告由主报告及附件两部分组成。主报告应按 1996 年 12 月发布的《公路建设项目后评价报告编制办法》的附件一"公路建设项目后评价报告文本格式及内容要求"编制;附件的内容应包括各种专题报告及建设项目管理卡。建设项目管理卡应按《公路建设项目后评价报告编制办法》附件二"公路建设项目管理卡内容要求及填表说明"编制。

第八节　价 值 工 程

价值工程(简称 VE),又称价值分析(简称 VA),是 20 世纪 40 年代后期产生的一门新兴的管理技术。价值工程的创始人公认是美国工程师麦尔斯(L. D. Miles)。二次世界大战期间,麦尔斯供职于通用电气公司的采购部门,长期负责生产军用产品的原材料采购工作,当时物资供应十分紧张,生产军工产品所需的原材料十分紧缺,价格也不断上涨,采购工作十分困难。麦尔斯从多年的采购工作实践中,逐步摸索到短缺材料可以用相同功能者作"代用品"的经验,并进一步概括为"代用品方法",认为购买材料的目的是为了获得某种功能而不是材料本身,因此,只要满足功能要求,就可以选用购买得到的或较便宜的材料代替原设计指定的材料使用。通过一系列成功的实践活动,麦尔斯总结出一套在保证同样功能的前提下降低成本的比较完整的科学方法，并将其定名为“价值分析”。之后随着其研究内容的不断丰富与完善，其研究领域也从材料代用逐步推广到产品设计、生产、工程、组织、服务等领域，形成了一门比较完整的科学体系——价值工程。

一、价值工程的基本概念

按照国家发布的国家标准《价值工程基本术语和一般工作程序》(GB 8222—87)的定义，价值工程的概念可叙述为：价值工程是通过各相关领域的协作，对所研究对象的功能与费用进行系统分析，不断创新，旨在提高所研究对象价值的思想方法和管理技术。其目的是以研究对象的最低寿命周期成本可靠地实现使用者所需功能，以获取最佳的综合效益。

由此可见，价值工程的定义包括以下四个方面的内容。

1. 着眼于寿命周期成本

寿命周期成本是指产品在其寿命期内所发生的全部费用，包括生产成本和使用成本两部分。生产成本是指发生在生产企业内部的成本，包括研究开发、设计以及制造过程中的费用；使用成本是指用户在使用过程中支付的各种费用的总和，包括运输、安装、调试、管理、维修和耗能等方面的费用。寿命周期费用，生产成本和使用成本与产品功能之间的关系如图 6-29 所示。

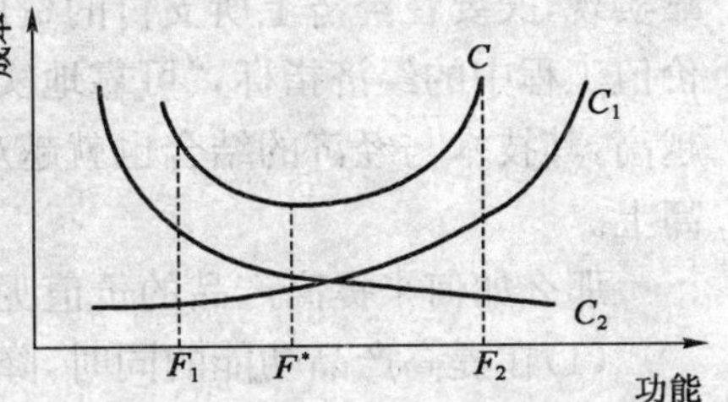

图 6-29　产品成本与功能的关系

在图 6-29 中，C_1 表示生产成本，随着产品功能的增加，生产成本越来越高；C_2 表示使用成本，随着功能的增加，使用成本越来越低；C 表示寿命周期成本，$C=C_1+C_2$，它的变化趋势是随着产品功能的增加，先下降，然后上升。从图 6-29 中可以看出，在 F_1 点产品功能较少，此时虽然生产成本较低，但由于不能满足使用者的基本要求，使用成本较高，因而使用寿命周期成本较高；在 F_2 点，虽然使用成本较低，但由于存在多余的功能，因而致使生产成本过高，同样寿命周期成本较高。只有在 F^* 点，产品功能既能满足用户的需要，又使得寿命周期成本较低，这体现了比较理想的功能与成本的关系。

值得注意的是，在寿命周期成本的构成中，一般由于生产成本在短期内集中支出并且体现在价格中，容易被人们认识，进而采取措施加以控制。而使用中的人工、能源、环境、维修等耗费常常是生产成本的许多倍，但由于支出分散，容易被人们忽视。比如一项建筑产品，如果单纯追求生产成本，即预算的降低，粗心设计，偷工减料，那么其建造质量肯定非常低劣，使用过程中的维修费用就会很高，甚至可能发生重大事故，给社会财产和人身安全带来严重危害。因此，价值工程中对降低成本的考虑，是要综合考虑生产成本和使用成本的下降，兼顾生产者和使用者的利益，以获得最佳的社会综合效益。

2. 价值工程的核心是功能分析

功能是指研究对象能够满足某种需要的一种属性，即产品的具体用途。功能可分为必要功能和不必要功能，其中必要功能是指用户所要求的功能，以及与实现用户所需求功能有关的功能。

价值工程的功能，一般是指必要功能。因为用户购买某一产品，其目的不是为了获得产品本身，而是通过购买该产品获得其所需要的功能。因此，价值工程对产品的分析，首先是对其功能的分析，通过功能分析，弄清哪些功能是必要的，哪些功能是不必要的或过剩的，从而在改进方案中去掉不必要的功能，削减过剩的功能，补充不足的功能，使产品的功能结构更加合理，达到可靠地实现使用者所需功能的目的。

3. *价值工程是一项有组织的管理活动*

价值工程研究的问题涉及产品的整个寿命周期，涉及面广，研究过程复杂。比如一项产品从设计、开发到制作完成，要通过企业内部的许多部门；一个降低成本的改进方案，从方案的提出、试验，到最后付诸实施，要经过许多部门的配合，才能收到良好的效果。因此，在企业开展价值工程活动时，一般需要由技术人员、经济管理人员、有经验的工作人员，甚至用户，以适当的组织形式组织起来，共同研究，发挥集体智慧，灵活运用各方面的知识和经验，才能达到既定的目标。

4. *价值工程的目标表现为产品价值的提高*

价值是指对象所具有的功能与获得该功能的全部费用之比，可用下式表示：

$$价值(V)=\frac{功能(F)}{成本(C)} \tag{6-67}$$

即价值是单位费用所实现的用途。

价值工程的目的是要从技术与经济的结合上去改进和创新产品，使产品既要在技术上可靠实现，又要在经济上所支付的费用最小，达到两者的最佳结合。而“最低的寿命周期成本”是价值工程中的经济指标，“可靠地实现所需功能”是价值工程中的技术指标，因此，产品的价值越高，其技术与经济的结合也就越难；从这个角度上讲，价值工程的目标体现为产品价值的提高上。

那么如何来提高产品的价值呢？根据价值的表达式，提高产品价值主要有以下五种途径：

(1)在提高产品功能的同时，降低产品成本。这可使价值大幅度提高，是最理想的提高价值的途径。

(2)提高功能，同时保持成本不变。

(3)在功能不变的情况下，降低成本。

(4)成本略有增加，同时功能大幅度提高。

(5)功能略有下降，同时成本大幅度降低。

总之，价值工程不单纯地强调“物美”，即改善功能；也不单纯地强调“价廉”，即降低成本。而是要求提高二者的比值(价值)，这样，对企业和用户都是有益的。

需要指出的是，尽管在产品形成的各个阶段均可应用价值工程提高产品的价值，但在不同的阶段进行价值工程活动，其经济效果却大不相同。对于大型复杂的产品，应用价值工程的重点是在产品的研究设计阶段，一旦图纸已设计完成并投产，产品的价值就基本决定了，这时再进行价值工程分析就变得更加复杂，不仅原来的许多工作成果要付之东流，而且改变生产工艺、设备工具等可能会造成很大的浪费，使价值工程活动的技术经济效果大大下降。因此，必须在产品的设计和研制阶段就开始价值工程活动，以取得最佳的综合效果。

二、价值工程的工作程序

价值工程的工作程序是根据价值工程的理论体系和方法特点，围绕以下七个问题的明确和解决而系统展开的：

(1)价值工程的研究对象是什么?

(2)它的用途是什么?

(3)它的成本是多少?

(4)它的价值是多少?

(5)有无其他方法可以实现同样的功能?

(6)新方案的成本是多少?

(7)新方案能满足功能要求吗?

价值工程的工作程序明确回答了前面提到的七个问题。在准备阶段回答了"价值工程的研究对象是什么?";在分析阶段回答了"它的用途是什么?"、"它的成本是多少?"、"它的价值是多少?"等问题;在创新阶段回答了"有无其他方法可以实现同样的功能?"、"新方案的成本是多少?"等问题;在实施阶段解决了"新方案能满足功能要求吗?"的问题。因此从本质上讲,价值工程活动实质上就是提出问题和解决问题的过程。

三、对象选择和信息资料收集

1. 对象选择

有了对象才有分析的具体内容和目标,价值工程是就某个具体对象开展的有针对性的分析评价和改进。对企业来讲,凡是为获取功能而发生费用的事物,都可以作为价值工程的研究对象,如产品、工艺、工程、服务或它们的组成部分等;但企业总不能对所有的产品、零件或工序、作业等都同时进行分析、研究,必须分清主次轻重,有重点、有顺序地选择每次价值工程活动的对象。

2. 信息资料收集

信息资料的收集是价值工程实施过程中不可缺少的重要环节。一般在选择价值工程对象的同时,就应该收集有关的技术资料及经济信息,并为进行功能分析、创新方案和评价方案等步骤准备必要的资料。

四、功能系统分析

从功能入手系统地研究、分析产品是价值工程的主要特征和方法核心,因此功能系统分析是价值工程活动的中心环节。通过分析对象资料,用几种不同词组,简明、正确地表达对象的功能,明确功能特征要求,从而弄清产品各功能之间的关系,去掉不合理的功能,调整功能间的比重,使产品的功能结构更合理。

功能系统分析包括功能定义、功能整理和功能计量等内容。进行功能系统分析的基础是功能的分类。

五、功能评价

经过功能系统分析明确了对象所具有的功能之后,紧接着要做的工作就是定量地确定功能的目前成本是多少,功能的目标成本是多少,功能的价值是多少,改进目标是多少,改进的幅度有多大,等等。这些问题均要通过功能评价来解决。

功能评价包括相互关联的价值评价和成本评价两个方面。

价值评价是通过计算和分析对象的价值,分析成本功能的合理匹配程度。价值评价的表达式为：

$$V=\frac{F}{C} \tag{6-68}$$

式中：F——对象的功能评价值；

C——对象的目前成本；

V——对象的价值。

成本评价是通过核算和确定对象的实际成本和功能评价值，分析、测算成本降低期望值，从而排列出改进对象的优先次序。成本评价的表达式为：

$$\Delta C=C-F \tag{6-69}$$

式中：ΔC——成本降低期望值。

一般情况下，当 ΔC 大于零时，ΔC 大者为优先改进对象。

1. 功能评价的方法

功能评价的方法可分为两大类：功能成本法与功能指数法。

(1)功能成本法。又称绝对值法，是通过一定的测算方法，测定实现应有功能所必须消耗的最低成本；同时计算为实现应有功能所消耗的目前成本，经过分析、对比，求得对象的价值系数和成本降低期望值，确定价值工程的改进对象。其表达式为：

$$价值系数(V)=\frac{功能评价值(F)}{功能目前成本(C)} \tag{6-70}$$

功能成本法主要包括两个工作内容，即功能目前成本的计算和功能评价值的推算，其中关键的是功能评价值的推算。

①功能目前成本的计算与一般的传统的成本核算既有相同点，也有不同之处。两者相同点是指他们在成本费用的构成项目上是完全相同的，如建筑产品的成本费用均是由人工费、材料费、施工机械使用费、其他直接费、施工管理费等构成；而两者的不同之处在于功能目前成本的计算是以对象的功能为单位，而传统的成本核算是以产品或零部件为单位。因此，在计算功能目前成本时，就需要根据传统的成本核算资料，将产品或零部件的目前成本换算为功能的目前成本。具体地讲，当一个零部件仅有一个功能时，该零部件的成本就是它本身的功能成本。当一项功能要由多个零部件共同实现时，该功能的成本就等于这些零部件的功能成本之和。当一个零部件具有多项功能或同时与多项功能有关时，就需要将零部件的成本分摊给各项有关功能；至于分摊的方法和比例，可根据具体情况决定。

②功能评价值的推算，其常用的方法有方案估算法、实际价值标准法、实际统计值评价等。

方案估算法：是由一些有经验的专家，根据预先收集到的技术、经济情报，先初步构思出几个能实现预定功能的设想方案，并大致估算实现这些方案所需的成本，经分析、对比，以其中最低的成本作为功能的评价值。

实际价值标准法：是根据对同类产品的调查结果，从中选取成本最低者作为制订功能评价值的基准，这个基准就称为实际价值标准。利用这个预先制定的成本基准，就可以求出不同功能程度的产品的功能评价值。

实际统计值评价法：是依靠大量的统计资料，算出历史上同类产品功能成本结构的一般比例关系；利用该比例关系，预测产品的功能评价值。

(2)功能指数法。又称相对值法，是通过评定各对象功能的重要程度，用功能指数来表示其功能程度的大小，然后将评价对象的功能指数与相对应的成本指数进行比较，得出该评价对象的价值指数，从而确定改进对象，并求出该对象的成本改进期望值。其表达式为：

$$价值指数(VI)=\frac{功能指数(FI)}{成本指数(CI)} \tag{6-71}$$

其中，功能指数是指评价对象功能（如零部件等）在整体功能中所占的比率，又称功能评价系数、功能重要度系数等；成本指数则是指评价对象的目前成本在全部成本中所占的比率。

功能指数法的特点是用分值来表达功能程度的大小，以便使系统内部的功能与成本具有可比性。由于评价对象的功能水平和成本水平都用它们在总体中所占的比率来表示，这样就可以采用上面的公式，方便地、定量地表达评价对象价值的大小。因此，在功能指数法中，应采用价值指数来作为评定对象功能价值的指标。

功能指数法也包括两大工作内容，即成本指数的计算和功能指数的计算。

①成本指数的计算。成本指数可按下式计算：

$$第\ i\ 个评价对象的成本指数(CI)=\frac{第\ i\ 个评价对象的目前成本\ C_i}{全部成本\ \sum C_i} \tag{6-72}$$

②功能指数的推算。功能指数的推算是一个定性与定量相结合的过程，其主要步骤是评定功能分值。功能分值的评定是在科学的评分原则的指导下，按用户要求应该达到的功能程度，采用适当的评分方法，来评定每个功能应有的分值。

功能指数的推算方法很多，下面只介绍强制确定法。

强制确定法又称 FD 法，包括 0-1 法和 0-4 法两种方法。它是采用一定的评分规则，利用强制对比打分来评定评价对象的功能指数。下面以 0-1 法为例加以说明。

0-1 法是将各功能一一对比，重要者得 1 分，不重要者得 0 分，为防止功能指数中出现零的情况，用各加 1 分的方法进行修正，然后用修正得分除以总得分即为功能指数。其过程可参照表 6-24。

0-1 评分表　　表 6-24

功能	F_1	F_2	F_3	F_4	F_5	得分	修正得分	FI_i
F_1	×	0	0	1	1	2	3	0.20
F_2	1	×	1	1	1	4	5	0.33
F_3	1	0	×	1	1	3	4	0.27
F_4	0	0	0	×	0	0	1	0.07
F_5	0	0	0	1	×	1	2	0.13
合计						10	15	1.0

强制确定法适用于被评价对象在功能重要程度上的差异不太大，并且评价对象子功能数目不能太多的情况。

2. 功能价值的分析

功能的价值计算出来以后，需要进行分析，以揭示功能与成本的内在联系，确定评价对象是否为功能改进的重点，以及其功能改进的方向和幅度，为后面的方案创新工作打下良好的基础。

功能价值的分析根据功能评价方法的不同而有所不同。

(1)功能成本法中功能价值的分析。在功能成本法中，功能的价值用价值系数 V 来衡量，其计算公式见式(6-70)。

根据公式(6-70)可知，功能的价值系数不外有以下三种结果，即：

①$V=1$。此时功能评价值等于功能目前成本。这表明评价对象的功能目前成本与实际功能所必需的最低成本大致相当，说明评价对象的价值为最佳，一般无需改进。

②$V<1$。此时功能目前成本大于功能评价值。这表明评价对象的功能目前成本偏高，这时一种可能是由于存在过剩功能；另一种可能是功能虽无过剩，但实际功能的条件或方法不佳，以致使实现功能的成本大于功能的实际需要。这两种情况都应列入功能改进的范围，并且以剔除过剩功能及降低目前成本为改进方向。

③$V>1$。此时功能目前成本小于功能评价值。这表明评价对象的功能目前成本低于实现该功能所应投入的最低成本，从而评价对象功能不足，没有达到用户的功能要求，应适当增加成本，提高功能水平。

(2)功能指数法功能价值的分析。在功能指数法中，功能的价值用价值指数 VI 来表示，其计算公式见式(6-71)。

此时根据计算结果又分以下三种情况，即：

①VI=1。此时评价对象的功能比重与成本比重大致平衡，匹配合理，可以认为功能的目前成本是比较合理的。

②VI<1。此时评价对象的成本比重大于功能比重，表明相对于系统内的其他对象而言，目前所占的成本偏高，从而会导致该对象的功能过剩，应将评价对象列为改进对象，改善方向主要是降低成本。

③VI>1。此时评价对象的成本比重小于功能比重。出现这种结果的原因可能有三个。第一个原因是由于目前成本偏低，不能满足评价对象实现其应具有功能的要求，致使对象功能偏低；这种情况应列为改进对象，改善方向是适当增加成本。第二个原因是对象目前具有的功能已超过了其应具有的水平，即存在过剩功能；这种情况也应列为改进对象，改善方向是降低功能水平。最后一个原因是对象在技术、经济等方面具有某些特殊性，在客观上存在着功能很重要而需要耗费的成本却很少的情况；这种情况一般可不必列为改进对象。

下面通过一个例子来简要说明功能指数法的具体做法。

【例 6-40】 某产品由 A、B、C、D、E、F 等六个零部件组成，其各个零部件所实现的功能以及成本核算资料等均已知。对其进行功能评价的具体做法如下：

①功能指数的推算。这里采用 FD 法中的 0-1 评分法，将各个零部件按照其实现功能的重要程度进行一一比较，其结果见表 6-25。

功能指数计算表 表 6-25

评价对象	A	B	C	D	E	F	功能得分	修正得分	功能指数
A	×	1	1	0	1	1	4	5	0.238
B	0	×	0	0	1	1	2	3	0.143
C	0	1	×	0	1	1	3	4	0.190
D	1	1	1	×	1	1	5	6	0.286
E	0	0	0	0	×	0	0	1	0.048
F	0	0	0	0	1	×	1	2	0.095
合计							15	21	1

②价值指数的计算。根据成本核算资料和计算公式得出各个零部件的成本指数，其结果见表6-26。

③根据计算公式得出各个零部件的价值指数，其结果见表6-26。

价值指数计算表 表6-26

评价对象	功能指数	目前成本	成本指数	价值指数
A	0.238	180	0.360	0.661
B	0.143	121	0.242	0.591
C	0.190	88	0.176	1.080
D	0.286	71	0.142	2.014
E	0.048	22	0.044	1.091
F	0.095	18	0.036	2.639
合计	1	500	1	

④根据价值指数进行分析。从各个评价对象的价值指数可以看出，评价对象A、B的价值指数均小于1，说明其成本比重大于其功能比重，即目前所占的成本偏高，应将它们列为改进对象，重点是考虑降低其成本；对于评价对象D、F，其价值指数均大于1，经过分析，发现是由于存在过剩功能的缘故，故也应将它们列为改进对象，重点是考虑降低其功能水平，剔除过剩功能；至于评价对象C、E，由于其价值指数基本等于1，说明它们的功能比重与成本比重大致相当，因此可以认为其功能目前成本是比较合理的，无需列为改进对象。

⑤确定目标成本。根据价值分析确定了具体的改进范围后，即可提出初步改进方案，并作出该方案的成本估算，即确定目标成本；然后将目标成本按功能指数的大小分摊到各个零部件上，作为控制指标，在生产过程中加以控制。假设上述方案改进后的目标成本为450元，则其分配情况和各个零部件的成本改进期望值见表6-27。

目标成本计算与分配表 表6-27

零部件	功能指数 ①	实际成本 ②	成本指数 ③	价值指数 ④	按功能指数分配实际成本 ⑤=①×500	应增减的成本指标 ⑥=⑤−②	按功能指数分配目标成本 ⑦=①×450	成本改进期望值 ⑧=⑦−②
A	0.238	180	0.360	0.661	119	−61	107.1	−72.9
B	0.143	121	0.242	0.591	71.5	−49.5	64.35	−56.65
C	0.190	88	0.176	1.080	95	7	85.5	−2.5
D	0.286	71	0.142	2.014	143	72	128.7	57.7
E	0.048	22	0.044	1.091	24	2	21.6	−0.4
F	0.095	18	0.036	2.639	47.5	29.5	42.75	24.75
合计	1	500	1		500		450	

从表6-27中可以看出，成本改进期望值较大的对象为A和B，应针对这两个零部件的功能进行调整，降低其成本，最终实现目标成本的指标。

六、方案创新与评价

1. 方案创新

方案创新是从提高对象的功能价值出发，针对应改进的具体目标，依据已建立的功能系统图和功能目标成本，通过创造性的思维活动，提出实现功能的各种各样的改进方案。

2. 方案评价

在方案创新阶段提出的设想和方案是多种多样的，并且一般数量也比较多，要对它们进行优选，就必须对各个方案的优缺点和可行性作分析、比较、论证和评价，并在评价过程中对有希望的方案进一步完善，这个过程就称为方案评价。

方案评价包括概略评价和详细评价两个阶段。概略评价是对方案穿心阶段提出的各个方案设想进行粗略评价，其目的是淘汰那些明显不可行的方案，筛选出少数价值较高的方案，以供详细评价作进一步的分析。

详细评价是在掌握了大量数据资料的基础上，对概略评价获得的少数方案，从技术、经济、社会三个方面进行详细的评价分析。详细评价可为提案的编写和审批提供依据。

方案评价的内容包括技术评价、经济评价和社会评价。技术评价是对方案功能的必要性及必要程度（如性能、质量、寿命等），以及实施的可能性进行分析评价；经济评价是对方案实施的经济效果（如成本、利润、节约额等）的大小进行分析评价；社会评价是对方案给国家和社会带来的影响（如环境污染、生态平衡、国民经济效益等）进行分析评价。

在对方案进行评价时，无论是概略评价还是详细评价，都应包括技术评价、经济评价和社会评价三个方面的内容。一般可先作技术评价，再分别作经济评价和社会评价，最后作综合评价。

思 考 题

1. 什么叫“资金的时间价值”？
2. 什么叫“现金流量图”？它的作图方法是什么？
3. 什么叫“名义利率”？什么叫“实际利率”？他们的关系如何？
4. 动态经济分析与静态经济分析区别的实质是什么？
5. 什么叫“年值”？
6. 什么叫“现值”？
7. 动态分析指标有哪些？它们的评价原则分别是什么？
8. 静态分析指标有哪些？其判别准则分别是什么？
9. 简述净现值与折现率的关系。
10. 什么叫“内部收益率”？它的计算方法如何？
11. 净现值指标与内部收益率指标的优点与不足是什么？
12. 什么叫“不确定性分析”？它包括哪三种方法？
13. 什么叫“敏感性分析”？单因素敏感性分析的步骤是什么？
14. 什么叫“概率分析”？其常用的方法是什么方法？
15. 决策树是由哪些要素组成的？如何运用决策树法对方案进行比较？
16. 什么是经济评价？
17. 经济评价有何特点？
18. 经济评价有哪些基本原则？
19. 为什么公路建设项目要以国民经济评价为主？

20. 国民经济评价和财务评价有何区别？

21. 简述国民经济评价的步骤。

22. 什么是影子价格？影子价格的确定原则是什么？

23. 简述经济费用和财务费用的区别。

24. 经济费用由哪几个部分组成？

25. 公路建设项目国民经济评价中应计算哪些经济效益？

26. 解释经济净现值、经济效益费用比、经济内部收益率和投资回收期的含义。

27. 什么是财务基准收益率？如何设定？

28. 确定公路收费标准时，要考虑哪些主要因素？

29. 解释借款偿还期、利息备付率和偿债备付率的含义。

30. 什么是项目后评价？

31. 与项目前评价相比较，项目后评价具有哪些特点？

32. 项目后评价与项目中评价的主要区别有哪些？

33. 我国公路建设项目后评价报告包括哪些主要内容？

34. 某工程项目向银行贷款 20 万元，年利率 5%，5 年后一次结清偿还，若按单利计算，其本利和是多少？若按复利计算，其本利和又是多少？

35. 年利率为 12%，每季度计息一次，10 000 元存入银行，10 年后的本利和为多少？

36. 某人希望 5 年后由银行取出 10 000 元，在年利率为 10% 的情况下，他现在需存入多少钱？

37. 公路工程总投资 12 亿元，6 年建成，每年末投资 2 亿元，年利率为 5%，求 6 年末的实际累计总投资。

38. 某工程一次投资 10 万元，年利率为 10%，分 5 年每年末等额收回，问每年末应收回的金额是多少？

39. 某人每月末都向银行存入一笔相等金额的资金，银行年利率为 12%，若此人在一年末能取出 10 000 元，则他每月应存入银行多少钱？

40. 某人欲向银行贷款，甲银行年利率为 8%，一年计息一次；乙银行年利率为 7%，半年计息一次；丙银行年利率为 6%，每季度计息一次，丁银行年利率为 5%，每月计息一次，问此人向哪家银行贷款成本最低？

41. 若年利率为 8%，为在未来的 12 年内，每年末取回 1 000 元，现在投入的资金应为多少？

42. 某施工企业购买一机械设备，有两种方案可供选择，A 型设备一次投资 20 000 元，年经营费 4 000 元，最后残值 2 000 元，寿命期 6 年；B 型设备一次投资 25 000 元，年经营费 3 500 元，最后残值 3 000 元，寿命期为 9 年，问是购买 A 设备还是购买 B 设备？

43. 某项目投资 10 万元，建成后每年产生 2 万元的效益，折现率为 8%，问此项目的投资回收期为多少？

44. 某机井投资 2 万元，在建成后的 10 年中每年平均收益 0.5 万元，10 年后机井报废，其残值为 0.2 万元。机井每年支出年费用为 0.12 万元。该机井准备接受一笔年利率为 10% 的贷款。试用内部收益率指标说明兴建这一机井在经济上是否可行。

45. 现拟开发某农业区进行灌溉。有两种方案可供选择，第一方案是在该地区附近河流修筑一混凝土坝抬高河水位，修渠引水。整个工程预计投资 800 万元，年运行费用为 2.5 万元，预计可永久使用。第二方案为在灌区内修建机井 100 口，每口井投资为 1.2 万元，年运行费 2000 元，机井平均寿命为 10 年。若年利率为 5%。试用现值法优选一方案。

46. 某公路工程可供选择两个方案，甲方案初始投资为 400 万元，以后每年养护费 20 万元，每年获效益 125 万元；乙方案初始投资 600 万元，每年养护费 12 万元，每年获效益 200 万元，设寿命为 20 年，年利率为 12%。试用年值法和差额内部收益率法比较两方案的优劣。

47. 某公路工程工地钢筋加工厂，每年需支出固定成本 20 000 元，每加工一件产品需可变成本 8 元，加工后每件产品的销售价为 12 元，问年加工产品量为多少时，该加工厂可达到盈亏平衡？此时年收入为多少？

48. 进行价值分析时，应怎样选择价值分析对象？

49. 产品经过价值分析后，如果其价值 V 较低，试说明应采用什么方法提高其价值 V？

附录

附表1　复利终值系数表

附表1

n \ i(%)	1	2	3	4	5	6	7	8	9	10	11
1	1.010	1.020	1.030	1.040	1.050	1.060	1.070	1.080	1.090	1.100	1.110
2	1.020	1.040	1.061	1.082	1.103	1.124	1.145	1.166	1.188	1.210	1.232
3	1.030	1.061	1.093	1.125	1.158	1.191	1.225	1.260	1.295	1.331	1.368
4	1.041	1.082	1.126	1.170	1.216	1.262	1.311	1.360	1.412	1.464	1.518
5	1.051	1.104	1.159	1.217	1.276	1.338	1.403	1.469	1.539	1.611	1.685
6	1.062	1.126	1.194	1.265	1.340	1.419	1.501	1.587	1.677	1.772	1.870
7	1.072	1.149	1.230	1.316	1.407	1.504	1.606	1.714	1.828	1.949	2.076
8	1.083	1.172	1.267	1.369	1.477	1.594	1.718	1.851	1.993	2.144	2.306
9	1.094	1.195	1.305	1.423	1.551	1.689	1.838	1.999	2.172	2.358	2.558
10	1.105	1.219	1.344	1.480	1.629	1.791	1.967	2.159	2.367	2.594	2.839
11	1.116	1.243	1.384	1.539	1.710	1.898	2.105	2.332	2.580	2.853	3.152
12	1.127	1.268	1.426	1.601	1.796	2.012	2.252	2.518	2.813	2.138	3.498
13	1.138	1.294	1.469	1.665	1.886	2.133	2.410	2.720	3.066	3.452	3.883
14	1.149	1.319	1.513	1.732	1.980	2.261	2.579	2.937	3.342	3.797	4.310
15	1.161	1.346	1.558	1.801	2.079	2.397	2.759	3.172	3.642	4.177	4.785
16	1.173	1.373	1.605	1.873	2.183	2.540	2.952	3.426	3.970	4.595	5.311
17	1.184	1.400	1.653	1.948	2.292	2.693	3.159	3.700	4.328	5.054	5.895
18	1.196	1.428	1.702	2.206	2.407	2.854	3.380	3.996	4.717	5.560	6.544
19	1.208	1.457	1.754	2.107	2.527	3.026	3.617	4.316	5.142	6.116	7.263
20	1.220	1.486	1.806	2.191	2.653	3.207	3.870	4.661	5.604	6.727	8.062
25	1.282	1.641	2.094	2.666	3.386	4.292	5.427	6.848	8.623	10.835	13.585
30	1.348	1.811	2.427	3.243	4.322	5.743	7.612	10.063	13.268	17.449	22.892
40	1.489	2.208	3.262	4.801	7.040	10.286	14.974	21.725	31.409	45.259	65.001
50	1.645	2.692	4.384	7.107	11.467	18.420	29.457	46.902	74.358	117.39	184.57

续上表

n \ i(%)	12	13	14	15	16	17	18	19	20	25	30
1	1.120	1.130	1.140	1.150	1.160	1.170	1.180	1.190	1.200	1.250	1.300
2	1.254	1.277	1.300	1.323	1.346	1.369	1.392	1.416	1.440	1.563	1.690
3	1.405	1.443	1.482	1.521	1.561	1.602	1.643	1.685	1.728	1.953	2.197
4	1.574	1.630	1.689	1.749	1.811	1.874	1.939	2.005	2.074	2.441	2.856
5	1.762	1.842	1.925	2.011	2.100	2.192	2.288	2.386	2.488	3.052	3.713
6	1.974	2.082	2.195	2.313	2.436	2.565	2.700	2.840	2.986	3.815	4.827
7	2.221	2.353	2.502	2.660	2.826	3.001	3.185	3.379	3.583	4.768	6.276
8	2.476	2.658	2.853	3.059	3.278	3.511	3.759	4.021	4.300	5.960	8.157
9	2.773	3.004	3.252	3.518	3.803	4.108	4.435	4.785	5.160	7.451	10.604
10	3.106	3.395	3.707	4.046	4.441	4.807	5.234	5.696	6.192	9.313	13.786
11	3.479	3.836	4.226	4.652	5.117	5.624	6.176	6.777	7.430	11.642	17.922
12	3.896	4.335	4.818	5.350	5.936	6.580	7.288	8.064	8.916	14.552	23.298
13	4.363	4.898	5.492	6.153	6.886	7.699	8.599	9.596	10.699	18.190	30.288
14	4.887	5.535	6.261	7.076	7.988	9.007	10.147	11.420	12.839	22.737	39.374
15	5.474	6.254	7.138	8.137	9.266	10.539	11.974	13.590	15.407	28.422	51.186
16	6.130	7.067	8.137	9.358	10.748	12.330	14.129	16.172	18.488	35.527	66.542
17	6.866	7.986	9.276	10.761	12.468	14.426	16.672	19.244	22.186	44.409	86.504
18	7.690	9.024	10.575	12.375	14.463	16.879	19.673	22.091	26.623	55.511	112.46
19	8.613	10.197	12.056	14.232	16.777	19.748	23.214	27.252	31.948	69.389	146.19
20	9.646	11.523	13.743	16.367	19.461	23.106	27.393	32.429	38.338	86.736	190.05
25	17.000	21.231	26.462	32.919	40.874	50.658	62.669	77.388	95.396	267.70	705.64
30	29.960	39.116	50.950	66.212	85.850	111.07	143.37	184.68	237.38	807.79	2620.0
40	93.051	132.78	188.88	267.86	378.72	533.87	750.38	1 051.7	1 469.8	7 523.2	36 119
50	289.00	450.74	700.23	1 083.7	1 670.7	2 566.2	3 927.4	5 988.9	9 100.4	70 065	497 929

附表 2　复利现值系数表

附表 2

n \ i(%)	1	2	3	4	5	6	7	8	9	10	11	12	13
1	0.990	0.980	0.971	0.962	0.952	0.943	0.935	0.926	0.917	0.909	0.901	0.893	0.885
2	0.980	0.961	0.943	0.925	0.907	0.890	0.873	0.857	0.842	0.826	0.812	0.797	0.783
3	0.971	0.942	0.915	0.889	0.864	0.840	0.816	0.794	0.772	0.751	0.732	0.712	0.693
4	0.961	0.924	0.888	0.855	0.823	0.792	0.763	0.735	0.708	0.683	0.659	0.636	0.613
5	0.951	0.906	0.863	0.822	0.784	0.747	0.713	0.681	0.650	0.621	0.593	0.567	0.543
6	0.942	0.888	0.837	0.790	0.746	0.705	0.666	0.630	0.596	0.564	0.535	0.507	0.480
7	0.933	0.871	0.813	0.760	0.711	0.665	0.623	0.583	0.547	0.513	0.482	0.452	0.425
8	0.923	0.853	0.789	0.731	0.677	0.627	0.582	0.540	0.502	0.467	0.434	0.404	0.376
9	0.914	0.837	0.766	0.703	0.645	0.592	0.544	0.500	0.460	0.424	0.391	0.361	0.333
10	0.905	0.820	0.744	0.676	0.614	0.558	0.508	0.463	0.422	0.386	0.352	0.322	0.295
11	0.896	0.804	0.722	0.650	0.585	0.527	0.475	0.429	0.388	0.350	0.317	0.287	0.261
12	0.887	0.788	0.701	0.625	0.557	0.497	0.444	0.397	0.356	0.319	0.286	0.257	0.231
13	0.879	0.773	0.681	0.601	0.530	0.469	0.415	0.368	0.326	0.290	0.258	0.229	0.204
14	0.870	0.758	0.661	0.577	0.505	0.442	0.388	0.340	0.299	0.263	0.232	0.205	0.181
15	0.861	0.743	0.642	0.555	0.481	0.417	0.362	0.315	0.275	0.239	0.209	0.183	0.160
16	0.853	0.728	0.623	0.534	0.458	0.394	0.339	0.292	0.252	0.218	0.188	0.163	0.141
17	0.844	0.714	0.605	0.513	0.436	0.371	0.317	0.270	0.231	0.198	0.170	0.146	0.125
18	0.836	0.700	0.587	0.494	0.416	0.350	0.296	0.250	0.212	0.180	0.153	0.130	0.111
19	0.828	0.686	0.570	0.475	0.396	0.331	0.277	0.232	0.194	0.164	0.138	0.116	0.098
20	0.820	0.673	0.554	0.456	0.377	0.312	0.258	0.215	0.178	0.149	0.124	0.104	0.087
25	0.780	0.610	0.478	0.375	0.295	0.233	0.184	0.146	0.116	0.092	0.074	0.059	0.047
30	0.742	0.552	0.412	0.308	0.231	0.174	0.131	0.099	0.075	0.057	0.044	0.033	0.026
40	0.672	0.453	0.307	0.208	0.142	0.097	0.067	0.046	0.032	0.022	0.015	0.011	0.008
50	0.608	0.372	0.228	0.141	0.087	0.054	0.034	0.021	0.013	0.009	0.005	0.003	0.002

续上表

n \ i(%)	14	15	16	17	18	19	20	25	30	35	40	50
1	0.877	0.870	0.862	0.855	0.847	0.840	0.833	0.800	0.769	0.741	0.714	0.667
2	0.769	0.756	0.743	0.731	0.718	0.706	0.694	0.640	0.592	0.549	0.510	0.444
3	0.675	0.658	0.641	0.624	0.609	0.593	0.579	0.512	0.455	0.406	0.364	0.296
4	0.592	0.572	0.552	0.534	0.516	0.499	0.482	0.410	0.350	0.301	0.260	0.198
5	0.519	0.497	0.476	0.456	0.437	0.419	0.402	0.320	0.269	0.223	0.186	0.132
6	0.456	0.432	0.410	0.390	0.370	0.352	0.335	0.262	0.207	0.165	0.133	0.088
7	0.400	0.376	0.354	0.333	0.314	0.296	0.279	0.210	0.159	0.122	0.095	0.059
8	0.351	0.327	0.305	0.285	0.266	0.249	0.233	0.168	0.123	0.091	0.068	0.039
9	0.300	0.284	0.263	0.243	0.225	0.209	0.194	0.134	0.094	0.067	0.048	0.026
10	0.270	0.247	0.227	0.208	0.191	0.176	0.162	0.107	0.073	0.050	0.035	0.017
11	0.237	0.215	0.195	0.178	0.162	0.148	0.135	0.086	0.056	0.037	0.025	0.012
12	0.208	0.187	0.168	0.152	0.137	0.124	0.112	0.069	0.043	0.027	0.018	0.008
13	0.182	0.163	0.145	0.130	0.116	0.104	0.093	0.055	0.033	0.020	0.013	0.005
14	0.160	0.141	0.125	0.111	0.099	0.088	0.078	0.044	0.025	0.015	0.009	0.003
15	0.140	0.123	0.108	0.095	0.084	0.074	0.065	0.035	0.020	0.011	0.006	0.002
16	0.123	0.107	0.093	0.081	0.071	0.062	0.054	0.028	0.015	0.008	0.005	0.002
17	0.108	0.093	0.080	0.069	0.060	0.052	0.045	0.023	0.012	0.006	0.003	0.001
18	0.095	0.081	0.069	0.059	0.051	0.044	0.038	0.018	0.009	0.005	0.002	0.001
19	0.083	0.070	0.060	0.051	0.043	0.037	0.031	0.014	0.007	0.003	0.002	0
20	0.073	0.061	0.051	0.043	0.037	0.031	0.026	0.012	0.005	0.002	0.001	0
25	0.038	0.030	0.024	0.020	0.016	0.013	0.010	0.004	0.001	0.001	0	0
30	0.020	0.015	0.012	0.009	0.007	0.005	0.004	0.001	0	0	0	0
40	0.005	0.004	0.003	0.002	0.001	0.001	0.001	0	0	0	0	0
50	0.001	0.001	0.001	0	0	0	0	0	0	0	0	0

附表3 年金终值系数表

附表3

n \ i(%)	1	2	3	4	5	6	7	8	9	10	11
1	1.000	1.000	1.000	1.000	1.000	1.000	1.000	1.000	1.000	1.000	1.000
2	2.010	2.020	2.030	2.040	2.050	2.060	2.070	2.080	2.090	2.100	2.110
3	3.030	3.060	3.091	3.122	3.153	3.184	3.215	3.246	3.278	3.310	3.342
4	4.060	4.122	4.184	4.246	4.310	4.375	4.440	4.506	4.573	4.641	4.710
5	5.101	5.204	5.309	5.416	5.526	5.637	5.751	5.867	5.985	6.105	6.228
6	6.152	6.308	6.468	6.633	6.802	6.975	7.153	7.336	7.523	7.716	7.913
7	7.214	7.434	7.662	7.898	8.142	8.394	8.654	8.923	9.200	9.487	9.783
8	8.286	8.583	8.892	9.214	9.549	9.897	10.260	10.637	11.028	11.436	11.859
9	9.369	9.755	10.159	10.583	11.027	11.491	11.978	12.488	13.021	13.579	14.164
10	10.462	10.950	11.464	12.006	12.578	13.181	13.816	14.487	15.193	15.937	16.722
11	11.567	12.169	12.808	13.486	14.207	14.972	15.784	16.645	17.560	18.531	19.561
12	12.683	13.412	14.192	15.026	15.917	16.870	17.888	18.977	20.141	21.384	22.713
13	13.809	14.680	15.618	16.627	17.713	18.882	20.141	21.495	22.953	24.523	26.212
14	14.947	15.974	17.086	18.292	19.599	21.015	22.550	24.215	26.019	27.975	30.095
15	16.097	17.293	18.599	20.024	21.579	23.276	25.129	27.152	29.361	31.772	34.405
16	17.258	18.639	20.157	21.825	23.657	25.673	27.888	30.324	33.003	35.950	39.190
17	18.430	20.012	21.762	23.698	25.840	28.213	30.840	33.750	36.974	40.545	44.501
18	19.615	21.412	23.414	25.645	28.132	30.906	33.999	37.450	41.301	45.599	50.396
19	20.811	22.841	25.117	27.671	30.539	33.760	37.379	41.446	46.018	51.159	56.939
20	22.019	24.297	26.870	29.778	33.066	36.786	40.995	45.762	51.160	57.275	64.203
25	28.243	32.030	36.459	41.646	47.727	54.865	63.249	73.106	84.701	98.347	114.41
30	34.785	40.588	47.575	56.085	66.439	79.058	94.461	113.28	136.31	164.49	199.02
40	48.886	60.402	75.401	95.026	120.80	154.76	199.64	259.06	337.89	442.59	581.83
50	64.463	84.579	112.80	152.67	209.35	290.34	406.53	573.77	815.08	1 163.9	1 668.8

续上表

n \ i(%)	12	13	14	15	16	17	18	19	20	25	30
1	1.000	1.000	1.000	1.000	1.000	1.000	1.000	1.000	1.000	1.000	1.000
2	2.120	2.130	2.140	2.150	2.160	2.170	2.180	2.190	2.200	2.250	2.300
3	3.374	3.407	3.440	3.473	3.506	3.539	3.572	3.606	3.640	3.813	3.990
4	4.779	4.850	4.921	4.993	5.066	5.141	5.215	5.291	5.368	5.766	6.187
5	6.353	6.480	6.610	6.742	6.877	7.014	7.154	7.297	7.442	8.207	9.043
6	8.115	8.323	8.536	8.754	8.977	9.207	9.442	9.683	9.930	11.259	12.756
7	10.089	10.405	10.730	11.067	11.414	11.772	12.142	12.523	12.916	15.073	17.583
8	12.300	12.757	13.233	13.727	14.240	14.773	15.327	15.902	16.499	19.842	23.858
9	14.776	15.416	16.085	16.786	17.519	18.285	19.086	19.923	20.799	25.802	32.015
10	17.549	18.420	19.337	20.304	21.321	22.393	23.521	24.701	25.959	33.253	42.619
11	20.655	21.814	23.045	24.349	25.733	27.200	28.755	30.404	32.150	42.566	56.405
12	24.133	25.650	27.271	29.002	30.850	32.824	34.931	37.180	39.581	54.208	74.327
13	28.029	29.985	32.089	34.352	36.786	39.404	42.219	45.244	48.497	68.760	97.625
14	32.393	34.883	37.581	40.505	43.672	47.103	50.818	54.841	59.196	86.949	127.91
15	37.280	40.417	43.842	47.580	51.660	56.110	60.965	66.261	72.0351	109.69	167.29
16	42.753	46.672	50.980	55.717	60.925	66.649	72.939	79.850	87.442	138.11	218.47
17	48.884	53.739	59.118	65.075	71.673	78.979	87.068	96.022	105.93	173.64	285.01
18	55.750	61.725	68.394	75.836	84.141	93.406	103.74	115.27	128.12	218.05	371.52
19	63.440	70.749	78.969	88.212	98.603	110.29	123.41	138.17	154.74	273.56	483.97
20	72.052	80.947	91.025	102.44	115.38	130.03	146.63	165.42	186.69	342.95	630.17
25	133.33	155.62	181.87	212.79	249.21	292.11	342.60	402.04	471.98	1 054.8	2 348.8
30	241.33	293.20	356.79	434.75	530.31	647.44	790.95	966.7	1 181.9	3 227.2	8 730.0
40	767.09	1 013.7	1 342.0	1 779.1	2 360.8	3 134.5	4 163.21	5 519.8	7 343.9	30 089	120 393
50	2 400.0	3 459.5	4 994.5	7 217.7	10 436	15 090	21 813	31 515	45 497	280 256	165 976

附表 4 年金现值系数表

附表 4

n \ i(%)	1	2	3	4	5	6	7	8	9	10	11	12	13
1	0.990	0.980	0.971	0.962	0.952	0.943	0.935	0.926	0.917	0.909	0.901	0.893	0.885
2	1.970	1.942	1.913	1.886	1.859	1.833	1.808	1.783	1.759	1.736	1.713	1.690	1.668
3	2.941	2.884	2.829	2.775	2.723	2.673	2.624	2.577	2.531	2.487	2.444	2.402	2.361
4	3.902	3.808	3.717	3.630	3.546	3.465	3.387	3.312	3.240	3.170	3.102	3.037	2.974
5	4.853	4.713	4.580	4.452	4.329	4.212	4.100	3.993	3.890	3.791	3.696	3.605	3.517
6	5.795	5.601	5.417	5.242	5.076	4.917	4.767	4.623	4.486	4.355	4.231	4.111	3.998
7	6.728	6.472	6.230	6.002	5.786	5.582	5.389	5.206	5.033	4.868	4.712	4.564	4.423
8	7.625	7.325	7.020	6.733	6.463	6.210	5.971	5.747	5.535	5.335	5.146	4.968	4.799
9	8.566	8.162	7.786	7.435	7.108	6.802	6.515	6.247	5.995	5.759	5.537	5.328	5.132
10	9.471	8.983	8.530	8.111	7.722	7.360	7.024	6.710	6.418	6.145	5.889	5.650	5.426
11	10.368	9.787	9.253	8.760	8.306	7.887	7.499	7.139	6.805	6.495	6.207	5.938	5.687
12	11.255	10.575	9.954	9.385	8.863	8.384	7.943	7.536	7.161	6.814	6.492	6.194	5.918
13	12.134	11.348	10.635	9.986	9.394	8.853	8.358	7.904	7.487	7.103	6.750	6.424	6.122
14	13.004	12.106	11.296	10.563	9.899	9.295	8.745	8.244	7.786	7.367	6.982	6.628	6.302
15	13.865	12.849	11.938	11.118	10.380	9.712	9.108	8.559	8.061	7.606	7.191	6.811	6.462
16	14.718	13.578	12.561	11.652	10.838	10.106	9.447	8.851	8.313	7.824	7.379	6.974	6.604
17	15.562	14.292	13.166	12.166	11.274	10.477	9.763	9.122	8.544	8.022	7.549	7.102	6.729
18	16.398	14.992	13.754	12.659	11.690	10.828	10.059	9.372	8.756	8.201	7.702	7.250	6.840
19	17.226	15.678	14.324	13.134	12.085	11.158	10.336	9.604	8.950	8.365	7.839	7.366	6.938
20	18.046	16.351	14.877	13.590	12.462	11.470	10.594	9.818	9.129	8.514	7.963	7.469	7.025
25	22.023	19.523	17.413	15.622	14.094	12.783	11.654	10.675	9.823	9.077	8.422	7.483	7.330
30	25.808	22.396	19.600	17.292	15.372	13.765	12.409	11.258	10.274	9.427	8.694	8.055	7.496
40	32.835	27.355	23.115	19.793	17.159	15.046	13.332	11.925	10.757	9.779	8.951	8.244	7.634
50	39.196	31.424	25.730	21.482	18.256	15.762	13.801	12.233	10.962	9.915	9.042	8.304	7.675

续上表

n \ i(%)	14	15	16	17	18	19	20	25	30	35	40	50
1	0.877	0.870	0.862	0.855	0.847	0.840	0.833	0.800	0.769	0.741	0.714	0.667
2	1.647	1.623	1.605	1.585	1.566	1.547	1.528	1.440	1.361	1.289	1.224	1.111
3	2.322	2.283	2.246	2.210	2.174	2.140	2.106	1.952	1.816	1.696	1.589	1.407
4	2.914	2.855	2.798	2.743	2.690	2.639	2.589	2.362	2.166	1.997	1.849	1.605
5	3.433	3.352	3.274	3.199	3.127	3.058	2.991	2.689	2.436	2.220	2.035	1.737
6	3.889	3.784	3.685	3.589	3.498	3.410	3.326	2.951	2.643	2.385	2.168	1.824
7	4.288	4.160	4.039	3.922	3.812	3.706	3.605	3.161	2.802	2.508	2.263	1.883
8	4.639	4.487	4.344	4.207	4.078	3.954	3.837	3.329	2.925	2.598	2.331	1.922
9	4.496	4.472	4.607	4.451	4.303	4.163	4.031	3.463	3.019	2.665	2.379	1.948
10	5.216	5.019	4.833	4.659	4.494	4.339	4.192	3.571	3.092	2.715	2.414	1.965
11	5.453	5.234	5.029	4.836	4.656	4.486	4.327	3.656	3.147	2.752	2.438	1.977
12	5.660	5.421	5.197	4.988	4.793	4.611	4.439	3.725	3.190	2.779	2.456	1.985
13	5.842	5.583	5.342	5.118	4.910	4.715	4.533	3.780	3.223	2.799	2.469	1.990
14	6.002	5.724	5.468	5.229	5.008	4.802	4.611	3.824	3.249	2.814	2.478	1.993
15	6.142	5.847	5.575	5.324	5.092	4.876	4.675	3.859	3.268	2.825	2.484	1.995
16	6.625	5.954	5.668	5.405	5.162	4.938	4.730	3.887	3.283	2.834	2.489	1.997
17	6.373	6.047	5.749	5.475	5.222	4.988	4.775	3.910	3.295	2.840	2.492	1.998
18	6.467	6.128	5.818	5.534	5.273	5.033	4.812	3.928	3.304	2.844	2.494	1.999
19	6.550	6.198	5.877	5.584	5.316	5.070	4.843	3.942	3.311	2.848	2.496	1.999
20	6.623	6.259	5.929	5.628	5.353	5.101	4.870	3.954	3.316	2.850	2.497	1.999
25	6.873	6.464	6.097	5.766	5.467	5.195	4.948	3.985	3.329	2.856	2.499	2.000
30	7.003	6.566	6.177	5.829	5.517	5.235	4.979	3.995	3.332	2.857	2.500	2.000
40	7.105	6.642	6.233	5.871	5.548	5.258	4.997	3.999	3.333	2.857	2.500	2.000
50	7.133	6.661	6.246	5.880	5.554	5.262	4.999	4.000	3.333	2.857	2.500	2.000

参考文献

[1] 王首绪,杨玉胜,等.公路施工组织及概预算.北京:人民交通出版社,2007.
[2] 交通部公路工程定额站.公路工程造价编制与项目经济评价.北京:人民交通出版社,2007.
[3] 周世生,靳卫东.公路工程造价.北京:人民交通出版社,2008.
[4] 何亚伯.建筑工程经济与企业管理.武汉:武汉大学出版社,2008.
[5] 关柯,王宝仁,等.建筑工程经济与企业管理.北京:中国建筑工业出版社,1987.
[6] 朱志杰.建筑工程概算与基础知识.北京:中国建筑工业出版社,1981.
[7] 交通部公路规划设计院.公路建设项目可行性研究指南.长春:吉林科学技术出版社,1991.
[8] 沈其明,等.公路工程概预算手册.北京:人民交通出版社,2004.
[9] 中华人民共和国行业标准.JTG/T B06-02—2007 公路工程预算定额.北京:人民交通出版社,2007.
[10] 中华人民共和国行业标准.JTG/T B06-01—2007 公路工程概算定额.北京:人民交通出版社,2007.
[11] 中华人民共和国交通部.公路基本建设工程投资估算编制办法.北京:人民交通出版社, 1996.
[12] 中华人民共和国行业标准.JTG B06—2007 公路工程基本建设项目概算预算编制办法.北京:人民交通出版社, 2007.
[13] 沈其明,刘燕.公路工程造价编制与管理.北京:人民交通出版社,2002.
[14] 杨子敏.公路工程造价编制指南.北京:人民交通出版社,1999.
[15] 邢凤岐.公路工程投资估算与概预算编制示例.北京:人民交通出版社,2003.
[16] 中华人民共和国交通部.交通部关于完善公路基本建设工程概算预算编制办法有关内容的通知,2005.
[17] 中华人民共和国交通部.交通基本建设项目竣工决算报告编制办法,2000.
[18] 徐莉,陆菊春.技术经济学.广州:暨南大学出版社,2003.
[19] 袁剑波,等.公路经济学教程.北京:人民交通出版社,2002.
[20] 徐帮学.公路工程项目可行性研究与经济评价手册(下卷).长春:吉林摄影出版社,2002.
[21] 注册咨询工程师(投资)考试教材编写委员会.项目决策分析与评价.北京:中国计划出版社,2003.
[22] 张三力.项目后评价.北京:清华大学出版社,1998.
[23] 中华人民共和国交通部.公路建设项目后评价报告编制办法,1996.